Strategies and Techniques on Handling Cases of Real Estate

U1076531

房地产案件办案策略与技巧

周海燕 主编

第二版

编委会成员

主 编:周海燕

副主编:于佃伦 王 凯 朱红娟 李 深 张东霞

撰稿人:周海燕 于佃伦 王 凯 朱红娟 李 深
张东霞 徐 耀 戚永鑫 刘雅洁 周小雯

执行编辑:张 孟

中国法制出版社
CHINA LEGAL PUBLISHING HOUSE

序言

房地产行业是囊括了房地产投资、开发、经营、管理、服务等多个环节在内的第三产业，涉及行业及群体众多，一直以来是国家政策调控的重点领域。目前，房地产行业正在经历深度结构性调整；“三条红线”“两集中”“房住不炒”等，已经成为房地产行业发展最重要的“关键词”。这不仅要求房地产企业家调整经营模式，也使得购房者的消费观念变得更加理性。而2021年1月1日《中华人民共和国民法典》的生效实施及其配套法规、司法解释的整体修订，更是对房地产诉讼案件的审理带来了重要影响。基于上述重大变革，房地产行业过往高速发展所带来的顽疾进一步凸显，房地产诉讼案件数量呈上升趋势，并出现了一些新的纠纷类型，也带来了一些新的纠纷解决思路。

为纪念上海段和段（青岛）律师事务所创设五周年，其城市运营团队的各位资深律师，收集整理了近几年实操的经典案例，并总结多年实务经验及心得体会，进行了本书的撰写。该团队以专业度、协作性、标准化为发展理念，长期专注于城市更新、基础设施建设、产业地产、产城融合等领域，特别是在传统房地产领域深耕多年，对房地产争议纠纷解决有着深刻而独到的见解。

正所谓“十年磨一剑”，也借本序，祝愿上海段和段（青岛）律师事务所，在其独具特色的专业化、团队化发展道路上，拥有更为精彩与辉煌的未来。

上海段和段律师事务所创始合伙人、主任

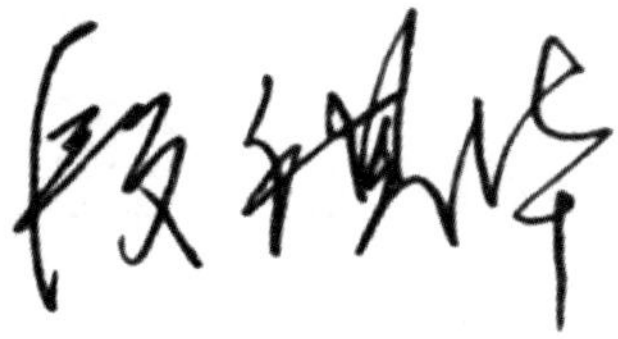

2021 年 11 月 14 日

目录

第一篇　房地产用地项目获取纠纷

第三篇 房地产项目销售纠纷

第四篇 物业管理使用纠纷

第一篇

房地产用地项目获取纠纷

第一章　土地使用权出让纠纷

土地使用权出让是指国家将土地使用权在一定年限内出让给受让方，由受让方向国家支付土地出让金的行为。

在土地开发的一级市场，以出让方式取得土地使用权是开发商依法取得建设用地使用权的方式之一。由于我国实行土地公有制，土地使用权出让标的为国有建设性用地，不包括国有农用地和未利用地，虽然 2020 年 1 月 1 日新实施的《土地管理法》第六十三条改变了集体土地必须经农转用等手续转为国有用地后才能进入市场流转的历史局面，但是相关实施细则尚未出台。因此，目前土地使用权出让仍仅指由市、县人民政府自然资源管理部门①（出让方）代表国家进行的国有建设用地的出让。

第一节　理论概述与实务指引

土地使用权出让合同纠纷是指土地使用权出让合同（以下简称出让合同）在签订、履行过程中产生的纠纷。根据《民法典》的相关规定，土地使用权移转属于不动产物权的变动，应经登记方能发生物权变动的效果。因此，仅签订出让合同并不发生土地使用权移转的法律后果。

---

① 2018 年机构改革后，国土资源部门已变更为自然资源部门。本书除法条引用内容及案例表述需要外均已作修改。

一、出让合同签订应注意的问题

（一）出让合同的签署主体要适格

出让合同的签署主体适格与合同的效力问题。根据《城镇国有土地使用权出让和转让暂行条例》第十一条规定，“土地使用权出让合同应当按照平等、自愿、有偿的原则，由市、县人民政府土地管理部门（以下简称出让方）与土地使用者签订”。但是，在土地出让过程中曾经大量存在以某些管委会、镇政府等名义签署的情形，上述情形下若在履行相关出让合同过程中发生纠纷，法院一般会认定相关出让合同无效。

（二）出让期限要按土地用途确定

出让合同的期限不得随意约定。《城镇国有土地使用权出让和转让暂行条例》第十二条规定：“土地使用权出让最高年限按下列用途确定：（一）居住用地七十年；（二）工业用地五十年；（三）教育、科技、文化、卫生、体育用地五十年；（四）商业、旅游、娱乐用地四十年；（五）综合或者其他用地五十年。”

对于不同用途的土地，要严格按照上述规定予以约定出让期限，否则会存在合同被认定为无效的后果。

（三）土地出让批准手续要完备

土地使用权出让批准手续的办理，包括土地出让方案的制定、审批、实施分属不同的权责机关，根据《城镇国有土地使用权出让和转让暂行条例》第十条及《城市房地产管理法》第十二条规定，土地使用权出让，由市、县人民政府有计划、有步骤地进行。出让的每幅地块、用途、年限和其他条件，由市、县人民政府土地管理部门会同城市规划、建设、房产管理部门共同拟定方案，按照国务院规定，报经有批准权的人民政府批准后，由市、县人民政府土地管理部门实施。直辖市的县人民政府及其有关部门行使前款规定的权限，由直辖市人民政府规定。

（四）土地使用权出让方式应依法确定

根据现行法律的规定，土地使用权的出让方式，包括协议、招标、拍卖、挂牌四种，《城镇国有土地使用权出让和转让暂行条例》第十三条及《城市房地产管理法》第十三条明确规定了土地使用权出让可以采取协议、招标、拍卖的方式，且规定对于商业、旅游、娱乐和豪华住宅用地，有条件的，必须采取拍卖、招标方式；没有条件，不能采取拍卖、招标方式的，可以采取双方协议的方式。而对于挂牌出让方式，则规定于《协议出让国有土地使用权规定》第三条及《招标拍卖挂牌出让国有建设用地使用权规定》之中，在实际操作过程中经营性用地通常采用招标拍卖挂牌的出让方式。

（五）依约支付土地出让金

受让方应按时支付土地出让金，否则应承担相应的法律后果。根据《城市房地产管理法》第十六条及《城镇国有土地使用权出让和转让暂行条例》第十四条的有关规定，受让方应严格按照出让合同约定的时限支付土地出让金，否则出让方有权解除出让合同，并可要求受让方承担相应违约责任。

而对于出让方来说，在受让方按照出让合同约定支付土地出让金后，出让方必须依约提供出让的土地，否则受让方同样有权依约解除出让合同，要求出让方返还土地出让金，并可要求出让方承担相应违约责任。

至于土地出让金的用途，《城市房地产管理法》第十九条规定，土地出让金应当全部上缴财政，列入预算，用于城市基础设施建设和土地开发。土地出让金上缴和使用的具体办法由国务院规定。

根据上述法律、法规的规定，土地使用权出让应当签订出让合同，土地使用权出让是国家以土地所有权人的身份将土地使用权在一定年限内让与受让方，并由受让方向国家支付土地出让金的行为。

二、土地使用权出让的方式

根据我国现行法律规定，土地使用权出让可以采取下列方式：（1）协议；

（2）招标；（3）拍卖；（4）挂牌。其中，协议方式属于协商方式，招标、拍卖、挂牌三种方式属于公开竞价方式。

（一）协商方式

所谓协议出让土地使用权，是指国家以协议方式将国有土地使用权在一定年限内出让给受让方，由受让方向国家支付土地出让金的行为。按照《协议出让国有土地使用权规定》的相关规定，以协议出让方式出让土地使用权的，应注意以下问题。

1. 协议出让方式的适用条件

出让土地使用权，除依照法律、法规和规章的规定应当采用招标、拍卖或者挂牌方式外，可采取协议方式。

在公布的地段上，同一地块只有一个意向用地者的，市、县人民政府自然资源行政主管部门方可按照本规定采取协议方式出让；但商业、旅游、娱乐和商品住宅等经营性用地除外。

同一地块有两个或者两个以上意向用地者的，市、县人民政府自然资源行政主管部门应当按照《招标拍卖挂牌出让国有建设用地使用权规定》，采取招标、拍卖或者挂牌方式出让。

2. 土地出让金的要求

以协议方式出让土地使用权的出让金不得低于按国家规定所确定的最低价。协议出让最低价不得低于新增建设用地的土地有偿使用费、征地（拆迁）补偿费用以及按照国家规定应当缴纳的有关税费之和；有基准地价的地区，协议出让最低价不得低于出让地块所在级别基准地价的 70%。低于最低价时土地使用权不得出让。省、自治区、直辖市人民政府自然资源行政主管部门应当据此拟定协议出让最低价，报同级人民政府批准后公布，由市、县人民政府自然资源行政主管部门实施。

3. 土地使用权出让计划的编制与审批分属不同权责机关

市、县人民政府自然资源行政主管部门应当根据经济社会发展计划、国家产业政策、土地利用总体规划、土地利用年度计划、城市规划和土地市场状况，编制土地使用权出让计划，报同级人民政府批准后组织实施。土地使用权出让计划应当包括年度土地供应总量、不同用途土地供应面积、地段以及供地时间等内容。

土地使用权出让计划经批准后，市、县人民政府自然资源行政主管部门应当在土地有形市场等指定场所，或者通过报纸、互联网等媒介向社会公布。因特殊原因，需要对土地使用权出让计划进行调整的，应当报原批准机关批准，并按照前述规定及时向社会公布。

4. 提出用地申请应遵循一定的要求

土地使用权出让计划公布后，需要使用土地的单位和个人可以根据土地使用权出让计划，在市、县人民政府自然资源行政主管部门公布的时限内，向市、县人民政府自然资源行政主管部门提出意向用地申请。市、县人民政府自然资源行政主管部门公布计划接受申请的时间不得少于 30 日。

5. 协议出让土地方案由相关部门制订

对符合协议出让条件的，市、县人民政府自然资源行政主管部门会同城市规划等有关部门，依据土地使用权出让计划、城市规划和意向用地者申请的用地项目类型、规模等，制定协议出让土地方案。协议出让土地方案应当包括拟出让地块的具体位置、界址、用途、面积、年限、土地使用条件、规划设计条件、供地时间等。

6. 协议出让底价的确定由有权机关负责

市、县人民政府自然资源行政主管部门应当根据国家产业政策和拟出让地块的情况，按照《城镇土地估价规程》的规定，对拟出让地块的土地价格进行评估，经市、县人民政府自然资源行政主管部门集体决策，合理确定协议出让底价。协议出让底价不得低于协议出让最低价。协议出让底价确定后应当保密，任何单位和个人不得泄露。

7. 出让合同的签订应遵循一定的步骤

协议出让土地方案和底价经有批准权的人民政府批准后，市、县人民政府自然资源行政主管部门应当与意向用地者就土地出让价格等进行充分协商，协商一致且议定的出让价格不低于出让底价的，方可达成协议。市、县人民政府自然资源行政主管部门应当根据协议结果，与意向用地者签订出让合同。合同签订后 7 日内，市、县人民政府自然资源行政主管部门应当将协议出让结果在土地有形市场等指定场所，或者通过报纸、互联网等媒介向社会公布，接受社会监督。公布协议出让结果的时间不得少于15日。

8. 取得土地使用权的必备手续

受让方按照出让合同的约定，付清土地出让金、依法办理土地登记手续后，取得土地使用权。

9. 改变出让合同约定的土地用途的处理

以协议出让方式取得土地使用权的受让方，需要将出让合同约定的土地用途改变为商业、旅游、娱乐和商品住宅等其他经营性用途的，应当取得出让方和市、县人民政府城市规划部门的同意，签订出让合同变更协议或者重新签订出让合同，按变更后的土地用途，以变更时的土地市场价格补交相应的土地出让金，并依法办理土地使用权变更登记手续。

（二）公开竞价方式

土地使用权出让的竞价方式包括招标出让、拍卖出让和挂牌出让。根据《招标拍卖挂牌出让国有建设用地使用权规定》第二条的规定，招标出让土地使用权，是指市、县人民政府自然资源行政主管部门（以下简称出让方）发布招标公告，邀请特定或者不特定的自然人、法人和其他组织参加土地使用权投标，根据投标结果确定土地使用权人的行为。拍卖出让土地使用权，是指出让方发布拍卖公告，由竞买人在指定时间、地点进行公开竞价，根据出价结果确定土地使用权人的行为。挂牌出让土地使用权，是指出让方发布挂牌公告，按公告规定的期限将拟出让宗地的交易条件在指定的土地交易场所挂牌公布，接受竞买人的报价申请并更新挂牌价格，根据挂牌期限截止时的出价结果或者现场竞价结果确定土地使用权人的行为。以招标、拍卖和挂牌出让竞价方式取得土地使用权的，应注意以下问题。

1. 竞价方式的适用情形

一是工业、商业、旅游、娱乐和商品住宅等经营性用地，其中工业用地包括仓储用地，但不包括采矿用地；二是同一宗地有两个以上意向用地者。

2. 土地使用权出让年度计划、出让方案及出让文件的编制应由有权机关负责

市、县人民政府自然资源行政主管部门根据经济社会发展计划、产业政策、土地利用总体规划、土地利用年度计划、城市规划和土地市场状况，编制土地使用权出让年度计划，报经同级人民政府批准后，及时向社会公开发布。

市、县人民政府自然资源行政主管部门应当按照出让年度计划，会同城市规划等有关部门共同拟订拟招标拍卖挂牌出让地块的出让方案，报经市、县人民政府批准后，由市、县人民政府自然资源行政主管部门组织实施。出让方案应当包括出让地块的空间范围、用途、年限、出让方式、时间和其他条件等。

出让方应当根据招标拍卖挂牌出让地块的情况，编制招标拍卖挂牌出让文件。出让文件应当包括出让公告、投标或者竞买须知、土地使用条件、标书或者竞买申请书、报价单、中标通知书或者成交确认书、土地使用权出让合同文本。

3. 招标拍卖挂牌公告的发布及内容要求

出让方应当至少在投标、拍卖或者挂牌开始日前20日，在土地有形市场或者指定的场所、媒介发布招标、拍卖或者挂牌公告，公布招标拍卖挂牌出让宗地的基本情况和招标拍卖挂牌的时间、地点。招标拍卖挂牌公告应当包括下列内容：（1）出让方的名称和地址；（2）出让宗地的面积、界址、空间范围、现状、使用年期、用途、规划指标要求；（3）投标人、竞买人的资格要求以及申请取得投标、竞买资格的办法；（4）索取招标拍卖挂牌出让文件的时间、地点和方式；（5）招标拍卖挂牌时间、地点、投标挂牌期限、投标和竞价方式等；（6）确定中标人、竞得人的标准和方法；（7）投标、竞买保证金；（8）其他需要公告的事项。

境内外的自然人、法人和其他组织，除法律、法规另有规定外，均可申请参加土地使用权招标拍卖挂牌出让活动。

出让方在招标拍卖挂牌出让公告中不得设定影响公平、公正竞争的限制条件。挂牌出让的，出让公告中规定的申请截止时间，应当为挂牌出让结束日前两天。对符合招标拍卖挂牌公告规定条件的申请人，出让方应当通知其参加招标拍卖挂牌活动。市、县人民政府自然资源行政主管部门应当为投标人、竞买人查询拟出让土地的有关情况提供便利。

4. 标底或者底价的确定方式

市、县人民政府自然资源行政主管部门应当根据土地估价结果和政府产业政策综合确定标底或者底价。标底或者底价不得低于国家规定的最低价标准。确定招标标底，拍卖和挂牌的起叫价、起始价、底价，投标、竞买保证金，应当实行集体决策。招标标底和拍卖挂牌的底价，在招标开标前和拍卖挂牌出让活动结束前应当保密。

5. 投标、开标应遵循的程序要求

（1）投标人在投标截止时间前将标书投入标箱。招标公告允许邮寄标书的，投标人可以邮寄，但出让方在投标截止时间前收到的方为有效。标书投入标箱后，不可撤回。投标人应当对标书和有关书面承诺承担责任。（2）出让方按照招标公告规定的时间、地点开标，邀请所有投标人参加。由投标人或者其推选的代表检查标箱的密封情况，当众开启标箱，点算标书。投标人少于 3 人的，出让方应当终止招标活动。投标人不少于 3 人的，应当逐一宣布投标人名称、投标价格和投标文件的主要内容。（3）评标小组进行评标。评标小组由出让方代表、有关专家组成，成员人数为 5 人以上的单数。评标小组可以要求投标人对投标文件作出必要的澄清或者说明，但是澄清或者说明不得超出投标文件的范围或者改变投标文件的实质性内容。评标小组应当按照招标文件确定的评标标准和方法，对投标文件进行评审。（4）招标人根据评标结果，确定中标人。按照价高者得的原则确定中标人的，可以不成立评标小组，由招标主持人根据开标结果，确定中标人。

对能够最大限度地满足招标文件中规定的各项综合评价标准，或者能够满足招标文件的实质性要求且价格最高的投标人，应当确定为中标人。

6. 拍卖会的程序性要求

（1）主持人点算竞买人；（2）主持人介绍拍卖宗地的面积、界址、空间范围、现状、用途、使用年期、规划指标要求、开工和竣工时间及其他有关事项；（3）主持人宣布起叫价和增价规则及增价幅度，没有底价的，应当明确提示；（4）主持人报出起叫价；（5）竞买人举牌应价或者报价；（6）主持人确认该应价或者报价后继续竞价；（7）主持人连续三次宣布同一应价或者报价而没有再应价或者报价的，主持人落槌表示拍卖成交；（8）主持人宣布最高应价者或者报价者为竞得人。

竞买人的最高应价或者报价未达到底价时，主持人应当终止拍卖。拍卖主持人在拍卖过程中可以根据竞买人竞价情况调整拍卖增价幅度。

7. 挂牌应严格遵循下列程序

（1）在挂牌公告规定的挂牌起始日，出让方将挂牌宗地的面积、界址、空间范围、现状、用途、使用年期、规划指标要求、开工时间和竣工时间、起始价、增价规则及增价幅度等，在挂牌公告规定的土地交易场所挂牌公布；（2）符合条件的竞买人填写报价单报价；（3）挂牌主持人确认该报价后，更新显示挂牌价格；（4）挂牌主持人在挂牌公告规定的挂牌截止时间确定竞得人。

挂牌时间不得少于10日。挂牌期间可根据竞买人竞价情况调整增价幅度。

挂牌截止应当由挂牌主持人主持确定。挂牌期限届满，挂牌主持人现场宣布最高报价及其报价者，并询问竞买人是否愿意继续竞价。有竞买人表示愿意继续竞价的，挂牌出让转入现场竞价，通过现场竞价确定竞得人。挂牌主持人连续三次报出最高挂牌价格，没有竞买人表示愿意继续竞价的，按照下列规定确定是否成交：（1）在挂牌期限内只有一个竞买人报价，且报价不低于底价，并符合其他条件的，挂牌成交。（2）在挂牌期限内有两个或者两个以上的竞买人报价的，出价最高者为竞得人；报价相同的，先提交报价单者为竞得人，但报价低于底价者除外。（3）在挂牌期限内无应价者或者竞买人的报价均低于底价或者均不符合其他条件的，挂牌不成交。

8. 中标通知书或者与成交确认书具有法律效力

以招标、拍卖或者挂牌方式确定中标人、竞得人后，中标人、竞得人支付的投标、竞买保证金，转作受让地块的定金。出让方应当向中标人发出中标通知书或者与竞得人签订成交确认书。中标通知书或者成交确认书应当包括出让方和中标人或者竞得人的名称，出让标的，成交时间、地点、价款以及签订土地使用权出让合同的时间、地点等内容。中标通知书或者成交确认书对出让方和中标人或者竞得人具有法律效力。出让方改变竞得结果，或者中标人、竞得人放弃中标宗地、竞得宗地的，应当依法承担责任。

9. 出让合同的签订要求

中标人、竞得人应当按照中标通知书或者成交确认书约定的时间，与出让方签订土地使用权出让合同。中标人、竞得人支付的投标、竞买保证金抵作土地出让价款；其他投标人、竞买人支付的投标、竞买保证金，出让方必须在招标拍卖挂牌活动结束后 5 个工作日内予以退还，不计利息。

10. 竞价结果公布的时间要求

招标拍卖挂牌活动结束后，出让方应在 10 个工作日内将招标拍卖挂牌出让结果在土地有形市场或者指定的场所、媒介公布。出让方公布出让结果，不得向受让方收取费用。

11. 土地使用权登记的办理条件

受让方依照土地使用权出让合同的约定付清全部土地出让价款后，方可申请办理土地登记，领取土地使用权证书。未按出让合同约定缴清全部土地出让价款的，不得发放土地使用权证书，也不得按出让价款缴纳比例分割发放土地使用权证书。

三、联合体参与招标拍卖挂牌应注意的问题

近年来，开发商通过联合体的形式参与土地招标拍卖挂牌的现象日渐普遍，重要原因在于这种方式可以提高拿地的成功率、分散市场风险以及实现优势互补。与此同时，合作方之间在拿地阶段产生的纠纷也变得更为复杂，如何规避相关风险、化解相关矛盾纠纷便变得尤为重要。

（一）联合体参与招标拍卖挂牌的主体认定

根据《招标拍卖挂牌出让国有土地使用权规范（试行）》（国土资发〔2006〕114 号）第 10.1 条的规定，土地使用权招标拍卖挂牌出让的申请人，可以是境内外的法人、自然人和其他组织，但法律法规对申请人另

有限制的除外。申请人可以单独申请，也可以联合申请。因此，法规允许以联合体的形式参与土地招标拍卖挂牌。从联合体的构成来看，其主要模式分为以下两种：一是开发商联合拿地；二是开发商与投资机构联合拿地。

需要注意的是，对于各方约定在参与土地招标拍卖挂牌时仅以一方名义申请，并由其独立缴纳土地出让金，在按程序取得土地使用权后，其他合作方再以股权转让或者增资的形式参与到项目公司进行后续建设项目合作开发的情形，因其他合作方形式上未实际参与到土地招标拍卖挂牌的各环节，上述情形不属于以联合体形式参与土地招标拍卖挂牌。

（二）联合体参与土地招标拍卖挂牌具体流程中需注意的问题

1. 联合协议的主要内容

各方在联合协议签署前，应明确在土地招标拍卖挂牌公告文件中该项目可以联合体的方式进行投标，并在协议中明确项目的基本情况、合作方式、各方的权利义务、土地竞拍价格、土地竞拍保证金及土地出让金的承担以及各项费用的分摊等。因为联合体各方需要共同对招标人承担连带责任，因此协议中还应区分不同原因导致联合体违约时，各自应承担的责任范围。在土地竞拍价格的确定上，各方可在合同中约定竞拍上限。

2. 项目公司可以为出让合同的签署主体

实践中，对于各方通过联合体拿地后，拟通过共同成立项目公司并以该项目公司的名义与出让方签署出让合同的情形，《招标拍卖挂牌出让国有土地使用权规范（试行）》附录 C“国有土地使用权出让须知示范文本”第七条注意事项第（二）项规定，申请人竞得土地后，拟成立新公司进行开发建设的，应在申请书中明确新公司的出资构成、成立时间等内容。出让方可以根据中标结果与中标人签订出让合同，在中标人按约定办理完新公司注册登记手续后，再与新公司签订出让合同变更协议，或者出让方直接与新公司签订出让合同。

第二节　办案思路与实战技巧

出让合同，是指市、县人民政府土地管理部门作为出让方将土地使用权在一定年限内让与受让方，由受让方支付土地出让金的协议，是取得土地使用权的基础原因关系，而土地使用权作为一种不动产用益物权，须经登记才能发生物权变动的法律效果。司法实践中，经常出现以下类型的纠纷：出让合同签订后，因出让方未办理土地使用权出让批准手续，受让方请求确认合同效力纠纷；未经依法授权而作为出让方与受让方签订的出让合同，受让方请求确认合同效力纠纷；出让土地存在未披露的瑕疵，导致无法交付或交付土地不符合约定所产生的相关纠纷；受让方擅自改变合同约定的土地用途等相关纠纷。

一、关于未办理土地使用权审批手续的合同效力问题

根据《民法典》第二百一十五条“当事人之间订立有关设立、变更、转让和消灭不动产物权的合同，除法律另有规定或者当事人另有约定外，自合同成立时生效；未办理物权登记的，不影响合同效力”的有关规定，对于不动产物权变动，我国法律采取的是债权形式主义的物权变动模式，出让合同是双方当事人意思表示一致的结果，不应以物权变动过程的瑕疵来否定其效力，因此，只要签订出让合同是各方真实的意思表示，不存在《民法典》规定的法律行为无效、可撤销及效力待定等情形，则应自当事人签署或约定的日期生效。若因出让方未办理土地使用权出让批准手续而不能交付土地，并不构成合同无效的事由，此种情形下受让方可以依约解除合同，并可要求出让方承担相应的违约责任。

二、关于出让方主体适格问题

出让合同，是市、县人民政府土地管理部门代表国家作为出让方与受让方签订的合同，若其他主体，如开发区管理委员会，在未取得合法授权的情况下作为出让方与受让方签订出让合同，原则上上述合同为无效合同，但在

2005 年 8 月 1 日前签订的出让合同，起诉前受到有权机关的追认的，根据《最高人民法院关于审理涉及国有土地使用权合同纠纷案件适用法律问题的解释》（法释〔2005〕5 号）第二条，开发区管理委员会作为出让方与受让方订立的出让合同，应当认定无效。[1] 该解释实施前，开发区管理委员会作为出让方与受让方订立的出让合同，起诉前经市、县人民政府土地管理部门追认的，可以认定合同有效。

三、关于受让方擅自改变出让合同约定的土地用途问题

我国实行严格的土地用途管理制度，《民法典》第三百四十八条也明确将土地用途、规划条件列为出让合同的主要条款。若受让方确需改变出让合同中约定的土地用途，则应按照《城市房地产管理法》第十八条“土地使用者需要改变土地使用权出让合同约定的土地用途的，必须取得出让方和市、县人民政府城市规划行政主管部门的同意，签订土地使用权出让合同变更协议或者重新签订土地使用权出让合同，相应调整土地使用权出让金”的有关规定予以处理。因此，受让方擅自改变约定的土地用途，构成合同违约，出让方可以依约追究受让方的相应违约责任。

第三节　典型案例精析

案例 1：杨某与某县国土资源局[2]建设用地使用权出让合同纠纷[3]

裁判要旨

出让方在土地出让过程中未完整披露出让土地存在的瑕疵，即使签订合

---

① 本司法解释根据 2020 年 12 月 23 日最高人民法院审判委员会第 1823 次会议通过的《最高人民法院关于修改〈最高人民法院关于在民事审判工作中适用《中华人民共和国工会法》若干问题的解释〉等二十七件民事类司法解释的决定》修正，现为《最高人民法院关于审理涉及国有土地使用权合同纠纷案件适用法律问题的解释》（法释〔2020〕17 号）。

② 案例发生时机构名称仍为国土资源局，2018 年机构改革后为自然资源局。下文不再提示。

③ （2014）北民一终字第 71 号。

同时受让方表示同意按土地现状受让土地，也不能免除出让方未依约交付土地所应承担的违约责任。

案情简介

2013 年 5 月 23 日，上诉人杨某通过被上诉人某县国土资源局以挂牌出让的方式，竞得位于某县 A 村村民委员会居 B 村民小组旁的面积为 2700 平方米的土地使用权，并签订了《成交确认书》。同日，作为受让方的杨某与作为出让方的某县国土资源局签订了出让合同，合同约定：被上诉人某县国土资源局将位于某县 A 村村民委员会居 B 村民小组旁的面积为 2700 平方米的土地使用权出让给上诉人杨某，出让价款为 40 万元，每平方米 148.14 元，出让年期为 50 年，定金为 26 万元，定金抵作土地出让价款；宗地用途为工业用地；被上诉人某县国土资源局同意在 2013 年 5 月 23 日前将出让宗地交付给上诉人杨某，并同意按该宗地的现状交付；上诉人杨某应在按本合同约定付清本宗地全部出让价款后，持本合同和出让价款缴纳凭证等相关证明材料申请出让土地使用权登记；如上诉人杨某不能按时支付土地使用权出让价款的，自滞纳之日起，每日按迟延支付款项的 1‰ 向被上诉人缴纳违约金；上诉人杨某按本合同约定支付土地使用权出让价款的，被上诉人必须按照本合同约定，按时交付出让土地，未按时提供出让土地而致使上诉人对本合同项下宗地占有延期的，每延期 1 日，被上诉人应当按受上诉人已经支付的土地使用权出让价款的 1‰向上诉人给付违约金；被上诉人延期交付土地超过 60 日，经上诉人催交后仍不能交付土地的，上诉人有权解除合同，被上诉人应当双倍返还定金，并退还已经支付的土地使用权出让价款的其余部分，上诉人并可请求被上诉人赔偿损失。

2013 年 5 月 23 日，上诉人交纳了土地挂牌出让服务费 1.2 万元。上诉人竞得该土地后，被上诉人于当日将竞买结果进行了公示。合同签订后，上诉人于 2013 年 6 月 13 日交清了全部土地出让金 40 万元（含定金 26 万元）。上诉人交清土地出让金后便要求被上诉人交付涉诉土地，但由于该土地的占用人阻拦，被上诉人一直未能将涉诉土地交付给上诉人。

法院裁判

根据本案审理查明的事实，涉诉土地在被上诉人挂牌出让前已被他人占用，并在该土地上建造了建筑物。被上诉人在挂牌出让该土地前已告知上诉人，合同约定出让的宗地为现状出让，宗地上的建筑物由买受人自行处置，上诉人也表示同意按现状买受。本案一审法院认为，因第三人原因导致被上诉人未能交付出让土地给上诉人，致使无法实现合同目的，上诉人请求解除双方签订的出让合同，应予以支持。由于第三人的行为导致合同目的无法实现，并且上诉人明知出让的土地在挂牌出让前已被他人占有，上诉人主观上也存在过错，因此被上诉人只须退还上诉人已交付的出让金 40 万元（含定金 26 万元）及土地挂牌出让服务费 1.2 万元。

后经二审法院认定，被上诉人某县国土资源局履行合同违约应当承担违约责任，出让土地为案外人占有而造成被上诉人违约的事实不能成为被上诉人免责的依据，故应对被上诉人适用定金法则，退还土地出让金 40 万元（含定金 26 万元）及土地挂牌出让服务费 1.2 万元，返还定金 8 万元，合计 49.2 万元给上诉人杨某。

律师评析

本案为因出让方未依约交付出让土地所引发的出让合同纠纷。出让方按约腾空并交付出让土地，是其应履行的主要合同义务。由于本案的出让土地是现状出让，因此，出让方事先未披露出让土地存在被他人占用等情况是否构成出让方违约，是各方当事人争议的焦点问题之一。对于出让土地在被挂牌前已被他人占用，在该土地上建造了建筑物的情况，若出让土地挂牌文件仅规定出让土地为现状出让，并未明确披露上述情况，最终导致出让方未依约交付出让土地，法院认为出让方构成合同违约，受让方有权解除出让合同，并可要求出让方退还土地出让金并承担相应违约责任。

案例 2：某地产公司与某置业公司合同纠纷[①]

裁判要旨

开发商事先约定以合作方式参与土地招标拍卖挂牌，因政府政策调整导致相关合作协议的合同目的无法实现，任何一方均享有合同解除权；相关合作协议不能履行系因政府政策调整所导致，是当事人不能预见、不能避免的，一方因此要求另一方承担违约责任的，人民法院不予支持。

案情简介

2006 年，济南市旧村（居）改造工作领导小组下发文件（济村改〔2006〕3 号），批准济南市历下区刘智远城中村改造项目，提出要按照利用社会资金模式运行。

2015 年 5 月 18 日，济南市人民政府发布《关于规范社会资金参与土地熟化工作的意见》（济政字〔2015〕12 号），规定土地熟化主体按照审定后的项目土地熟化方案，以招标方式确定土地熟化投资人资格，并签订项目土地熟化投资协议书。土地熟化主体可根据项目熟化程度，对于熟化完成达到“净地”条件的宗地，按照“成熟一宗，提报一宗”的原则，向济南市国土资源局提报土地使用权挂牌出让方案，市国土资源部门按规定程序分期分批供地出让。

2015 年 6 月 23 日，济南市人民政府形成《济南市国有建设用地使用权招标拍卖挂牌出让工作领导小组会议纪要》（〔2015〕2 号），审议通过了 6 个项目的利用社会资金进行土地熟化方案，其中附件 2 第六项为刘智远城中村改造项目（凤山路以西），项目经营性可开发用地约 860.26 亩。其中 A 组团项目（A1 — A5 地块）预计可出让面积分别为：70.98 亩、109.37 亩、125.34 亩、89.03 亩、96.29 亩。该城中村改造项目为刘智远村民居住点，地上物需拆除总面积约 25 万平方米，涉及 2536 户、5200 人。

---

① （2019）最高法民终 283 号。

2015 年 9 月 14 日，某置业公司中标取得了济南市历下区刘智远城中村改造项目土地熟化投资人资格，进行了土地熟化工作。

2015 年 11 月 29 日，某置业公司（甲方）与某公司（乙方）签订《关于济南市历下区刘智远城中村改造项目之合作开发协议》（协议编号：YFXC — 1）一份、《合作开发协议之补充协议》（协议编号：YFXC — 2）一份、《合作开发协议之补充协议一》（协议编号：YFXC — 3）一份，就以公司运作方式合作开发上述 A1 — A5 地块达成一致，协议对合作范围、合作模式、操作流程、项目公司的设立及管理、成本利润承诺方案、双方权利义务、违约责任等事项作了约定：某置业公司分别就 A 组团合作范围内的 5 宗土地，以宗地为单位单独设立项目公司，以项目公司作为土地开发主体，在项目公司与政府国土部门签订出让合同并取得土地使用权后，再由某公司向项目公司增资扩股达到持股 70%，双方共同经营 5 个项目公司进行合作开发，分享收益，承担风险。

2015 年 11 月 29 日，某地产集团出具履约保函一份，承诺对某置业公司在上述合作协议项下所有的义务及违约责任包括某公司为实现合作协议项下的所有权利支出的诉讼费、公证费等全部费用，提供连带责任担保。

2017 年 10 月 11 日，济南市政府形成了《济南市国有建设用地使用权招标拍卖挂牌出让工作领导小组会议纪要》（〔2017〕5 号），审议通过了市国土资源局提报的 47 宗土地使用权出让方案具体审批意见，附件 1 中序号第 22 至第 30 为刘智远城中村改造项目 A1 — A5 以及 B2、B4、B5、B9 共 9 宗地。该份文件对前述 2015 年 6 月 23 日济南市人民政府会议纪要（〔2015〕2 号）所确定的“成熟一宗，提报一宗”原则和国土资源部门按规定程序分期分批供地出让的做法，以及 2015 年 5 月 18 日济南市人民政府《关于规范社会资金参与土地熟化工作的意见》（济政字〔2015〕12 号）所确定的经营性用地出让政策和土地出让条件作了调整，在“特殊事项”一栏中对土地出让条件作了如下限定：本次凤山路以西 A1、A2、A3、A4、A5、B2、B4、B5、B9 共 9 宗经营性用地一并出让且不接受联合体报名。

2017 年 12 月 28 日，济南市国土资源局、济南公共资源交易中心发布《国有建设用地使用权网上挂牌出让文件 2017 — G169 ~ G177》、《济南市国有建设用地使用权网上挂牌出让公告》（济国土资告字〔2017〕17号）及《竞买须知》，就包括案涉A1—A5地块等10宗地（编号为G169—G178号）挂牌出让发布公告，其中对G169—G177号9宗地（地块编号含A1—A5地块）的出让条件，又进行了明确：9宗经营性土地一并出让且不接受联合竞买。对于这一出让条件的解释，济南市国土资源局在官网中发布了《关于多宗土地一并出让竞买有关事宜的说明》："在土地出让挂牌文件中明确要求同一片区内多宗土地一并出让整体实施的，竞买人单独竞买或多家联合竞买，拟成立全资子公司或按照联合竞买协议约定成立联合公司参与开发建设的，只能成立一家全资子公司或一家联合公司，并由其与我局签订出让合同。"

2018年1月31日，某置业公司按照济南市国土资源局挂牌出让文件所规定的条件，挂牌竞得包括A1—A5 5宗地块在内的9宗地块（编号为G169—G177号），与济南市国土资源局签订出让合同，并取得不动产权证书。上述出让合同补充条款5约定：2017—G169、G170、G171、G172、G173、G174、G175、G176、G177号宗地一并出让，具有相互关联、相互制约关系。在签订出让合同后，如多宗土地中的一宗或多宗土地未能履行合同，则一并出让的其他宗地均视为违约，并将按合同约定承担违约责任。

此后，某置业公司组织对案涉土地进行了部分开发建设，其中刘智远村村民回迁安置房多栋建筑主体已基本完成。2018年3月，某公司在得知某置业公司竞得相关地块后，多次发函要求继续履行合作协议，双方互有函件、人员往来，并就试图达成新的合作方案进行了多次协商，但未能达成一致。某公司遂提起诉讼。

另查明，某置业公司提交2019年6月17日济银鸿字〔2019〕23号《关于多宗土地一并出让竞买相关事宜的咨询函》，载明"济南市自然资源和规划局：贵局在2017年12月28日发布的出让公告，其中包含凤山路以西2017-G169、G170、G171、G172、G173、G174、G175、G176、G177 9宗建设用地的使用权出让公告。鉴于9宗建设用地包含居住、商业、医院等多种形态，我司在参与土地竞买报名时就咨询贵局，能否在土地成交时成立多家全资子公司，分地块签订出让合同，当时得到贵局意见：本次出让竞得人只能自己或者最多成立一个全资子公司，签订全部9块土地的出让合同，不能成立多个全资子公司、分地块签订出让合同。相关规定参照2016年10月27日我局发布的《关于多宗土地一并出让竞买有关事宜的说明》（详见附件）。之后我司依据贵局公告要求报名并竞得了上述9宗建设用地。鉴于开发经营需要，希望贵局进一步明确该9宗土地在土地成交时我司是否能成立多家子公司，分别签订出让合同。请贵局就我司的咨询给予书面回复为盼”。

济南市自然资源和规划局于2019年6月24日出具《关于多宗土地一并出让竞买相关事宜的复函》，载明“某置业公司：你单位《关于多宗土地一并出让竞买相关事宜的咨询函》（济银鸿字〔2019〕23号）收悉，有关问题的解释详见相关地块土地使用权网上挂牌出让文件和我局于2016年10月27日发布的《多宗土地一并出让竞买有关事宜的说明》（附后）》”。附后的济南市国土资源局2016年10月27日《关于多宗土地一并出让竞买有关事宜的说明》载明“济国土资告字〔2016〕28号中的多个项目是多宗土地一并出让的，近期多家单位向我局来电咨询有关联合竞买等情况，现就相关问题说明如下：一、在土地出让挂牌文件中明确要求同一片区内多宗土地一并出让整体实施的，竞买人单独竞买或多家联合竞买，拟成立全资子公司或按照联合竞买协议约定成立联合公司参与开发建设的，只能成立一家全资子公司或一家联合公司，并由其与我局签订出让合同……”

法院裁判

法院生效判决认为：本案的争议焦点为：1. 双方签署的合作开发协议及相关补充协议是应当继续履行，还是应当予以解除；2. 某置业公司、某地产集团是否应当支付违约金5亿元。

关于焦点一，本案某公司提出的第一项诉讼请求即为要求某置业公司按照约定就案涉A1—A5 5宗土地的合作开发分别设立5家项目公司，继续履行合作协议。这一诉讼请求能够实现的前提条件，是政府允许案涉5个地块由不同公司受让，分别取得国有土地使用权并进行开发建设。根据已经查明的事实，在合作开发协议签订后，当地政府对经营性用地出让政策和国有土地使用权出让条件作出调整，明确要求同一片区内多宗土地一并出让整体实施。根据案涉5个地块的《国有建设用地使用权网上挂牌出让竞买须知》记载，案涉5个地块与B组团4个地块一并出让。关于“一并出让”的理解，某公司和某置业公司存在争议。某公司主张一并出让只是同时出让，没有禁止就每个地块分别设立项目公司受让。某置业公司主张按照政府的要求，一并出让的9个地块仅允许由同一家公司予以受让。《国有建设用地使用权网上挂牌出让竞买须知》对“一并出让”应如何理解没有具体规定。某置业公司二审时提交了济南市自然资源和规划局于2019年6月24日出具的《关于多宗土地一并出让竞买相关事宜的复函》，根据该复函载明的内容及附后的济南市国土资源局2016年10月27日《关于多宗土地一并出让竞买有关事宜的说明》载明的内容可知，案涉5个地块和B组团4个地块需一并出让，并且只能由一家公司予以受让。这种情形下，合作开发协议及补充协议有关合作开发A1、A3、A4地块的约定无法再继续履行。本案根据查明的事实，双方合作协议系因政府政策调整的原因导致不能履行，是当事人不能预见、不能避免的，符合双方协议约定的不可抗力情形，也符合我国合同法律制度中有关法定解除权的规定。依据双方协议约定和合同法相关规定，某置业公司有权要求解除合同。

关于焦点二，某公司提出的第二项诉讼请求是要求某置业公司、某地产集团支付5亿元违约金。

根据合同约定，支付违约金的条件是某置业公司存在拒绝某公司参与就A组团5个地块分别设立的项目公司合作的违约行为，而如前所述，济南市政府的相关政策已不允许，某置业公司不可能，实际也未就A组团各宗地分别成立5家项目公司，也就不存在是否允许某公司按约定参与各宗地对应的5家项目公司合作的问题。这一局面的形成系政府政策调整变化所致，并非某置业公司违约所致。对此，双方在合作协议第10.7条中也有明确约定，双方互不承担违约责任。因此，某公司要求支付违约金的主张，缺乏事实依据和合同依据，依法不能成立。

应注意的是，根据《合同法》第六十条第二款规定“当事人应当遵循诚实信用原则，根据合同的性质、目的和交易习惯履行通知、协助、保密等义务”。[①] 本案中，双方当事人签订合作开发协议的目的是对案涉地块进行合作开发以获取利润，为履行合作开发协议，双方应该都会进行一定的准备工作。并且根据合作开发协议第 3.2 条、第 3.3 条等约定，某置业公司负责交纳竞买保证金、签订土地成交确认书、设立项目公司等前期工作，故其对政府土地挂牌出让条件的变化应高度关注并及时通知某公司。本案中，案涉土地的挂牌出让文件在 2017 年 12 月 28 日公布，某置业公司并未提交证据证明其在得知案涉土地只能由一个公司受让等事项后，及时通知某公司并积极与之协商如何履行、变更合作开发协议，某置业公司提交的公证书等证据均显示其是在 2018 年 2 月，即签订了出让合同之后，才与某公司进行了协商。故某置业公司在此过程中存在违反诚实信用原则以及《合同法》第六十条第二款规定的法定附随义务的行为，应承担某公司因此遭受的损失。但本案中，某公司并未就损失赔偿提出诉请，故本案对此不予处理，某公司可依法另行主张相关权利。

律师评析

本案中法院认为，由于政府政策调整导致双方达成的相关合作协议目的无法实现，任何一方均有权依法或依约解除相关合作协议，并且无需因此承担违约责任。但值得注意的是，因某置业公司在了解政府政策调整后，并没有第一时间与某公司协商并解除合同，从而导致某公司损失进一步扩大，该行为违背了《合同法》第六十条第二款（现为《民法典》第五百零九条第二款）“当事人应当遵循诚信原则，根据合同的性质、目的和交易习惯履行通知、协助、保密等义务”规定的法定附随义务，某置业公司应当赔偿某公司因此遭受的相关损失。

---

① 已修订为 2020 年《民法典》第五百零九条第二款。

案例3：某市自然资源和规划局与某置业公司建设用地使用权出让合同纠纷[①]

裁判要旨

出让合同签订后出让土地降价的风险原则上应由作为土地使用权的受让方承担。

案情简介

2008年12月，被上诉人某置业公司与上诉人某市自然资源和规划局签订出让合同约定土地用途为科教用地，被上诉人缴纳了土地出让金8015600元并办理了土地使用权证。后因土地用途变更，被上诉人在2012年缴纳土地押金16689万元。2013年10月31日，依据政府会议纪要将上述宗地分立为两块用地，分别为17653.28平方米和12166.67平方米。17653.28平方米商服用地出让价为100909984元，12166.67平方米商服、住宅用地出让价为48009590元。后上诉人与被上诉人就12166.67平方米的土地签订出让合同并办理了不动产权证书。2017年10月27日，被上诉人就本案争议的17653.28平方米的土地补办了陕（2017）某市不动产权第05××2号不动产权证书，土地用途为科教用地。2018年4月26日办理了陕（2018）某市不动产权第02××9号不动产权证书，土地用途由科教用地变更为其他商服用地。依据2013年10月31日某市政府会议纪要将17653.28平方米的土地用途由科教用地变更为商服用地，虽然没有签订出让合同，但实际上已缴纳了出让金并办理了商服用地土地使用权证，应视为双方之间存在科教用地变更为商服用地合同且已履行完毕。2018年7月16日，某市政府《关于土地管理有关问题的会议纪要》同意了该宗土地用途由商服用地变更为住宅用地，并要求补缴土地价款。2018年7月30日，上诉人与被上诉人签订出让合同，约定本合同项下土地出让金为58227300元，并在合同中增加补充条款，内容为：该

① （2019）陕民终1093号。

宗地属原出让商服用地改变用途为其他普通商品住房用地，需补缴土地使用权出让价款 116100 元。依据合同约定，商服用地在 2018 年 7 月 30 日签订合同时出让金应为 58111200 元（58227300 元减去 116100 元）。2014 年商服用地出让金为 100909984 元，2018 年时该商服用地出让金降价 42798784 元，被上诉人认为是上诉人原因致使其多支付土地出让价款 42798784 元，要求上诉人予以返还。

法院裁判

本案的争议焦点为：上诉人是否应退还被上诉人国有土地使用权转让价款及利息，实质是商服用地降价造成的损失应由谁承担。但就本案事实而言，在商服用地变更为住宅用地前，本案的被上诉人已经取得涉案土地以商服用地性质为用途的土地使用权证，系该土地的使用权人，因土地降价造成的损失自然应由其承担。政府会议纪要同意该宗土地用途由商服用地变更为住宅用地，但要求补缴出让金。在签订出让合同时，被上诉人已知涉案住宅用地的出让金为 58227300 元，其已缴纳商服用地出让金 100909984 元，对一个正常的民事主体来讲，如果认为不该承担这两者之间的差价，都会自然地要求退还中间巨大的差价并在合同中约定清楚，而本案的当事人在合同中并无约定退还差价，只约定补交不足部分。原审中，被上诉人以商服用地出让金 100909984 元，住宅用地出让金 58227300 元相减，要求上诉人退还多支付土地出让金显然无合同依据。原审法院认定涉案土地由科教用地调整为商服用地时，合同尚未完全履行，土地用途又调整为居住用地，应视为双方对合同内容进行了变更。本案中，双方当事人在政府规划行政主管部门同意由商服用地调整为住宅用地后，重新签订了出让合同，对应补交的出让金价款进行了约定并已实际履行，现涉案地块已按照住宅用地开发完毕。因此，某置业公司无权要求上诉人退还国有土地使用权转让价款及利息。

律师评析

本案中受让方受让出让土地后，政府有关部门调整用地规划，改变了出让土地的土地用途，由科教用地调整为商服用地，再调整为住宅用地，相关用途类型土地市场价格大幅下降，导致受让方需要向出让方补缴土地出让金的情况出现，该部分损失应由谁承担便是本案的焦点之一。法院认为，上述损失应由作为土地使用权人的受让方承担，并且受让方已经通过重新签订出让合同等实际行为放弃要求赔偿的权利，其更无权要求出让方承担相关损失。

第二章 土地使用权直接转让纠纷

土地使用权转让作为土地二级市场的交易行为，是土地使用权人对土地使用权的处分行为。根据《民法典》《城镇国有土地使用权出让和转让暂行条例》《城市房地产转让管理规定》以及《城市房地产管理法》等法律法规的规定，土地使用权转让是指土地使用权人通过出售等有偿方式移转土地使用权的行为。

第一节 理论概述与实务指引

一、土地使用权转让的特点

（一）土地使用权转让应为有偿行为

土地使用权转让是土地使用权人（出让方）通过法定方式将土地使用权转移给受让方的行为，受让方应支付一定的转让价款，在出让方通过赠与方式移转土地使用权时，应为土地使用权赠与行为，而非转让行为。

（二）土地使用权转让的连带转让效力

《民法典》第三百五十六条规定："建设用地使用权转让、互换、出资或者赠与的，附着于该土地上的建筑物、构筑物及其附属设施一并处分。"第三百五十七条规定："建筑物、构筑物及其附属设施转让、互换、出资或者赠与的，该建筑物、构筑物及其附属设施占用范围内的建设用地使用权一并处分。"《城镇国有土地使用权出让和转让暂行条例》第二十三条规定："土地使用权转让时，其地上建筑物、其他附着物所有权随之转让。”可见，我国采纳了房地一体主义的立法体例，土地使用权和地上建筑物的所有权二者需共同作为交易标的，不能单独流转，也即通常所说的“房随地走”或“地随房走”的规则。

（三）土地使用权转让是一种要式行为

《民法典》第三百五十四条规定：“建设用地使用权转让、互换、出资、赠与或者抵押的，当事人应当采用书面形式订立相应的合同……”《城镇国有土地使用权出让和转让暂行条例》第二十条规定：“土地使用权转让应当签订转让合同。”土地这一重要自然资源的利用，关系到国家、社会和使用者的重大利益，采用书面形式可有效明确各方权利义务，避免潜在争议。

（四）土地使用权转让合同的期限要受限于出让合同

《城镇国有土地使用权出让和转让暂行条例》第二十二条规定：“土地使用者通过转让方式取得的土地使用权，其使用年限为土地使用权出让合同规定的使用年限减去原土地使用者已使用年限后的剩余年限。”《民法典》第三百五十四条规定：“……使用期限由当事人约定，但是不得超过建设用地使用权的剩余期限。”土地使用权作为一种用益物权，只能在土地所有权人让渡权利的范围内行使相关权利。因此，土地使用权转让合同中约定的使用期限自然不得超过出让合同约定的土地使用权期限。

二、土地使用权转让的条件

《民法典》第三百四十七条第一款规定：“设立建设用地使用权，可以采取出让或者划拨等方式。”土地使用权创设方式不同，对土地使用权转让的条件也有不同要求。实务中，“房随地走”的情形在土地使用权转让条件中较为常见且要求较为复杂，以下简要对比说明出让取得和划拨取得土地使用权转让时的不同条件要求。

（一）转让以出让方式取得的土地使用权的条件

《城市房地产管理法》第三十九条规定："以出让方式取得土地使用权的，转让房地产时，应当符合下列条件：（一）按照出让合同约定已经支付全部土地使用权出让金，并取得土地使用权证书；（二）按照出让合同约定进行投资开发，属于房屋建设工程的，完成开发投资总额的百分之二十五以上，属于成片开发土地的，形成工业用地或者其他建设用地条件。转让房地产时房屋已经建成的，还应当持有房屋所有权证书。"

《城市房地产转让管理规定》第十条规定："以出让方式取得土地使用权的，转让房地产时，应当符合下列条件：（一）按照出让合同约定已经支付全部土地使用权出让金，并取得土地使用权证书；（二）按照出让合同约定进行投资开发，属于房屋建设工程的，应完成开发投资总额的百分之二十五以上；属于成片开发土地的，依照规划对土地进行开发建设，完成供排水、供电、供热、道路交通、通信等市政基础设施、公用设施的建设，达到场地平整，形成工业用地或者其他建设用地条件。转让房地产时房屋已经建成的，还应当持有房屋所有权证书。"

根据上述规定，以出让方式取得土地使用权，进行转让时，应符合的条件包括：1. 支付对价，支付全部土地出让金；2. 权属明确，权利人取得土地使用权证书；3. 按照出让合同约定进行投资开发，并符合如下要求，属于房屋建设工程的，完成开发投资总额的25%以上，属于成片开发土地的，形成工业用地或者其他建设用地条件。

（二）转让以划拨方式取得的土地使用权的条件

1. 以划拨方式取得的土地使用权的转让条件

《城镇国有土地使用权出让和转让暂行条例》第四十五条规定："符合下列条件的，经市、县人民政府土地管理部门和房产管理部门批准，其划拨土地使用权和地上建筑物、其他附着物所有权可以转让、出租、抵押：（一）土地使用者为公司、企业、其他经济组织和个人；（二）领有国有土地使用证；（三）具有地上建筑物、其他附着物合法的产权证明；（四）依照本条例第二章的规定签订土地使用权出让合同，向当地市、县人民政府补交土地使用权出让金或者以转让、出租、抵押所获效益抵交土地使用权出让金。转让、出租、抵押前款划拨土地使用权的，分别依照本条例第三章、第四章和第五章的规定办理。”

由于土地使用权划拨是市、县级以上人民政府代表国家出于对公益事业或国家重点工程项目的扶持，在受让方缴纳补偿、安置等费用后或直接无偿将土地交付给其使用，即土地使用权划拨具有行政性、无偿性、公益性，所以我国划拨土地使用权原则上不得转让，只有在符合上述法定条件时方可转让。

2. 以划拨方式取得土地使用权，转让时的条件

《城市房地产管理法》第四十条规定：“以划拨方式取得土地使用权的，转让房地产时，应当按照国务院规定，报有批准权的人民政府审批。有批准权的人民政府准予转让的，应当由受让方办理土地使用权出让手续，并依照国家有关规定缴纳土地使用权出让金。以划拨方式取得土地使用权的，转让房地产报批时，有批准权的人民政府按照国务院规定决定可以不办理土地使用权出让手续的，转让方应当按照国务院规定将转让房地产所获收益中的土地收益上缴国家或者作其他处理。”

《城市房地产转让管理规定》第十一条规定：“以划拨方式取得土地使用权的，转让房地产时，按照国务院的规定，报有批准权的人民政府审批。有批准权的人民政府准予转让的，除符合本规定第十二条所列的可以不办理土地使用权出让手续的情形外，应当由受让方办理土地使用权出让手续，并依照国家有关规定缴纳土地使用权出让金。”第十二条规定：“以划拨方式取得土地使用权的，转让房地产时，属于下列情形之一的，经有批准权的人民政府批准，可以不办理土地使用权出让手续，但应当将转让房地产所获收益中的土地收益上缴国家或者作其他处理。土地收益的缴纳和处理的办法按照国务院规定办理。（一）经城市规划行政主管部门批准，转让的土地用于建设《中华人民共和国城市房地产管理法》第二十三条规定的项目的；（二）私有住宅转让后仍用于居住的；（三）按照国务院住房制度改革有关规定出售公有住宅的；（四）同一宗土地上部分房屋转让而土地使用权不可分割转让的；（五）转让的房地产暂时难以确定土地使用权出让用途、年限和其他条件的；（六）根据城市规划土地使用权不宜出让的；（七）县级以上人民政府规定暂时无法或不需要采取土地使用权出让方式的其他情形。依照前款规定缴纳土地收益或作其他处理的，应当在房地产转让合同中注明。”

因此，以划拨方式取得土地使用权，在进行转让时也同样受到我国法律的限制性规定，在经有批准权的人民政府准予转让后，原则上由受让方办理土地使用权出让手续，并依照国家有关规定缴纳土地使用权出让金，而在经有批准权的人民政府批准，可以不办理土地使用权出让手续时，出让方应将转让房地产所获收益中的土地收益上缴国家或者作其他处理。

（三）土地使用权转让的效力

土地使用权转让是受让方处分土地使用权的行为，其效力主要包括以下方面：

1. 出让合同和登记文件中所载明的权利、义务随之转移。

2. 土地使用权转让时，其地上建筑物、构筑物及其他附着物所有权随之移转。

3. 土地使用权和其地上建筑物、构筑物及其他附着物所有权移转后应当依法办理变更登记。

4. 土地使用权转让价格明显低于市场价格的，市、县人民政府有优先购买权。

第二节　办案思路与实战技巧

我国采取的是债权形式主义的物权变动模式，土地使用权移转需要具备有效的债权合同（土地使用权转让合同）以及完成不动产变更登记两个要件，司法实践中相关纠纷多为土地使用权转让合同纠纷。

一、未办理土地使用权变更登记的转让合同纠纷

《民法典》第二百一十五条规定："当事人之间订立有关设立、变更、转让和消灭不动产物权的合同，除法律另有规定或者当事人另有约定外，自合同成立时生效；未办理物权登记的，不影响合同效力。"因此，对于不动产物权变动，我国法律采取的是债权形式主义的物权变动模式，即物权变动效力的发生，不仅需要依当事人的意思而成立的买卖、赠与、互易、抵押等合同或单独行为生效，而且需要登记或者交付，但无需另外作成物权行为。因此，作为债权合同的土地使用权转让合同的效力是独立于物权效力存在的，相关合同的效力不能以是否办理物权登记为标准来认定，否则容易出现土地使用权转让市场的混乱。最典型的就是在"房随地走"的情形中，若认定办理物权登记作为土地转让合同及相关房地产买卖合同的生效要件，开发商则完全掌握主动权，如在房地产升值的情况下，开发商为了保值或一房二卖，不履行相关合同，即不去办理房地产过户登记，导致房地产买卖合同未生效，对购房者来说，显然是不公平的。

因此，对于未办理土地使用权变更登记时转让合同的效力，《最高人民法院关于审理涉及国有土地使用权合同纠纷案件适用法律问题的解释》第八条认定相关合同有效："土地使用权人作为转让方与受让方订立土地使用权转让合同后，当事人一方以双方之间未办理土地使用权变更登记手续为由，请求确认合同无效的，不予支持。"

二、"一地数转"合同纠纷

（一）"一地数转"合同效力

由于我国法律采取的是债权形式主义的物权变动模式，即将物权变动的原因与结果进行区分，合同的生效是双方当事人意思表示一致，而物权登记则为合同履行，即土地使用权转让合同的效力，应依据《民法典》的相关规定来判断，并不以不动产是否办理物权登记为标准。因此，对于土地使用权人与受让方之间签订的数个土地使用权转让合同，当双方当事

人就土地使用权转让的意思表示一致时，该土地使用权转让合同即产生约束力。

（二）“一地数转”合同纠纷中最终土地使用权的取得

由于数个土地使用权转让合同在符合合同的生效要件时均为有效，因此不同的受让方均可向出让方主张履行合同，以实现取得土地使用权的合同目的。但同一宗土地使用权，只能向一个受让方履行，因此出让方就土地使用权订立数个土地使用权转让合同，在合同有效的情况下，受让方满足优先受让的条件是解决该类合同纠纷的关键。

《最高人民法院关于审理涉及国有土地使用权合同纠纷案件适用法律问题的解释》第九条规定：“土地使用权人作为转让方就同一出让土地使用权订立数个转让合同，在转让合同有效的情况下，受让方均要求履行合同的，按照以下情形分别处理：（一）已经办理土地使用权变更登记手续的受让方，请求转让方履行交付土地等合同义务的，应予支持；（二）均未办理土地使用权变更登记手续，已先行合法占有投资开发土地的受让方请求转让方履行土地使用权变更登记等合同义务的，应予支持；（三）均未办理土地使用权变更登记手续，又未合法占有投资开发土地，先行支付土地转让款的受让方请求转让方履行交付土地和办理土地使用权变更登记等合同义务的，应予支持；（四）合同均未履行，依法成立在先的合同受让方请求履行合同的，应予支持。未能取得土地使用权的受让方请求解除合同、赔偿损失的，依照民法典的有关规定处理。”

根据上述司法解释的规定，土地使用权人作为出让方就同一出让土地使用权订立数个转让合同，在转让合同有效的情况下，受让方均要求履行合同的，优先受偿顺序如下：1. 办理土地使用权变更登记手续；2. 均未办理土地使用权变更登记手续时已先行合法占有投资开发土地的；3. 均未办理土地使用权变更登记手续且未合法占有投资开发土地时，已先行支付土地转让款的；4. 合同未履行时成立在先的合同受让方。此外，在土地使用权实际受让方确定后，其他未能取得土地使用权的受让方有权依照《民法典》的有关规定请求解除合同、要求出让方承担相应违约责任。

（三）注意转让划拨土地使用权的合同纠纷

根据《最高人民法院关于审理涉及国有土地使用权合同纠纷案件适用法律问题的解释》第十条、第十一条的有关规定，对于以划拨方式取得的土地使用权进行再转让的，土地使用权人未经有批准权的人民政府批准，与受让方订立合同转让划拨土地使用权的，应当认定合同无效，因此，原则上经有批准权的人民政府批准是相关合同有效的必要条件，而关于该批准的时间节点，在实务中应以起诉前是否经有批准权的人民政府批准为准。

值得注意的是，最高人民法院于2020年修改《最高人民法院关于审理涉及国有土地使用权合同纠纷案件适用法律问题的解释》时，将原2005年出台的《最高人民法院关于审理涉及国有土地使用权合同纠纷案件适用法律问题的解释》第十六条“土地使用权人未经有批准权的人民政府批准，以划拨土地使用权作为投资与他人订立合同合作开发房地产的，应当认定合同无效。但起诉前已经办理批准手续的，应当认定合同有效”的规定予以删除，就其删除的原因来看，通过划拨取得的土地使用权具有行政行为性、无偿性、无期限性和公益性的特征，相关法律法规严格限制划拨土地使用权的转让便是为了避免国家和社会公共利益遭受损害。因此，以划拨土地使用权作为投资与他人订立合作开发房地产合同前应当依法经过有批准权的人民政府批准，但是根据物权行为独立性原则（区分原则），上述政府的批准行为应仅影响合作开发房地产合同项下土地使用权变更登记等物权行为的履行，若未经有批准权的人民政府批准，则合作开发房地产合同构成法律上的履行不能，但不影响合作开发房地产合同的效力，此便为最高人民法院删除相关规定的原因之一。

第三节　典型案例精析

案例 4：甲公司与乙公司等土地使用权转让合同纠纷①

裁判要旨

签订土地使用权转让合同时，出让方虽未取得土地使用权证，但在诉讼前已经取得该证的，应认定相关转让合同有效。出让方在不符合《城市房地产管理法》第三十九条规定的条件下转让土地使用权的，属于转让标的瑕疵，不影响相关转让合同的效力。

案情简介

2003 年 9 月 18 日，乙公司、丙公司与甲公司签订《土地开发合同》约定，乙公司、丙公司同意将乙公司位于柳州市柳石路 × 号的 51.9979 亩土地转让给甲公司，土地转让价款为 2860 万元。土地转让款的付款期限和办法：根据乙公司的要求，甲公司同意于 2003 年 9 月 30 日前，将 200 万元转入乙公司账户作为合作定金；乙公司、丙公司必须在两个月内办理完成市政府同意该宗土地转让给甲公司控股或甲公司法定代表人控股的在柳州新成立的公司，并给予今年或明年上半年土地开发计划指标；甲公司在得到开发指标批准可以进行房地产开发时起一个月内，代乙公司支付向中国工商银行柳州分行所借的 795 万元贷款及表内利息 96 万元（此利息如能减免，此款便加在厂房拆迁费里支付），此贷款经银行同意可转贷给甲公司，乙公司应积极协助甲公司办理，并提供该宗土地作为贷款担保抵押，如银行确认，基于此贷款转给甲公司的原因，不能免去表内利息 96 万元（准确金额以银行确认的为准），此利息应由甲公司承担，因其他任何原因乙公司未得到银行的免息，均由

① （2004）民一终字第 46 号。

乙公司承担；甲公司在得到市政府将土地转让给甲公司控股或甲公司法定代表人控股的在柳州新成立的公司，并得到开发指标批准可以进行房地产开发时起一个月内必须代乙公司支付该宗土地办理土地使用性质变更（由工业用地变更为商业用地）向土地管理部门交纳的土地变性费用及契税约 600 万元；乙公司在办理完成将该宗土地过户给甲公司在柳州的控股公司或甲公司法定代表人控股的公司三个月内，甲公司在柳州的控股公司或甲公司法定代表人控股的公司代乙公司分期支付职工安置费、厂房搬迁费及代乙公司偿还零星欠款，此三项共约 600 万元。以上共计 2300 万元在甲公司支付给乙公司的土地转让费中扣除，余下 2200 万元（甲公司根据乙公司和丙公司的要求，支付给乙公司 560 万元、丙公司 1640 万元），甲公司在得到土地使用和开发指标批准，可以进行房地产开发时起一年内支付给乙公司和丙公司。

在甲公司代乙公司、丙公司向土地局支付该宗土地变性费及契税的同时，乙公司须将该宗土地过户给甲公司控股或甲公司法定代表人控股的在柳州新成立的公司。但甲公司在付清乙公司、丙公司 4500 万元之前，不得将该宗土地转让给甲公司控股或甲公司法定代表人控股的公司以外的其他人。

甲公司计划该宗土地分期开发，从甲公司支付完需开发部分土地的厂房搬迁费和职工安置费之日起算，乙公司必须在三个半月内搬迁完毕，将达到“三通一平”的土地交付甲公司。甲公司未付给乙公司、丙公司的部分款项，由甲公司或甲公司在柳州的控股公司或甲公司法定代表人的控股公司提供相应价值的土地和房产作为抵押担保，且约定本合同为三方执行合同。2003 年 9 月 29 日，甲公司将 200 万元定金转入乙公司账户。2003 年 11 月 18 日，柳州市发展计划委员会批准将本案所涉及的土地用途改变为经营性用地。2003 年 11 月 3 日，甲公司函告乙公司、丙公司，授权甲公司法定代表人罗某友控股的盛源公司代其履行合同，要求乙公司、丙公司按合同约定将土地过户给盛源公司。2003 年 12 月 15 日，甲公司又函告乙公司、丙公司，将代其履行合同的公司变更为恒贸源公司，要求乙公司、丙公司按合同约定将土地过户给该公司。2003 年 11 月 21 日，乙公司与丙公司函告甲公司，其已于 2003 年 11 月 18 日将柳州市发展计划委员会批准土地用途改变的文件办妥，并将复印件交与甲公司，要求甲公司提前支付 600 万元款项，其中

300 万元用于交纳土地收益金，办理土地过户及办理解封和搬厂，另 300 万元在办理完土地过户手续后的一个月内支付。2003 年 11 月 25 日，乙公司提出资金计划：第一期资金计划总计 300 万元，包括支付河北科技公司欠款 42 万元，用于办理土地解封事宜；交纳土地收益金 120 万元；搬迁厂房所需费用 100 万元；偿还其他零星欠款 38 万元。第二期资金应在土地过户后一个月内到位。

由于甲公司能否提供并办理抵押担保登记手续，对确保乙公司、丙公司今后利益的实现至关重要，因此再次发函，希望甲公司务必在 2003 年 12 月 8 日前到乙公司商谈修改完善上述问题并最终达成一致意见，否则《土地开发合同》无法履行，三方将全面终止该合同。2003 年 12 月 20 日，恒贸源公司函复乙公司、丙公司：《土地开发合同》合法有效，不能随意终止，现乙公司、丙公司以根本就不存在的不安全因素为由拒不办理该宗土地过户，已属严重违约。2003 年 12 月 29 日，乙公司、丙公司致函甲公司，以三方没有就办理抵押担保登记的时间及担保金额、保证范围达成一致意见为由，决定从即日起终止《土地开发合同》并要求甲公司商谈办理定金退还事宜。2004 年 1 月 3 日，甲公司致函丙公司、乙公司，拒绝终止合同。

此外还查明，本案所涉及的位于柳州市柳石路 × 号土地属国有出让土地，土地证号为柳国用（2003）字第 18× ×61 号，土地面积为 34665.3 平方米（合 51.9979 亩），用途为工业用地，系乙公司根据与柳州市国土资源局 2003 年 6 月 26 日所签订的出让合同受让取得；该宗土地按抵押合同设定土地使用权抵押登记，抵押面积为 34537.3 平方米，抵押金额为 837 万元，抵押期限从 1997 年 7 月 11 日至 1999 年 7 月 9 日，抵押权人为中国工商银行柳州分行，目前该笔抵押已到期，尚未办理注销登记；乙公司经企业改制后以出让方式处理该宗土地使用权，尚欠 292.5 万元的职工经济补偿金未支付；2003 年 11 月 18 日，柳州市发展计划委员会通知乙公司："柳州市土地收购储备与审批委员会 2003 年第 9 次工作会议已同意你单位位于柳石路 × 号土地的用途改变为经营性用地，请于《通知》发出之日起至 2004 年 6 月 30 日，到市计委、规划局、国土局等有关部门办理相关手续，期限内未办理的，视为自动放弃，并告知：一、房地产开发公司宗地改变用途的，请按房地产开发项目的有关程序办理；二、非房地产开发公司宗地改变用途的，应在获得房地产开发资格后，按房地产开发项目的有关程序办理。”

法院裁判

本案性质为土地使用权转让合同纠纷。三方当事人签订的《土地开发合同》是在自愿、协商一致的基础上签订的，为有效合同，根据诚实信用原则，各方当事人均应恪守合同的约定，全面履行合同。甲公司已按照合同交付了定金并将合同中所约定的代其履行的公司告知了乙公司与丙公司，而乙公司与丙公司却没有按照合同的约定履行自己的义务，而是以三方在合同中对抵押担保问题约定不明确，又没有协商一致，其利益存在风险为由，拒绝按合同的约定办理有关土地手续，并进而要求终止合同，显然有悖于合同的约定。根据合同约定，在甲公司将200万元定金转至乙公司账户后，乙公司和丙公司就应当履行合同第三条第二款所约定的义务，此间并不存在甲公司应先行办理抵押手续的问题，因为合同并没有将甲公司办理抵押手续作为乙公司和丙公司履行该义务的前置条件。根据合同约定，甲公司在履行本案合同过程中，除已支付给乙公司的200万元定金外，还需代乙公司履行相关义务，在支付约1500万元的款项后，方能实际取得土地过户，且甲公司也承诺以过户的土地使用权作为对未付款项的抵押担保，该承诺不违反法律规定且是切实可行的，故乙公司与丙公司所主张的风险没有事实依据，不予支持。

此外，本案合同签订前，柳州市国土资源局已同意乙公司以出让方式取得讼争土地的使用权，双方订有出让合同。本案一审起诉前乙公司办理了土地使用权证，讼争土地具备了进入市场进行依法转让的条件。而土地出让金的交纳问题，属出让合同当事人即柳州市国土资源局和乙公司之间的权利义务内容，其是否得到完全履行不影响对本案土地使用权转让合同效力的认定，故丙公司提出的因《土地开发合同》签订时未取得土地使用权证及土地出让金未全部交清违反法律强制性规定应认定该合同无效的上诉主张，不予支持。

关于投资开发的问题，《城市房地产管理法》第三十九条关于土地转让时投资应达到开发投资总额25%的规定，是对土地使用权转让合同标的物设定的于物权变动时的限制性条件，转让的土地未达到25%以上的投资，属合同标的物的瑕疵，并不直接影响土地使用权转让合同的效力，《城市房地产管理法》第三十九条中的该项规定，不是认定土地使用权转让合同效力的法律强制性规定。因此，丙公司关于《土地开发合同》未达到25%投资开发条件应认定无效的主张，不予支持。

综上，《土地开发合同》于签订之时虽有瑕疵，但经补正后已不存在违反法律强制性规定的情形，应认定有效。

律师评析

在土地使用权转让过程中，存在出让方在尚未取得土地使用权证书的情况下转让土地使用权的现象，若出让方在诉讼前已经取得该证，则应认定相关转让合同有效；虽然《城市房地产管理法》第三十九条明确规定，转让以出让方式取得的土地使用权，属于房屋建设工程的，应完成开发投资总额的25%以上，但是本案法院认为上述规定不影响相关土地使用权转让合同的效力，而仅属于对相关土地使用权的物权发生变动时的限制性条件，换言之，出让方若想完整履行相关土地使用权转让合同项下将土地使用权变更至受让人名下的义务，必须符合上述规定的要求，但是否符合上述规定不影响相关土地使用权转让合同的效力。

案例5：城投公司与建院公司建设工程施工合同纠纷[①]

裁判要旨

在项目建设程度未达到可以依法转让土地使用权的情况下，资金方提前介入与项目方（一般为土地方）进行前期合资开发合作，若在这一过程中对外产生纠纷，不论名义上项目的发包方是资金方还是项目方，凡是实际参与的受益方均应对此承担连带责任。

---

① （2020）鲁02民终10442号。

案情简介

2017 年 1 月 6 日，甲公司与建院公司签订工程施工分（承）包合同。合同约定涉案工程名称为瑞海北路 × 号地块（第一城）项目；工程地点为青岛市市北区瑞海北路 × 号；工程内容为基坑支护施工；承包范围为基坑支护结构施工等。涉案工程合同总价为 18012533.75 元，具体项目组成及综合单价详见《瑞海北路 × 号地块第一城项目工程价目表》。

2017 年 9 月 26 日，建院公司与甲公司、监理单位达成《瑞海北路 × 号第一城基坑支护项目补助明细表》，证明因甲公司的原因导致停工，甲公司给予建院公司人工费及机具租赁费补助，累计 235119 元。甲公司由现场负责人王某明签字，监理单位由刘某清签字，并注明“停工时间，工人的量，情况属实”。

本案审理过程中建院公司申请就涉案工程造价进行司法鉴定。一审法院委托乙公司就涉案工程进行司法鉴定，乙公司接受一审法院委托进行鉴定并作出《鉴定书》。鉴定结论中双方对钢筋砼灌注桩 82317788.7 元、第一城基坑支护项目补助明细表 235119 元、签证单临时道路 240412.88 元、扣除双方确认的电费金额 95248.81 元无异议，一审法院予以确认。

另查明：城投公司持有涉案项目用地的土地使用证，房地产权证（证号：青房地权市字第 ×× 号）、工程立项批准文件［文号：青北发改发（2015）256 号］及建设工程规划许可证等。2015 年甲公司与城投公司签订《合作协议书》，就涉案项目约定：城投公司提供土地，甲公司以自筹资金的形式对项目用地进行前期开发建设。城投公司派人与甲公司组成工作小组，配合甲公司进行项目规划设计、开工建设的各项审批，工程建设及工程管理流程控制等。待项目用地的投资达到项目投资总额的 25%，通过股权转让等方式将合作项目转让给甲公司。2017 年 9 月 27 日，城投公司与甲公司签订《合作协议书》补充协议，约定由城投公司接管该项目并自筹资金对项目进行前期开发建设，且由甲公司派驻人员配合共同管理工程进度、工程质量和施工安全，直至该项目用地投资额达到项目开发投资总额的 25% 以上，并且符合土地使用权转让的条件等。

城投公司与甲公司签订补充协议后，甲公司已将涉案建设项目所有资料移交给城投公司。移交清册中记载了“与施工现场土石方及打桩施工相关的合同及施工记录”。城投公司委托尤尼泰振青会计师事务所就涉案工程项目进行全面的评估，出具了《关于对欢乐滨海城 × 地块项目执行商定程序的报告》（尤振咨字〔2017〕第 02-002 号）一份。该报告第 1.5 条，复核甲公司对外签订的与本项目相关的合同协议的履行情况及所涉及的已完工程投资情况，包括甲公司以自己的名义或以城投公司的名义对外签订的全部合同协议。该报告包含建院公司施工内容，包括项目签证及工程量明细表等内容。城投公司与甲公司设立共管账户，该账户户头名称为城投公司。甲公司对涉案项目一切经济往来须通过该账户进行，也必须经过城投公司审核同意才可进行。

法院裁判

一审法院认为，根据城投公司与甲公司签订的《合作协议书》，城投公司提供项目土地，甲公司提供资金，双方合作开发涉案项目。在涉案工程开发建设过程中，城投公司与甲公司设立共管账户，该账户户头名称为城投公司，由城投公司控制和管理。城投公司派人员与甲公司共同组建了项目管理部。虽然《施工合同》是甲公司与建院公司签订的，城投公司未与建院公司签订合同，但城投公司作为该项目的合作方，对甲公司与建院公司签订了合同、建院公司实际进行了施工的事实，应当知道且未提出异议。且根据城投公司与甲公司签订《合作协议书》补充协议，由城投公司接管该项目并自筹资金对项目继续进行前期开发建设，并由甲公司派驻人员配合共同管理工程进度、工程质量和施工安全，直至该项目用地投资额达到项目开发投资总额的 25% 以上并且符合土地使用权转让的条件等，城投公司已全面接管涉案项目。涉案项目并未按照合作协议书约定转让给甲公司，城投公司仍是涉案项目资产所有人和开发商，城投公司享有建院公司桩基工程的既得利益，是涉案工程的实际受益人，城投公司应对甲公司就支付建院公司涉案项目的工程款承担连带责任。城投公司主张其并非合同相对方，不应承担连带责任，理据不足，一审法院不予支持。

二审法院认为，首先，城投公司是涉案土地所有权人，且其多次在公开场合强调其系该项目的唯一所有权人及开发主体。其与甲公司合作开发涉案项目，无论涉案合同是否由其签订，城投公司都是本案桩基工程的实际受益人。其次，城投公司与甲公司就该项目的开发成立了项目部，设立了共管账户且户名为城投公司，并支付过破桩头人工费等款项，监理单位也在相关文件中签字确认，故城投公司作为项目建设方理应知晓建院公司对涉案项目进行了施工并加入施工合同履行，在一定程度上可推定城投公司为涉案工程共同发包人。最后，城投公司与甲公司签订的相关协议仅对协议双方具有约束力，对外并无约束力，故城投公司以与甲公司签订的相关协议为据主张不承担责任不成立。基于以上分析，一审法院判令城投公司对涉案债务承担连带责任并无不当，本院予以确认。

律师评析

虽然根据《民法典》第一百七十八条第三款“连带责任，由法律规定或者当事人约定”之规定，连带责任应仅在法律明确规定或者当事人明确约定的情况下才能适用，但是司法实践中法院可能根据案件的实际情况突破上述规定，要求利害关系方对一方的债务承担连带责任，如本案中法院以城投公司为涉案项目的实际受益人且实际参与涉案项目开发建设为主要理由，认定城投公司应对甲公司就涉案项目以自己名义对外签订的合同所产生的债务承担连带责任。

第三章　土地使用权间接转让纠纷

在房地产开发领域，获取土地使用权是开发商商业运作的首要环节及核心环节，但我国目前土地的一级市场存在供应量减少、交易成本高的问题，因此除了通过招标、拍卖、挂牌等公开竞价方式在土地一级市场上取得土地使用权，为避繁就简，开发商一般更倾向于通过股权转让方式来间接取得土地使用权。由于股权转让这一操作模式下的土地交易时常伴随着债务的转移，存在不确定性，在交易过程中受让方的交易风险较大，因此也存在较多纠纷。

第一节　理论概述与实务指引

一、以股权转让方式间接转让土地使用权概述

以股权转让方式间接转让土地使用权，在房地产开发领域通常采用股权收购的方式来进行，在具体的交易中主要操作模式为受让方以股权收购方式，收购已经获得土地使用权的一方（出让方）公司的全部或者部分股权，间接获得出让方享有的该地块的土地使用权。根据交易目的的不同，可将其分为买断型股权转让和合作型股权转让。

1. 买断型股权转让

即受让方收购出让方公司全部股权，在股权转让完成后，通过所收购公司（以下简称目标公司）对房地产项目（以下简称目标项目）进行独立开发。此种交易模式可以实现目标项目控制权的全部转移，且避免了后续可能出现的合作纠纷，因此大多数股权转让交易均会采取此种模式。但

此种交易模式的劣势也十分明显，即出让方的一次性退出会导致目标公司潜在经营风险无法得到充分暴露，一旦出现问题，受让方缺乏有效的救济手段。

2. 合作型股权转让

即受让方仅收购目标公司部分股权，在股权转让完成后，与仍持有目标公司股权的其他股东对目标项目进行合作开发。根据受让方收购的股权比例的不同，合作型股权转让又分为控股和参股两种类型：《公司法》第二百一十六条第（二）项规定：“控股股东，是指其出资额占有限责任公司资本总额百分之五十以上或者其持有的股份占股份有限公司股本总额百分之五十以上的股东；出资额或者持有股份的比例虽然不足百分之五十，但依其出资额或者持有的股份所享有的表决权已足以对股东会、股东大会的决议产生重大影响的股东。”受让方通过股权转让成为控股股东的股权交易，属于控股式合作，反之则为参股式合作。控股式合作导致的结果是目标项目操盘方发生改变，而参股式合作解决的一般仅是融资问题。

合作型股权转让交易模式的优势在于：既为目标公司引进了新的投资主体，又可由各方股东共担风险，并且原股东继续参与目标公司经营也有利于历史遗留问题的解决。特别是对于受让方来说，在出让方仍保留部分股权的情况下，可以将出让方的剩余股权价值的实现与其陈述与保证事项实现的完满程度挂钩，实际上也是一种变相的担保措施。

此外，也可以通过转让项目公司股权的形式间接进行土地使用权转让，即已经取得土地使用权的一方以该地块的土地使用权作为出资，受让方以现金作为出资，双方共同注册成立项目公司，将该地块的土地使用权过户至项目公司名下，受让方通过逐步收购出让方在项目公司的股权的形式，间接实现土地使用权的转让。在此种模式下，土地使用权作为一种出资形式，成为项目公司的法人财产，受让方再通过收购出让方在项目公司的股权，改变项目公司的股权结构，从而间接享有该地块的土地使用权。

二、股权转让与土地使用权转让的关系

由于我国法律对于如何处理以股权转让形式间接转让土地使用权的相关

问题并无明确的法律规定，因此，司法实践中各地法院在处理该种交易模式下产生的纠纷的意见不尽相同，虽然多数法院认可该种交易模式，但是也有部分法院认为，在发生股权转让时，由于该股权包含的土地使用权也发生了转移，因此应当满足法律法规关于土地使用权转让的限制性条件，且应按照相关规定办理土地使用权的变更登记，甚至认为该种交易模式是“以合法形式掩盖非法目的”，股权转让行为应属无效，这显然是对股权转让和土地使用权直接转让两种概念的认识不清，没有厘清两者之间的关系，两者的主要区别论述如下。

（一）法律依据不同

股权转让作为公司股东的一项权利，属于《公司法》调整的范畴，遵守《公司法》等相关法律法规关于股权转让的相关规定；而土地使用权转让主要受限于关于土地管理、土地转让、房地产管理等相关法律法规的规定，如《城镇国有土地使用权出让和转让暂行条例》《城市房地产管理法》《土地管理法》《土地管理法实施条例》等规定。

（二）出让方及出让标的不同

股权转让的出让方为公司股东，出让的标的为其依法登记并合法享有的公司股权或股份；在土地使用权直接转让中，出让方为通过合法方式取得土地使用权的权利人，出让的标的是土地使用权。

（三）转让的限制条件不同

根据《公司法》的相关规定，股权转让的限制性条件针对不同的公司类型有所区分。对于股份有限公司来说，主要是对具有特殊身份的股东及特定股权的转让进行了限制，例如《公司法》第一百四十一条规定：“发起人持有的本公司股份，自公司成立之日起一年内不得转让。公司公开发行股份前已发行的股份，自公司股票在证券交易所上市交易之日起一年内不得转让。公司董事、监事、高级管理人员应当向公司申报所持有的本公司的股份及其变动情况，在任职期间每年转让的股份不得超过其所持有本公司股份总数的百分之二十五；所持本公司股份自公司股票上市交易之日起一年内不得转让。上述人员离职后半年内，不得转让其所持有的本公司股份。公司章程可以对公司董事、监事、高级管理人员转让其所持有的公司股份作出其他限制性规定。”

在土地使用权直接转让中，则要区分该土地使用权是以出让方式获取还是以划拨方式获取。在以出让方式获取土地使用权的情况下，相关限制性规定主要为《城市房地产管理法》第三十九条及《城市房地产转让管理规定》第十条规定，根据上述规定，以出让方式获取的土地使用权，进行房地产转让时，应符合的条件包括：1. 支付对价，即支付全部土地出让金。2. 权属明确，即权利人取得土地使用权证书。3. 按照出让合同约定进行投资开发，属于房屋建设工程的，完成开发投资总额的 25% 以上；属于成片开发土地的，形成工业用地或者其他建设用地条件。在转让以划拨方式获取的土地使用权时，应满足的条件则应适用《城市房地产管理法》第四十条及《城市房地产转让管理规定》第十一条、第十二条的有关规定，经有批准权的人民政府准予转让后，原则上由受让方办理土地使用权出让手续，并依照国家有关规定缴纳土地出让金，而在经有批准权的人民政府批准，可以不办理土地使用权出让手续时，出让方应将转让房地产所获收益中的土地收益上缴国家或者作其他处理。

（四）转让所需办理的手续不同

股权转让主要是办理工商变更登记，包括公司章程、股东、出资比例等工商部门要求进行变更登记的内容；而在土地使用权发生变更时，双方应向土地管理部门申请办理土地权属变更登记。

综上，股权转让与土地使用权直接转让属于两个不同的法律范畴，尽管股权转让可以包括土地等资产收益权的转让，但对股权转让不能单纯地理解为目标公司相应资产的转让，即使在实际的股权交易中，土地使用权实际作为股权所指向的唯一资产，也不能将股权转让与土地使用权直接转让予以混淆。

第二节　办案思路与实战技巧

在以股权转让方式间接转让土地使用权的模式中，受让方在进行相关交易前，要综合考虑公司及房地产专业相关的法律问题，且上述两个领域涉及范围广、法律关系复杂，这就要求在项目前期调研、相关手续办理及相关股权转让文件的制定上尽量做到完善、全面。

一、注意做好股权转让的前期审查与调研工作

在实际交易中，由于前期尽职调查工作的不到位，导致股权转让合同效力存在瑕疵的情况仍时有发生，如转让主体资质瑕疵、标的股权瑕疵、目标项目瑕疵、审批程序未进行、必备登记手续未做或已失效等因素导致的股权转让无效。因此在股权转让前，应注意以下几方面的审查与调研工作。

1. 尽职调查工作应全面。尽职调查可委托专门的法律及财务中介机构来完成，尽职调查范围包括但不限于目标公司的财务情况，主体资格情况（包括设立、存续、变更、股权质押等），目标公司及目标地块所涉土地的权属登记、权利获取途径、工程建设、权利设定等情况，以及目标公司的诉讼、仲裁、担保、重大合同签署及履行情况。例如，到股权登记机构了解标的股权登记情况，对股东是否足额实缴注册资金、非货币财产出资作价是否符合法律强制性规定并办理财产权属移转手续、涉诉情况等进行调查；对于交易以前目标公司未合法经营的风险及由此导致的目标公司法律责任，约定由出让方承担赔偿责任。同时，对于此类风险较高的交易，建议受让方设置合作价款调查机制，并以出让方消除上述标的股权的权利负担、权属瑕疵或第三方权利限制作为支付股权价款的前提。

2. 若股权变更须取得主管部门批准的，应确保取得相应的审批许可。这就要求在股权转让的前期调研中，明确转让的股权是否含有国有或外资成分，对于含国有成分的股权，必须事先经国有资产管理部门报批；而当持股人为外资投资者时，也应根据相关规定向外资管理部门申报审批。

二、注意债务披露

以股权转让方式转让土地使用权是股权转让的最终目的，但形式上股权转让的标的仍为股权，而股权的转让既包括对股东权益的承继，同时实际也包含对于公司债务的承担，债务就意味着风险，也会直接影响双方交易的商务条件，在实际的交易过程中，存在出让方为达成交易而恶意隐瞒公司债务，受让方因此面临未知的交易风险及损失的情况。因此，在股权转让过程中，受让方面临的最大风险就是承担出让方未事先披露的目标公司债务，若相关股权转让协议未对出让方债务披露义务予以约束，则存在受让方承担相关债务之后无法向出让方进行追偿的风险。

针对上述风险，在实际的股权交易中，受让方应制定规范、全面的股权转让交易文件，除了在股权转让协议中明确约定出让方债务披露义务，还应通过至行政及司法机关核实、与相关合作方谈判等方式，充分了解目标项目的情况，并在股权转让协议中结合“陈述与保证”条款及违约责任条款，对未披露风险的责任承担问题进行约定。此外，受让方还可通过付款节点控制交易风险，即交易各方约定受让方向出让方分期支付合同价款，根据或有债务金额确定情况适当调整尾款支付时间和金额，以保障受让方权益。

三、注意股权转让手续及交接手续的办理

在实际的股权交易中，经常出现出让方在收到股权转让价款后延迟办理股权转让手续及移交公司印章、财务凭证等现象。在标的股权尚未进行工商变更登记的情况下，受让方作为公司股东的法律地位尚未完全确立，受让方尚未成为目标公司相关土地使用权的最终权利人，因相关股权转让协议尚未履行完毕，若遇到土地升值等情况，可能会发生出让方毁约的风险。因此，应在股权转让协议中就此设置全面、细致的条款，除明确约定股权转让手续及交接手续的办理时间，为了进一步督促出让方完成相关工作，在项目交割的条款设置上，将目标公司印章、财务凭证等证件或凭证约定为双方共管，并明确约定共管时间；除此之外，还可在股权转让款的

支付上结合项目交割及手续办理进程，约定分阶段支付费用，从而督促出让方积极办理相关手续，同时为保证交易安全，可约定共管账户，将股权转让款分批存入共管账户。

四、注意保障措施的运用

由于房地产开发项目投资大、审批程序多、周期长、开发环节衔接性强，同时又受国家经济形势、产业政策、信贷政策、市场需求等多方面因素的制约，因此在以股权转让方式进行土地使用权转让过程中往往会遭受诸多不利影响，出让方不能按约履行协议约定的情况时有发生。因此，在项目谈判及交易过程中必须通盘考虑并设置较为全面的预防性、补救性、保障性措施，如要求出让方提供履约保函、保证、抵押、质押、反担保等担保措施。

五、注意纳税因素

股权转让模式下目标公司土地增值税的（预征）纳税时点系商品房销售时，一般以受让方经营目标公司期间发生的项目溢价作为增值额予以征税，这在事实上减少了受让方的可分配利润金额。且因土地增值税按照增值额与成本等扣除项目之比适用阶梯税率，资产转让模式下（土地使用权直接转让）因出现了资产转让及商品房销售两个土地增值税的支付时点，可能导致土地增值税整体的适用税率降低，从而在土地增值税的税负上相比股权转让模式更为合理。因此，在签署相关股权转让协议时应充分考虑评估原始成本、溢价水平、加计扣除项目、税率变化、财务成本、销售价格水平、市场风险等相关纳税因素，对相关税费分担主体和比例予以明确约定，以避免后期因此产生分歧和纠纷。

通过以上分析，可以发现以股权转让方式间接转让土地使用权的操作模式虽有可观利好，但仍然存在较大风险，受让方在选择时仍应采取较为审慎的态度。

第三节 典型案例精析

案例6：甲公司、黄某平等与乙公司股权转让纠纷[①]

裁判要旨

在股权转让协议履行过程中，出让方未依约履行债务披露义务，应依照过错程度、合同约定的违约责任以及给受让方造成的实际损失承担违约责任。

案情简介

2013年12月26日，甲公司、黄某平与乙公司签订《股权转让协议》载明：甲公司、黄某平将持有的丙公司100%的股份转让给乙公司（其中甲公司持70%股权，黄某平持30%股权）。

《股权转让协议》约定："一、1.截止于协议签订前，丙公司负债人民币1420935元，该款系应付龙泉驿政府土地补偿款。2.丙公司名下持有的项目用地面积421亩。二、1.股权转让价款为丙公司项目用地每亩45万元再扣除负债金额后计算，总价款为188029065元。2.协议签订后3个工作日内，乙公司向甲公司、黄某平支付定金2000万元，此款支付至甲公司、黄某平指定账户，定金到达该账户后3个工作日内，甲公司、黄某平将丙公司资产明细和债权债务情况以及全部资料制作清单，共同确认后作为明确丙公司资产及账务状况的依据。3.甲公司、黄某平公告刊发后5个工作日内，乙公司将股权转让款的70%计131620245.5元，冲减定金1000万元后的121620245.5元支付至甲公司、黄某平确认的监管银行中以乙公司名义设立由甲公司、黄某平共管的银行账户中。公告期满未发现甲公司、黄某平有隐瞒财务及资产状况的，双方立即开始办理股权变更工商登记手续，并在公告

① （2016）川01民初670号。

期满后5个工作日内将甲公司、黄某平所持丙公司股权全部登记到乙公司及其指定的持股人名下。4. 股权变更工商登记完成后2个工作日内，双方解除账户共管，该121620245.5元无条件支付到甲公司、黄某平指定账户。剩余股权转让款56408719.5元（抵扣定金1000万元后实际为46408719.5元）由乙公司在股权工商变更登记完成后的30个工作日内支付到甲公司、黄某平指定账户。5. 乙公司支付的股权转让款支付至甲公司、黄某平指定的账户，甲公司、黄某平收取款项应向乙公司出具票据，甲公司、黄某平之间的款项分配及法律责任与乙公司无关。6. 121620245.5元股权转让款到达甲公司、黄某平指定账户后当日，甲公司、黄某平将丙公司财务账册、各项证照、土地权证、经济合同、全部资料、资产等移交乙公司，丙公司的所有印章交给公安部门销毁，乙公司启用新的印章，甲公司、黄某平对原印章所产生的一切经济及法律等问题承担责任。三、1. 本协议约定的股权转让是以丙公司在本协议签订时的资产、财务、土地权属现状为依据，甲公司、黄某平已就项目用地现状作出说明并承诺真实完整提供上述资料，双方确认，甲公司、黄某平系在丙公司现状基础上转让公司股权，乙公司是在丙公司现状基础上受让股权，股权转让后，涉及项目用地在实现证载用途、完善开发手续、基础设施建设等方面可能出现的障碍或者发生的费用与甲公司、黄某平无关，甲公司、黄某平没有承诺、保证或承担的义务。2. 除本协议中已经申明的对龙泉驿区政府的负债1420935元（此款所产生利息和罚金等一切费用由甲公司、黄某平承担）外，股权转让工商登记完成前丙公司形成的债务、所欠税费、社会保险、职工的安置补偿，包括真实出资在内的股东义务等全部责任由甲公司、黄某平承担。工商变更登记完成后丙公司所发生的债权债务由乙公司承担。四、违约责任：1. 甲公司、黄某平隐瞒丙公司债务或者所欠税费、社保费用等，造成股权转让后丙公司被追索的，甲公司、黄某平除负责全部清偿外，还应按隐瞒金额的30%向乙公司支付违约金…… 4. 乙公司逾期支付股权转让款，每逾期1日，按照拖欠金额的5‰向甲公司、黄某平支付违约金。逾期超过10日的，甲公司、黄某平有权决定是否解除本协议及收回股权。”合同对于其他的权利义务亦作了相应约定。

《股权转让协议》签订后，双方按照约定进行了相应的履行。乙公司已向甲公司、黄某平支付大部分股权转让款，尚余 26408719.5 元未支付，丙公司的股权已于 2014 年 1 月 24 日完成工商变更登记。

2015 年，债权人中铁二局某工程公司以丙公司为被告向法院提起诉讼，要求丙公司清偿债务 240 余万元。经法院判决，最终确定：丙公司应向中铁二局某工程公司给付工程款本金 2466188 元及利息，利息以本金为基数，从 2011 年 1 月 25 日始计算至本金付清之日止，以中国人民银行发布的同期同类贷款利率为标准进行计算，一审案件受理费 13260 元，二审案件受理费 26530 元，均由丙公司负担。本案进入执行程序后，法院于 2016 年 5 月 12 日作出执行裁定书，扣划丙公司款项清偿了前述债务共计 3333140.92 元。

乙公司在审理中提交了《专项审计报告》及丙公司的财务记账凭证，以证明丙公司尚欠其他债务 3000 余万元。甲公司、黄某平质证后认为，该所谓的 3000 余万元债务并不客观存在，仅是丙公司为了摆账所需。经法院向前述 3000 余万元的债务人罗某君核实，罗某君表示丙公司并不欠其 3000 余万元债务，财务凭证的记载仅是作账的需要，3000 余万元债务并不真实。

甲公司与黄某平共同向法院提出诉讼请求：1. 判令乙公司向甲公司及黄某平支付股权转让款 26408719.5 元；2. 判令乙公司向甲公司支付违约金，违约金自 2014 年 3 月 1 日起至股权转让款付清之日止，以 26408719.5 元为基数按每日 5‱ 计算；3. 本案诉讼费用由乙公司负担。

乙公司向法院提起反诉请求：1. 判令甲公司、黄某平向乙公司支付违约金 989329 元；2. 判令甲公司、黄某平向乙公司出具与已收取的股权转让款等额的票据；3. 本案诉讼费用由甲公司、黄某平负担。

法院裁判

双方当事人所签订的《股权转让协议》系双方当事人真实意思表示，内容并不违反法律、行政法规的强制性规定，合法有效，双方均应按约履行义务，享受权利。《股权转让协议》签订后，丙公司股权的工商变更登记已经完成，甲公司、黄某平已经履行了合同的主要义务，乙公司也按约支付了大部分股权转让款，尚余 26408719.5 元未支付。双方因为丙公司所负债务的承担、《股权转让协议》所约定的开具票据的问题发生争议，引发本案诉讼。

本案的争议焦点是：1. 应由甲公司、黄某平负担的丙公司所负债务的金额是多少；2. 乙公司是否应当向甲公司、黄某平承担逾期付款违约金的责任；3. 甲公司、黄某平是否应当向乙公司承担支付违约金 989329 元的责任。

关于应由甲公司、黄某平负担的丙公司所负债务的金额是多少的问题。首先，依据《股权转让协议》的履行情况，双方一致认可应支付的股权转让款余额为 26408719.5 元。其次，乙公司主张丙公司在股权转让完成前尚欠债权人中铁二局某工程公司债务 246 万余元，甲公司、黄某平对该债务本身认可，仅抗辩系甲公司、黄某平受让丙公司股权前所负债务，该抗辩理由不能改变前述债务应由甲公司、黄某平承担的事实。同时，由于甲公司、黄某平在向乙公司转让股权时未能清偿该债务，导致乙公司受让股权成为丙公司股东后因该债务引发诉讼，被法院执行而支付了 3333140.92 元债务清偿款项，依据双方所签订的《股权转让协议》的约定，该 3333140.92 元债务应当由甲公司、黄某平负担。最后，乙公司还主张从丙公司的记账凭证中反映尚有 3000 余万元债务未得到清偿，并主张从未支付的 26408719.5 元股权转让款中扣减。依据本案查明的事实，该 3000 余万元债务并不客观真实，股权转让至今亦无债权人主张权利，故乙公司提出应从股权转让余款中扣减该 3000 余万元主张的理由不能成立，法院不予支持。因此，乙公司尚欠甲公司、黄某平的股权转让款金额为 23075578.58 元（26408719.5 元减去 3333140.92 元）。

关于乙公司是否应当向甲公司、黄某平承担逾期付款违约金的责任的问题。依据《股权转让协议》的约定，股权转让余款应当在股权工商变更登记完成后的 30 个工作日内支付（即 2014 年 2 月 23 日前），乙公司未能按约履行款项支付义务，其行为违反合同约定，应当向甲公司、黄某平承担继续履行的违约责任并支付违约金。《股权转让协议》所约定的违约金标准为“每日 5‱”，乙公司抗辩过高，要求调低。法院认为，依照《合同法》第一百一十四条[①]“……约定的违约金低于造成的损失的，当事人可以请求人民法院或者仲裁机构予以增加；约定的违约金过分高于造成的损失的，当

---

① 已修订为 2020 年《民法典》第五百八十五条。

事人可以请求人民法院或者仲裁机构予以适当减少……”以及《最高人民法院关于适用〈中华人民共和国合同法〉若干问题的解释（二）》第二十九条[①]“……人民法院应当以实际损失为基础，兼顾合同的履行情况、当事人的过错程度以及预期利益等综合因素，根据公平原则和诚实信用原则予以衡量，并作出裁决……”的规定，前述违约金标准并不存在过高的情形，乙公司要求调低的主张，法院不予支持。甲公司、黄某平所主张的违约金起算日期为 2014 年 3 月 1 日，晚于应付日期，故以其主张的日期为违约金起算日期。

乙公司提出因甲公司、黄某平隐瞒了丙公司的债务，故乙公司主张不安抗辩权，法院认为，从时间节点看，股权转让余款 26408719.5 元的支付期限为 2014 年 2 月 23 日前，而中铁二局工程公司提起诉讼的日期为 2015 年，且在审理中乙公司并无证据证明在 2014 年 2 月 23 日前中铁二局工程公司曾向其主张过权利，故在股权转让余款支付期限届满前，乙公司所主张的不安抗辩权并不存在产生的事实基础。即使乙公司在股权转让余款支付期限届满前知晓了甲公司、黄某平隐瞒债务的事实，其不安抗辩权的行使也只能以中铁二局工程公司债权金额为限，显然不能扩大至 26408719.5 元股权转让余款的全部，因此，对乙公司提出的不安抗辩权之说，其理由亦不能成立，法院不予支持。

关于甲公司、黄某平是否应当向乙公司承担支付违约金 989329 元的责任的问题。从审理查明的事实看，甲公司、黄某平在签订《股权转让协议》时并未向乙公司告知涉及中铁二局工程公司债务的事实，故甲公司、黄某平属于隐瞒债务。依据《股权转让协议》第五条违约责任第一款的约定，甲公司、黄某平应当向乙公司支付违约金。《股权转让协议》对此违约约定的标准为隐瞒金额的 30%，甲公司、黄某平抗辩过高要求调低。法院认为，甲公司、黄某平的隐瞒债务行为给乙公司所造成的损失主要是资金利息损失，故 30% 比例的违约金标准确属过高，依据案情，法院酌情将违约金标准调整为“每日 5‱”。此违约金的起算日期，法院以一审法院作出执行裁定之日即 2016 年 5 月 12 日为准进行计算。

---

① 现已失效。

综上，乙公司尚欠甲公司、黄某平股权转让余款23075578.58元的事实清楚，乙公司应当履行支付义务并支付违约金。由于甲公司、黄某平隐瞒丙公司债务而给乙公司造成损失，甲公司、黄某平亦应向乙公司支付违约金。

律师评析

虽然因以股权转让方式间接转让土地使用权并不会如直接转让土地使用权那样需要受到法律法规有关土地使用权直接转让的限制性规定的限制，但是却会导致受让方承担相关隐性债务风险加大。本案中，出让方未按照相关股权转让协议的约定就目标公司的重大债务向受让方履行披露义务，导致受让方受让目标公司股权后承担了不应承担的债务风险，法院认为，出让方未按约履行债务披露义务，构成违约，应承担相应违约责任。因此，在签订相关股权转让协议时应注意约定完备的债权债务披露制度及相应的违约责任，同时，出让方应当对目标公司债务情况及诉讼等情况做全面的尽职调查，以最大限度规避相关风险。

案例7：汤某龙与周某海股权转让纠纷[①]

裁判要旨

受让方在股权转让价款分期支付过程中发生延迟或者拒付等违约情形，出让方要求解除双方签订的股权转让协议的，不应不适用《合同法》第一百六十七条（《民法典》第六百三十四条）关于分期付款买卖中出卖人在买受人未支付到期价款的金额达到合同全部价款的1/5时即可解除合同的规定。从诚实信用以及维护交易安全的角度出发，解除相关股权转让协议，还需要综合考量合同目的是否能够实现、股权是否办理变更登记等因素。

① 最高人民法院指导案例67号。

案情简介

原告汤某龙与被告周某海于2013年4月3日签订《股权转让协议》及《股权转让资金分期付款协议》。双方约定周某海将其持有的某公司6.35%股权转让给汤某龙。股权合计710万元，分四期付清，即2013年4月3日付150万元；2013年8月2日付150万元；2013年12月2日付200万元；2014年4月2日付210万元。此协议一式两份，双方签字生效，永不反悔。协议签订后，汤某龙于2013年4月3日依约向周某海支付第一期股权转让款150万元。因汤某龙逾期未支付约定的第二期股权转让款，周某海于同年10月11日，以公证方式向汤某龙送达了《关于解除协议的通知》，以汤某龙根本违约为由，提出解除双方签订的《股权转让资金分期付款协议》。次日，汤某龙即向周某海转账支付了第二期150万元股权转让款，并按照约定的时间和数额履行了后续第三期、第四期股权转让款的支付义务。周某海以其已经解除合同为由，如数退回汤某龙支付的四笔股权转让款。汤某龙遂向人民法院提起诉讼，要求确认周某海发出的解除协议通知无效，并责令其继续履行合同。

另查明，2013年11月7日，某公司的变更（备案）登记中，周某海所持有的6.35%股权已经变更登记至汤某龙名下。

法院裁判

本案争议的焦点问题是周某海是否享有《合同法》第一百六十七条规定的合同解除权。

《合同法》第一百六十七条规定，“分期付款的买受人未支付到期价款的金额达到全部价款的五分之一的，出卖人可以要求买受人支付全部价款或者解除合同。出卖人解除合同的，可以向买受人要求支付该标的物的使用费”。《最高人民法院关于审理买卖合同纠纷案件适用法律问题的解释》第三十八条[①]规定，“合同法第一百六十七条第一款规定的‘分期付款’，系指买受人

---

① 已修订为2020年《最高人民法院审理买卖合同纠纷案件适用法律问题的解释》第二十七条。

将应付的总价款在一定期间内至少分三次向出卖人支付。分期付款买卖合同的约定违反合同法第一百六十七条第一款的规定，损害买受人利益，买受人主张该约定无效的，人民法院应予支持”。依据上述法律和司法解释的规定，分期付款买卖的主要特征为：一是买受人向出卖人支付总价款分三次以上，出卖人交付标的物之后买受人分两次以上向出卖人支付价款；二是多发、常见在经营者和消费者之间，一般是买受人作为消费者为满足生活消费而发生的交易；三是出卖人向买受人授予了一定信用，而作为授信人的出卖人在价款回收上存在一定风险，为保障出卖人剩余价款的回收，出卖人在一定条件下可以行使解除合同的权利。

本案系有限责任公司股东将股权转让给公司股东之外的其他人。尽管案涉股权的转让形式也是分期付款，但由于本案买卖的标的物是股权，因此具有与以消费为目的的一般买卖不同的特点：一是汤某龙受让股权是为参与公司经营管理并获取经济利益，并非满足生活消费；二是周某海作为有限责任公司的股权出让人，基于其所持股权一直存在于目标公司中的特点，其因分期回收股权转让款而承担的风险，与一般以消费为目的分期付款买卖中出卖人收回价款的风险并不同等；三是双方解除股权转让协议，也不存在向受让人要求支付标的物使用费的情况。综上，股权转让分期付款合同，与一般以消费为目的分期付款买卖合同有较大区别。对案涉《股权转让资金分期付款协议》不宜简单适用《合同法》第一百六十七条规定的合同解除权。

本案中，双方订立《股权转让资金分期付款协议》的合同目的能够实现。汤某龙和周某海订立《股权转让资金分期付款协议》的目的是转让周某海所持某公司 6.35% 股权给汤某龙。根据汤某龙履行股权转让款的情况，除第二笔股权转让款 150 万元逾期支付两个月，其余三笔股权转让款均按约支付，周某海认为汤某龙逾期付款构成违约要求解除合同，退回了汤某龙所付 710 万元，不影响汤某龙按约支付剩余三笔股权转让款的事实的成立，且在本案一、二审审理过程中，汤某龙明确表示愿意履行付款义务。因此，周某海签订案涉《股权转让资金分期付款协议》的合同目的能够得以实现。另查明，2013 年 11 月 7 日，某公司的变更（备案）登记中，周某海所持有的 6.35% 股权已经变更登记至汤某龙名下。

从诚实信用的角度，《合同法》第六十条[①]规定，“当事人应当按照约定全面履行自己的义务。当事人应当遵循诚实信用原则，根据合同的性质、目的和交易习惯履行通知、协助、保密等义务”。鉴于双方在股权转让协议上明确约定“此协议一式两份，双方签字生效，永不反悔”，因此周某海即使依据《合同法》第一百六十七条的规定，也应当首先选择要求汤某龙支付全部价款，而不是解除合同。

从维护交易安全的角度，一项有限责任公司的股权交易，关涉诸多方面，如其他股东对受让人汤某龙的接受和信任（过半数同意股权转让），记载到股东名册和在工商部门登记股权，社会成本和影响已经倾注其中。本案中，汤某龙受让股权后已实际参与公司经营管理、股权业已过户登记到其名下，如果不是汤某龙有根本违约行为，动辄撤销合同可能对公司经营管理的稳定产生不利影响。

综上所述，本案中，汤某龙主张的周某海依据《合同法》第一百六十七条之规定要求解除合同依据不足的理由，于法有据，应当予以支持。

律师评析

虽然《合同法》第一百七十五条（《民法典》第六百四十七条）规定“当事人约定易货交易，转移标的物的所有权的，参照买卖合同的有关规定”，但是因为股权转让协议和一般买卖等转移标的物所有权的合同在性质上存在较大差异，法院最终认定股权转让方不得依据《合同法》第一百六十七条（《民法典》第六百三十四条）关于分期付款买卖中出卖人在买受人未支付到期价款的金额达到合同全部价款的 1/5 时即可解除合同的规定解除签订的相关股权转让协议。

① 已修订为 2020 年《民法典》第五百零九条。

第四章　合作开发纠纷

第一节　委托代建纠纷

一、理论概述与实务指引

（一）委托代建概述

我国委托代建制模式最早源于厦门，从1993年开始，厦门市在一些基础设施和社会公益性政府投资项目中，首次采用代建制度，由政府部门代替项目使用单位，委托专业项目管理单位进行项目建设管理。

此后，国家加大对代建制管理模式的制度研究。2004年7月16日，国务院发布实施《关于投资体制改革的决定》（国发〔2004〕20号）（以下简称投资改革决定），投资改革决定中明确：对非经营性政府投资项目加快推行“代建制”，即通过招标等方式，选择专业化的项目管理单位负责建设实施，严格控制项目投资、质量和工期，竣工验收后移交给使用单位。增强投资风险意识，建立和完善政府投资项目的风险管理机制。至此，以官方文件明确认可了代建制管理模式，并在全国范围内开始代建制管理模式的应用和推广，如水利部于2015年2月16日发布《水利工程建设项目代建制管理指导意见》（水建管〔2015〕91号）（以下简称水利工程代建意见）、交通运输部于2015年7月1日发布《公路建设项目代建管理办法》（交通运输部令2015年第3号）（以下简称公路工程代建办法）。

但上述文件中，仅对政府投资项目中的非经营性项目的代建进行了规定，并未明确非政府投资项目是否可以采用该模式。近年来，代建制模式逐渐从非经营性政府投资项目扩展至非政府投资的工程项目；且随着融资条件的变化、“大合规”时代的来临，越来越多的商品房开发项目也开始采用代建管理模式，其中不乏知名开发商将代建管理作为新的房地产投资途径并获取不逊于直接开发投资回报的案例，因此，代建管理也成为房地产投资经营的一个重要渠道。

（二）委托代建的含义及性质

我国并没有制定专门规范委托代建的法律法规，也没有通用的委托代建合同示范文本，因此各部门、各地区关于委托代建合同的签订主体、程序、内容等相关规定存在一定差异。

就委托代建的含义，投资改革决定第三条第（五）项规定“……对非经营性政府投资项目加快推行‘代建制’，即通过招标等方式，选择专业化的项目管理单位负责建设实施，严格控制项目投资、质量和工期，竣工验收后移交给使用单位……”，水利工程代建意见第一条规定“水利工程建设项目代建制，是指政府投资的水利工程建设项目通过招标等方式，选择具有水利工程建设管理经验、技术和能力的专业化项目建设管理单位（以下简称代建单位），负责项目的建设实施，竣工验收后移交运行管理单位的制度”，公路工程代建办法第二条第二款规定“本办法所称代建，是指受公路建设项目的项目法人（以下简称‘项目法人’）委托，由专业化的项目管理单位（以下简称‘代建单位’）承担项目建设管理及相关工作的建设管理模式”。综上所述，委托代建是由委托方承担投资或融资义务，由拥有项目开发建设经验和资质的专业代建方承接，双方通过平等协商建立合作关系，最终实现互利共赢的一种合作开发模式，其中委托方可以是政府等机关法人，也可以是公司等营利法人。

通过委托代建，代建方可为委托方提供从项目定位、规划设计、工程管理、成本管理、招投标管理、营销管理、品牌管理至交付管理等开发全过程服务。代建方通常为具有一定市场影响力及品牌价值的专业开发商，其在品牌、产品、成本、融资、管理、团队等方面积累了成熟的经验，可根据委托方的需要向项目进行品牌输出，派驻专业的开发团队，承担开发任务，从而提升项目产品的销售价格和市场竞争力，并可为符合要求的项目提供融资服务，从而弥补委托方在管理经验、合作渠道、品牌价值等方面的不足。而且，因代建方作为项目建设期法人，全权负责项目建设全过程的组织管理，可以通过专业化项目管理形式达到有效规范政府的相关行为，从而实现控制项目投资规模、风险的目的。

对委托代建的性质如何认定，实践中存在不同观点：一种观点认为委托代建本质上属于委托合同，应按照《民法典》有关委托合同的规定处理。另一种观点认为委托代建系双方合作开发房地产的一种方式，应认定为合作开发房地产合同。我们认为，应当回归双方签订的委托代建协议的内容，如果相关合同中包含共享利润、共担风险内容的，应认定为合作开发房地产合同。如果相关合同中不包含共享利润、共担风险内容的，则仅具有委托关系，应按《民法典》有关委托合同的规定处理。

（三）委托代建的合作模式

在委托代建合作中，委托方拥有投资决策权、知情权、建议权和监督权，享有项目的投资收益，承担投资风险。代建方负责开发环节的全过程管理，双方通过签署委托代建合同等文件，对委托代建方式和委托代建内容、管理团队、印章和档案管理、合同管理、项目经营开发管理、项目成本管理、工程管理、项目营销管理、项目资金管理、品牌输出、代建收益等内容进行约定。

1. 委托代建方式和委托代建内容

（1）委托代建方式

全过程的委托代建方式可以包括前期管理、规划设计、开发报建、施工管理、销售管理、竣工验收、交付使用、质量保修和售后服务等环节的项目全过程开发管理。

（2）委托代建内容

委托代建内容包括对项目进行前期工作管理、设计管理、项目招标和设施采购管理、工程进度管理、工程质量管理、运营管理、工程投资管理、销售管理、工程安全管理、文明施工管理、合同、档案和信息管理、工程监理、工程竣工验收及移交等。

2. 管理团队

为了便于进行项目管理，代建方的部分项目管理团队人员可能会阶段性地直接担任委托方的董事、总经理或重要部门的负责人。因此，需明确项目团队的组建方式、劳动合同的签署以及薪资、社保费用、住房公积金及福利待遇的费用承担问题。

3. 印章和档案管理

为便于项目管理并区分经营权限，代建方一般会要求委托方为代建过程中涉及的工作刻制合同专用章以供专门使用；对于委托方保管的公章、合同专用章、全部证照等的管理和使用流程，双方会在委托代建合同或共同组建的项目部的管理制度中进行明确约定。

同时，因项目开发形成的图纸、报审材料等档案资料，在代建过程中一般均由代建方指定专人进行保管，并提供一份原件给委托方。

4. 合同管理

项目开发建设过程中所涉及的各类合同，通常由代建方拟订。为便于项目现场管理，对于其中重大的工程类合同，往往采取三方协议的模式，由代建方参与签署，并明确代建方在项目管理中代表委托方履行职责的相关细则。

5. 项目经营开发管理

委托方和代建方共同商议并确定项目经营开发目标，包括项目总体开发时间节点、项目开发建设周期目标、成本目标、工程进度目标、项目整体销售目标以及年度投资、销售、回款等运营目标。

代建方应按约定向委托方报送项目经营管理报告，经营管理报告主要内容包括：

（1）项目开发主要工作（包括前期、规划设计、工程建设、招投标和采购、营销等）的进度和进展情况，以及和项目开发计划的对比分析；

（2）项目成本的发生和异动情况分析；

（3）项目各项费用的发生和异动情况分析；

（4）项目的资金使用情况和资金需求计划；

（5）委托方关注的其他重点工作情况。

6. 项目成本管理

委托方及代建方在委托代建合同中或代建方参与的董事会等经营决策机构决议中，应明确如下项目成本管理事项：

（1）委托方及代建方协商一致确定目标成本。

（2）明确目标成本可进行调整的情形。

（3）对于进行招投标的项目，明确招标方案的制定和招投标制度的执行等问题。

（4）代建方提供供方资源时，供方的具体选择标准和方式。

（5）材料供应管理，即明确材料供应商的选取方法；对于直接影响产品质量的材料和设备，应结合项目的实际情况，制定具体的采购标准。

（6）工程变更的确认方式，即对于非重大工程变更、重大工程变更、重大工程变更涉及前期政府审批手续变更的、重大工程变更涉及调整项目工程成本管理目标等情形，明确具体的操作流程。

（7）目标成本管理未能实现时成本差额的承担方式。

7. 工程管理

（1）代建方应要求施工单位及时编制工程总体施工计划及施工组织方案，提出专业的审核意见，经各方确认后，代建方应责成施工单位编制阶段进度计划，认真按照标准、规范和设计图纸的要求督促施工单位按计划进行施工；

（2）明确工程工期相应顺延的情形，且项目开发建设周期目标可作相应调整；

（3）代建方应对承包商完成进度计划的情况进行监督和检查；

（4）安全生产管理；

（5）工程质量管理；

（6）工程保险管理。

8. 项目营销管理

（1）竞品市场分析；

（2）项目销售定价及销售策略；

（3）项目营销费用预算。

9. 项目资金管理

（1）委托方为项目的开发应建立专属账户，明确除特定情形下项目相关的全部资金往来均通过该账户进行；明确各类账户的管理主体。

（2）明确项目开发建设资金的筹集、代建方是否对委托方就该项目的融资提供担保、项目融资款项的专款专用等问题。

10. 品牌输出

项目可以使用代建方的品牌，同时需明确品牌的使用范围、使用期间以及品牌使用费的收取标准、收取主体、收取方式等内容。

（1）项目前期工作管理：本阶段代建方的主要职责是协助委托方办理代建工程前期立项、可行性研究、土地等前期报批手续，以及办理土地、规划、建设、环保、消防、人防、地震、市政等相关审批手续，委托方给予相应的配合。

（2）招投标管理：招投标管理即代建方根据委托方的要求组织进行勘察、设计、施工、监理、材料设备供应等专业单位的招标工作，拟定并发布招标文件，组织开标，根据中标结果协助委托方与中标人签署正式合同。

（3）工程合同管理：工程合同的管理包括合同签订管理、档案管理、合同履行管理及协助争议解决管理。在合同签订管理阶段，代建方根据委托方的指示参与商务谈判，并促成委托方与合同相对人的交易。档案管理一般为代建方与合同相对人签订合同后，由代建方管理合同及后续双方签署的合作文件。合同履行管理是指代建方在委托方授权范围内代表委托方行使合同权利，监督履行合同义务。协助争议解决管理是指负责解决代建方与合同相对人在合同履行过程中产生的各种争议，针对合同相对人的违约行为采取相应的救济措施，以维护代建方和委托方的合法权益，并同时避免因委托方违约产生相应的违约责任。

（4）设计工作管理：在确定设计单位之后，根据规划主管部门的审批要求，拟定设计任务书，代表委托方审核设计工作成果，就确定的设计成果与施工单位进行设计交底。

（5）工程进度管理：工期管理，代建方应当监督参建单位严格按照施工组织计划及进度计划完成相应的工程建设内容，保证工程按时完成。如果参建单位发生合同违约行为导致工程延期，代建方应当保留参建单位违约的证据，并敦促参建单位采取相应的补救措施。

（6）工程质量管理：保证代建工程质量符合委托代建合同约定的标准，及时参与工程质量验收，发现工程质量问题，并要求参建单位就工程质量瑕疵进行相应的整改，同时保留因参建单位工程质量瑕疵导致工程逾期竣工的证据资料。

（7）工程投资管理：在符合委托方投资概（预）算的前提下，完成代建工程的施工。在发生设计变更等影响工程造价的情形时，及时与委托方进行沟通，办理设计变更及签证。

（8）工程安全管理：采取必要的安全保障措施，避免在代建工程施工的过程中发生人身损害或财产损失，就施工现场发生的安全事故，及时上报委托方及政府主管部门，并采取相应的救济措施。

（9）工程竣工验收及移交：代建方在工程竣工后，及时组织委托方、建设单位、设计单位、施工单位、监理单位等进行工程质量验收，协调政府主管部门（包括但不限于消防、环保、质监等）出具工程竣工验收备案证明文件。在代建工程竣工验收合格后，代建方与委托方或委托方指定的使用人办理代建工程的交接手续，转移代建工程的法律风险。

11. 代建收益

委托代建的核心就是代建方通过专业开发能力的输出获得开发利润。与传统房地产开发业务相比，这一新的开发模式可以使得代建方规避土地获取阶段的竞争和房地产销售政策收紧对于直接开发模式的不利影响，并能够坐享品牌、管理服务输出所产生的稳定而多样化的收益，主要包括因管理产生的收益、因品牌溢价产生的收益、因垫资产生的收益、因获得上下游业务机会产生的收益。

二、办案思路与实战技巧

与传统建设工程发包模式不同，在委托代建模式下，业主与建设单位相分离，虽然在对内关系上委托方是最终的业主，但是在对外关系上一般代建方作为发包方直接与相关建设项目的承包方、监理方、项目管理公司等签订相关合同，因此代建方形式上被视为相关建设项目的建设单位。厘清相关法律关系，正确处理委托方、代建方以及承包方等之间的相关纠纷便变得非常重要。

（一）工程款支付主体的相关问题

在委托代建模式下，一般由代建方直接与承包方等第三方签订施工、承揽等合同，相关工程款原则上应由代建方支付，但是在例外情形下委托方需要直接承担相关工程款的支付义务。

1. 因为代建方向承包方支付的相关工程款最终来源于委托方，所以在实践中出于效率和风险等考虑，在施工合同中会直接约定相关工程款由委托方向承包方直接支付，若在委托方和代建方签订的委托代建合同中存在委托方授权代建方对外签订合同等相关约定，则即使施工合同是以代建方的名义与承包方签订的，委托方也并非施工合同的主体，根据《民法典》第九百二十五条“受托人以自己的名义，在委托方的授权范围内与第三人订立的合同，第三人在订立合同时知道受托人与委托方之间的代理关系的，该合同直接约束委托方和第三人；但是，有确切证据证明该合同只约束受托人和第三人的除外”之规定，法院可能以委托方与代建方之间存在间接代理关系为由，认定施工合同直接约束委托方与承包方，承包方有权要求委托方直接向其支付相关工程款。

2. 若施工合同是委托方、代建方及承包方签订的三方协议，其中直接约定相关权利义务由委托方享有和承担，根据《民法典》第五百五十二条“第三人与债务人约定加入债务并通知债权人，或者第三人向债权人表示愿意加入债务，债权人未在合理期限内明确拒绝的，债权人可以请求第三人在其愿意承担的债务范围内和债务人承担连带债务”之规定，法院可能认定委托方构成代建方与承包方的债务加入，承包方有权要求委托方直接向其支付相关工程款。

（二）律师办案思路与实战技巧

律师应当从委托代建各主体间的法律关系出发，根据法律纠纷的不同性质采取不同的诉讼策略，具体分析如下。

1. 明晰法律纠纷的性质

与委托代建有关的纠纷从法律性质上可区分为合同纠纷与侵权纠纷两大类。从法律关系的构成要件上来看，合同纠纷与侵权纠纷具有完全不同的法律构成要素。因此，在发生与委托代建有关的纠纷时，应当首先从法律纠纷的性质出发，分别梳理该法律纠纷发生的大前提及事实背景，并从中得出法律纠纷的处理思路。如在侵权性质的委托代建纠纷中，应当从委托方、代建方、参建单位之间是否存在过错、是否实施了侵权行为、侵权行为与损害后果之间是否存在因果关系以及审查相关主体之间是否存在《民法典》第一千一百六十八条至第一千一百七十二条规定的从多数人侵权情况出发进行相应的法律分析，并寻求相应的诉讼策略；在合同纠纷性质的委托代建纠纷中，应以合同相对性为基础，根据当事人的诉讼请求全面分析合同履行的情况，包括但不限于是否达到合同解除的条件，合同解约是否合法等，以稳健、合法的方式实现相关诉讼目的。

2. 积极利用合同相对性原则

合同相对性是合同法领域的基础法律原则，也是处理合同纠纷的重要原则之一。在委托代建法律关系中，委托方与代建方之间存在委托代建合同关系，一般由代建方直接与参建单位根据参建内容的不同成立勘察、设计、施工、监理等不同的法律关系。因此，从合同相对性理论出发，如参建单位诉请要求委托方支付相应的工程款项，则委托方可以其与施工单位之间不存在合同法律关系为由进行相应的抗辩；同时，如委托方因工程质量问题向施工单位索赔，则施工单位同样可以委托方并非施工合同的签订主体为由进行相应的抗辩。在实务操作过程中，应该严格审查和厘清相关合同的签订主体以及实际履行情况，根据案件的实际情况和委托方的诉讼目的综合制定相关诉讼策略。

3. 兼顾行业惯例

在与委托代建有关的合同纠纷中，委托代建合同为各方当事人提起相关诉讼或应诉的基础。但是，在委托代建法律制度尚不成熟的背景下，理论界及司法实践中对委托代建合同均未形成较为成熟的合同范本，因此，当事人使用的委托代建合同可能存在约定不明的情况，根据《民法典》第十条“处理民事纠纷，应当依照法律；法律没有规定的，可以适用习惯，但是不得违背公序良俗”的有关规定，在这种情况下律师可以考虑与委托代建有关的行业惯例。如关于代建费用的约定，在委托代建合同约定不明确的情况下，如当地对委托代建费用存在相应行业惯例，则在诉讼过程中可作为相关依据予以提交。

在制定与委托代建纠纷相关的诉讼策略时，应在考虑上述解决方法的同时，考虑各类纠纷的特性，综合考虑各类纠纷的起因及事实背景，从而确立一套完整的纠纷解决方案。

三、典型案例精析

案例 8：乐清市某村民委员会与某公司、温州某房地产公司等委托代建合同纠纷[①]

裁判要旨

在委托代建合同纠纷中，在合同没有明确约定并且继续履行合同不会导致合同目的无法实现，委托方以代建方违约为由主张解除合同的理由也不成立的情况下，双方当事人应按约定全面履行合同义务，使涉案工程早日复工。

案情简介

2007 年 12 月 25 日，原告（甲方）与被告某公司（乙方）签订《建设工程（安置房）代建合同书》，约定原告委托被告代建涉案项目。该合同第七条中约定了逾期付款的滞纳金计算及损失赔偿，并约定乙方如未按协议规定的日期竣工并交付甲方使用，除向甲方支付 500 万元违约金外，仍需继续履行合同。如乙方工程质量不合格，应负责整改、修复、重做，直至合格，如不能修复或不及时修复，乙方应赔偿甲方的实际损失等内容。

---

① （2015）浙温民初字第 14 号。

2010年3月7日，原告（甲方）与被告某公司（乙方）签订《乐清市某安置房建设补充合同》，约定基于2007年12月25日的代建合同书，鉴于政府对“返回地”必须通过招标拍卖挂牌办理土地使用权出让手续的规定，委托乙方以乙方名义以摘牌的形式取得涉案项目地块国有土地使用权，进行代建。乙方摘牌土地后组建新的开发公司开发代建该项目，某公司占51%股份，由项目经理陈某权出任法人代表，今后有关该项目的义务和责任都由新公司承接。2010年3月16日，温州某房地产公司设立。陈某权出资950万元，占19%股份。公司法定代表人为陈某权。2010年3月24日，温州某房地产公司作为受让方与出让方该市国土资源局签订出让合同。2010年8月6日，市规划建设局同意核准温州某房地产公司为房地产开发暂定资质，有效期2年。2011年4月11日，温州某房地产公司与甲公司签订美好家园商住楼建设项目《建设工程施工合同》。在施工过程中，原告曾迟延向温州某房地产公司支付第一期工程款。2012年12月3日至2013年4月28日，建设单位、设计单位、监理单位、施工单位对工程主体结构分部、混凝土结构、砌体结构子分部工程进行验收，验收结论均为合格。

2014年2月20日至4月23日，市建设工程质量监督站多次向涉案项目相关各方发出整改通知书，指出工程存在质量问题，要求房开、施工单位尽快出修补方案、尽快整改。针对涉案项目工程混凝土现浇结构表观质量出现蜂窝、孔洞、露筋、夹渣、疏松缺陷，建设单位、设计单位、监理单位、施工单位共同拟订《混凝土表观质量缺陷专项修补处理方案》，落款时间为2014年3月30日。针对外墙保温空鼓、脱落问题，建设单位、设计单位、监理单位、施工单位共同拟订《外墙保温空鼓、脱落修补处理方案》，落款时间为2014年4月16日。

2014年3月1日，乐清市某村部分村民阻拦，致使无法对工程局部露筋、蜂窝、外墙保温空鼓进行整改施工。个别村民攻击现场项目部人员，该公司已向公安部门报案，并考虑施工人员人身安全，一直停工。

原告诉称涉案项目实际由不具备房地产开发管理能力的陈某权控制；涉案项目主体结构工程完成之后，长期处于停工状态；涉案项目工程存在重大结构质量问题。原告请求解除与被告之间的委托代建关系。

法院裁判

本案证据表明，温州某房地产公司系在具备开发资质的情况下对涉案工程开展开发建设；按市建设工程质量监督站的意见，涉案工程存在的质量缺陷属于应修补、整改的范畴，且《建设工程（安置房）代建合同书》未将质量缺陷作为合同解除的条件；原告未按约定支付工程款，乐清市某村部分村民阻拦施工，是导致涉案工程停工的原因之一。故以上三点，均不足以成为原告解除合同的理由。而涉案工程的主体结构分部、混凝土结构、砌体结构子分部工程，已经建设单位、设计单位、监理单位、施工单位验收合格。涉案工程在原告继续支付工程款的情况下，施工单位应可继续施工，完成余下工程量，并不会导致本案合同目的无法实现的结果发生。此外，温州某房地产公司股权变动发生在其与甲公司签订《建设工程施工合同》之前，未对涉案工程的施工造成实质影响。因此，双方当事人仍应按约定全面履行自己的合同义务，使涉案工程早日复工。故对原告要求解除合同的诉讼请求，法院不予支持。原告的其余诉讼请求系基于合同解除而提出，故亦不予支持。

律师评析

因委托代建合同涉及法律关系复杂、牵涉社会利害关系众多，法院在审查解约诉求时一般采取比较严格的态度，本案中因相关委托代建合同未明确将“质量缺陷”约定为合同解除的条件，并且法院认为继续履行相关合同并不会导致合同目的无法实现，据此认定原告不享有约定或法定的解约权。同时，法院认为原告在合同履行中也存在过错，其也无权享有解约权。本案提示，在委托代建过程中，委托方和代建方均应按照“契约严守”的原则履行各自在委托代建合同项下的义务，若出现相关纠纷应积极协商和采取补救措施，在综合评估和积极收集对方违约证据的前提下将解除合同和进行诉讼作为最后的维权手段。

第二节　合资、合作开发房地产纠纷

一、理论概述与实务指引

（一）合作开发房地产概述

稀缺的土地资源、巨大的资金投入以及扩大项目规模、数量，利用规模效应进一步降低建安成本、融资成本和营销成本的需要，使得越来越多的开发商采用“一方出地，一方出钱”或“一方出项目，一方输出资本或品牌”的合作开发模式；从法律上来看，1994年发布的《城市房地产管理法》第二十七条首次规定“依法取得的土地使用权，可以依照本法和有关法律、行政法规的规定，作价入股，合资、合作开发经营房地产”，最高人民法院于2005年发布的《最高人民法院关于审理涉及国有土地使用权合同纠纷案件适用法律问题的解释》，正式明确规定了合作开发房地产合同这一法律术语。

（二）合作开发房地产含义及特征

就合作开发房地产的含义，《最高人民法院关于审理涉及国有土地使用权合同纠纷案件适用法律问题的解释》第十二条规定“本解释所称的合作开发房地产合同，是指当事人订立的以提供出让土地使用权、资金等作为共同投资，共享利润、共担风险合作开发房地产为基本内容的合同”。因此，合作开发房地产，通常指各方分别以提供土地使用权、资金等作为合作条件，共同投资、共享利润、共担风险的一种房地产项目合作开发模式，其主要特征如下。

1. 以合作开发房地产合同为合作载体

在合作开发房地产模式下，因各方不成立实体的项目公司，因此，合作关系的载体为各方签署的合作开发房地产合同。在合作开发房地产合同中，各方就投资义务、项目管理、利润分配等合作事宜进行具体约定，并按照签署的合作开发房地产合同进行合作开发，达成各自合作目的。

2. 共同投资

合作开发房地产合同签署后，资金方将项目开发建设资金提供给项目方（一般也为土地方）或以项目方的名义对外支付；目标项目虽仍登记在项目方名下并以项目方作为建设单位进行开发，但资金方也有权参与管理。

3. 共担经营风险

“共担经营风险”指的是各方共同承担房地产项目开发过程中的经营风险。“共担经营风险”系“合作开发房地产合同”与其他房地产相关合同的最主要区别。就此，《最高人民法院关于审理涉及国有土地使用权合同纠纷案件适用法律问题的解释》第二十一条至第二十四条进行了明确规定，即对于合作一方虽提供资源但不承担经营风险，则不构成“合作开发房地产合同”。其中，提供土地使用权的当事人不承担经营风险，只收取固定利益的，应当认定为土地使用权转让合同；提供资金的当事人不承担经营风险，只分配固定数量房屋的，应当认定为房屋买卖合同；提供资金的当事人不承担经营风险，只收取固定数额货币的，应当认定为借款合同；提供资金的当事人不承担经营风险，只以租赁或者其他形式使用房屋的，应当认定为房屋租赁合同。

4. 共享收益

在合作开发房地产模式下，虽然目标项目一直系登记在项目方名下，但项目方却需要根据与资金方约定的方式与资金方共享收益，取得收益的方式包括按照事先约定的比例计算的税后利润或房屋等。但需注意的是，合作开发房地产合同中仅能对分配现金或房屋等的固定比例进行约定，而不能约定固定数量，否则即属于“固定收益”，违反了“共担风险”的原则，根据《最高人民法院关于审理涉及国有土地使用权合同纠纷案件适用法律问题的解释》第二十一条规定，可能实质上构成“土地使用权转让合同”。

（三）合作开发房地产合作模式

根据合作关系载体的存在形态不同，合资、合作开发房地产分为如下两类：

一是法人型合作开发模式，即各方以土地使用权、现金等共同出资设立项目公司或一方收购项目公司的股权，各方通过项目公司对目标项目进行合作开发，并通过项目公司共担风险、共享利润。就一方收购项目公司的股权，根据收购股权比例的不同，又分为控股和参股两种类型，前者会导致目标项目的操盘方发生变化，后者则一般仅为解决目标项目的融资问题，不论属于何种类型的收购，对于收购方来说，均可以将被收购方的剩余股权价值的实现与被收购方陈述与保证事项实现的完满程度挂钩，实际上也是一种变相的担保措施。

二是合同型合作开发模式，即各方不设立项目公司等经济实体，而仅仅按照签订的合作开发房地产合同的约定，利用一方提供的出让土地使用权、其他方提供的资金等资源进行合作开发，按照约定的方式共享收益、共享利润。由于各方不组建项目公司，在目标项目建成且销售完毕前，项目用地一直登记在一方名下，另一方的权利主要通过合作开发房地产合同来约定，合作开发房地产合同的有关约定便成为各方合作的基础。

二、办案思路与实战技巧

在房地产开发过程中，土地、资金及资质成为我国房地产开发的必备条件，促使越来越多的民事主体选择合作开发房地产的模式，不论是采取法人型合作开发模式，还是采取合同型合作开发模式，均涉及多个利益相关方，有时甚至涉及法人型合作开发模式与合同型合作开发模式的交叉，导致相关案件的处理难度较大，本部分旨在对合作开发房地产相关案件的风险点进行梳理，以期为律师从事相关案件提供代理思路和规范指引。

（一）严格审查双方签订的合作开发房地产合同

双方签订的合作开发房地产合同是双方合作的基础，完备而详细的合同条款有助于明确各方在履行合同中的具体权利义务以及妥善应对合作一方出现违约行为，为了避免出现合同效力性问题，如合作开发房地产合同无效或被认定为其他性质的合同，律师在此应当严格审查相关合同，对相关合同的性质予以明确，并对合同效力、履行障碍做出合理判断。

1. 对相关合同的法律性质予以定性

共同投资、共享收益、共担风险是合作开发房地产的本质特征。但是在实践中，很多合作方并不愿意承担相应的经营风险，此类虽名为“合作开发房地产合同”，但在法律性质上并不能被认定为属于合作开发房地产合同。《最高人民法院关于审理涉及国有土地使用权合同纠纷案件适用法律问题的解释》中明确规定了以下四种情形：

（1）合作开发房地产合同约定提供土地使用权的当事人不承担经营风险，只收取固定利益的，应当认定为土地使用权转让合同。

（2）合作开发房地产合同约定提供资金的当事人不承担经营风险，只分配固定数量房屋的，应当认定为房屋买卖合同。由于双方签订这种名为合作开发，实为房屋买卖的合同，建设项目一般情况下并没有开始实施，不会办理预售许可手续，故此类合同很可能无效。因此，对于此类合同，有无《预售许可证》是影响此房屋买卖合同效力的重要因素，如无，则相关合同存在被认定为无效的法律风险。

（3）合作开发房地产合同约定提供资金的当事人不承担经营风险，只收取固定数额货币的，应当认定为借款合同。

（4）合作开发房地产合同约定提供资金的当事人不承担经营风险，只以租赁或者其他形式使用房屋的，应当认定为房屋租赁合同。在实践中，以获得房屋一定期限的使用权为目的，共同出资建房的情形较为普遍，在建房之初，为吸纳建设资金，提供土地一方可能以合作开发形式与提供资金一方签订合同，而此时提供资金一方的本意也是获得建成物业较长期限的使用权，与购买产权相比，价格要低不少，因此此类合同将被认定为房屋租赁合同。

2. 审查相关合同是否存在效力瑕疵和履行障碍的情形

《最高人民法院关于审理涉及国有土地使用权合同纠纷案件适用法律问题的解释》第十三条明确规定，合作开发房地产合同的当事人一方具备房地产开发经营资质的，应当认定合同有效。当事人双方均不具备房地产开发经营资质的，应当认定合同无效。但起诉前当事人一方已经取得房地产开发经营资质或者已依法合作成立具有房地产开发经营资质的房地产开发企业的，应当认定合同有效。

值得注意的是，最高人民法院于 2020 年修改该解释时，将原 2005 年的该解释第十六条“土地使用权人未经有批准权的人民政府批准，以划拨土地使用权作为投资与他人订立合同合作开发房地产的，应当认定合同无效。但起诉前已经办理批准手续的，应当认定合同有效”的规定予以删除，就其删除的原因来看，通过划拨取得的土地使用权具有行政行为性、无偿性、无期限性和公益性的特征，相关法律法规严格限制划拨土地使用权的转让便是为了避免国家和社会公共利益遭受损害。因此，以划拨土地使用权作为投资与他人订立合作开发房地产合同前应当依法经有批准权的人民政府批准，但是根据物权行为独立性原则（区分原则），上述政府的批准行为应仅影响合作开发房地产合同项下土地使用权变更登记等物权行为的履行，若未经有批准权的人民政府批准，则合作开发房地产合同构成法律上的履行不能，但不影响合作开发房地产合同的效力，此便为最高人民法院删除相关规定的原因之一。

据此，可以看出房地产开发经营资质的有无可以影响合作开发房地产合同的效力，而作为合作开发房地产合同标的物的土地使用权的性质则会影响相关合同的履行问题，为了避免相关合同出现无效或履行障碍情形，在签订相关合同之前或者在发生诉讼时，律师首先应当严格审查合作方有无房地产开发经营资质以及用于合作的土地使用权的性质。另外，房地产开发行业具有专业性要求高、需求资金量大、影响范围广等特点，因此国家制定了严格的标准对房地产开发行业予以规范，而依据相关法律法规，合作方当中有无房地产经营开发资质直接影响相关合同的效力，若双方均无资质，则相关合同无效，但是在起诉之前取得相应资质的，应当认定为相关合同有效。

（二）合作开发房地产合同无效、解除等问题的处理

合作开发房地产合同被确认无效后相关责任的承担问题，是律师代理此类案件应当谨慎处理的重要问题。《民法典》第一百五十七条规定，民事

法律行为无效、被撤销或者确定不发生效力后，行为人因该行为取得的财产，应当予以返还；不能返还或者没有必要返还的，应当折价补偿。有过错的一方应当赔偿对方由此所受到的损失；各方都有过错的，应当各自承担相应的责任。法律另有规定的，依照其规定。因此，合作开发房地产合同被确认无效后，在主观上对合同无效有过错的一方当事人，应当赔偿对方因该合同无效而蒙受的损失。对于合作开发房地产合同无效后的处理规则，1995 年《最高人民法院关于审理房地产管理法施行前房地产开发经营若干问题的解答》第四十六条规定，合作建房合同被确认无效后，在建或者已经建成的房屋，其所有权可确认归以土地使用权作为投资的一方所有，对方的投资可根据资金的转化形态，分别处理：（1）资金尚未投入实际建设的，可由以土地使用权为投资的一方将对方投入的资金予以返还，并支付同期同类银行贷款的利息；（2）资金已转化为在建的建筑物，并有一定增值的，可在返还投资的同时，参照当地房地产产业的利润情况，由以土地使用权作为投资的一方给予对方相应比例的经济赔偿；（3）房屋已经建成的，可将约定出资方应得的房产份额按现行市价估值或者出资方实际出资占房屋造价的比例，认定出资方的经济损失，由以土地使用权作为投资的一方给予补偿。虽然上述司法解释已于 2013 年被正式废止，但是其有关合作开发房地产合同无效后的处理规则在司法实践中仍值得参照和借鉴。

就合作开发房地产合同解除的相关问题，《民法典》第五百六十三条第一款规定了合意解除合同的情形，第五百六十二条第二款规定了约定解除合同的情形，第五百六十三条则规定了法定解除合同的情形。合作开发房地产合同因一方提供的土地使用权性质存在问题而导致履行不能，另一方根据相关合同约定或者依据《民法典》第五百六十三条第一款第（四）项“当事人一方迟延履行债务或者有其他违约行为致使不能实现合同目的”之规定，均可依法解除相关合同。就相关合同解除后的处理规则，根据《民法典》第五百六十六条第一款“合同解除后，尚未履行的，终止履行；已经履行的，根据履行情况和合同性质，当事人可以请求恢复原状或者采取其他补救措施，并有权请求赔偿损失”以及该条第二款“合同因违约解除的，解除权人可以请求违约方承担违约责任，但是当事人另有约定的除外”之规定，相关合同解除后，双方均免除继续履行的义务，就已经履行的部分双方发生恢复原状的返还义务或其他补救措施，守约方还可以要求违约方承担相应违约责任。

在合作开发房地产的实践当中，经常会出现事实上无法恢复原状，或者恢复原状费用过高的情况，因此倘若相关合同已经履行完毕，解除合同后，可以参照合同内约定的投资比例、利润分配比例分配建成的房屋；若合作项目仍然在建设当中则应按照如下规则进行处理：（1）如果对各方的投资、房地产项目的价值和利润存在争议，则应当委托有资质的社会中介进行审计、评估确定各方的投入；（2）解除合作开发房地产合同后，一般是由提供土地一方取得房地产开发项目及地上建筑物的所有权，另外一方在收取作价补偿款后退出；（3）在一定的条件之下，如合作项目已经大面积竣工验收或者建成的情况下，则各方也可以按照合同的约定或者实际出资比例直接合理分配合作项目的实物分配。

（三）其他常见法律问题

1. 关于新增利益分配问题

收益分配是合作开发房地产合同较为重要的内容之一，也是各合作方较为关心的问题之一。合作开发房地产的收益分配主要分为两种方式：一是按比例分配房屋；二是房屋出售后按比例分配货币。合作开发房地产过程中新增利益主要由于房屋实际建筑面积超出规划建筑面积即存在新增房屋所导致。《最高人民法院关于审理涉及国有土地使用权合同纠纷案件适用法律问题的解释》第十七条第一句规定，房屋实际建筑面积超出规划建筑面积，经有批准权的人民政府主管部门批准后，当事人对超出部分的房屋分配比例协商不成的，按照约定的利润分配比例确定。因此，经有批准权的人民政府主管部门批准后，若各合作方对新增房屋的分配可以协商一致，按照相关约定执行，若无法协商一致，则应按照相关合同中约定的利润分配比例确定。需要注意的是，若新增房屋被有批准权的人民政府主管部门认定为违法建筑责令拆除，则仅涉及相关损失如何分担的问题。

2. 关于增加投资数额的分担问题

共同投资，是合作开发房地产合同的本质特征之一。由于房地产项目开发周期长、资金需求量大等特征，在项目开发前各方一般会经过严密的预算确定投资总额，但是因为受到市场因素、政策因素以及建设规划、设计方案调整等因素影响，导致在合作项目建设工程中需要追加投资的情况较为常见。《最高人民法院关于审理涉及国有土地使用权合同纠纷案件适用法律问题的解释》第十四条规定，投资数额超出合作开发房地产合同的约定，对增加的投资数额的承担比例，当事人协商不成的，按照当事人的违约情况确定；因不可归责于当事人的事由或者当事人的违约情况无法确定的，按照约定的投资比例确定；没有约定投资比例的，按照约定的利润分配比例确定。《最高人民法院关于审理涉及国有土地使用权合同纠纷案件适用法律问题的解释》第十七条规定，房屋实际建筑面积超出规划建筑面积，经有批准权的人民政府主管部门批准后，当事人对超出部分的房屋分配比例协商不成的，按照约定的利润分配比例确定。对增加的投资数额的承担比例，当事人协商不成的，按照约定的投资比例确定；没有约定投资比例的，按照约定的利润分配比例确定。

因此，依据上述规定，应当按照如下规则处理增加投资数额的分担问题：（1）应当遵循当事人的意思自治。若各方对增加的投资数额已经有相关约定，或可以协商达成一致，则应当按照相关约定执行。（2）若不存在上述约定，对于因新增房屋所导致的投资数额增加，应首先按照约定的投资比例确定；没有约定投资比例的，按照约定的利润分配比例确定。（3）对于非因新增房屋所导致的投资数额增加，按照各方的违约情况确定；因不可归责于各方的事由或者各方的违约情况无法确定的，按照约定的投资比例确定；没有约定投资比例的，按照约定的利润分配比例确定。此处增加的投资数额因与新增利益的分配不直接相关，各方对此多持消极态度，因此，首先以各方的违约程度来确定，较为符合民法的过错归责原则，但是若在整个项目的开发过程当中，因为政策法律、市场行情等客观情势因素的改变，导致必须追加投资数额，此时对于各方来讲均无过错，也不构成违约，按照约定的投资比例（无约定投资比例则为利润分配比例）确定增加投资数额的分担比例，较为公平。

3. 房屋竣工验收是否为分配相关权益的条件

房地产开发项目竣工后，应当进行验收，验收合格后，才能交付使用。《城市房地产开发经营管理条例》第十七条规定，房地产开发项目竣工，依照《建设工程质量管理条例》的规定验收合格后，方可交付使用。

实践中，竣工验收一般是指建设单位负责组织的，对相关建设工程的竣工验收。合作开发的房屋未通过竣工验收，当事人能否请求人民法院分配相关利益，目前主流观点认为，在合作开发房地产合同中未做特别约定的情况下，竣工验收并非分配相关利益的前提条件，没有经过竣工验收的房屋，并非违章建筑，各方对其依法享有相关利益分配请求权，而且相关房屋的交付使用与各方享有的利益分配请求权并不矛盾。因此，在房屋竣工验收合格之前，各方请求分配房屋相关利益的，只要是合法建筑，人民法院就应当根据当事人的请求对相关利益进行分配。

三、典型案例精析

案例9：甲公司与乙公司合资合作开发房地产合同纠纷[①]

裁判要旨

在合作开发房地产过程中，项目方保证相关土地无任何纠纷，但是在合作过程中因其自身债务原因导致相关土地被法院查封，同时资金方也未按照合同约定保证项目建设资金到位，则均应向对方承担相应违约责任。

案情简介

上诉人甲公司与被上诉人乙公司公司于2010年12月16日签订一份《合作建设产权式酒店合同书》，约定由甲公司提供建设用地、乙公司提供全部建设资金，双方合作建设某酒店。该合同又特别约定：甲公司在某酒店工程施工至正负零后七个工作日内应把该公司50%的股权办理登记到乙公司

---

① （2014）海南二中民二终字第74号。

名下。甲公司提供建设用地的全部合法证件，确保合作用地权属清晰，负责解决协调合作用地与其他单位和个人发生纠纷及遗留问题，并承担该费用。合同同时对双方的违约责任也做了约定，甲公司未按照合同的约定履行义务而造成项目停止建设，应向乙公司支付违约金50万元并赔偿全部经济损失。

2012年5月1日，乙公司正式开工建设某酒店。在某酒店建设期间，因甲公司与案外人符某若之间产生纠纷，符某若向法院提起诉前财产保全申请，请求查封甲公司名下的用于兴建某酒店的项目用地。法院于2012年5月31日对上述土地依法进行查封。因此，某酒店工程建设被迫停工。在停工前，某酒店工程已经施工至正负零。2012年12月9日，双方签订一份《关于合作建设“某酒店”的补充合同》，约定乙公司在补充合同签订之日起15个工作日内，将120万元转到双方的共管账户，作为甲公司支付给符某若的工程款。甲公司于2013年1月31日之前将某酒店的土地使用权办理过户登记至乙公司名下。

2013年3月20日，甲公司刊登通知，限乙公司在7日内履行合同义务，逾期则解除合同。2013年6月26日，甲公司以公司土地及在建的某酒店已被查封为由发布告示，禁止任何单位和个人在该公司提供的建设用地范围内施工，否则后果自负。2013年7月4日、9月16日，乙公司分别代甲公司偿还符某若债务60万元。2013年9月16日法院依法裁定解除对上述土地的查封。之后，乙公司按照合同的约定继续投入资金建设某酒店，该酒店主体工程建设已经封顶，但甲公司未按照合同的约定将某酒店的土地使用权或将甲公司50%的股权办理过户登记至乙公司名下。

上诉人上诉要求：1. 撤销一审关于驳回甲公司主张乙公司支付违约金50万元的判项，改判乙公司支付违约金50万元给甲公司；2. 本案一、二审诉讼费用全部由乙公司承担。

法院裁判

二审法院认为，根据本案审理查明的事实，在双方合作的项目某酒店建设施工过程中，甲公司提供的合作用地被法院查封，其未按照合同约定保证合作土地无其他纠纷。在该地查封过程中，甲公司刊登通知拟解除合同，并在工地张贴告示，禁止任何单位和个人在该公司提供的建设用地范围内施工建设。从乙公司向符某若支付 120 万元并由一审法院依法解除了对某酒店的土地查封至当时，甲公司仍未按照合同的约定将甲公司 50% 的股权办理过户登记至乙公司名下。甲公司上述行为，均系违约行为，且严重影响了双方合作项目的施工建设，根据《合作建设产权式酒店合同书》第八条关于违约责任的约定，甲公司应支付乙公司违约金 50 万元。但乙公司在双方合作的项目建设施工过程中，未能及时足额提供该项目建设所需资金，致使该项目建设拖延工期超过 4 个月，并因至今仍拖欠第三人某城建公司巨额工程款，最终导致该城建公司解除该项目的建设工程施工合同。乙公司的上述行为，显属违约行为，根据《合作建设产权式酒店合同书》第八条关于违约责任的约定，乙公司亦应支付甲公司违约金 50 万元。鉴于双方的《合作建设产权式酒店合同书》及《关于合作建设“某酒店”的补充合同》正在履行过程中，双方均应按照合同的约定，遵循诚实信用原则，公平合理地解决双方在合同履行过程中出现的纠纷。据此，乙公司与甲公司互相支付违约金 50 万元的合同义务可相互抵消，甲公司上诉主张乙公司在本案中支付其违约金 50 万元，法院不予支持。

律师评析

在合作开发房地产合同履行过程中，项目方保证其提供的土地在项目建设过程中无纠纷，资金方保证建设资金按时足额到位，均是其主要合同义务，任何一方违反上述义务均构成合同违约。本案中，项目方因自身债务原因导致相关土地被查封，而资金方也未按时足额保证建设资金的到位，因此，双方均构成违约，根据《合同法》第一百二十条（《民法典》第五百九十二条第一款）“当事人双方都违反合同的，应当各自承担相应的责任”的有关规定，法院判决项目方和资金方均应按照合同约定向对方支付违约金。

案例 10：甲公司与乙公司、丙公司等合作开发房地产合同纠纷①

裁判要旨

在合作开发房地产过程中，各方约定以成立项目公司的方式进行合作（法人型合作开发模式），若各方并未成立项目公司，而直接以其他已经成立的公司实际承担项目公司的职能，则该公司并非合作开发房地产合同项下的项目公司，但是，上述认定不影响各方按照合作开发房地产合同的有关约定就合作项目享有权利和履行义务。

案情简介

1992 年 6 月，甲公司垫资代某市政府建设新风桥公园和儿童公园，拓宽解放三路、四路等工程。1993 年 1 月，某市政府批准将该市金融贸易开发区 5.1 公顷土地以协议出让方式补偿给甲公司开发。同年 2 月，市规划局批准开发区的规划方案，甲公司取得用地许可和规划许可，投入资金进行拆迁。

2007 年 4 月 23 日，甲公司与乙公司签订《合作项目合同书》，约定：甲公司提供合作项目建设用地 46.5 亩，拟建地上建筑总面积 62000 平方米；乙公司提供建设商品房及配套附属设施所需的全部建设资金，合作建房用地上现状居民搬迁所发生的补偿及拆迁安置面积 10000 平方米；乙公司承诺除合作建房用地上时运大酒店以外的拆迁补偿金支付的最高金额 2000 万元；双方利益分配比例为 0.238：0.762；项目公司注册资本为 1000 万元，公司注册资金由甲公司出资 238 万元，乙公司出资 762 万元，甲公司占有项目公司 23.8% 股权，乙公司占有项目公司 76.2% 股权；甲公司应在乙公司完成拆迁工程之日起 60 日内将 46.56 亩合作建房用地的国有土地使用权证办理在项目公司名下，由此发生的土地出让金等相关费用由甲公司承担。

在甲公司与乙公司签订《合作项目合同书》之前，2006 年 10 月 16 日，丙公司设立，注册资金 1000 万元。丙公司的初始股东登记为乙公司、王某

---

① （2015）民提字第 64 号。

金、邢甲、邢乙。其中，乙公司货币出资687万元，占68.7%股权；王某金货币出资75万元，占7.5%股权；邢甲货币出资138万元，占13.8%股权；邢乙货币出资100万元，占10%股权，其中邢甲、邢乙应出资的238万元系乙公司法定代表人高某以个人账户分别汇入邢甲、邢乙个人账户。

甲公司为履行《合作项目合同书》中的义务，将项目用地过户给丙公司，2007年5月11日，市发改委批准该项目更名为"天阔广场"，2009年2月2日，仲裁委员会作出裁决书，将甲公司与某市政府之间的投资补偿合同关系及市政府向甲公司协议出让土地，变更为市政府与丙公司之间的投资补偿关系，项目业主变更为丙公司，丙公司取得项目开发权，甲公司履行了《合作项目合同书》约定的主要义务。

市房产管理局要求在2009年7月20日前完成全部拆迁任务，但乙公司未能完成。乙公司投入的拆迁资金约2000万元（含时运大酒店拆迁补偿款），仅完成拆迁量的20%。

2008年10月29日，邢甲、邢乙与乙公司签订《股权转让协议》，约定以904万元的价款，将其二人在丙公司持有的23.8%的股权转让给乙公司，双方并办理了价款支付和股权交割的工商变更登记手续。

2009年7月13日，丁公司成立，7月23日，乙公司与丁公司签订《股权转让协议》，将其持有的丙公司70.5%的股权转让给丁公司；同日，王某金也与丁公司签订《股权转让协议》，将其持有的5.7%股权转让给丁公司，丁公司持有丙公司股权为76.2%。同年8月31日，丁公司与戊公司、己公司签订《股权转让协议》，丁公司将其持有的丙公司股权全部转让给戊公司和己公司。

2009年9月7日，甲公司调取丙公司的工商登记资料，得知乙公司的上述行为，遂于9月11日给乙公司发出《关于"天阔广场"项目有关问题的函》称："贵公司通过对项目公司股权的重大变更，将贵公司项目权益转让，造成我公司在《合作项目合同书》项下的权益（即合作项目收入分配23.8%收益及丙公司23.8%股权）面临风险。"同年9月13日，甲公司给乙公司、戊公司、己公司和丙公司发出《关于天阔广场项目有关问题的函》建议："一、鉴于本项目的现状，应当由项目公司承担乙公司在2007年4月23日所签订的《合作项目合同书》项下的权利和义务，继续履行该合同；二、确认我公司已履行《合作项目合同书》的主要义务，项目用地已通过仲裁裁决，明确由市政府出让办证至项目公司丙公司名下的事实；三、项目公司新股东戊公司和己公司为项目履行《合作项目合同书》提供担保；四、在此基础上尽快举行股东及实际权益人会谈，理顺、完善、衔接有关事宜，明确各方责权利，加快本项目开发进度。”因对方没有回应，2009 年 11 月 18 日，甲公司向乙公司发出《通知书》，解除《合作项目合同书》。

甲公司诉至法院，请求：1. 判决解除其与乙公司签订的《合作项目合同书》；2. 判决丙公司将其依据仲裁裁决书确定的第二项权利和义务返还给甲公司；3. 判决丙公司将“天阔广场”土地及项目开发权返还给甲公司，判令丙公司将“天阔广场”项目批准文件中项目建设主体变更为甲公司；4. 本案诉讼费由乙公司承担。

法院作出一审民事判决，驳回甲公司的诉讼请求。

甲公司不服，提出上诉，二审法院作出民事判决，驳回上诉，维持原判。

甲公司不服，向最高人民法院申请再审，请求：1. 撤销二审法院民事判决书，裁定再审。2. 判决解除甲公司与乙公司签订的《合作项目合同书》。3. 判决丙公司将其依据仲裁裁决书所取得的以协议方式受让“天阔广场”项目下土地使用权的权利返还给甲公司，即市政府继续履行与甲公司签订的投资补偿合同，向甲公司协议出让“天阔广场”项目下的土地使用权，判决“天阔广场”建设项目归甲公司所有。4. 判令丙公司配合办理该项目的立项、规划、报建、选址、环境评估批复等批准文件的变更手续。5. 本案一审、二审诉讼费由乙公司承担。

法院裁判

最高人民法院经再审认定，本案的争议焦点为：1. 丙公司是否系甲公司与乙公司共同设立的项目公司；2. 邢甲、邢乙是否代甲公司持有丙公司的股权；3. 邢甲、邢乙转让其在丙公司的 23.8% 股权，能否产生甲公司在《合作项目合同书》中权利义务消灭的法律后果以及甲公司是否有权解除《合作项目合同书》，并要求丙公司将“天阔广场”土地及项目开发权、项目建设主体返还并变更为甲公司。

一、关于丙公司是否系甲公司与乙公司共同设立的项目公司的问题

2007年4月23日，甲公司与乙公司签订《合作项目合同书》约定双方成立项目公司，注册资本为1000万元，甲公司出资238万元，占23.8%股权，乙公司出资762万元，占76.2%股权，甲公司应缴的出资由乙公司代付。但随后，双方并未按照《合作项目合同书》的约定成立项目公司，而是借用了早在2006年10月16日即已设立的丙公司作为合作开发的项目公司。甲公司完成了《合作项目合同书》约定的义务，丙公司成为甲公司与乙公司合作开发建设“天阔广场”的项目公司。虽然丙公司承担了“天阔广场”项目的开发建设职能，是各方当事人均认可的客观事实，并承担了合作项目公司的职能，但不能就此认定丙公司是甲公司与乙公司共同设立的项目公司，一审和二审法院认定丙公司是甲公司与乙公司共同设立的项目公司显属不当，丙公司也仅是乙公司与甲公司双方按照《合作项目合同书》约定为进行“天阔广场”项目合作开发，履行各自权利义务的载体，并非《合作项目合同书》的合同主体，更不是甲公司、乙公司在合作开发协议中的合同相对方。

二、关于邢甲、邢乙是否代甲公司持有丙公司股权的问题

根据《公司法》的规定，股东资格的认定是以工商登记和股东名册进行确认。本案事实表明，丙公司的股东是乙公司、邢甲、邢乙、王某金，没有甲公司。乙公司法定代表人高某代邢甲、邢乙出资是乙公司、邢甲、邢乙、王某金四方在设立丙公司过程中发生的债权债务关系，不能据此认定邢甲、邢乙不实际缴付238万元注册资金而享有丙公司23.8%股权，系甲公司在《合作项目合同书》中的权利，甲公司既没有向丙公司缴纳注册资金，更不能成为丙公司的股东，其所享有的23.8%权益是依据《合作项目合同书》对合作项目“天阔广场”的利益分配比例，而非丙公司的股东权，既然甲公司非丙公司的股东，也没有委托邢甲、邢乙代为持股的事实，就不能认定邢甲、邢乙在丙公司的股权是代甲公司持股。邢甲、邢乙所持有的丙公司23.8%股权不能视为甲公司在《合作项目合同书》中的合同权益，甲公司是否为丙公司的股东，不影响其在《合作项目合同书》中所应享有的权利。

三、关于甲公司是否有权解除《合作项目合同书》，并要求丙公司将其依据仲裁裁决书确定的第二项权利和义务、“天阔广场”土地及项目开发权、项目建设主体返还并变更为甲公司的问题

本案是甲公司与乙公司基于《合作项目合同书》而发生的合作开发纠纷。丙公司只是乙公司与甲公司双方按照《合作项目合同书》约定为开发“天阔广场”项目而借用的合作项目载体，不是涉案合作开发合同的相对方，甲公司无论是否为丙公司的股东，均不影响其在《合作项目合同书》中所享有的收益权。甲公司对天阔广场项目所享有的23.8%房地产利益分配权，是依据其与乙公司双方所签订的《合作项目合同书》约定，以市政府补偿给其的项目开发权以及46.5亩建设用地使用权投入项目公司，获取的23.8%房地产利益分配比例；而邢甲、邢乙是以出资238万元取得丙公司的23.8%股权，不是同一法律关系，邢甲、邢乙将其所持的丙公司23.8%股权转让给乙公司是丙公司股东之间产生的股权转让法律关系，与甲公司在《合作项目合同书》中所享有的23.8%房地产利益分配权比例没有关系，不能以甲公司在丙公司不享有股权，就认定其退出了“天阔广场”项目。按照《合作项目合同书》的约定，甲公司以市政府补偿给其的项目开发权以及46.5亩建设用地使用权投入项目公司，并通过仲裁裁决的方式将天阔广场项目裁决给丙公司，这是甲公司履行《合作项目合同书》约定的义务，并非向丙公司的出资。《合作项目合同书》合法有效，甲公司有权主张解除合同并要求丙公司将“天阔广场”土地使用权及项目开发权返还并变更主体为甲公司。

最高人民法院作出判决：一、撤销一、二审判决；二、解除甲公司与乙公司签订的《合作项目合同书》；三、丙公司在本判决生效之日起三个月内，将其名下的“天阔广场”项目开发权和土地使用权返还变更至甲公司。

律师评析

虽然本案的当事人即甲公司和乙公司在合作开发房地产的过程中，采用了法人型合作开发模式，但是在实际履行合同过程中并未按照相关合同约定成立项目公司，而是直接借用已经存在的丙公司作为相关合同项下的项目公司；虽然法院最终未认定丙公司为相关合同项下的项目公司，而仅认定其为各方履行相关合同项下权利义务的载体，但是法院认为各方是否真正成立项目公司以及在项目公司中是否实际享有股权均不影响其按照相关合同约定享有权益，各方就合作项目所应享有的权利和履行的义务均应按照相关合同的约定予以确定。本案进一步说明，法人型合作开发模式与合同型合作开发模式在法律适用上并非泾渭分明，律师应在综合分析案情的基础上结合两种合作开发模式的共性和特性制定最佳的诉讼方案。

案例 11：甲公司与乙公司合资合作开发房地产合同纠纷[1]

裁判要旨

虽然合作开发房地产合同涉及土地使用权的移转，但是若各方就合作项目共享利润、共担风险，则相关合同在性质上不属于土地使用权转让合同；各方关于税款如何分担的约定不违反法律、行政法规的强制性规定，各方均应遵守和履行。

案情简介

2006 年 12 月 31 日，乙公司与合肥市国土资源局签订出让合同，通过挂牌方式受让取得约 45.55 亩土地使用权，总金额 27330678 元（约 60 万元 / 亩），规划用途为住宅及商业项目。2010 年 8 月 27 日，甲公司与乙公司约定：乙公司提供面积约 45.55 亩项目用地，甲公司提供全部开发资金，进行房地产项目开发，双方按合同约定共同投资、共享收益。项目名称暂定为“徽苑”，项目开发运作过程和经营活动以乙公司名义进行，双方共同组建“徽苑项目部”负责项目开发。土地按 300 万元 / 亩（合计 13665 万元）作为约定土地成本，乙公司按约定方式承担土地溢价部分土地增值税。甲公司投资包括应付土地投资款 13665 万元和项目建设除土地成本外所需资金。乙公司投资包括提供用

---

① （2018）皖民申 496 号。

于项目合作开发的土地、办理项目用地初始登记费1093227.12元以及投入的前期建设费用343354元。

项目销售过程中，甲公司代乙公司支付土地溢价部分应缴纳的土地增值税相应扣减。项目开发成本包括约定土地成本、项目用地初始登记费1093227.12元、乙公司投入的前期建设费用343354元、项目建设成本、销售成本以及其他与项目开发有关的一切成本与费用。项目全部竣工交付购房业主后10日内双方共同委托社会中介机构对项目进行清算，清算依据为土地按300万元/亩计算，其他按实际发生计算，审计报告作为双方利润分配计算依据。在税务清算过程中，因土地溢价产生的土地增值税由乙公司按约定方式承担，并依据清算结果自行申报缴交，如实际缴交金额低于暂估税金金额5500万元，其差额部分归乙公司所有，因此导致差额部分产生其他税费（所得税等）由乙公司承担；如实际缴交金额高于暂估税金金额5500万元，超出部分由甲公司承担。除上述乙公司承担税金外，其他税金由甲公司承担。

考虑到项目开发以甲公司为主进行运作，甲公司同意，无论因为何种原因均需确保乙公司投资回收（包括约定土地成本、项目用地初始登记费和前期建设费）不减少，且获得税后利润3000余万元，如清算报告载明的税后利润少于该数额，则甲公司应在项目清算报告出具后30日内以现金方式补足给乙公司。其余税后利润归甲公司所有。双方约定的税后利润系指已按税法规定扣除营业税、增值税和企业所得税等税金后的净利润。经营亏损的风险由甲公司承担。土地溢价是指乙公司因合作开发所获得超出土地实际成本部分的收益，包括约定土地成本与土地实际成本的差额以及乙公司依约可获得的税后利润3000余万元。

2010年9月6日，双方签订一份《补充合同》，约定：项目清算依据为土地成本（按380万元/亩）、项目工程决算（工程造价）、基础工程、报建、营销、管理、财务等各项实际发生费用。乙公司实际应获得的收益为土地总价17309万元（380万元/亩 ×45.55亩），扣除约定乙公司应承担土地溢价部分的土地增值税暂估金额5500万元，乙公司实际应得收益人民币11809万元。在税务清算过程中，如上述土地溢价部分的土地增值税实际缴纳金额低于5500万元，其差额部分归乙公司所有，导致差额部分产生相关税费（所得税等）由乙公司承担；如实际缴纳金额高于5500万元，超出部分由甲公司承担，与乙公司无关。《补充合同》还对投资、收益及其收回等作了约定。后因双方在履行合同过程中就土地溢价部分应缴纳的企业所得税承担主体问题发生了争议。

另查明，双方共同开发的“徽苑”项目后更名为“紫御府”项目，该项目于2010年12月开始开发，2011年9月开始预售，2013年4月完成开发。2015年6月29日，受甲公司和乙公司委托，安和税务师事务所作出《审核咨询报告》，其中，土地费用以60万元/亩纳入成本核算。

甲公司诉至法院，提出诉求：1. 乙公司承担土地溢价部分应缴纳的所得税50万元（该土地溢价部分实际应缴纳的所得税约2296万元，剩余款项将另案主张）；2. 乙公司承担本案全部诉讼费用。

法院裁判

法院认为，关于案涉合同法律性质的问题。根据《最高人民法院关于审理涉及国有土地使用权合同纠纷案件适用法律问题的解释》第十四条①规定，合作开发房地产合同，是指当事人订立的以提供出让土地使用权、资金等作为共同投资，共享利润、共担风险合作开发房地产为基本内容的协议。该解释第二十四条②规定，合作开发房地产合同约定提供土地使用权的当事人不承担经营风险，只收取固定利益的，应当认定为土地使用权转让合同。综合双方签订的《房地产项目合作开发合同》内容，从第二章“合作形式与条件”、第四章“项目机构运作及程序”、第十章“风险承担”等内容来看，双方采取乙公司提供土地使用权、甲公司提供全部开发资金，双方共享利润、共担风险的方式进行合作，符合合作开发房地产的基本特征。且双方合同第10.1

---

① 已修订为2020年《最高人民法院关于审理涉及国有土地使用权合同纠纷案件适用法律问题的解释》第十二条。

② 已修订为2020年《最高人民法院关于审理涉及国有土地使用权合同纠纷案件适用法律问题的解释》第二十一条。

条、第 10.2 条中约定了乙公司应承担的相应风险，乙公司并非不承担任何经营风险。因此本案双方合同性质不属于土地使用权转让合同，而应属于合作开发房地产合同。

关于双方对案涉项目土地溢价所涉及所得税承担主体的约定问题。双方签订的《合作开发合同》约定："在税务清算过程中，因土地溢价产生的土地增值税由乙公司按约定方式承担，并依据清算结果自行申报缴交。如实际缴交金额低于暂估税金金额 5500 万元，其差额部分归乙公司所有，因此导致差额部分产生其他税费（所得税等）由乙公司承担；如实际缴交金额高于暂估税金金额 5500 万元，超出部分由甲公司承担。除上述乙公司承担税金外，其他税金由甲公司承担。"甲公司主张，双方签订的《补充合同》删除了上述"除上述甲方承担税金外，其他税金由乙方承担"的内容，即是对税金承担主体约定的变更。法院对该上诉理由不予支持，理由如下：首先，补充合同的第一段写明"为更好地履行主合同，现经双方友好协商，依据主合同约定的原则共同制定如下补充合同"，此约定表明，补充合同在原则上并没有突破主合同的约定，更多的是从操作层面、条款释义方面进行了明确、细化。补充合同的条款只有在与主合同条款约定明显不一致时，才依照补充合同的约定。其次，补充合同并未有关于土地溢价所涉及的所得税承担主体进行变更的约定。甲公司称《补充合同》第三条第一款关于税金的表述，与主合同相比并不完整，未表述"除上述甲方承担税金外，其他税金由乙方承担"。但不能就此认定双方就土地溢价所涉及的所得税承担主体问题进行了合意变更。从两份合同的体系来看，《补充合同》第三条第一款的表述仅系摘录主合同部分条款内容，其标题亦注明"对甲方（乙公司）约定收益的解释"，这已明确表明，此条款系释义性条款，并非修改主合同。既然双方对税务清算中的税金承担问题已进行了明确约定，且该约定并未违反税收管理方面的法律法规之规定，因此双方均应按合同约定履行。现甲公司突破合同约定，要求乙公司承担土地溢价部分应缴纳的所得税，缺乏事实和法律依据。

关于甲公司主张的乙公司应提供票据入账的问题。首先，双方合同中从未有关于乙公司需提供约定土地成本票据入账的约定。其次，双方对土地成本按 380 万元 / 亩计算的约定系是对项目清算标准的约定。项目清算是双方的模拟清算，其中涉及约定土地成本的定义，但该约定土地成本并非税金计算及税金承担主体的依据。只有在税务清算中才核算实际税金，且税务清算依税法规定，按实际土地出让金额纳入成本核算，而非按双方约定的成本计入。双方对税务清算中税金的计算方式及金额均无异议，而是对土地溢价涉及所得税的承担主体产生争议，而该问题如前所述，双方在合同中已经做出了明确约定。因此，甲公司上诉主张的提供约定土地成本票据入账问题，既不在双方合同约定的事项范围内，也没有相关会计核算制度、税务稽核规则之规定。

综上所述，双方合同及补充合同明确约定了税款如何承担以及由谁承担的问题，即除土地溢价部分应缴纳的增值税 5500 万元外，其他税款由甲公司承担。现甲公司要求乙公司承担土地溢价部分应缴纳的所得税缺乏事实和法律依据。

律师评析

在合作开发房地产过程中，各方不设立项目公司等经济实体，而仅按照签订的合作开发房地产合同的有关约定进行开发合作，以合同的形式约定各方的权利义务，即采取合同型合作开发模式。合作结束后若各方在退出清算过程中因税费的承担或利润的分配问题产生争议，如何处理相关争议便变得尤为重要。在本案中，因涉及土地使用权的移转，法院首先依法对相关合同的性质进行了判断，认定相关合同符合合作开发房地产合同“共同投资、共享利润、共担风险”的特点，并非土地使用权转让合同，随后法院进一步认定，依据相关合同约定的方式进行税费承担及利润分配，不违反法律、行政法规的强制性规定，各方均应遵守和履行。本案提示，在处理合同型合作开发模式的合资、合作开发房地产纠纷案件时首先应认真梳理和审查合作开发房地产合同的条款约定，判断其是否“名副其实”，是否存在被法院认定属于土地使用权转让合同、房屋买卖合同、房屋租赁合同以及借款合同的法律风险，在此基础上制定相关诉讼策略。

第二篇

房地产项目建设工程纠纷

第一章　建设工程合同效力纠纷

建设工程施工合同的效力问题是产生纠纷后最先审查的关键性法律问题。合同效力直接关系到案件的整体走向和法律适用。

第一节　理论概述与实务指引

一、合同无效

在房地产项目建设过程中，建设工程施工合同无效的情形普遍存在。根据《民法典》、《最高人民法院关于审理建设工程施工合同纠纷案件适用法律问题的解释（一）》（以下简称《建工司法解释（一）》）、《招标投标法》、《招标投标法实施条例》等相关法律法规的规定，建设工程施工合同无效的情形及后果主要包括以下几方面。

1. 承包人原因

《建工司法解释（一）》第一条规定，建设工程施工合同具有下列情形之一的，应当依据《民法典》第一百五十三条第一款的规定，认定无效：（1）承包人未取得建筑业企业资质或者超越资质等级的；（2）没有资质的实际施工人借用有资质的建筑施工企业名义的……承包人因转包、违法分包建设工程与他人签订的建设工程施工合同，应当依据《民法典》第一百五十三条第一款及第七百九十一条第二款、第三款的规定，认定无效。

根据上述法律规定，如承包人未取得建筑业企业资质或超越资质施工，存在挂靠、转包、违法分包情形的，都将导致施工合同无效。需要特别注意的是，《建工司法解释（一）》第四条规定，承包人超越资质等级许可的业务范围签订建设工程施工合同，在建设工程竣工前取得相应资质等级，当事人请求按照无效合同处理的，人民法院不予支持。第五条规定，具有劳务作业法定资质的承包人与总承包人、分包人签订的劳务分包合同，当事人请求确认无效的，人民法院依法不予支持。因此，承包人在建设工程竣工前取得相应施工资质等级的施工合同有效，具有劳务作业法定资质的承包人与总承包人、分包人签订的劳务分包合同有效。

2. 发包人原因

《建工司法解释（一）》第三条规定，当事人以发包人未取得建设工程规划许可证等规划审批手续为由，请求确认建设工程施工合同无效的，人民法院应予支持，但发包人在起诉前取得建设工程规划许可证等规划审批手续的除外。发包人能够办理审批手续而未办理，并以未办理审批手续为由请求确认建设工程施工合同无效的，人民法院不予支持。

对于房地产建设工程而言，审批手续有建设用地规划许可证、建设工程规划许可证、国有土地使用权证和建设工程施工许可证，俗称“四证”。此处规定的未取得建设工程规划许可证等规划审批手续主要是指未取得建设工程规划许可证。而法律并未规定未取得国有土地使用权证不得开工建设，因此其不属于违反法律法规效力性强制性规定的行为，不影响建设工程施工合同的效力。而建设工程施工许可证属于行政管理范畴，亦不影响建设工程施工合同的效力。

3. 招投标原因

《建工司法解释（一）》第一条第一款第（三）项规定，建设工程必须进行招标而未招标或中标无效的，建设工程施工合同应当依据《民法典》第一百五十三条第一款的规定，认定无效。此处规定的建设工程施工合同无效有两种情形。

第一种是建设工程必须进行招标而未招标。《招标投标法》第三条规定，在中华人民共和国境内进行下列工程建设项目包括项目的勘察、设计、施工、监理以及与工程建设有关的重要设备、材料等的采购，必须进行招标：（1）大型基础设施、公用事业等关系社会公共利益、公众安全的项目；

（2）全部或者部分使用国有资金投资或者国家融资的项目；（3）使用国际组织或者外国政府贷款、援助资金的项目。前款所列项目的具体范围和规模标准，由国务院发展计划部门会同国务院有关部门制订，报国务院批准。法律或者国务院对必须进行招标的其他项目的范围有规定的，依照其规定。因此，对于上述必须招标的项目，若未招标或先定后招或其他原因导致中标无效而签订的施工合同，则属于违反《招标投标法》强制性规定的民事法律行为，该行为无效。

2018 年 3 月 27 日，由国家发展和改革委员会发布并于 2018 年 6 月 1 日施行的《必须招标的工程项目规定》（国家发展和改革委员会第 16 号令）落实了《招标投标法》第三条第二款的要求，确定了必须招标的工程项目。[①] 2018 年 6 月 6 日，由国家发展和改革委员会发布并于当日施行的《必须招标的基础设施和公用事业项目范围规定》（发改法规〔2018〕843 号）对《必须招标的工程项目规定》第二条、第三条规定情形的大型基础设施、公用事业等关系社会公共利益、公众安全的项目进行了明确。上述两个规定对房地产及建筑行业影响最大的是，商品房住宅项目不再属于强制招标的范围。

---

① 《必须招标的工程项目规定》第二条："全部或者部分使用国有资金投资或者国家融资的项目包括：（一）使用预算资金 200 万元人民币以上，并且该资金占投资额 10% 以上的项目；（二）使用国有企业事业单位资金，并且该资金占控股或者主导地位的项目。"

第三条："使用国际组织或者外国政府贷款、援助资金的项目包括：（一）使用世界银行、亚洲开发银行等国际组织贷款、援助资金的项目；（二）使用外国政府及其机构贷款、援助资金的项目。"

第四条："不属于本规定第二条、第三条规定情形的大型基础设施、公用事业等关系社会公共利益、公众安全的项目，必须招标的具体范围由国务院发展改革部门会同国务院有关部门按照确有必要、严格限定的原则制订，报国务院批准。"

第五条："本规定第二条至第四条规定范围内的项目，其勘察、设计、施工、监理以及与工程建设有关的重要设备、材料等的采购达到下列标准之一的，必须招标：（一）施工单项合同估算价在 400 万元人民币以上；（二）重要设备、材料等货物的采购，单项合同估算价在 200 万元人民币以上；（三）勘察、设计、监理等服务的采购，单项合同估算价在 100 万元人民币以上。同一项目中可以合并进行的勘察、设计、施工、监理以及与工程建设有关的重要设备、材料等的采购，合同估算价合计达到前款规定标准的，必须招标。"

第二种是中标无效。结合《招标投标法》和《招标投标法实施条例》相关条款规定，招标代理机构与招标人、投标人串通，招标人透露招标情况或者泄露标底，投标人相互串通投标或者与招标人串通投标、投标人行贿谋取中标，投标人以他人名义投标或者弄虚作假骗取中标，招标人与投标人就投标价格、投标方案等实质性内容进行谈判并且该行为影响中标结果的，招标人在评标委员会依法推荐的中标候选人以外确定中标人或自行确定中标人的这几种情形，中标无效。

4. 合同无效后果

《建工司法解释（一）》第六条规定，建设工程施工合同无效，一方当事人请求对方赔偿损失的，应当就对方过错、损失大小、过错与损失之间的因果关系承担举证责任。损失大小无法确定，一方当事人请求参照合同约定的质量标准、建设工期、工程价款支付时间等内容确定损失大小的，人民法院可以结合双方过错程度、过错与损失之间的因果关系等因素作出裁判。第二十四条规定，当事人就同一建设工程订立的数份建设工程施工合同均无效，但建设工程质量合格，一方当事人请求参照实际履行的合同关于工程价款的约定折价补偿承包人的，人民法院应予支持。实际履行的合同难以确定，当事人请求参照最后签订的合同关于工程价款的约定折价补偿承包人的，人民法院应予支持。

据此，由于建设工程合同履行的特殊性，当建设工程施工合同被认定为无效后，发包人无法返还原物，而是取得承包人对涉案工程投入的建筑材料、劳务及劳动成果转化后的成果，如建设工程质量合格的，一方当事人可以要求参照实际履行或最后签订的合同折价支付工程款，但缔约过失方对其因过错造成的损失，应当承担损害赔偿责任。

二、黑白合同

实务中因一些原因，发承包双方往往在招标前、招标时或招标后，就同一涉案工程签订两份或多份与中标备案合同实质性内容不一致的合同，称为黑白合同。

1. 黑白合同的表现形式

根据形成原因和时间的不同，黑白合同一般可以划分为以下几种情况：第一，“黑合同”先于“白合同”签订。即在招标前，发承包双方已就涉案工程达成合意并签订“黑合同”，俗称“先定后招”。为了强制备案管理等手续，再履行形式上的招标，发包人向承包人发送中标通知书后，签订“白合同”用于备案。第二，“白合同”先于“黑合同”签订。即在招标后，招标人利用其优势地位，与中标人签订与中标合同有实质性内容变更的“黑合同”。第三，“黑白合同”同时签订。即在招标时，内定中标人，并以签订“黑合同”为中标条件，与此同时发送中标通知书时签订“白合同”，双方在“黑合同”中约定以“黑合同”作为实际履行的合同。

2. 黑白合同的处理原则

《建工司法解释（一）》第二十二条规定，当事人签订的建设工程施工合同与招标文件、投标文件、中标通知书载明的工程范围、建设工期、工程质量、工程价款不一致，一方当事人请求将招标文件、投标文件、中标通知书作为结算工程价款的依据的，人民法院应予支持。第二十三条规定，发包人将依法不属于必须招标的建设工程进行招标后，与承包人另行订立的建设工程施工合同背离中标合同的实质性内容，当事人请求以中标合同作为结算建设工程价款依据的，人民法院应予支持，但发包人与承包人因客观情况发生了在招标投标时难以预见的变化而另行订立建设工程施工合同的除外。第二十四条规定，当事人就同一建设工程订立的数份建设工程施工合同均无效，但建设工程质量合格，一方当事人请求参照实际履行的合同关于工程价款的约定折价补偿承包人的，人民法院应予支持。实际履行的合同难以确定，当事人请求参照最后签订的合同关于工程价款的约定折价补偿承包人的，人民法院应予支持。

由于实践中签订的黑白合同形式多种多样，产生的原因也不尽相同，《建工司法解释（一）》规定的调整范围也只是黑白合同中一部分的表现形式，所以对于黑白合同的认定与处理无法采用“一刀切”的方式，而应当结合《民法典》《建筑法》《招标投标法》等法律法规进行综合分析判断。在司法实践中，对于黑白合同以何为准主要有以下几种处理原则：第一，强制招投标的项目，如中标有效的，原则上“白合同”优先适用[①]。第二，非强制招投标的项目，如双方因客观情况发生了在招标时难以预见的变化，在该种情况下另行签订的与中标合同实质性内容背离的“黑合同”有效，可以作为结算的依据。[②]第三，如果签订了多份合同且无法判定实际具体履行的合同，即“黑白合同”均无效的，则参照最后签订的合同折价补偿。[③]

三、合同解除

房地产领域受政策调控、资金调控、发承包双方自身等原因，导致很多建设工程陷入僵局，使得发承包双方的合同权利义务处于不稳定状态，为了及时终止双方权利义务关系，往往需要解除合同，解决项目停滞问题或及时减少发承包双方损失。

1. 解除条件

根据《民法典》第五百六十二条、第五百六十三条规定，当事人双方有三种方式行使解除权：协商解除、附条件解除和法定解除。而建设工程合同作为典型合同，《民法典》第八百零六条第一款、第二款分别就承包人、发包人的法定解除条件也作了专门规定。《民法典》第八百零六条第一款、第二款规定，承包人将建设工程转包、违法分包的，发包人可以解除合同。发包人提供的主要建筑材料、建筑构配件和设备不符合强制性标准或者不履行协助义务，致使承包人无法施工，经催告后在合理期限内仍未履行相应义务的，承包人可以解除合同。

需要特别注意的是，《民法典》第八百零八条规定，本章（第十八章 建设工程合同）没有规定的，适用承揽合同的有关规定。而《民法典》第七百八十七条规定，定作人在承揽人完成工作前可以随时解除合同，造成承揽人损失的，应当赔偿损失。虽然，法律规定发包人在工程完工前可以随时

---

① （2021）鲁14民再5号。

② （2021）京03民终6013号。

③ （2021）豫03民终1154号。

解除合同，但发包人不得随意扩大解除权的行使，发包人行使解除权必须符合法律规定的几种情形。[①]

2. 解除程序

首先，履行催告义务，要求对方在合理期限内履行相应的义务。根据《民法典》第五百六十三条、第七百八十八条、第八百零六条的规定可以看出，在相对方不履行相应的义务时，应当先行催告相对方要求其在合理期限内履行，催告后相对方仍未履行的才可行使解除权。

其次，履行通知义务，行使合同解除权。《民法典》第五百六十五条规定，当事人一方依法主张解除合同的，应当通知对方。合同自通知到达对方时解除；通知载明债务人在一定期限内不履行债务则合同自动解除，债务人在该期限内未履行债务的，合同自通知载明的期限届满时解除。对方对解除合同有异议的，任何一方当事人均可以请求人民法院或者仲裁机构确认解除行为的效力。当事人一方未通知对方，直接以提起诉讼或者申请仲裁的方式依法主张解除合同，人民法院或者仲裁机构确认该主张的，合同自起诉状副本或者仲裁申请书副本送达对方时解除。

而对于催告和通知的方式，法律并没有明确的规定。但由于催告和通知的方式直接影响到合同的效力，进而关系到价款的支付、利息的起算、工期的认定等一系列问题，因此在司法实践中对催告和通知的程序、内容有较高的要求。一般来说，催告函和通知函的内容需要有明确表达要求对方在合理的、具体的时间内履行义务，如相对方拒不履行则在期满未履行之日或通知到达之日作出解除的意思表示。而催告函和通知函也应当通过直接送达或邮寄送达的方式进行送达，直接送达的应当要求被送达方签字确认，邮寄送达的应当按照施工合同中约定的地址邮寄，并在邮寄单上载明文件的

---

① 《福建省高级人民法院关于审理建设工程施工合同纠纷案件疑难问题的解答》(2007年11月22日)第九条规定："问：根据《合同法》第二百八十七条，建设工程合同一章没有规定的，适用承揽合同的有关规定，而《合同法》第二百六十八条规定，定作人可以随时解除承揽合同。建设工程施工合同的发包人能否据此行使任意解除权？答：发包人行使解除权必须符合最高人民法院《关于审理建设工程施工合同纠纷案件适用法律问题的解释》第八条的规定，不宜任意扩大解除权的行使。"

名称，如该邮件被退回的不得拆封，以作为证明已合法履行催告、通知义务的证据提交。

3. 解除后果

第一，关于工程价款的支付。根据《民法典》第七百九十三条、第八百零六条第二款规定，合同解除后，已经完成的建设工程质量合格，发包人应当按照约定支付相应的工程价款；已完成的建设工程质量不合格且修复后仍验收不合格的，承包人无权请求参照合同关于工程价款的约定折价补偿。如对于不必须招标的工程，建设施工合同解除后，备案的中标合同和实际履行的合同不一致时，应综合考虑工程履行等情况，按照实际履行的合同结算工程价款。[①]

第二，关于质量保修及质量保证金的扣留。质量保修系承包人的法定义务，即使建设工程施工合同解除后，承包人也应当承担法定的保修义务。但质量保证金条款系双方约定的条款，建设工程施工合同解除后，如果双方当事人对合同解除后是否预留质量保证金没有特别约定，不可直接适用原合同中有关质量保证金的条款。[②]

第三，关于建设工程价款优先受偿权。建设工程施工合同解除后，建设工程未竣工验收，只要工程质量合格，承包人同样享受优先受偿权，但不得对抗交付了全部或大部分款项的商品房房屋买受人。[③]

第二节　办案思路与实战技巧

一、辨析合同是否无效

导致建设工程施工合同无效情形的原因多种多样，在实践中挂靠、转包、

① （2019）最高法民终1668号。

② （2017）最高法民终252号。

③ （2018）川民终749号。

违法分包的形式也五花八门，难以辨别。因此，在起诉前或应诉过程中，应当辨析承包人的行为是否导致合同无效，并根据案件的具体情况，合同有效与否提起诉讼请求或进行抗辩，以维护发包人的合法权益。

二、黑白合同实质性条款的认定

黑白合同对双方当事人结算产生重大的影响，但双方当事人私下签订的合同并非都是“黑合同”。因此，对于认定双方另行签订的合同是否为“黑合同”对发包人的权益也至关重要。根据上文所述，黑白合同主要是看双方另行签订的合同是否对中标合同的内容做了实质性的变更，而对于工程范围、建设工期、工程价款、工程质量、变相让利等具体是否做了实质性的变更，由于建设工程的专业性较强，除了非专业人士可以明确识别外，往往需要通过鉴定或专家证人来解决事实上的争议。此时，应当要求当事人积极参与，从专业角度来提供证据予以证明。

三、建设施工合同解除是否符合法律规定的要件

由于建设工程合同履行周期长，受各方面影响较大，在施工过程中均会存在各种违约情形，有一般违约的情形，也有根本违约的情形。然而，发包人往往无法准确把握解除合同的分寸，有些在承包人一般违约但尚不具备解除条件时或发包人由于各种原因不想履行合同时，强行解除合同。有些在承包人已构成根本违约已具备解除合同条件时，却没有及时行使合同解约权，导致解除权丧失。还有些发包人虽然行使了合同解除权但未按照法定程序行使，不能产生合同解除的法律后果等。因此，在发承包双方产生争议后，应当判断建设工程合同解除是否符合法律规定的要件，并协助发包人在双方约定或法律规定的期间内行使解约权，并完善合同解除程序。

第三节　典型案例精析

案例1：甲公司、乙公司建设工程施工合同纠纷[①]

裁判要旨

虽然《必须招标的工程项目规定》系自2018年6月1日起实施，但将该原则适用于既往签订的合同，有利于最大限度尊重当事人的真实意思，且并无证据证明适用的结果将损害公共利益和公众安全。

案情简介

2014年（无具体月日落款），甲公司（承包人）与乙公司（发包人）就河口公园首府公务员小区建设工程签订《建设工程施工合同》，合同签订后，甲公司于2014年12月8日申请开工，次日，经监理单位和乙公司审核，同意开工。2015年9月15日，乙公司作为招标人、丙公司作为招标代理机构，共同向甲公司发出《中标通知书》，确定甲公司为中标人。2016年2月1日，甲公司向乙公司发出一份《暂停施工通知书》，内容为："由贵司开发我司承建的'河口公园首府'项目，我司已严格按照合同约定履行施工义务，并上报了工程形象进度款，但贵司未按合同约定支付进度款，贵司拖欠巨额工程款迟迟不支付的行为给我司造成了巨大经济损失，现我公司依据合同的约定及国家相关法律规定，向贵司发出暂停施工的通知书。"2016年2月3日，乙公司法定代表人李某签收该份通知。2016年1月8日、1月30日、3月30日、5月23日，甲公司分别向乙公司发出《函告》《催款函》《催告函》等各一份，要求乙公司按合同约定向其支付工程进度款。乙公司未按约支付工程款，甲公司向法院起诉请求法院：1.判令解除双方签订的《建设工程施工合

① （2018）最高法民终475号。

同》。2. 判令乙公司支付尚欠工程款 62022500 元。3. 判令乙公司赔偿逾期付款给甲公司造成的财务损失，按月息 2.5% 计算至实际支付之日止，截至 2016 年 6 月 30 日暂计算为 11059652 元。庭审中，甲公司明确财务损失即欠付工程款利息。4. 判令乙公司赔偿甲公司自 2016 年 2 月 1 日至判决确定之日止因停工造成的塔吊、建筑周转材料的租赁费，暂计算至 2016 年 6 月 30 日的损失为 235 万元（诉讼中，提交证据证明截至 2016 年 9 月 30 日的损失为 2725671 元）。5. 确认甲公司享有本案工程款的优先受偿权 .6. 本案诉讼费、律师费等一切实现债权的费用由乙公司承担。

乙公司答辩称：甲公司的诉讼请求不能成立。事实和理由为：本案的合同为无效合同，无效的合同自始无效，不存在解除的问题。（1）根据《招标投标法》第三条和原国家计委 3 号令《工程建设项目招标范围和规模标准规定》（以下简称 3 号令）第三条的规定，涉案项目为河口县公务员定向开发的商品房项目，同时项目投资达 5000 多万元，属于必须进行招投标的项目。（2）2014 年 12 月，双方签订《建设工程施工合同》，2014 年 12 月 9 日，甲公司进场施工，9 个月后，乙公司进行了涉案项目的招投标，2015 年 9 月 15 日，乙公司和招标代理机构向甲公司签发了《中标通知书》，确定已进场施工的甲公司中标，并随后签订了除合同价款不一致、其他内容基本一致的《建设工程施工合同》。第一，双方在未确定中标人之前已就价格等实质性内容进行谈判，并签订合同进场施工。《招标投标法》第四十三条规定，在确定中标人前，招标人不得与投标人就投标价格、投标方案等实质性内容进行谈判。第五十五条规定，依法必须进行招标的项目，招标人违反本法规定，与投标人就投标价格、投标方案等实质性内容进行谈判的，给予警告，对单位直接负责的主管人员和其他直接责任人员依法给予处分。前款所列行为影响中标结果的，中标无效。甲公司和乙公司双方不仅在确定中标之前进行价格等实质性谈判，还签订《建设工程施工合同》并且进场施工，双方的行为均违反上述强制性规定，中标无效。第二，甲公司和乙公司存在利害关系，甲公司的投标行为无效。甲公司云南分公司的负责人郭某浩于 2014 年 8 月 7 日认缴出资 75 万元，出任乙公司股东，并从 2015 年 3 月 27 日起担任乙公司法定代表人，并分管工程发包、工程审价等工程管理事务。郭某浩既是甲公司云南分公司的负责人，也是乙公司的股东和工程项目实施的管理者，两单位存在利害关系，《招标投标法实施条例》第三十四条规定，与招标人存在利害关系可能影响招标公正性的法人、其他组织或者个人，不得参加投标。单位负责人为同一人或者存在控股、管理关系的不同单位，不得参加同一标段投标或者未划分标段的同一招标项目投标。违反前两款规定的，相关投标均无效。因此，甲公司 2015 年 9 月 15 日的中标无效。故根据《最高人民法院关于审理建设工程施工合同纠纷案件适用法律问题的解释》[①]（以下简称原《建设工程施工合同司法解释》）第一条的规定，双方签订的两份《建设工程施工合同》均无效。

法院裁判

一审法院认为：双方实际履行的是 2014 年《建设工程施工合同》。虽然《招标投标法》第四十三条规定“在确定中标人前，招标人不得与投标人就投标价格、投标方案等实质性内容进行谈判”，但并无法律明确规定因此而签订的合同就是无效合同；虽然双方签订《建设工程施工合同》的行为在前，招标行为在后，但该招标行为是否合法，属于招标投标职能管理部门的审查范围，并不属于本案的审理范围，本案只对必须招标的工程是否进行了招标进行形式审查既可。因此，确认双方 2014 年签订的《建设工程施工合同》有效。

二审法院认为：首先，双方在 2014 年已签订《建设工程施工合同》并实际履行的情况下，又于 2015 年 9 月 15 日经招投标程序后签订一份落款为 2015 年（无具体月日）的《建设工程施工合同》，根据《招标投标法》第四十三条的规定，该中标应归于无效，一审法院并未认定 2015 年（无具体月日）的《建设工程施工合同》有效。其次，根据《招标投标法》第三条第一款及第二款规定，对于大型基础设施、公用事业等关系社会公共利益、公众安全的项目，全部或者部分使用国有资金投资或者国家融资的项目，以及

① 已修订为 2020 年《最高人民法院关于审理建设工程施工合同纠纷案件适用法律问题的解释（一）》。

使用国际组织或者外国政府贷款、援助资金的项目，必须进行招标。本案中，甲公司二审庭审中称案涉工程虽名为公务员小区，但建设资金均为开发商自筹，双方均未主张项目资金源于国家投融资，亦不存在使用国际组织或者外国政府贷款、援助资金的情形，案涉项目不属于《招标投标法》第三条第一款第（二）项、第（三）项所规定的必须进行招标的项目；另外，《必须招标的工程项目规定》第四条规定，对于大型基础设施、公用事业等关系社会公共利益、公众安全的项目，如果不涉及国有资金、国家融资，不涉及国际组织或者外国政府贷款、援助资金，必须招标的具体范围由国务院发展改革部门会同国务院有关部门按照“确有必要、严格限定”的原则制订，报国务院批准。

本案中，案涉项目虽属商品房项目，但《必须招标的工程项目规定》中并未明确规定商品房项目属于关系社会公共利益、公众安全的项目，且行政主管部门对《必须招标的工程项目规定》第四条项下必须进行招标的项目所确立的原则是“确有必要、严格限定”。因此，一审法院对 2014 年《建设工程施工合同》的效力予以认定并无不妥。虽然《必须招标的工程项目规定》系自 2018 年 6 月 1 日起实施，但将该原则适用于既往签订的合同，有利于最大限度尊重当事人的真实意思，且并无证据证明适用的结果将损害公共利益和公众安全。

律师评析

根据《建工司法解释（一）》第一条第一款第（三）项的规定，建设工程必须进行招标而未招标的，属于违反法律、行政法规的强制性规定的民事法律行为，该行为无效。因此，界定必须招标的工程的范围，对于施工合同的效力认定至关重要。根据《必须招标的工程项目规定》和《必须招标的基础设施和公共事业项目范围规定》，商品房住宅项目不再属于必须招标项目。然而，对于在 2018 年 6 月 1 日后起诉，但涉案工程实际在 2018 年 6 月 1 日前未履行招标程序的商品房住宅项目而言，法院在确认合同效力时有较大的争议，有些法院认为应当按照 2000 年 4 月 4 日国务院批准、2000 年 5 月 1

日国家发展计划委员会发布的《工程建设项目招标范围和规模标准规定》[①]，商品房住宅属于《招标投标法》第三条第一款的“关系社会公共利益、公众安全的公用事业项目”，必须招标。如涉案工程未履行招投标程序的，则属于无效合同。

该案例属于最早的一批，法院认定根据2018年6月1日起施行的《必须招标的工程项目规定》，商品房住宅项目不再属于必须招标的项目。法院认为“法不溯及既往”是法律适用的一般原则，但该原则具有适用上的例外，在新法能更好地保护公民、法人和其他组织的权利和利益时，则应具有溯及力。关于合同效力的认定，就是“法不溯及既往”的典型例外情形。根据促进交易的原则，具有肯定合同效力的倾向。对于“根据合同签订时法律应认定为无效的合同”，如果“纠纷发生时法律承认其效力”的，人民法院应认可合同的效力。

---

① 现已失效。

第二章　建设工程工期纠纷

工期是建设工程施工合同的实质性内容之一，它不仅直接关系到发包人的投资效益，而且还关系到承包人的经济效益和社会信誉，历来是招投标、合同谈判和合同履行中比较重大的问题。因此，在建设工程施工合同纠纷案件中，工期纠纷也是较常见的纠纷之一。

第一节　理论概述与实务指引

建设工程工期是指建设工程施工合同中约定的承包人完成工程所需的期限，工期问题一般涉及工期计算的起始点即开工日期，工期计算的终点即竣工日期以及工期延误、工期索赔问题。

一、开工日期的确定

开工日期是指发包人和承包人在建设工程施工合同中约定，承包人开始施工的绝对或者相对的日期。建设工程开工日期是施工工期的起算点，直接影响工期认定，进而会对工期延误、违约金、工程款及利息的计算都产生影响，因此开工日期的认定在工期违约案件中是案件审理的关键。虽然建设工程施工合同中约定了开工日期，但实践中，受到建设工程行政审批手续办理的进度、地方政策变化、气候环境等多重因素的影响，经常会出现建设工程施工合同、建筑工程施工许可证、开工通知以及开工报告等不同书面文件上开工日期各不相同的情况，在司法实务判例中，关于认定实际开工日期裁判意见及方法也不尽一致。在2021年生效实施的《建工司法解释（一）》对开工日期认定进行明确规定，规范了此类案件争议的处理思路。

《建工司法解释（一）》第八条规定："当事人对建设工程开工日期有争议的，人民法院应当分别按照以下情形予以认定：（一）开工日期为发包人或者监理人发出的开工通知载明的开工日期；开工通知发出后，尚不具备开工条件的，以开工条件具备的时间为开工日期；因承包人原因导致开工时间推迟的，以开工通知载明的时间为开工日期。（二）承包人经发包人同意已经实际进场施工的，以实际进场施工时间为开工日期。（三）发包人或者监理人未发出开工通知，亦无相关证据证明实际开工日期的，应当综合考虑开工报告、合同、施工许可证、竣工验收报告或者竣工验收备案表等载明的时间，并结合是否具备开工条件的事实，认定开工日期。"

根据上述规定可以看出，认定开工日期的基本原则：第一，要以发包人或监理人发出的开工通知载明的开工日期认定；第二，若是尚未具备开工条件就发出开工通知，则开工条件成就之日为开工之日；第三，若因承包人原因导致开工延迟，则以开工通知上载明的日期来认定，即相关责任应该由承包人自行承担；第四，若发包人同意承包人实际进场施工，则以承包人实际进场施工的时间作为开工日期；第五，如果没有发包人或监理人发出的开工通知，也没有其他证据来证明实际开工日期，则要综合考虑开工报告、施工合同、施工许可证、竣工验收报告或竣工验收备案表等记载的日期，并结合施工现场是否具备开工条件，确定开工日期。在司法实践中，如双方对开工日期存在争议，也可以双方认可的当地建筑工程质量监督站出具的涉案工程质量相关说明所载开工时间作为实际开工日期。[①]

二、竣工日期的确定

竣工日期是指承包人完成施工任务，并经发包人验收确认合格后予以接收的日期。竣工日期涉及工程款的支付时间和利息的起算时间、逾期竣工违约金和违约金数额、工程风险转移等重要问题。然而，在实践中承包人工程完工之日和竣工验收时间经常有时间差，极易产生争议，《建工司法解释（一）》就竣工日期作了明确规定。

---

① （2018）皖民终340号。

《建工司法解释（一）》第九条规定："当事人对建设工程实际竣工日期有争议的，人民法院应当分别按照以下情形予以认定：（一）建设工程经竣工验收合格的，以竣工验收合格之日为竣工日期；（二）承包人已经提交竣工验收报告，发包人拖延验收的，以承包人提交验收报告之日为竣工日期；（三）建设工程未经竣工验收，发包人擅自使用的，以转移占有建设工程之日为竣工日期。"

从上述规定可知，首先是以双方确认的日期为竣工日期，如果双方当事人签字确认了竣工日期，则该确认的日期为竣工日期。确认的形式一般是书面的，可以是竣工验收登记表、协议、会议纪要、往来函件、监理记录等。如双方对竣工日期有争议的，再按照以上三种情形进行认定，但竣工日期均是以竣工验收合格为前提，而不是以完工为前提。

三、影响工期的因素

影响工期的因素有很多，主要是来自以下几个方面。

（一）发包人方面的影响因素

实践中，经常会因为发包人缺乏建设规划许可证、施工许可证或其他原因导致有关政府部门要求停工，发包人未按照约定的时间和要求提供原材料、设备、场地、资金、技术资料的，存在设计变更、工程量增加、未按约定支付工程款、擅自变更工期计划、甲供材料问题、发包人指定的分包人与承包人在施工过程中衔接不当、管理不力、不及时办理竣工结算等原因导致工期顺延或延误。

（二）承包人方面的影响因素

承包人工期安排不合理、施工力量调配不合理、施工方案不合理、施工质量不高、安全措施不到位、材料采购及使用不合理、配套水电设施及施工设备应对不当、资金安排不合理等也会导致工期延误。

（三）不可抗力方面的影响因素

不可抗力包括自然灾害、无法预见的突发事件、政府法规变更等。

除了以上主要影响因素外，还有来自勘察、设计、监理、社会环境等方面的影响因素。

四、工期顺延及工期延误

（一）工期顺延

工期顺延，是指由于发包人或者其他非承包人的原因造成的工期延误，承包人可以按合同约定或者法律规定相应顺延延误的工期。《建工司法解释（一）》第十条规定，当事人约定顺延工期应当经发包人或者监理人签证等方式确认，承包人虽未取得工期顺延的确认，但能够证明在合同约定的期限内向发包人或者监理人申请过工期顺延且顺延事由符合合同约定，承包人以此为由主张工期顺延的，人民法院应予支持。当事人约定承包人未在约定期限内提出工期顺延申请视为工期不顺延的，按照约定处理，但发包人在约定期限后同意工期顺延或者承包人提出合理抗辩的除外。否则，承包人应当承担工期延误的后果。

（二）工期延误

工期延误，是指建设工程实际工期超过合同约定的期限，且双方未就导致工期延长的事由达成新的补充合同并对工期进行更改调整，构成逾期完工。如果建设工程施工合同、补充协议等双方签署的书面文件中未约定工期或者工期约定不明确且双方对延误工期有争议的，则应当申请进行工期的司法鉴定，由鉴定机构结合具体工程内容、预算造价等内容确定合理的工期，从而衡量工期是否延误。

五、工期索赔

（一）发包人主张的工期延误索赔

建设工程施工合同中一般都约定了逾期竣工的违约责任，结合上述阐述的开工日期和竣工日确定的证据，以及是否存在合理的工期顺延的情况，也就可以认定工期是否延误以及发包人举证证明工期延误的内容。

《民法典》第五百八十四条规定，当事人一方不履行合同义务或者履行合同义务不符合约定，造成对方损失的，损失赔偿额应当相当于因违约所造成的损失，包括合同履行后可以获得的利益；但是，不得超过违约一方订立合同时预见到或者应当预见到的因违约可能造成的损失。因此，如因承包人原因导致的工期延误，发包人可以向承包人主张索赔工期延误的违约金或者赔偿损失（如酒店商场运营损失，向房屋买受人逾期交房损失，逾期办证损失，因延迟履行向监理人、项目管理人多支付报酬的损失，银行贷款利息、人员开支、设备场地延期租赁损失等），但工期延误违约金和损失不得同时主张。①

根据《建设工程施工合同（示范文本）》（GF—2017—0201）中的约定，发包人应在知道或应当知道索赔事件发生后28天内通过监理人向承包人提出索赔意向通知书，发包人未在前述28天内发出索赔意向通知书的，丧失要求赔付金额和（或）延长缺陷责任期的权利。发包人应在发出索赔意向通知书后28天内，通过监理人向承包人正式递交索赔报告。

（二）承包人主张的工期索赔

《民法典》第七百九十八条规定，隐蔽工程在隐蔽以前，承包人应当通知发包人检查。发包人没有及时检查的，承包人可以顺延工程日期，并有权请求赔偿停工、窝工等损失。第八百零三条规定，发包人未按照约定的时间和要求提供原材料、设备、场地、资金、技术资料的，承包人可以顺延工程日期，并有权请求赔偿停工、窝工等损失。第八百零四条规定，因发包人的原因致使工程中途停建、缓建的，发包人应当采取措施弥补或者减少损失，赔偿承包人因此造成的停工、窝工、倒运、机械设备调迁、材料和构件积压等损失和实际费用。

根据上述规定，由于非承包人的原因而导致施工进程延误，承包人除可要

---

① （2020）最高法民终871号。

求发包人顺延工程工期外，还有权请求赔偿停窝工损失。如因发包人的原因致使工程中途停建、缓建的，发包人除应赔偿承包人因此造成的停窝工损失外，还应承担倒运、机械设备调迁、材料和构建积压等损失和实际费用。

此外，在《建设工程施工合同（示范文本）》（GF—2017—0201）中也规定了较多发包人延误工期的事由。[①] 同样像发包人索赔一样，承包人索赔也需要符合合同对于索赔程序的约定，根据《建设工程施工合同（示范文本）》（GF—2017—0201）中的约定，承包人应在知道或应当知道索赔事件发生后 28 天内向监理人递交索赔意向通知书，并说明发生索赔事件的事由，如承包人未在前述 28 天内发出索赔意向通知书的，丧失要求赔付金额和（或）延长缺陷责任期的权利，并应在发出索赔意向通知书后 28 天内，向监理人正式递交索赔报告。

第二节　办案思路与实战技巧

一、审查合同效力

根据《民法典》第一百五十五条规定，无效的或者被撤销的民事法律行为自始没有法律约束力。因此，当建设工程施工合同无效时，发包人主张工期延误违约金的，法院不予支持。因此，在代理此类案件时，首先要分析确认合同效力。

二、分析工程延误原因

分析工期延误原因是确定工期责任的前提和基础，根据公开司法文书统计，发包人主张工期延误未获得法院支持的比例近 60%，而由于发包人自身原因被法院驳回工期索赔诉请的就占约 20%。因此，在起诉或反诉前，应当

① 《建设工程施工合同（示范文本）》（GF—2017—0201）第 5.2.3 条第二款、第 7.5.1 条、第 8.5.3 条、第 9.3.3 条、第 19.1 条、第 19.5 条。

分析工程延误的原因，如因发包人存在逾期支付工程款、涉案工程存在设计变更、工程量增加、甲分包、甲供材迟延等自身原因导致的，则应当适时变更诉讼请求避免不必要的损失。

三、合同约定的违约金是否过高

根据公开的司法文书统计，对于发包人而言，索赔金额并不是越高越好，因此施工企业属于利润较低的行业，部分法院的司法裁判倾向保护施工企业。由于违约金以填补损失为原则，兼顾惩罚性，因此违约金调整往往以实际损失为基础，虽然建设工程合同纠纷与民间借贷纠纷属于不同案由，但法院在判决违约金时通常会参照利率标准，因此如违约金条款已超过贷款市场报价利率 4 倍的，建议主动调整，以争取法院支持。

四、是否存在挂靠行为

根据司法裁判观点，在挂靠情形下，由于被挂靠人出借资质而对工期延误具有过错，应当对挂靠人给发包人造成的工期延误损失承担连带责任。[①]为了保障发包人在判决生效后债权的实现，可以将被挂靠人一起列为共同被告，要求被挂靠人承担连带责任。

第三节　典型案例精析

案例 2：甲公司、乙公司建设工程施工合同纠纷[②]

裁判要旨

关于甲公司应否向乙公司支付逾期竣工违约金问题。案涉《备案合同》《执行合同》均系无效合同，合同中相应违约条款亦为无效条款，故乙公司

① （2020）最高法民申 2962 号。

② （2018）最高法民终 556 号。

请求甲公司支付逾期竣工违约金，缺乏依据，不予支持。关于甲公司应否赔偿因工期延误导致渔人码头、嘉年华酒店逾期运营和逾期交房经济损失及利息问题。第一，乙公司主张系甲公司原因导致工期延误，证据并不充分。乙公司并未提交证据证明其按照施工合同约定向甲公司提出工期延误索赔。乙公司结算时，亦未要求甲公司承担工期延误损失，从而扣减结算价款。此外，甲公司于2013年5—8月陆续退场，双方于2014年4月22日签订《结算协议》时，乙公司支付的款项约为工程总价款的60%，低于《执行合同》和《补充协议1》约定的工程进度款支付比例，说明乙公司存在迟延支付工程款情况，对工程延期负有责任。第二，乙公司提交的证明其遭受实际损失的证据亦不充分，乙公司提交的渔人码头《租赁合同》、酒店经营管理协议、预期收益损失计算表等证据并不足以证明其遭受的实际损失。因此，乙公司主张甲公司承担工期延误损失，缺乏依据，不应予以支持。

案情简介

2009年10月16日，乙公司与甲公司就涉案工程签订《建设工程施工合同》(即《执行合同》)，约定由甲公司承包乙公司发包的青岛海上嘉年华项目工程。合同主要内容如下：“(一)工程名称：青岛海上嘉年华项目(包括住宅、渔人码头商业街及嘉年华)。工程地点：青岛市开发区滨海大道。工程规模：海上嘉年华旅游项目(建筑面积约267418.20平方米)；渔人码头商业街项目(建筑面积约120049.50平方米)；住宅项目(建筑面积约346940.00平方米)。承包范围：施工图纸范围内的土建及安装工程(发包人分包项目除外)，合同价款：暂定估价20.00亿元(此价款不作为工程款支付及合同价款结算依据)。最终合同价款以本合同专用条款约定的计价基础计算的结算价格为准。(二)专用条款约定：23.2本合同价款采用可调价格合同方式确定(合同总价确定见补充条款二)。47.2.1计价依据：a. 2003年《山东省建筑工程消耗量定额》、2003年《山东省安装工程消耗量定额》、2007年《山东省建筑工程消耗量定额青岛市价目表》、2007年《山东省安装工程消耗量定额青岛市价目表》及2008年《青岛市工程结算资料汇编》；b. 工程类别为Ⅲ类；c. 人工单价按39元/综合工日；d. 结算总价下浮1%(住宅)和0.5%(渔人码头及嘉年华)(已确定综合单价的项目、发包人认价的材料设备、规费及税金除外);e. 以上计价依据在本合同生效以后不再调整。(三)工期:1. 前期项目:止水工程:2009 年 10 月 19 日开工,2009 年 11 月 8 日完工,共 21 个日历天;清除淤泥、填换桩设备及道路砂土,共计 20 个日历天;桩基础工程,共计 65 个日历天。2. 住宅工程:(1)开工日期(桩基承台开始施工日期):2010 年 3 月 1 日;(2)竣工日期:2012 年 3 月 30 日;(3)共计 761 个日历天。3. 嘉年华工程:(1)开工日期(桩基承台开始施工日期):2010 年 3 月 1 日;(2)竣工日期:2012 年 8 月 25 日;(3)共计 908 个日历天。4. 渔人码头商业街工程:(1)开工日期(桩基承台开始施工日期):2010 年 3 月 1 日;(2)竣工日期:2011 年 6 月 30 日;(3)共计 487 个日历天。以上各区域实际开工日期以发包人开工令为准。工程质量标准为合格。”另外,合同还对逾期竣工违约金、工程质量及维修责任等合同义务进行了约定。

2011 年 4 月 4 日,经公开招投标程序,甲公司中标涉案工程,双方又签订《建设工程施工合同》(以下简称《备案合同》),约定“开工日期为 2011 年 4 月 11 日,竣工日期为 2014 年 4 月 11 日,合同总价暂定 1010220000 元。项目综合单价及费率见投标报价书。人工费:省价定额综合开工日 44 元 / 日,市价人工单价建筑安装 43 元 / 日,普通装修 47 元 / 日。确定合同价款的方式为采用可调价格合同。质量保修期:防水、防渗漏 5 年,给排水、电气管线、设备安装 2 年,供热供冷系统 2 个采暖供冷期,装饰装修工程 2 年。保修金为施工合同价款的 3%,即 30306600 元”。后,双方签订《补充协议 1》和《补充协议 2》(以下合并简称《补充协议》),均没有签署时间,依据的基础是 2009 年 10 月 16 日的施工合同。《补充协议 1》中对专用条款第 47.2 条工程结算价款的确定原则进行了调整。最后,《补充协议 2》按原施工合同、《补充协议》约定的结算方式审定的最终结算价格按以下原则确定:“本工程以下项目采用结算价包干的方式结算,未列入的项目按原合同及补充协议约定的方式结算。1. 青岛海上嘉年华住宅楼(不含未施工的别墅)的最终结算包干价格:地下部分为 3000 元 / 平方米;地上部分为 1850 元 / 平方米。2. 青岛海上嘉年华渔人码头最终结算包干价格:地下部分为 3000 元 / 平方米。3. 青岛海上嘉年华酒店(一期)及会所最终结算包干价格:地下部分为 3000 元 /

平方米；地上部分为2000元/平方米。4.青岛海上嘉年华大游乐地下（含人防及非人防）最终结算包干价格：地下为3000元/平方米。”

施工合同签订后，甲公司对涉案工程进行了施工，住宅部分基本完工，渔人码头主体结构完成，嘉年华酒店两个酒店塔楼主体完工。2013年5—8月，甲公司陆续退场。住宅项目的竣工验收时间为2015年2月12日，渔人码头的竣工验收时间为2015年9月30日（备案证载明施工单位为中建某局公司）。

2013年12月30日，乙公司与中建某局公司签订《建设工程施工合同》，第二十一条补充说明中载明“本合同签订后，双方于2013年5月2日签订的合同编号为JNH-工程-12-34的《青岛海上嘉年华游乐项目总承包施工协议书》自动终止，实际执行以本合同约定为准”。

甲公司向一审法院起诉请求：1.判令乙公司向甲公司支付工程结算款595907079.13元及利息23381566.67元（利息自2014年4月25日暂计至2015年11月10日）并计算至尚欠工程结算款支付之日止，合计金额619288645.80元；2.请求确认甲公司享有建设工程价款优先受偿权；3.本案诉讼费用由乙公司承担。

乙公司向一审法院反诉请求：1.判令甲公司向乙公司承担逾期竣工违约金18565000元；2.判令甲公司承担渔人码头、嘉年华酒店项目因工期延误导致逾期运营的各项经济损失332453400元；3.判令甲公司承担因逾期交房遭受的经济损失144456656元；4.判令甲公司承担因工程质量问题造成的维修、返修费用，暂计292771840.27元（已发生数额190771840.27元，将要发生的数额以鉴定结论为准）；5.判令甲公司承担超额审计费共计20445375.63元；6.判令甲公司返还土石方垫付费用7146680元；7.判令甲公司向乙公司支付迟延付款利息，利息计算以815838751.9元为基数，按照中国人民银行公布的金融机构同期贷款基准利率，自起诉之日计算至判决生效之日止；8.本案反诉费用、保全费由甲公司承担。

法院裁判

一审法院认为：1.关于涉案《执行合同》《备案合同》《补充协议》以及

《结算协议》《支付协议》的效力认定和结算依据问题。《招标投标法》第三条规定“在中华人民共和国境内进行下列工程建设项目包括项目的勘察、设计、施工、监理以及与工程建设有关的重要设备、材料的采购，必须进行招标：（一）大型基础设施、公用事业等关系社会公共利益、公众安全的项目……”，《招标投标法实施条例》第三条规定“依法必须进行招标的工程建设项目的具体范围和规模标准，由国务院发展改革部门会同国务院有关部门制订，报国务院批准后公布施行”，《工程建设项目招投标范围和规模标准规定》[①] 第七条规定“本规定第二条至第六条规定范围内的各类工程建设项目，包括项目的勘察、设计、施工、监理以及与工程建设有关的重要设备、材料等的采购，达到下列标准之一的，必须进行招标：（一）施工单项合同估算价在 200 万元以上的……”根据上述法律规定，案涉工程标的额远远超过 200 万元的标准，应当属于必须招投标工程范围。甲公司和乙公司在未经招投标程序的情况下，于 2009 年 10 月 16 日签订《执行合同》，明显违反了上述招投标的强制性规定，按照《关于审理建设工程施工合同纠纷案件适用法律问题的解释》[②] 第一条“建设工程施工合同具有下列情形之一的，应当根据合同法第五十二条第（五）项的规定，认定无效……（三）建设工程必须进行招标而未招标或者中标无效的”的规定，上述《执行合同》应当认定无效。《招标投标法》第五十五条规定“依法必须进行招标的项目，招标人违反本法规定，与投标人就投标价格、投标方案等实质性内容进行谈判的……前款所列行为影响中标结果的，中标无效”。本案中，在 2011 年 10 月 4 日签订《备案合同》前，甲公司即已进场施工；从《备案合同》等内容来看，在签订案涉备案合同之前，双方已就涉案工程的价格、工期、结算方式等实质性内容进行磋商并达成合意。双方上述行为违反招投标的强制性规定，中标无效，中标后签订的《备案合同》亦应认定无效。同上，两份《补充协议》将前述两份合同的结算方式变更为平方米包干的结算方式，属于对合同实质性

---

① 现已失效。

② 已修订为 2020 年《最高人民法院关于审理建设工程施工合同纠纷案件适用法律问题的解释（一）》。

内容的重大变更，亦违反了《招标投标法》相关规定，应认定无效。2. 甲公司应否承担逾期竣工违约金问题。双方当事人签订的《执行合同》《备案合同》均违反法律的强制性规定，系无效合同，合同中相应违约条款亦为无效，故乙公司反诉请求甲公司承担逾期竣工违约金，于法无据，不予支持。3. 甲公司应否赔偿因工期延误导致渔人码头嘉年华酒店逾期运营和逾期交房给乙公司造成的经济损失问题。其一，乙公司该项反诉请求涉及较多案外人，相关事实在本案不具备查清的客观条件；其二，损失产生的基础是乙公司与案外人的房屋买卖合同和租赁合同等，与本案并非同一法律关系。乙公司的该项诉讼请求不宜在本案中处理，可依据相关证据另案主张权利。

综上，一审法院认为，甲公司的诉讼请求部分成立，应予支持。乙公司的反诉请求不能成立，应予驳回。依照《合同法》第六十条[①]、第二百八十六条[②]，原《建设工程施工合同司法解释》第一条、第十七条，《民事诉讼法》第六十四条规定，判决：一、关于乙公司于判决生效之日起十日内支付甲公司工程款 450559214.01 元及相应利息（自 2014 年 4 月 25 日起，以 50000000 元为基数；自 2014 年 6 月 30 日起，以 130000000 元为基数；自 2014 年 8 月 20 日起，以 90000000 元为基数；自 2014 年 9 月 30 日起，以 70000000 元为基数；自 2014 年 12 月 31 日起，以 150000000 元为基数；自 2015 年 2 月 15 日起，以 200000000 元为基数；自 2015 年 3 月 31 日起，以 280000000 元为基数；自 2015 年 6 月 30 日起，以 360000000 元为基数；自 2015 年 9 月 30 日起，以 440000000 元为基数；自 2015 年 12 月 31 日起，以 450559214.01 元为基数计算至实际付清之日。按照中国人民银行发布的同期银行贷款基准利率计息）。二、甲公司在乙公司欠付工程款 450559214.01 元范围内就已施工项目建设工程折价或拍卖的价款优先受偿。三、驳回甲公司的其他诉讼请求。四、驳回乙公司的反诉请求。

二审法院认为，关于甲公司应否向乙公司支付逾期竣工违约金问题。案

---

① 已修订为《民法典》第五百零九条。

② 已修订为《民法典》第八百零七条。

涉《备案合同》《执行合同》均系无效合同，合同中相应违约条款亦为无效条款，故乙公司请求甲公司支付逾期竣工违约金，缺乏依据，不予支持。

关于甲公司应否赔偿因工期延误导致渔人码头、嘉年华酒店逾期运营和逾期交房经济损失及利息问题。第一，乙公司主张系甲公司原因导致工期延误，证据并不充分。乙公司并未提交证据证明其按照施工合同约定向甲公司提出工期延误索赔。乙公司结算时，亦未要求甲公司承担工期延误损失，从而扣减结算价款。此外，甲公司于2013年5—8月陆续退场，双方于2014年4月22日签订《结算协议》时，乙公司支付的款项约为工程总价款的60%，低于《执行合同》和《补充协议1》约定的工程进度款支付比例，说明乙公司存在迟延支付工程款情况，对工程延期负有责任。第二，乙公司提交的证明其遭受实际损失的证据亦不充分，乙公司提交的渔人码头《租赁合同》、酒店经营管理协议、预期收益损失计算表等证据并不足以证明其遭受的实际损失。因此，乙公司主张甲公司承担工期延误损失，缺乏依据，不应予以支持。

综上，二审法院认为，甲公司的上诉请求部分成立，应予支持。乙公司的上诉请求不能成立，应予驳回。

律师评析

通过公开的裁判文书网查询，该案例是迄今为止发包人就工期延误向承包人索赔金额最高的案件，索赔金额高达4.95亿元，但法院支持金额为0元，未支持发包人的工期索赔。该案件中发包人就工期延误要求承包人索赔分为两个部分：一是直接的工期延误损失，要求承包人支付逾期竣工违约金，但由于双方签订的《备案合同》及《执行合同》均无效，建设工程施工无效合同中关于工期违约责任的约定也自然是无效的，所以就不能依据合同约定来承担工期违约责任。同时，根据《建工司法解释（一）》也没有规定可以参照合同约定处理违约责任，所以不能参照合同的约定来认定工期违约责任。二是实际损失，虽然《民法典》规定的合同无效后的第二个法律后果，就是过错赔偿原则，要求当事人承担赔偿责任。但是，根据当事人的过错对另一方的损失进行赔偿是“谁主张，谁举证”的原则，就任何一方要求工期延误的赔偿要承担很重的举证责任，首先要举证延期的事实存在，其次还要举证自己的损失，最后还要举证对方存在的过错。但乙公司提交的证明其遭受实际损失的证据并不足以证明其遭受的实际损失，法院也未予支持。该案件仅诉讼费就高达几百万元，但法院全部驳回了发包人的诉讼请求，因此，在建设工程施工合同无效的时候对于工期索赔这种举证责任非常重要，应在论证充分的情况下再起诉，否则将竹篮打水一场空。

案例 3：某公司、中建某局建设工程施工合同纠纷①

裁判要旨

根据《合同法》第一百一十四条第二款②和《最高人民法院关于适用〈中华人民共和国合同法〉若干问题的解释（二）》③第二十九条的规定，当事人约定的违约金过分高于造成的损失的，当事人可以请求人民法院予以适当减少。人民法院应当以实际损失为基础，兼顾合同的履行情况、当事人的过错程度以及预期利益等综合因素，根据公平原则和诚实信用原则予以衡量，并作出裁决。违约金除具备一定惩罚性外，主要功能在于填补损失。本案中，《建设工程施工合同》专用条款第 35.5 条约定："因乙方（中建某局）原因造成工程停工、消极怠工，包括因乙方原因未能按本协议书第三条约定的工期要求完成约定的工作延误在 30 个日历天以内的，每一天乙方按工程结算总造价的万分之五向甲方（某公司）支付违约金；超过 30 个日历天的，自第 31 个日历天起，每一天乙方按工程结算总造价的千分之一向甲方支付违约金。"而本案已查明，中建某局共逾期竣工 214 天，扣除 48.5 天的合理顺延工期，其实际逾期 165.5 天。故中建某局应承担相应的违约责任。中建某局主张其不应承担违约金，缺乏事实和法律依据，且与合同约定不符，该项

① （2018）最高法民再 163 号。

② 已修订为《民法典》第五百八十五条第二款。

③ 现已失效。

主张不能成立。但综合考量违约金的性质、合同履行情况、当事人的实际损失及过错程度等因素，并结合建筑行业是微利行业的特点，原判决认定违约金 30 日内每日按工程结算总造价的 5‱计算，30 日外每日按工程结算总造价的 1‰计算，违约金总计达工程结算总造价的 15.05%。每日 1‰的标准折合年利率达到 36.5%，也超过人民法院保护的民间借贷法定利率。原判决关于违约金的认定过高，可予调整。根据公平原则与诚实信用原则，本院酌定违约金统一按照《建设工程施工合同》专用条款第 35.5 条约定的每日 5‱标准计算，即工程结算总造价 157127788.93（元）×0.0005/（天）×165.5（天）= 13002324.53（元）。

案情简介

建设单位某公司对位于南宁市 ×× 西区 ×× 城小区 ×× 期工程（其中主体工程为 $12^{\#}$、$14^{\#}$、$15^{\#}$、$16^{\#}$、$17^{\#}$ 五栋）项目未经公开招投标，直接与中建某局进行议标，并于 2009 年 10 月 10 日与中建某局签订《建设工程施工合同》[合同编号：（2009）443）]。双方由于工期迟延及工程款支付产生纠纷，某公司向一审法院起诉请求法院判令：1. 中建某局支付违约金 35195860 元，中建某局某公司对此承担连带清偿责任；2. 建行东西湖支行对本案违约金中的 1000 万元承担连带清偿责任；3. 某公司主张的违约金与中建某局反诉提出的欠付工程款等额抵销；4. 本案的诉讼费由中建某局承担。中建某局反诉请求：1. 某公司支付尚欠的工程余款 23835101.91 元（包含应返还的工程质保金 4713833.67 元，质保金为工程结算总额的 3%）及利息 1072827 元（利息从 2013 年 3 月 11 日暂计至 12 月 31 日）；2. 某公司承担本案诉讼费及相关费用。

法院查明，双方签订的《建设工程施工合同》约定：某公司（甲方）将其位于南宁市 ×× 西区 ×× 城小区 ×× 期工程（其中主体工程为 $12^{\#}$、$14^{\#}$、$15^{\#}$、$16^{\#}$、$17^{\#}$ 五栋）项目发包给中建某局（乙方）承建，工程范围为龙胤·凤凰城二期施工图纸范围内的土建工程中建筑工程、装饰装修工程（含标准层电梯厅精装修工程）、桩基础工程；龙胤·凤凰城二期园林景观工程；建筑物用地红线范围内的室内、外给水、排水安装工程；施工图纸范围内的防雷安装工程；施工图纸范围内电气安装工程（含穿墙、板的预留洞）；设备基础工程、穿墙、板的洞口预留及预埋管工程；生活给水泵、地下室集水坑的排水泵工程；人工挖孔桩、桩承台及基础梁的土方工程由乙方负责，回填土由乙方负责土方挖、运、填、压。合同工期约定开工日期暂定2009年11月15日，以甲方工地代表，总监理工程师签发的开工指令为实际开工之日，竣工日期暂定为2011年6月17日，合同总工期不超过580个日历天。合同价款约定工程总价款暂定140633025.50元，工程结算按甲方、乙方及监理单位确认的施工竣工图（含签证、变更）计量，按本合同专用条款第二十三条约定计算的工程价下浮13%（除养老保险费、规费、文明施工费、安全施工费、环境保护费、税金不下浮外），作为本工程最终结算价。铝合金门窗工程由乙方总包，甲方指定分包单位，给予乙方该部分造价的5%配合费（不包含分包单位施工的水电费）。质保金约定工程质量保修金在工程竣工验收合格之日起满二年后，乙方可书面向甲方提出申请，返还预留质量保修金余额的50%；满三年可再申请再返保修金余额的30%；满四年可申请返还保修金余额的10%；满五年可申请返还剩余保修金额的全部。甲方接到乙方返还保修金的书面申请后，于14个工作日内会同乙方按合同约定的内容进行核实，如无异议，甲方应当在核实后14个工作日内将该返还的保修金返还给乙方，工程质量保修金不计利息等内容。

2009年11月18日，经某公司、中建某局某公司、广西城建咨询有限公司三方审批同意，某公司签发开工令，并由中建某局某公司进场施工。后经勘察单位、设计单位、施工单位、监理单位、建设单位五方查验，分别于2012年1月13日对12#、17#进行竣工验收；于2012年1月17日对15#、16#进行竣工验收；于2012年3月2日对14#进行竣工验收；于2012年3月31日对地下室进行竣工验收，整体工程竣工验收备案日期为2012年9月12日。工程竣工后，中建某局向某公司提交了竣工结算报告及结算资料。2013年3月11日，某公司出具《龙胤·凤凰城二期工程造价结算审核结果函》，审定工程造价为147904385.92元（不含铁艺栏杆、铝合金门窗、入户门、防火门分项工程造价），加上铁艺栏杆工程造价1373019.69元，铝合金门窗造成价7850383.32元，总计金额为157127788.93元。在庭审中，双方确认中建某局所完成工程量的工程总价款为157127788.93元。双方对某公司已经支付的工程款为多少的问题存在争议。某公司认为其已经支付133792056.19元，中建某局仅认可收到工程款133492359.1元。其中中建某局不予认可某公司已支付工程款包括：2011年6月8日，分包商未按时完成铝合金第二批次窗框安装进度自愿支付违约金5000元；2013年5月7日，电梯前室瓷砖出现小瑕疵罚款10000元；2012年1月17日，中建某局某公司项目经理刘某波签字未确认的7995元；2012年6月21日，中三局铁艺栏杆质保金41190.59元；2012年7月6日，中建某局铝合金质保金235511.50元，上述款项共计299697.09元。

2010年5月13日，中建某局、甲公司、某公司三方共同签订《龙胤·凤凰城小区二期工程铝合金门窗施工合同》。合同约定由甲方中建某局将龙胤·凤凰城小区二期工程铝合金门窗工程发包给乙方甲公司承包，承包方式是包工包料，并由丙方某公司支付工程款，质保金按工程款的3%预留。中建某局总承包工程总造价包含该工程款。2011年5月3日，甲公司向某公司申请支付工程款，并同意支付违约金5000元。

2010年12月7日，中建某局、乙公司、某公司三方共同签订《龙胤·凤凰城二期项目铁艺栏杆工程施工合同》。合同约定由甲方中建某局将龙胤·凤凰城二期铁艺栏杆安装工程发包给乙方乙公司承包，承包方式是包工包料，并由丙方某公司支付工程款，质保金按工程款的3%预留。

2011年12月23日，某建材经营部向某公司申请扣款变更，认为其由于供货出现一点小瑕疵，同意从中建某局某公司给予的往后部分工程款中扣除人民币1万元。

另查明：2014年4月28日，中建某局向该院提交《司法鉴定申请书》申请：1.依照《全国统一建筑安装工程工期定额》等规定对本案工程所需的定额工期进行鉴定；2.对本案工程应顺延的工期天数进行鉴定。2014年10月23日，该院出具（2014）南市司鉴字第37号《评估委托书》，委托永拓公司广西分公司，对中建某局申请事项进行鉴定。2015年4月7日，永拓公司广西分公司出具《龙胤·凤凰城小区二期〈建设工程施工合同〉纠纷工期鉴定意见书》，鉴定意见为："1.合理工期为1182天，实际施工工期为790天；

2. 合理顺延确认工期为48.5天，无法确认的顺延工期事项已在‘鉴定过程’中说明。”

2014年5月9日，某公司称位于南宁市××路×号龙胤·凤凰城二期16号1单元、2单元二层以上公共空间墙面抛光砖空鼓、开裂，甚至掉落，于是自行委托东博公证处对位于南宁市××路×号龙胤·凤凰城二期16号的公共空间墙面办理保全证据公证。该公证处于2014年6月11日出具《公证书》。

再查明，在庭审中，该院向某公司释明，如法院认定其与中建某局签订的《建设工程施工合同》无效，其是否变更诉讼请求，某公司明确表示不变更。某公司主张中建某局所完成的工程存在质量瑕疵（主要是墙砖的空鼓问题），要求扣除质保金。但在庭审中某公司对墙砖的保修期何时届满及何时通知中建某局进行维修均不清楚。当时法庭限其在庭后5个工作日内核实清楚并书面答复，该院至今未收到某公司的书面答复。

二审法院查明，关于竣工日期，某公司主张为2012年3月31日，中建某局主张为2012年1月17日。法院认为，根据《建设工程施工合同》专用条款第32.2条：“工程竣工验收（即甲方、乙方、建立、勘察、涉及方五方共同参与）合格的，本工程竣工日期以乙方提交竣工验收报告之日为准，若工程竣工验收不合格时必须整改，按整改后重新组织的五方验收合格之日作为本工程的竣工日期。”本案工程经勘察单位、设计单位、施工单位、监理单位、建设单位五方查验，验收合格，且在五方验收评定合格之前未有影响工程合格必须整改的事项，因此，应将中建某局提交竣工验收报告之日即2012年1月17日认定为本案工程的竣工日期。另查明，《建设工程施工合同》第一部分协议书第三点“合同工期”：“3. 合同总工期：总工期不超过580个日历天（从人工挖孔桩至室外总平及道路园建水电等全部施工完毕，含南宁市两会一节及高考、中考、自考、政府行为停工、节假日、雨天、一天内非乙方原因造成的停水停电连续不超过3小时的）。”专用条款第33.4条：“双方结算确认后，28天内甲方无正当理由不支付竣工结算款的，乙方可以催告甲方支付结算价款。甲方在收到催告报告56天内仍不支付的，乙方可以与甲方协议将该工程折价，也可以由乙方申请人民法院将该工程依法拍卖，乙方就该工程折价或者拍卖的价款优先受偿。”专用条款第 35.5 条：“因乙方（中建某局）原因造成工程停工、消极怠工，包括因乙方原因未能按本协议书第三条约定的工期要求完成约定的工作延误在 30 个日历天以内的，每一天乙方按工程结算总造价的万分之五向甲方支付违约金；超过 30 个日历天的，自第 31 个日历天起，每一天乙方按工程结算总造价的千分之一向甲方支付违约金。”2008 年 6 月 4 日，广西壮族自治区南宁市发展和改革委员会印发《关于“龙胤·凤凰城二期”房地产项目核准的批复》（南发改委投资〔2008〕151 号），对本案工程项目进行批复：“一、项目法人：某公司（私营企业）……六、招标方式：由项目法人自主决定项目工程是否招投标以及选择何种招标方式。”

再审法院查明，南招办字（2009）B218 号《发承包审核通知书》载明，案涉项目工期为 580 个日历天，发包人为某公司，承包人为中建某局，备案单位处加盖“南宁市建设工程招标投标监督管理办公室建设工程备案专用章”。

法院裁判

一审法院认为，关于双方签订的《建设工程施工合同》是否有效问题。双方当事人签订的《建设工程施工合同》，约定由中建某局承建某公司的龙胤·凤凰城小区二期 $12^{\#}$、$14^{\#}$、$15^{\#}$、$16^{\#}$、$17^{\#}$ 工程属于商品房，根据《工程建设项目招标范围和规模标准规定》第三条“关系社会公共利益、公共安全的公用事业项目范围包括……（五）商品住宅，包括经济适用住房……”的规定，本案的龙胤·凤凰城小区二期的 $12^{\#}$、$14^{\#}$、$15^{\#}$、$16^{\#}$、$17^{\#}$ 五栋商品房工程属于关系社会公共利益、公共安全的公用事业项目。而关系社会公共利益、公共安全的公用事业项目，根据《招标投标法》第三条“在中华人民共和国境内进行下列工程建设项目包括项目的勘察、设计、施工、监理以及工程建设有关的重要设备、材料等的采购，必须进行招标：（一）大型基础设施、公用事业等关系社会公共利益、公共安全的项目……”的规定，某公司的龙胤·凤凰城小区二期的 $12^{\#}$、$14^{\#}$、$15^{\#}$、$16^{\#}$、$17^{\#}$ 五栋商品房工程又属于必须进行招标的工程项目，本案《建设工程施工合同》签订前未经招标程序，违反法律强制性规定，应为无效合同。因无效的合同自始没有法律效力，某公司主张由中建某局及中建某局某公司承担逾期竣工违约金35195860元并主张建行东西湖支行在1000万元范围内承担连带清偿责任，该院均不予支持。

关于合同约定的工期是否明显低于合理工期问题。合理工期是指在正常建设条件下，采取科学合理的施工工艺和管理方法，以现行的建设行政主管部门颁发的工期定额为基础，结合项目建设的具体情况，而确定的使投资方、各参加单位均获得满意的经济效益的工期。定额工期是指在一定的生产技术和自然条件下，完成某个单位（或者群体）工程平均所需的定额天数。合理工期是国家及各地建筑行政主管部门根据建筑市场实际情况制定的，符合建筑业健康发展的要求。如果不尊重工期，会进一步加深建筑行业的恶性竞争。因此，对于合同约定工期严重低于合理工期的，应予以调整。该院委托永拓公司对双方签订施工合同约定的工程项目的合理工期进行鉴定，结论为合理工期为1182天，实际施工工期为790天。该鉴定结论程序合法，依据充分，该院予以采纳。某公司对该鉴定结论有异议，但未提供足以反驳的相反证据予以推翻，该院对其异议不予采纳。双方签订施工合同约定工期为580天，而合理工期为1182天，显然，合同约定的工期严重低于合理工期，应适当予以调整。现专业鉴定机构已鉴定出中建某局实际施工工期为790天，参照合理工期调整，中建某局实际施工工期790天还在合理工期的限度内，并未构成逾期竣工。

一审法院判决驳回某公司所有的诉讼请求。某公司不服提起上诉。

二审法院认为：1.关于合同效力问题。本院认为，某公司与中建某局于2009年10月10日签订的《建设工程施工合同》是双方当事人的真实意思表示，合同主体适格，合同内容没有违反法律、行政法规的强制性规定，亦没有损害国家及社会公共利益，应当认定为有效合同。本案工程是某公司以自有资金建设，且经过广西壮族自治区南宁市发展和改革委员会批复："由项目法人自主决定项目工程是否招投标以及选择何种招标方式。"因此本案工程不属于必须强制招标的工程项目范围。一审法院以本案工程未经招投标为由认定合同无效错误，本院予以纠正。2.关于中建某局在履行合同过程中是否构成违约及违约责任如何承担的问题。本院认为，本案工程的承发包双方当事人均是其所从事领域的专业企业，对工程建设所需要的天数应有较为准确的预判断能力，且双方当事人经过多次协商洽谈后签订了本案合同，在合同不存在无效或被撤销的情形下，应尊重双方合同约定，确认本案工期为580天。一审法院以本案合同无效为由，摒弃双方合同约定，对工程所需要的工期进行鉴定，并认定合理工期1182天，违反了合同“约定优先”原则，违背当事人约定，明显不当，本院予以纠正。虽一审法院通过鉴定认定工期欠妥，但对于中建某局应获得的工期顺延天数问题，二审经征求双方意见，均同意在鉴定意见书的基础上进行认定。根据永拓公司广西分公司出具《龙胤·凤凰城小区二期〈建设工程施工合同〉纠纷工期鉴定意见书》鉴定意见，合理顺延确认工期为48.5天，无法确认的顺延工期事项已在“鉴定过程”中说明。对鉴定意见书已经确认的合理顺延天数48.5天，本院予以确认。某公司对一审认定中建某局可以顺延的48.5天中的7天持异议，但没有提供充足的证据证明其主张，本院不予采纳。对于《龙胤·凤凰城小区二期〈建设工程施工合同〉纠纷工期鉴定意见书》中无法确认的两个顺延工期事项即室内顶棚腻子工程、铁艺栏杆工程是否应认定为中建某局的工期顺延问题。2011年5月13日中建某局提交工期签证申请延期90天，工程师签署“情况属实，请业主核定”，但未得到某公司的确认。由于中建某局未能提供经某公司及监理人关于工期顺延的签证单，中建某局提供的证据亦不足以证明可以顺延工期，因此，中建某局主张室内顶棚腻子工程顺延217天、铁艺栏杆工程顺延268天，依据不足，本院不予支持。

综上，合同约定竣工日期为2011年6月17日，实际竣工日期为2012年1月17日，逾期214天，扣除合理顺延工期48.5天，中建某局实际逾期165.5天，应承担违约责任。根据合同专用条款第35.5条的约定：“因乙方（中建某局）原因造成工程停工、消极怠工，包括因乙方原因未能按本协议书第三条约定的工期要求完成约定的工作延误在30个日历天以内的，每一天乙方按工程结算总造价的万分之五向甲方支付违约金；超过30个日历天的，自第31个日历天起，每一天乙方按工程结算总造价的千分之一向甲方支付违约金。”因此，中建某局应支付某公司违约金按约定分段合计为23647732.23元{[30(天)×0.0005/(天)×157127788.93(元)=2356916.83(元)]+[135.5(天)×0.001/(天)×157127788.93(元)=21290815.4(元)]}。

二审法院判决中建某局支付某公司工期迟延违约金23647732.23元。

中建某局对二审判决不服，申请再审。再审法院认为，综合中建某局的再审请求、理由和某公司的答辩意见，本案再审的焦点问题是：1.案涉《建设工程施工合同》的效力；2.某公司主张的工期延误违约金应否支持。

首先，关于案涉《建设工程施工合同》的效力问题。本院认为，根据《招标投标法》第三条及原《工程建设项目招标范围和规模标准规定》第三条第（五）项的规定，商品住宅属于必须进行招标的关系社会公共利益、公众安全的项目。原判决认定案涉项目不属于必须强制招标的工程项目范围的理由为案涉项目系某公司以自有资金建设且采取自主招标方式已获南宁市发改委批复同意。对此，本院认为，因南宁市发改委在《关于“龙胤·凤凰城二期”房地产项目核准的批复》中明确“由项目法人自主决定项目工程是否招投标以及选择何种招标方式”，且南宁市建设工程招标投标监督管理办公室已对案涉发承包关系进行审核，并在《发承包审核通知书》备案单位处加盖“南宁市建设工程招标投标监督管理办公室建设工程备案专用章”，体现了当地行政主管部门对案涉发承包关系的认许，故某公司邀请中建某局等公司参与项目投标，系依据行政主管部门的行政批复实施，案涉《建设工程施工合同》未经公开招投标程序而签订，不可简单归责于某公司。同时本院考虑到，2017年2月21日，《国务院办公厅关于促进建筑业持续健康发展的意见》明确提出，“完善招标投标制度。加快修订《工程建设项目招标范围和规模标准规定》，缩小并严格界定必须进行招标的工程建设项目范围，放宽有关规模标准，防止工程建设项目实行招标‘一刀切’。在民间投资的房屋建筑工程中，探索由建设单位自主决定发包方式”。2018年3月27日，国家和发展改革委员会关于《必须招标的工程项目规定》第四条规定，不属于该规定第二条、第三条规定情形的关系社会公共利益、公众安全的项目，必须招标的具体范围由国务院发展改革部门会同国务院有关部门按照确有必要、严格限定的原则制定。其后2018年6月6日，国家发展和改革委员会颁布了《必须招标的基础设施和公用事业项目范围的规定》，进一步明确了不属于《必须招标的工程项目规定》第二条、第三条规定情形的大型基础设施、公用事业等关系社会公共利益、公众安全的项目范围，必须招标的具体范围不包括商品住宅。在此情形下，案涉《建设工程施工合同》虽未经公开招投标程序而签订，但该行为的发生已不绝对地损害国家利益或者社会公共利益。参照《最高人民法院关于适用〈中华人民共和国合同法〉若干问题的解释（一）》[①]第三条"人民法院确认合同效力时，对合同法实施以前成立的合同，适用当时的法律合同无效而适用合同法合同有效的，则适用合同法"的规定精神，从保护市场交易的安全稳定和诚实信用原则考虑，案涉《建设工程施工合同》现应认定有效。

中建某局还主张，《建设工程施工合同》中580个日历天的工期条款因违反行政法规"不得任意压缩合理工期"的强制性规定而无效。对此，本院认为，一方面，定额工期通常依据施工规范、典型工程设计、施工企业的平均水平等多方面因素制订，虽具有合理性，但在实际技术专长、管理水平和施工经验存在差异的情况下，并不能完全准确反映不同施工企业在不同工程项目的合理工期。另一方面，本案中，中建某局作为大型专业施工企业，基于对自身施工能力及市场等因素的综合考量，经与某公司平等协商，在《建设工程施工合同》中约定580个日历天的工期条款，系对自身权利的处分，亦为其真实意思表示，在无其他相反证据证明的情况下，不能当然推定某公司迫使其压缩合理工期。中建某局的该项再审主张亦缺乏事实依据，不能成立，本院不予支持。

其次，关于某公司主张的工期违约金应否支持问题。根据《合同法》第一百一十四条第二款[②]和《最高人民法院关于适用〈中华人民共和国合同法〉若干问题的解释（二）》[③]第二十九条的规定，当事人约定的违约金过分高于造成的损失的，当事人可以请求人民法院予以适当减少。人民法院应当以

---

① 现已失效。

② 已修订为《民法典》第五百八十五条第二款。

③ 现已失效。

实际损失为基础，兼顾合同的履行情况、当事人的过错程度以及预期利益等综合因素，根据公平原则和诚实信用原则予以衡量，并作出裁决。违约金除具备一定惩罚性外，主要功能在于填补损失。本案中，《建设工程施工合同》专用条款第35.5条约定："因乙方（中建某局）原因造成工程停工、消极怠工，包括因乙方原因未能按本协议书第三条约定的工期要求完成约定的工作延误在30个日历天以内的，每一天乙方按工程结算总造价的万分之五向甲方（某公司）支付违约金；超过30个日历天的，自第31个日历天起，每一天乙方按工程结算总造价的千分之一向甲方支付违约金。"而本案已查明，中建某局共逾期竣工214天，扣除48.5天的合理顺延工期，其实际逾期165.5天。故中建某局应承担相应的违约责任。中建某局主张其不应承担违约金，缺乏事实和法律依据，且与合同约定不符，该项主张不能成立。但综合考量违约金的性质、合同履行情况、当事人的实际损失及过错程度等因素，并结合建筑行业是微利行业的特点，原判决认定违约金30日内每日按工程结算总造价的5‱计算，30日外每日按工程结算总造价的1‰计算，违约金总计达工程结算总造价的15.05%。每日1‰的标准折合年利率达到36.5%，也超过人民法院保护的民间借贷法定利率。原判决关于违约金的认定过高，可予调整。根据公平原则与诚实信用原则，本院酌定违约金统一按照《建设工程施工合同》专用条款第35.5条约定的每日5‱标准计算，即工程结算总造价157127788.93（元）×0.0005/（天）×165.5（天）=13002324.53（元）。

律师评析

本案可谓一波三折，发包人提起工期索赔，一审、二审、再审判决三个结果。根据公开的裁判文书统计，发包人主张工期索赔法院的支持不足60%，本案属于法院判决支持发包人向承包人索赔金额极高的案例。虽然再审因为违约金约定过高予以了调整，但发包人整体的诉讼策略和举证值得借鉴。

此外，本案还涉及一个合理工期的问题。一审法院委托专业机构对涉案工程的所谓合理工期进行了鉴定，但显然二审法院未认可此做法，仍按照合同约定的工期，确定工期为580天，并据此要求施工单位承担了高额赔偿责任。再审法院同样认为，中建某局作为大型专业施工企业，基于对自身施工能力及市场等因素的综合考量，经与某公司平等协商，在《建设工程施工合同》中约定 580 个日历天的工期条款，系对自身权利的处分，亦为其真实意思表示，在无其他相反证据证明的情况下，不能当然推定某公司迫使其压缩合理工期，仅仅由于施工合同约定的工期延误违约金过高进行调整。因此，目前主流的意见都不支持合理工期，施工企业对此应有清醒认识，合同一旦签订，就需要全力以赴，确保工期，出现需要顺延工期情况的，应及时办理工期签证。

第三章　建设工程质量纠纷

建设工程质量是指建设工程满足发包人需要且符合国家法律、法规、技术规范、标准、设计文件及合同约定的要求，包括工程的安全、使用功能、耐久性能、节能及环境保护等方面所有明示的或者隐含的固有特性，是衡量工程价值的标准。工程质量的好坏不仅直接关系到国家财产和人民生命安全，也直接影响工程款结算、质量保证金的返还及保修责任等。

第一节　理论概述与实务指引

一、建设工程质量认定标准

（一）建设工程质量的法定标准

《建筑法》第三条规定，建筑活动应当确保建筑工程质量和安全，符合国家的建筑工程安全标准。第六十一条规定，交付竣工验收的建筑工程，必须符合规定的建筑工程质量标准，有完整的工程技术经济资料和经签署的工程保修书，并具备国家规定的其他竣工条件。建筑工程竣工经验收合格后，方可交付使用；未经验收或者验收不合格的，不得交付使用。《建设工程质量管理条例》（国务院令第 714 号）第十六条第三款规定，建设工程经验收合格的，方可交付使用。第三十二条规定，施工单位对施工中出现质量问题的建设工程或者竣工验收不合格的建设工程，应当负责返修。《建筑工程施工质量验收统一标准》（住房和城乡建设部公告 193 号）（GB50300—2013）作为统一建筑工程施工质量的国家标准，第 3.0.7 条也规定，建筑工程施工质量验收合格应符合工程勘察、设计文件的要求及符合本标准和相关专业验收规范的规定。

因此，建设工程质量的法定的标准，即建设工程质量的底线标准为建设工程竣工验收“合格”。即使双方未约定建设工程质量标准，建设工程质量也应当达到“合格”。

（二）建设工程质量的约定标准

《建筑法》第五十四条规定，建设单位不得以任何理由，要求建筑设计单位或者建筑施工企业在工程设计或者施工作业中，违反法律、行政法规和建筑工程质量、安全标准，降低工程质量。建筑设计单位和建筑施工企业对建设单位违反前款规定提出的降低工程质量的要求，应当予以拒绝。《建设工程质量管理条例》第十条第二款规定，建设单位不得明示或者暗示设计单位或者施工单位违反工程建设强制性标准，降低建设工程质量。《建设工程施工合同（示范文本）》（GF—2017—0201）第二部分通用合同条款第5.1.1约定：“工程质量标准必须符合现行国家有关工程施工质量验收规范和标准的要求。有关工程质量的特殊标准或要求由合同当事人在专用合同条款中约定。”专用条款第5.1.1条质量要求条款在空白处可以约定特殊质量标准和要求及关于工程奖项的约定。

根据上述规定可以看出，虽然发包人与承包人可以约定工程的质量，但同时法律也对发包人要求承包人降低工程质量的情形作出了禁止性规定，即双方约定的建设工程质量标准不得低于国家规定的工程质量强制性安全标准，但可以约定高于国家强制性标准（合格标准）的质量标准。

在实践中，发包人与承包人对工程质量标准的约定方式可谓五花八门，除约定执行国家标准外，主要还有两种约定方式：一种是双方约定工程质量等级达到“优良”；另一种是双方约定工程质量在验收合格的基础上，如荣获国家级别、省级、市级的奖项（如鲁班奖、国家优质工程奖等）将给予一定的奖励，未达到的则扣减一定工程款或按不同标准计算工程款等。对于第一种工程质量等级达到“优良”的约定，“优良”系质量验收等级，系根据原建设部发布《建筑安装工程质量检验评定统一标准》（GBJ300—1988）第3.0.1条“本标准的分项、分部、单位工程质量均分为‘合格’与‘优良’两个等级”

规定来约定的。但该文件被住房和城乡建设部于2013年11月1日发布实施的《建筑工程施工质量验收统一标准》（GB50300—2013）废止，并将工程质量确定仅有“合格”一个等级，建设工程验收主管部门不会再确认是否达到“优良”。因此，对于双方约定“优良”等级，会因为没有部门评判而失去意义，[①]但如双方约定“优良”标准明确具体，如达到本地、本省优良工程，且本市、本省对于优良工程有具体的评判标准，具有可执行性，一般人民法院将予以支持。[②]第二种约定系质量评优标准而非质量验收标准的约定，与建设主管部门认定的质量“合格”并不冲突，是合同双方对于工程质量争获奖项的约定，通常与工程价款相关联。

二、不同情形下的建设工程质量认定

（一）建设工程交付竣工验收情形下的质量认定

如上文所述，根据《建筑法》第六十一条，《建设工程质量管理条例》第十六条、第三十二条规定，建设工程质量“合格”是工程交付竣工验收的基础条件，是施工人正常施工状态下的结果。如工程质量不合格的，发包人应当在承包人修复后再次验收，合格后方可交付。

（二）建设工程已完工但发包人擅自使用的质量认定

《建工司法解释（一）》第十四条规定，建设工程未经竣工验收，发包人擅自使用后，又以使用部分质量不符合约定为由主张权利的，人民法院不予支持；但是承包人应当在建设工程的合理使用寿命内对地基基础工程和主体结构质量承担民事责任。

根据上述规定，建设工程未经验收或验收未通过即擅自使用，是法律明令禁止的。但在实践中，发包人仍然由于种种原因擅自使用未经竣工验收合格的工程，因此发包人应承担相应的法律后果，自擅自使用之日起视为建设工程已通过竣工验收、发包人对已完工但未竣工验收工程质量的认可或愿自

---

① （2014）赣民一终字第074号。

② （2014）民抗字第80号。

行承担工程质量“不合格”的风险。但发包人仅对其擅自使用部分承担工程质量风险责任，对于未使用部分，其质量责任仍由承包人负责，且无论是否使用，承包人仍应在法定或约定期限内对地基基础工程和主体结构工程承担民事责任。

（三）建设工程未完工导致未能竣工验收的质量认定

在实践中，因为发包人或承包人的原因，导致双方签署的施工合同解除，进而出现了大批量的“半拉子”工程。对于承包人已完工程的质量认定，在承包人提供了已完工程的分部分项验收手续后，可以认定已完工程的质量合格，除非发包人有证据推翻该验收手续。在承包人无法提供已完工程合格时，如发包人明确无质量异议的情况下，也可以视为发包人认可承包人未完工程的质量。如提出异议时，则应当由承包人举证证明未完工程质量合格并提起建设工程质量司法鉴定。

此外，为了实现建设目的，发包人通常会将工程重新发包给第三人，发包人应当在重新发包前与原承包人确定工程质量情况，否则，第三人施工后发包人又主张原承包人已完工部分质量不合格的，则发包人应当对工程质量不合格承担举证责任。①

（四）建设工程竣工验收合格后的质量认定

《民法典》第八百零一条规定，因施工人的原因致使建设工程质量不符合约定的，发包人有权请求施工人在合理期限内无偿修理或者返工、改建。经过修理或者返工、改建后，造成逾期交付的，施工人应当承担违约责任。《建设工程质量管理条例》第四十一条规定，建设工程在保修范围和保修期限内发生质量问题的，施工单位应当履行保修义务，并对造成的损失承担赔偿责任。

若建设工程竣工验收合格并交付后，发包人发现工程存在质量问题的，发包人可以要求承包人在保修范围和保修期限内承包保修义务。

---

① （2015）民四终字第30号。

三、建设工程质量保修

（一）建设工程质量保证金、缺陷责任期与质量保修期

《建设工程质量保证金管理办法》（建质〔2017〕138号）第二条规定，本办法所称建设工程质量保证金（以下简称保证金）是指发包人与承包人在建设工程承包合同中约定，从应付的工程款中预留，用以保证承包人在缺陷责任期内对建设工程出现的缺陷进行维修的资金。缺陷是指建设工程质量不符合工程建设强制性标准、设计文件，以及承包合同的约定。缺陷责任期一般为1年，最长不超过2年，由发、承包双方在合同中约定。第八条规定，缺陷责任期从工程通过竣工验收之日起计。由于承包人原因导致工程无法按规定期限进行竣工验收的，缺陷责任期从实际通过竣工验收之日起计。由于发包人原因导致工程无法按规定期限进行竣工验收的，在承包人提交竣工验收报告90天后，工程自动进入缺陷责任期。第九条规定，缺陷责任期内，由承包人原因造成的缺陷，承包人应负责维修，并承担鉴定及维修费用。如承包人不维修也不承担费用，发包人可按合同约定从保证金或银行保函中扣除，费用超出保证金额的，发包人可按合同约定向承包人进行索赔。承包人维修并承担相应费用后，不免除对工程的损失赔偿责任。由他人原因造成的缺陷，发包人负责组织维修，承包人不承担费用，且发包人不得从保证金中扣除费用。第十条规定，缺陷责任期内，承包人认真履行合同约定的责任，到期后，承包人向发包人申请返还保证金。

《建筑法》第六十二条规定，建筑工程实行质量保修制度。建筑工程的保修范围应当包括地基基础工程、主体结构工程、屋面防水工程和其他土建工程，以及电气管线、上下水管线的安装工程，供热、供冷系统工程等项目；保修的期限应当按照保证建筑物合理寿命年限内正常使用，维护使用者合法权益的原则确定。具体的保修范围和最低保修期限由国务院规定。《建设工程质量管理条例》第三十九条规定，建设工程实行质量保修制度。建设工程承包单位在向建设单位提交工程竣工验收报告时，应当向建设单位出具质量保修书。质量保修书中应当明确建设工程的保修范围、保修期限和保

修责任等。第四十条规定："在正常使用条件下，建设工程的最低保修期限为：（一）基础设施工程、房屋建筑的地基基础工程和主体结构工程，为设计文件规定的该工程的合理使用年限；（二）屋面防水工程、有防水要求的卫生间、房间和外墙面的防渗漏，为5年；（三）供热与供冷系统，为2个采暖期、供冷期；（四）电气管线、给排水管道、设备安装和装修工程，为2年。其他项目的保修期限由发包方与承包方约定。建设工程的保修期限，自竣工验收合格之日起计算。"

根据上述规定可以看出，虽然缺陷责任期与质量保修期的起算点及存续期间存在重合，承包人的质量维修责任存在重合，但缺陷责任期与质量保修期系两个不同的概念。缺陷责任期是约定的期限，是指以发包方暂扣一定比例的工程款（质量保证金）作为手段督促承包人按照合同约定承担缺陷修复义务的期限，自工程通过竣工验收之日起计算。缺陷责任期一般为1年，最长不超过2年，具体可由发承包双方在管理合同中约定。而质量保修期是法定的期限，是承包方对工程负有维护、保修义务的期限，在正常使用条件下，建设工程的最低质量保修期为2年、5年及设计文件规定的合理使用年限（一般为30年、50年、70年，最长可达到100年），发承包双方也可以约定比法定质量保修期更长的期限，但不能低于法定最低质量保修期。此外，质量保证金的返还与缺陷责任期相关，而与质量保修期无关。在缺陷责任期内，如因承包人原因导致工程质量发生缺陷的，承包人拒绝维修也不承担费用的，则发包人有权扣除保证金，不足部分可以另行追偿。若质量缺陷责任期满，工程质量并无问题，发包人在扣除相应费用后，应将剩余保证金退还承包人。质量保修期是法律明确规定的期限，在质量保修期内施工方仍具有在保修范围内的维修责任，发包人通知承包人进行维修，若承包人拒绝承担责任，则可通过诉讼方式解决。

（二）建设工程质量保证金返还期限

《建工司法解释（一）》第十七条规定："有下列情形之一，承包人请求发包人返还工程质量保证金的，人民法院应予支持：（一）当事人约定的工程质量保证金返还期限届满；（二）当事人未约定工程质量保证金返还期限的，自建设工程通过竣工验收之日起满二年；（三）因发包人原因建设工程未按约定期限进行竣工验收的，自承包人提交工程竣工验收报告九十日后当事人约定的工程质量保证金返还期限届满；当事人未约定工程质量保证金返还期限的，自承包人提交工程竣工验收报告九十日后起满二年。发包人返还工程质量保证金后，不影响承包人根据合同约定或者法律规定履行工程保修义务。”

虽然《建工司法解释（一）》规定了不同情形下质量保证金返还的期限，但该约定的返还期限是以双方约定的缺陷责任期为准，还是以双方约定的保修期限为准，该条并未明确。在实践中也存在大量发承包双方在合同未明确缺陷责任期与保修期限，且常将质量保证金与法定的质量保修期限相对应的情形。如上文第三条第一款所述，缺陷责任期与质量保修期并非同一概念，当发包人与承包人在施工合同中约定质量保证金与质量保修期挂钩时，实践中的裁判观点认定规则亦不相同，部分裁判观点认定，在双方约定的质保期满几年后再返还质量保证金的约定，属于当事人意思自治的范围，合同双方可以任意约定。[①] 而最高人民法院则对于缺陷责任期、质量保修期与质保金之间关系的态度较为明确，认为保修期制度与质量保证金的缺陷责任期制度不是同一种法律制度，缺陷责任期是扣留工程质量保证金的期限，承包人承担的是质量缺陷修复义务，而保修期内承包人承担的是保修义务；对缺陷责任期的约定应符合《建设工程质量保证金管理办法》中“不超过 2 年”的规定，约定超过 2 年的缺陷责任期，或以保修期的相关约定来确定质量保证金的缺陷责任期，均缺少法律依据。[②]

第二节　办案思路与实战技巧

通过最高人民法院及部分高级人民法院公开的裁判文书网可以看出，关于工程质量纠纷的争议焦点主要集中在发包人未竣工验收使用，承包人

① （2020）沪 01 民终 3309 号、（2020）鲁 16 民终 581 号。
② （2020）最高法民终 483 号、（2019）最高法民终 710 号。

是否应当承担保修义务、发包人未履行通知义务或发包人自行委托第三方维修所产生的费用能否直接从质保金中扣除、保修期经过能否要求承包人承担维修责任、因工程质量问题所引起的间接损失能否支持、合同无效对工程质量索赔有无影响等，办理此类案件主要从以下几个方面厘清代理思路。

一、发包人未经竣工验收而使用的是否属于“擅自”使用

在《建工司法解释（一）》第十四条规定之下，如果是地基基础工程或者是主体结构发生质量问题，承包人应当承担维修义务。对于其他部分工程出现的质量纠纷，未经竣工验收而使用的，发包人应当自行承担质量修复的责任，承包人免除保修义务。但如果建设工程是特定用途的工程被迫投入使用的（如幼儿园开学后必须要使用的[①]）、法定的功能性试用（如根据法律规定工程公路工程竣工验收前需通车试运营 2 年以上[②]）、发包人防止损失扩大而提前维修并使用的（如承包人由于迟迟达不到竣工验收条件且拒绝或怠于维修，发包人为避免损失进一步扩大而投入使用的[③]），或双方在未竣工验收时签署相关文件约定“不因实际使用而影响工程质量问题的解决的”，属于双方有约从约的行为[④]，不视为“擅自”使用。因此，在已使用的情况下，可以辨析是否属于“擅自”使用的情形，进而可以要求承包人承担保修义务。

二、发包人要求承包人承担维修费用是否履行了通知义务

通常发承包双方会在施工合同中约定，在保修期内发生质量问题的，发包人应通知承包人维修，若承包人无故拒绝维修或超时维修，发包人可以自行或委托第三方进行维修，由此产生的费用由承包人承担。根据司法裁判观点，如果发包人未按照合同约定履行通知义务（甚至有法院要求发包人在通

---

① （2019）粤 03 民终 19281 号。

② （2014）荣法民初字第 00410 号。

③ （2016）新 27 民终 450 号、（2016）青民终 167 号。

④ （2018）粤 03 民终 20757 号。

知内容中列明要求承包人承担哪些具体的保修义务[①])即自行或委托第三方进行维修的，法院一般不支持发包人主张承包人承担维修费用的诉讼请求。在质保期内发生维修事由后，律师首先应当协助发包人按照施工合同约定向承包人发送维修通知书并规范发函的流程。发生该类诉讼后，核实相关发函的证据，以维护发包人的合法权益。

此外，需要特别注意的是，如发包人发函后，承包人拒绝或怠于维修导致发包人自行或委托第三方予以维修，因此产生的费用请求法院判令由承包人承担的，在此种情况下，发包人需要提供完整的证据链来证明工程质量存在问题，如发包人已按照施工合同约定履行了通知程序、相关维修费用已实际发生等。

三、施工合同是否有效

建设工程项目的承包人履行建设工程的质保责任是一项法定义务，针对合法有效的施工合同，相关法律、法规与规章的适用不存有任何争议。但在施工合同效力存在瑕疵的情形下，关于缺陷责任期、质保期限、质量保证金的返还及扣除则存在诸多争议。从最高人民法院的裁判观点来看，大部分案件认为合同无效，关于质量保证金的约定也无效，发包人无权再按照合同约定扣留质保金，[②]但也有部分案件将质量保证金的约定视为结算条款，即使合同无效，质量保证金也可参照合同约定的方式进行退还。[③]

当然，保修责任属于法定责任，无论是否参照合同约定返还质量保证金，即使发包人将质量保证金返还给承包人，承包人仍然应当承担保修义务。律师在代理案件中，如合同无效的，即使缺陷责任期已满需返还质量保证金，仍然可以要求承包人在质保期内承担保修义务，如承包人拒绝修复的，发包人自行或委托第三人维修产生的费用及因此发生的费用有权要求承包人承担。

---

① （2018）最高法民终494号。

② （2018）最高法民终846号、（2017）最高法民终766号。

③ （2018）最高法民终922号。

四、是否存在保修期已经过，还能要求施工方承担维修责任的情形

质量保证金对应缺陷责任期，缺陷责任期满后发包人应当返还质量保证金。而保修期仅对应质量保修，在保修期内承包人对工程质量承担保修义务，如保修期经过后再发生工程质量问题的，施工方无需再承担质量保修责任。但存在一种特殊情况，如施工方在施工时采用的材料不符合技术规范要求，即使已过保修期，发包人也可以要求承包人承担产品瑕疵担保责任。因为保修期限并非瑕疵担保责任的期限，保修期满、保修责任消灭，但瑕疵担保责任不受影响。[①]

第三节　典型案例精析

案例4：甲公司与乙集团建设工程施工合同纠纷[②]

裁判要旨

本案双方当事人签订的《建设工程施工合同》约定，工程质量标准为厦门市优良工程；工程质量达不到市优良等级，承包人甲公司必须按照工程合同造价的2%向特房集团支付违约金。《厦门市优良工程评审暂行办法》第三条规定，市优良工程是指具有一定规模、基建程序报建手续齐全，经设计认可，施工自评、监理评价为优良，已通过建设单位组织的竣工验收，经协会评审，由市建设行政主管部门确认质量优良并公布的工程。据此，市优良工程必须是施工自评、监理评价为优良的工程。而讼争工程的《建设工程竣工验收报告》载明，四方（建设单位、施工单位、设计单位、监理单位）均评定该工程为“合格”，说明甲公司作为施工单位亦确认讼争工程质量为合

---

① （2016）粤03民终13491号。

② （2014）民抗字第80号。

格而不是优良。即使案外人施工的桩基工程确未达到优良标准，甲公司也并未提供证据证明讼争工程中其施工的部分已达到市优良工程标准，只是因为报建手续不齐备而无法参加评定。因此，原审判定甲公司应依合同约定，按照工程合同造价的2%向特房集团支付违约金，并无不当。讼争合同约定工程造价为39411875元，故甲公司应支付讼争工程质量未达到厦门市优良等级的违约金788237.5元。甲公司主张讼争工程客观上不能被评为优良等级，其对此没有责任，不应承担质量违约金，理由不能成立，法院再审不予支持。

案情简介

经过公开招投标，甲公司成为乙集团开发的“特房·锦绣祥安一期$20^{\#}$—$24^{\#}$楼”土建及安装工程的施工单位。2007年3月1日，双方签订《建设工程施工合同》，关于工程质量，合同约定其标准为厦门市优良工程，如果工程质量达不到市优良等级，承包人须按照工程合同造价的2%支付违约金。2010年1月5日，特房集团向法院提起本案诉讼称：工程质量未达到约定的市优良等级，且由于甲公司未履行保修义务，特房集团不得已委托其他施工单位对讼争工程进行维修整改，甲公司应予以赔偿。请求判令甲公司支付工程质量未达到厦门市优良等级的违约金844412.32元。

法院裁判

一审法院认为：关于甲公司是否需要支付工程质量未达到厦门市优良等级的违约金的问题。1. 讼争工程的招标文件已经规定工程必须达到厦门市优良工程标准，双方并据此签订施工合同，该约定不违反法律规定。2. 根据《厦门市创建市优良工程暂行管理办法》第十一条第二款的规定，创建市优良工程应实施目标管理，工程开工前应根据承包合同的约定制定质量目标，并由施工企业填写《厦门市优良工程创建活动备案登记表》，向市建设工程质量安全管理协会告知性备案。《厦门市优良工程评审暂行办法》第三条规定，市优良工程必须是施工自评、监理评价为优良的工程。本案双方均认可讼争工程未参评厦门市优良工程。特房集团提交的《厦门市建设工程竣工验收报告》证明讼争工程的质量等级评定为“合格”，未达到参评厦门市优良工程的标准，已经对其主张提供了初步证据。甲公司对此有异议，应提供反驳证据证明讼争工程质量已达到市优良标准，否则应承担不利的后果。甲公司也未举证证明其已按照规定，在开工前办理市优良工程评审的备案，讼争工程如无法参评市优良工程，责任亦应由甲公司承担。特房集团有关讼争工程未达市优良标准的主张予以认定。3. 甲公司在投标时已承诺工程质量达到市优良标准，且同意了质量未达标时的违约条款，其在此基础上投标报价，显然已经充分考虑了工程质量与违约责任风险，且合同约定 2% 质量违约金也无明显过高。故甲公司应向特房集团支付工程质量未达到厦门市优良等级的违约金 844412.32 元［42220616（元）×2%］。

二审法院认为：关于甲公司应否支付讼争工程质量未达到市优良工程等级的违约金问题。经查，《厦门市优良工程评审暂行办法》第三条规定，市优良工程是指具有一定规模、基建程序报建手续齐全，经设计认可，施工自评、监理评价为优良，已通过建设单位组织的竣工验收，经协会评审，由市建设行政主管部门确认质量优良并公布的工程。双方当事人签订的《建设工程施工合同》约定，工程质量标准为厦门市优良工程；工程质量达不到市优良等级，承包人必须按照工程合同造价的 2% 向发包人支付违约金。该约定没有违反法律、行政法规的强制性规定，应为有效。《厦门市优良工程评审暂行办法》第三条规定，市优良工程必须是施工自评、监理评价为优良的工程。而讼争工程的《建设工程竣工验收报告》载明，四方（建设单位、施工单位、设计单位、监理单位）均评定该工程为“合格”，说明甲公司作为施工单位亦确认讼争工程质量为合格而不是优良。且甲公司并未提供证据证明其所主张的讼争工程已达到市优良工程的标准，只是因为报建手续不齐备而无法被评定为市优良工程的事实。依据合同约定，甲公司应按照工程合同造价的 2% 向特房集团支付违约金。讼争合同约定工程造价为 39411875 元，故甲公司应支付工程质量未达到厦门市优良等级的违约金 788237.5 元。一审判决按工程结算造价的 2% 计算此项违约金与合同约定不符，应予变更。

最高人民法院再审认为：本案双方当事人签订的《建设工程施工合同》约定，工程质量标准为厦门市优良工程；工程质量达不到市优良等级，承包人甲公司必须按照工程合同造价的 2% 向特房集团支付违约金。《厦门市优良工程评审暂行办法》第三条规定，市优良工程是指具有一定规模、基建程序报建手续齐全，经设计认可，施工自评、监理评价为优良，已通过建设单位组织的竣工验收，经协会评审，由市建设行政主管部门确认质量优良并公布的工程。据此，市优良工程必须是施工自评、监理评价为优良的工程。而讼争工程的《建设工程竣工验收报告》载明，四方（建设单位、施工单位、设计单位、监理单位）均评定该工程为"合格"，说明甲公司作为施工单位亦确认讼争工程质量为合格而不是优良。即使案外人施工的桩基工程确未达到优良标准，甲公司也并未提供证据证明讼争工程中其施工的部分已达到市优良工程标准，只是因为报建手续不齐备而无法参加评定。因此，原审判定甲公司应依合同约定，按照工程合同造价的 2% 向特房集团支付违约金，并无不当。讼争合同约定工程造价为 39411875 元，故甲公司应支付讼争工程质量未达到厦门市优良等级的违约金 788237.5 元。甲公司主张讼争工程客观上不能被评为优良等级，其对此没有责任，不应承担质量违约金，理由不能成立，本院再审不予支持。

律师评析

本案中，双方对于质量约定的标准明确具体，具有可执行性，且明确约定未能达到该标准的后果，故最高人民法院有充分的理由和依据按照双方约定裁判。该案给我们一定的启示，即在工程质量合格的基础上，约定有具体评判标准的质量评优是合法有效的，如未达到该评优标准，承包人需承担相应的违约责任。

案例 5：崔某与某公司建设工程施工合同纠纷[①]

裁判要旨

在选择适用合同关于质量保证金返还期限约定还是适用《建设工程质量

---

① （2020）吉民终 234 号。

保证金管理办法》的规定确定案涉工程质量保证金返还期限方面，应结合法律法规和行业主管部门关于工程质量保证金的功能定位和价值取向，作出有利于为施工方减负、有利于营造公平竞争环境的选择。在建设工程施工合同的签订和履行过程中，应区分保修期和缺陷责任期。与保修期相对应的是承包人的保修责任，保修期届满，承包人不再承担保修义务；与缺陷责任期对应的是承包人的瑕疵担保责任，缺陷责任期届满，发包人应当向承包人退还建设工程质量保证金，但如果缺陷责任期已经届满而保修期尚未届满，承包人仍需承担保修责任。

案情简介

2014 年 4 月 14 日，崔某以甲公司名义中标取得某公司龙凤苑居住小区一期工程，后双方签订《建设工程施工合同》。合同约定：计划开工日期为 2014 年 4 月 15 日，计划竣工日期为 2015 年 12 月 26 日。在工程质量保修书中双方约定工程缺陷责任期为 24 个月，自工程竣工验收合格之日起计算。双方针对该合同进行了签字盖章确认，并于 2014 年 6 月 10 日进行了备案。

2014 年 4 月 6 日，崔某以甲公司名义与某公司就涉案工程签订了《工程建设承包施工合同》，约定开工日期为 2014 年 4 月 15 日，竣工日期为 2015 年 10 月 30 日。双方在附件 1 中就涉案工程质量保修事项约定：质量保修金按工程造价的 5% 预留，保修期内某公司不支付利息，两年后返还质量保证金的 80%，5 年后返还质量保证金的 20%。该合同为某公司加盖公章、崔某签字进行了确认。

2014 年 9 月 4 日，崔某与某公司签订《工程建设承包施工合同备忘录》，约定：某公司与甲公司签订的《工程建设承包施工合同》约定的权利义务均由崔某享有和承担。该合同为中标合同的补充约定，内容与中标合同约定不一致的，以该合同为准。该合同有崔某签字，合同生效。双方签订合同后，崔某实际组织人员进行了施工，涉案工程于 2016 年 9 月 22 日竣工验收并交付某公司使用。

法院裁判

一审法院认为：本案工程质量保修金应属于保证承包人在缺陷责任期内对建设工程缺陷进行维修的资金。根据《建设工程质量保证金管理办法》第二条第三款“缺陷责任期一般为1年，最长不超过2年，由发、承包双方在合同中约定”的规定，本案双方约定5年后返还质量保证金的20%的约定，应属无效约定。因涉案工程已于2016年9月22日实际交付使用，至今已超过两年，故质量保证金应全部予以返还。

二审法院认为：某公司上诉主张，4月6日合同虽无效，但依据原《建设工程施工合同司法解释》第一条、第二条之规定，对质量保证金的返还期限应参照合同约定履行，质量保证金的20%部分即1638639.05元返还期限尚未届满，不应予以返还。一审判决未依照4月6日合同之约定确定质量保证金的返还期限，而是依据《建设工程质量保证金管理办法》第二条第三款之规定，将案涉工程缺陷责任期确定为两年，并据此确定某公司应返还崔某全部的质量保证金。对一审判决的上述认定，本院予以维持。理由如下：1.我国先有保修制度，再有缺陷责任制度。《建筑法》第六十二条规定：“建筑工程实行质量保修制度……保修的期限应当按照保证建筑物合理寿命年限内正常使用，维护使用者合法权益的原则确定。具体的保修范围和最低保修期限由国务院规定。”《建设工程质量管理条例》第四十条规定了不同分部工程的保修期不同：基础设施工程、房屋建筑的地基基础工程和主体结构工程的保修期为设计文件规定的该工程的合理使用年限；屋面防水工程、有防水要求的卫生间、房间和外墙面的防渗漏保修期为5年；供热与供冷系统的保修期为2个采暖期、供冷期；电气管线、给排水管道、设备安装和装修工程的保修期为2年；其他项目的保修期限由发包方与承包方约定。2002年9月27日财政部颁布的《基本建设财务管理规定》① 规定了建设工程质量保证金制度。该规定第三十四条规定：“……工程建设期间，建设单位与施工单位进行工程价款结算，建设单位必须按工程价款结算总额的5%预留工程质量保

① 现已失效。

证金，待工程竣工验收一年后再清算。”至2005年1月12日财政部和原建设部颁布《建设工程质量保证金管理暂行办法》，规定了缺陷责任期一般为6个月、12个月或24个月，具体可由发、承包双方在合同中约定。2017年6月住建部、财政部对《建设工程质量保证金管理办法》进行修订，将工程质量保证金预留比例由原来规定的不得高于工程价款结算总额的5%修订为不得高于工程价款结算总额的3%，进一步完善了工程质量保证金制度。同时，在建筑工程领域，存在发包人收取承包单位多个名目的保证金现象，国务院于2016年下发《国务院办公厅关于清理规范工程建设领域保证金的通知》（国办发〔2016〕49号），明确了除依法依规设立的投标保证金、履约保证金、工程质量保证金、农民工工资保证金外，其他保证金一律取消和停止收取，并要求转变保证金缴纳方式，推行银行保函制度。由上述规定呈现出的缺陷责任期制度的发展过程可知，主管部门对于质量保证金预留比例逐步减小、预留期限逐步缩减，目的在于为建筑企业减负，营造公平竞争环境。因此，本案在选择适用4月6日合同关于质量保证金返还期限约定还是适用《建设工程质量保证金管理办法》的规定确定案涉工程质量保证金返还期限方面，应贴合法律法规和行业主管部门关于工程质量保证金的功能定位和价值取向，作出有利于为施工方减负、有利于营造公平竞争环境的选择。据此，一审判决关于案涉工程的缺陷责任期为2年的认定，符合工程质量保证金的功能定位和主管部门价值取向，应予维持。2. 4月6日合同无效，将作为《施工合同》附件的《建设工程质量保修书》中关于工程质量保证金返还期限的约定视为结算条款参照适用，无明确法律依据。3. 在建设工程施工合同的签订和履行过程中，应区分保修期和缺陷责任期。与保修期相对应的是承包人的保修责任，保修期届满，承包人不再承担保修义务；与缺陷责任期对应的是承包人的瑕疵担保责任，缺陷责任期届满，发包人应当向承包人退还建设工程质量保证金，但如果缺陷责任期已经届满但保修期尚未届满，承包人仍需承担保修责任。4月6日合同详细约定了分部工程的质量保修期，虽然缺陷责任期已经届满，但部分工程的保修期并未届满，返还崔某质量保证金并不意味着免除其质量保修义务。在质量保修期内，相应工程出现质量问题，某公司可依法主张权利。对某公司而言，返还质量保证金未损害其权益。

律师评析

2005 年原建设部印发的《建设工程质量保证金管理暂行办法》引入了缺陷责任期制度，这为工程质量带来了保证金这一新的工程质量管理制度，却也为保修期与缺陷责任期的概念混淆埋下了伏笔，导致在适用上存在一定程度的混乱。本案中，二审法院对保修期和缺陷责任期做了清晰的区分和阐述，指出可以从质量保证金的功能定位及行业主管部门的价值取向角度来确定如何适用工程质量保证金返还期限，其中质量保证金制度对应的是缺陷责任期，而质量保修制度对应的是保修期。此外，二审法院也指出建设施工合同无效时，关于工程质量保证金返还期限的约定视为结算条款参照适用，并无明确法律依据。

第四章　建设工程价款纠纷

《民法典》第七百八十八条规定，建设工程合同是承包人进行工程建设，发包人支付价款的合同。由此可见，建设工程施工合同承包人进行工程施工的目的是收取工程价款，而发包人的主要义务则是支付工程价款。然而，根据司法裁判文书网站公开的文书统计，在历年建设工程施工合同价款纠纷中，超过半数案件涉及工程价款问题，可见工程价款问题是建设工程施工纠纷案件中最常见的争议焦点。

第一节　工程价款结算纠纷

一、理论概述与实务指引

1. 无效施工合同的结算

原《建设工程施工合同司法解释》第二条规定，建设工程施工合同无效，但建设工程经竣工验收合格，承包人请求参照合同约定支付工程价款的，应予支持。对于该条的适用，在司法实践和理论学界均存在较大的争议，该条规定存在将无效合同有效化处理，无效合同可参照合同约定的条款不明确以及根据文义解释仅有承包人有权主张适用该条款等问题。

为此，2021 年生效的《民法典》及《建工司法解释（一）》回应了上述问题。《民法典》第一百五十七条规定，民事法律行为无效、被撤销或者确定不发生效力后，行为人因该行为取得的财产，应当予以返还；不能返还或者没有必要返还的，应当折价补偿。有过错的一方应当赔偿对方由此所受到的损失；各方都有过错的，应当各自承担相应的责任。法律另有规定的，依照其规定。第七百九十三条第一款规定，建设工程施工合同无效，但是建设工程经验收合格的，可以参照合同关于工程价款的约定折价补偿承包人。《建工司法解释（一）》第二十四条规定，当事人就同一建设工程订立的数份建设工程施工合同均无效，但建设工程质量合格，一方当事人请求参照实际履行的合同关于工程价款的约定折价补偿承包人的，人民法院应予支持。

《民法典》及《建工司法解释（一）》对于无效合同的工程价款结算主要有三处变化：首先，最大的变化是将“参照合同约定支付工程价款”改为“参照合同关于工程价款的约定折价补偿”，使得《建工司法解释（一）》中关于建工合同无效后果的处理规则与《民法典》相一致，并消除无效合同有效化的误解。其次，限定了可以参照合同约定条款的范围，即仅能为与“工程价款的约定”有关的条款。最后，不仅承包人有权请求参照合同约定主张工程款，发包人也有权抗辩要求参照合同约定折价补偿。[①]

2. 固定总价合同未完工程的结算

固定总价合同也称总价包死合同，是指合同当事人约定以施工图、已标价工程量清单或预算书及有关条件进行合同价格计算、调整和确认的建设工程施工合同，在约定的范围内合同总价不做调整，通常适用于总价低、工期短的工程。固定总价合同具有便于结算的优势，如果承包人按约完成全部工程且不存在工程量变更的情况，双方无需就实际工程量进行确认。但由于发包人、承包人、第三方或不可抗力等因素的影响导致建设工程施工合同无法按约履行进而导致工程停工，在工程未完的情况下，承包人也投入了劳力、物力，有权主张工程款，而针对此类情况，固定总价合同就缺少了根据实际工程量结算的灵活性。一旦建设工程出现异常，固定总价结算方式因双方约定的最终工程量发生变化而无法得到适用，往往会成为双方争议的焦点。即使当事人申请对工程造价进行鉴定，也会因为计算方法不同，导致工程价款存在较大争议。

---

① 参见肖峰、韩浩：《建设工程价款结算及其优先受偿权的若干实务问题》，载“人民司法”公众号，https://mp.weixin.qq.com/s/mbY9medGMqHjySRSuWHC3w，最后访问日期为2021年8月31日。

在司法实践中，对于固定总价合同下的未完工工程的结算，若已完工部分质量合格的，法院通常遵循有约从约，如约定不明则按照不同的计算方式委托鉴定机构进行计算，最后若鉴定机构鉴定的结果明显不合理的，则综合考虑双方过错程度和公平原则，依职权酌情进行调整。而对于未完工程的工程价款结算方式，现行法律、法规、司法解释没有作出规定，针对此问题各地法院相继出台了相关指导意见或规定，实践中通常有如下三种计算方法：按比例结算法①、按已完工工程量折算法②、按政府部门发布的

---

①《北京市高级人民法院关于审理建设工程施工合同纠纷案件若干疑难问题的解答》（京高法发〔2012〕245号）第十三条规定，固定总价合同履行中，承包人未完成工程施工的，工程价款如何确定？建设工程施工合同约定工程价款实行固定总价结算，承包人未完成工程施工，其要求发包人支付工程款，经审查承包人已施工的工程质量合格的，可以采用“按比例折算”的方式，即由鉴定机构在相应同一取费标准下分别计算出已完工程部分的价款和整个合同约定工程的总价款，两者对比计算出相应系数，再用合同约定的固定价乘以该系数确定发包人应付的工程款。《江苏省高级人民法院关于审理建设工程施工合同纠纷案件若干问题的解答》第八条规定，固定总价合同履行中，承包人未完成工程施工的，工程价款如何确定？建设工程施工合同约定工程价款实行固定总价结算，承包人未完成工程施工，其要求发包人支付工程款，发包人同意并主张参照合同约定支付的，可以采用“按比例折算”的方式，即由鉴定机构在相应同一取费标准下计算出已完工程部分的价款占整个合同约定工程的总价款的比例，确定发包人应付的工程款……

②《四川省高级人民法院关于审理建设工程施工合同纠纷案件若干疑难问题的解答》（川高法民一〔2015〕3号）第二十五条规定，约定工程价款实行固定总价结算的施工合同在未全部完成施工即终止履行的工程价款如何结算？约定工程价款实行固定总价结算的建设工程施工合同未全部完成施工即终止履行，承包人已施工的工程质量合格，承包人要求发包人支付工程价款的，由双方协商确定已施工的工程价款，协商不成的，由鉴定机构根据工程设计图纸、施工图纸、施工签证、交接记录等资料以及现场勘验结果对已完成工程量占合同工程量比例计算系数，再用合同约定的固定价款乘以该系数确定发包人应付的工程价款。《山东省高级人民法院关于印发全省民事审判工作会议纪要的通知》（鲁高法〔2011〕297号）第三条第三款规定，关于固定价格合同未履行完毕而解除的，工程价款如何结算的问题。根据原建设部《建筑工程施工发包与承包计价管理办法》第十二条规定，建设工程合同价可以采用固定价、可调价和成本加酬金三种形式原建设部、财政部联合发布的《建设工程价款结算暂行办法》第八条规定，固定价格又分为固定总价和固定单价两种形式。原《建设工程施工合同司法解释》第二十二条对于固定价格合同已经完全履行完毕情形下的工程价款结算问题作了明确规定，而对固定价格合同未履行完毕情形下的工程价款结算问题未明确。对于建设工程施工合同约定按固定单价结算的，则应根据固定单价核算出已完工程的实际工程量，据实结算工程价款；如果建设工程施工合同约定按固定总价结算，则按照实际施工部分的工程量占全部的工程量的比例，再按照合同约定的固定价格计算出已完部分工程价款。

定额结算法[①]。这三种计算方法各有利弊，但相较而言按比例结算法虽然计算方式相对复杂，但是计算结果往往更加合理，更能符合双方当事人的真实意思表示，已经逐渐被各地法院所采纳。

3. 黑白合同的结算

《建工司法解释（一）》第二十二条规定，当事人签订的建设工程施工合同与招标文件、投标文件、中标通知书载明的工程范围、建设工期、工程质量、工程价款不一致，一方当事人请求将招标文件、投标文件、中标通知书作为结算工程价款的依据的，人民法院应予支持。第二十三条规定，发包人将依法不属于必须招标的建设工程进行招标后，与承包人另行订立的建设工程施工合同背离中标合同的实质性内容，当事人请求以中标合同作为结算建设工程价款依据的，人民法院应予支持，但发包人与承包人因客观情况发生了在招标投标时难以预见的变化而另行订立建设工程施工合同的除外。

根据上述规定可知，由于建设工程施工合同的签订和履行，不仅关系到发承包双方的利益，还关系到整个建设工程市场秩序的稳定，为了维护《招标投标法》的权威性，遏制“低价中标、高价结算”的顽疾，所以无论是强制招标还是自愿招标，只要是依据《招标投标法》进行了招投标程序并因此签订施工合同的，均应受到招投标程序的约束，因此“黑合同”与“白合同”实质性内容不一致的，应当以“白合同”作为结算工程价款的根据。需要特别注意的是，《建工司法解释（一）》对于“实质性内容”进行了详细规定，“实质性内容”指的主要是“工程范围、建设工期、工程质量、工程价款”以及通过其他方式变相变更上述四个方面的内容。

但是，以“白合同”作为结算工程价款的根据，隐含的前提是“白合同”

---

① 合同不能履行归责于发包人，因不平衡报价导致按照当事人合同约定的固定价结算将对承包人利益明显失衡的，可以参照定额标准和市场报价情况据实结算。《重庆市高级人民法院关于当前民事审判若干法律问题的指导意见》第十五条规定了固定价合同的结算。建设工程合同中当事人约定按固定价结算，或者总价包干，或者单价包干的，承包人按照合同约定范围完工后，应当严格按照合同约定的固定价结算工程款。如果承包人中途退出，工程未完工，承包人主张按定额计算工程款，而发包人要求按定额计算工程款后比照包干价下浮一定比例的，应予支持。

即中标合同应当有效，因为只有有效合同才能直接作为结算根据。[①]然而，在实践中存在大量“白合同”也无效的情形，为此，《建工司法解释（一）》第二十四条规定，当事人就同一建设工程订立的数份建设工程施工合同均无效，但建设工程质量合格，一方当事人请求参照实际履行的合同关于工程价款的约定折价补偿承包人的，人民法院应予支持。实际履行的合同难以确定，当事人请求参照最后签订的合同关于工程价款的约定折价补偿承包人的，人民法院应予支持。因此，在“白合同”也无效的情况下，应当参照发承包双方实际履行的合同作为工程价款结算的依据。如实际履行的合同也无法确定的，以双方最后签订的合同作为工程价款结算的依据。需要特别注意的是，此处的参照也规定的是“折价补偿”，与合同无效的处理规则相一致。

二、办案思路与实战技巧

1. 审查当事人诉讼主体资格

对于建设工程施工合同而言，当事人诉讼主体资格审查至关重要，直接关系到合同的效力。从发包人角度而言，需要审查发包人在发包涉案工程前是否取得了建设工程规划许可证等规划审批手续，或在起诉前是否已经取得。涉案工程是否属于必须招投标的工程，是否履行了招投标程序，如履行了招投标程序，是否存在黑白合同等，排除发包人存在的法律风险。从承包人角度而言，审查承包人是否具有相应资质、是否超越资质等级、是否属于挂靠、是否存在转包或违法分包等。

此外，建设工程施工合同，还有大部分案件系“实际施工人”提起的诉讼，请求发包人在欠付建设工程价款范围内对其承担责任。根据司法裁判观点，建设工程中的“实际施工人”特指无效建设工程施工合同中的实际完成工程建设的承包人，即非法转包、违法分包、借用资质情形下的实际承包人[②]，且

---

① 最高人民法院民事审判第一庭编：《民事审判实务问答》，法律出版社 2021 年版。

② （2018）最高法民申 5741 号。

最终实际投入人力、物力、财力等完成施工任务的单位或个人[①]。因此，也需要审查该“实际施工人”的主体资格是否适格，如不是实际施工人，则无权要求发包人在欠付的建设工程价款范围内对其承担责任。

2. 核实施工合同中的计价标准或者计价方法

《建工司法解释（一）》第十九条第一款、第二款规定，当事人对建设工程的计价标准或者计价方法有约定的，按照约定结算工程价款。因设计变更导致建设工程的工程量或者质量标准发生变化，当事人对该部分工程价款不能协商一致的，可以参照签订建设工程施工合同时当地建设行政主管部门发布的计价方法或者计价标准结算工程价款。

根据上述规定可以看出，建设工程施工合同中关于建设工程的计价标准及计价方法的约定，将直接决定工程价款的结算方式。如施工合同中关于计价标准或计价方法约定不明或者计价方法未能协商一致，根据司法裁判观点，法院将采信鉴定机构按据实结算方式计算得出的工程造价为涉案工程造价。[②]如当事人约定按照固定价结算工程款的，则应当按照固定价款结算工程款，若请求对建设工程造价进行鉴定的，人民法院不予支持。

3. 确认双方是否约定默示结算条款

《建工司法解释（一）》第二十一条规定，当事人约定，发包人收到竣工结算文件后，在约定期限内不予答复，视为认可竣工结算文件的，按照约定处理。承包人请求按照竣工结算文件结算工程价款的，人民法院应予支持。由于在实践中承包人提交的竣工结算一般会高于或远远高于实际工程造价，因此，如承包人主张请求按照竣工结算文件结算工程价款，首先应当审查施工合同专用条款中是否有相应的约定，其次应当审查发包人对承包人提交的竣工结算文件是否提出异议，如发包人有证据证明在合同约定的期限内通过发函、不予确认、要求补充结算资料等方式提出异议的，则不应按照承包提交的竣工结算文件进行工程价款结算。

① （2017）京02民终10790号。

② （2020）最高法民申4877号。

三、典型案例精析

案例 6：甲公司与乙公司建设工程施工合同纠纷[①]

裁判要旨

对于约定了固定价款的建设工程施工合同，双方未能如约履行，致使合同解除的，在确定争议合同的工程价款时，既不能简单地依据政府部门发布的定额计算工程价款，也不宜直接以合同约定的总价与全部工程预算总价的比值作为下浮比例，再以该比例乘以已完工程预算价格的方式计算工程价款，而应当综合考虑案件实际履行情况，并特别注重双方当事人的过错和司法判决的价值取向等因素来确定。

案情简介

2011 年 9 月 1 日，乙公司与甲公司签订《建设工程施工合同》，约定：由甲公司为乙公司的建设工程施工。开工日期为 2011 年 5 月 8 日，竣工日期为 2012 年 6 月 30 日，工期 419 天。工程单价 1860 元 / 平方米，单价一次性包死，合同总价款 68345700 元。2011 年 5 月 15 日，甲公司开始施工；2012 年 6 月 13 日，甲公司、乙公司与相关单位组织主体验收，11 月 23 日，工程基础验收合格。2012 年 6 月 25 日，乙公司发出《通知》，内容为：甲公司不按约履行合同，拖延工程进度，不按图施工，施工力量薄弱，严重违约，导致工程延误，给乙公司造成了巨大经济损失，要求解除合同，并要求甲公司在接到通知的 1 日内撤场、拆除临舍。之后，双方解除合同，甲公司撤场。2012 年 6 月 28 日，乙公司与丙公司签订《建设工程施工合同》，以包工包料的方式，将甲公司未完成的全部工程发包给丙公司施工。2012 年 7 月 9 日，甲公司向一审法院起诉称：因为乙公司拖欠进度款 22439200 元，致使甲公司无法继续施工，并造成无法支付民工工资，无法继续履行合同。同时，按约

① （2014）民一终字第 69 号。

乙公司应承担所欠工程款2‱的违约金。请求：判令乙公司向甲公司支付工程款22439200元，并支付违约金（工程款及违约金以司法鉴定结果为准）。乙公司未作书面答辩但反诉称：2011年9月1日，乙公司与甲公司签订《建设工程施工合同》，合同约定的总工期为419天，其中开工日期为2011年5月8日，竣工日期为2012年6月30日。在合同履行过程中，甲公司由于技术力量严重不足，施工管理及施工现场管理混乱，施工人员不足且极不稳定，根本不具备与承建工程相适应的施工能力，造成工期严重延误。甲公司不按设计图纸及规范施工，经常发生违规施工情况，造成工程出现严重质量问题。甲公司的上述行为，严重违反了合同约定和法律规定，给乙公司造成了巨额经济损失，乙公司于2012年6月25日书面通知甲公司解除了合同。请求判令：甲公司退还乙公司多支付工程款1065808.18元。

法院裁判

一审法院认为：鉴定机构依据双方签订的《建设工程施工合同》、设计施工图及《青海省建设工程消耗量定额（2004）》等相关资料，计算出定额预算总价款89098947.93元，合同约定的总价款为68246673.60元，合同价与预算价相比下浮比例为76.6%，甲公司已完工程定额预算价为40652058.17元，已完工程项目鉴定价格为32723973.82元。双方有争议的工程变更、签证单合计1451136.16元。对于双方有争议的签证单由于无监理单位的签章，乙公司不予认可，监理单位于2012年9月13日出具情况说明，上述签证单签名的监理人员冯某无总监理工程师的授权，总监理工程师不知情，并且在监理资料中无上述签证单，认为上述工程签证单是冯某超越权限的个人行为，不能作为结算工程款的依据。甲公司未提交其他证据证明上述签证单所涉工程量及价款的真实性。因此，双方有争议的工程变更、签证项目1451136.16元应从鉴定意见已完合同价款32723973.82元中扣减。甲公司已完成的工程总价款为31272837.66元。一审法院判决甲公司向乙公司返还超付的工程款835491.69元。

二审法院认为：第一，就本案应当采取的计价方法而言。本院认为，首先，根据双方签订的《建设工程施工合同》，合同价款采用按约定建筑面积量价合一计取固定总价，即以一次性包死的承包单价1860元/平方米乘以建筑面积作为固定合同价，合同约定总价款为68345700元。作为承包人的甲公司，其实现合同目的、获取利益的前提是完成全部工程。因此，本案的计价方式，贯彻了工程地下部分、结构施工和安装装修三个阶段，即三个形象进度的综合平衡的报价原则。其次，我国当前建筑市场行业普通存在地下部分和结构施工薄利或者亏本的现实，这是由于钢筋、水泥、混凝土等主要建筑材料价格相对较高且大多包死，施工风险和难度较高，承包人需配以技术、安全措施费用才能保质保量完成等所致；而安装、装修施工是在结构工程已完工之后进行，风险和成本相对较低，因此，安装、装修工程大多可以获取相对较高的利润。本案中，甲公司将包括地下部分、结构施工和安装装修在内的土建和安装工程全部承揽，其一次性包死的承包单价是针对整个工程作出的。如果甲公司单独承包土建工程，其报价一般要高于整体报价中所包含的土建报价。作为发包方的乙公司单方违约解除了合同，如果仍以合同约定的1860元/平方米作为已完工程价款的计价单价，则对甲公司明显不公平。再次，合同解除时，甲公司施工面积已经达到了双方审定的图纸设计的结构工程面积，但整个工程的安装、装修工程尚未施工，甲公司无法完成与施工面积相对应的全部工程量。此时，如果仍以合同约定的总价款68345700元确定本案工程价款，则对乙公司明显不公平，这也印证了双方当事人约定的工程价款计价方法已无法适用。最后，根据本案实际，确定案涉工程价款，只能通过工程造价鉴定部门进行鉴定的方式进行。通过鉴定方式确定工程价款，在司法实践中大致有三种方法：一是以合同约定总价与全部工程预算总价的比值作为下浮比例，再以该比例乘以已完工程预算价格进行计价；二是以已完施工工期与全部应完施工工期的比值作为计价系数，再以该系数乘以合同约定总价进行计价；三是依据政府部门发布的定额进行计价。

第二，就鉴定意见书能否作为定案依据而言。本院认为，首先，一审法院根据甲公司的申请，委托了规划研究院咨询部就案涉工程甲公司已施工和未施工部分的工程价款进行了鉴定，鉴定机构分别就相应的鉴定内容出具了鉴定意见书。在委托鉴定程序上并不存在违法环节。其次，甲公司提出上诉主张，鉴定意见书中署名人员为注册造价员，违反了《建设工程造价鉴定规程》。然而，甲公司依据的《建设工程造价规程》（CECCA / GC8—2012）只是行业自律性规范，其对鉴定人员资质要求并不具有强制执行效力，并且该规程在青海省并未施行。再次，《青海省建设工程造价管理办法》第二十三条规定，建设工程造价执业人员应当依法取得相应的造价工程师或造价员资格，注册登记后，方可在其资格范围内按照相关职业准则和规范，从事建设工程造价计价活动。建设工程造价文件应由具备相应资格的注册造价工程师、造价员编制。对于这一问题，在一审审理期间，鉴定机构已向一审法院作出专门说明，此情形符合青海省的实际。虽然鉴定意见书署名人员为注册造价员，但在无证据证明鉴定人员存在违反法律法规的情形下，应当认定该鉴定意见书署名人员具备工程造价编制资质。最后，尽管鉴定意见属于证据，是具备资格的鉴定人对民事案件中出现的专门性问题，运用专业知识作出的鉴别和判断，但是鉴定意见只是诸多证据中的一种，其结果并不当然成为人民法院定案的唯一依据。在认定案件事实上，尤其涉及法律适用时，尚需要结合案件的其他证据加以综合审查判断。

第三，就已完工程价款如何确定而言。本院认为，首先，前述第一种方法的应用，是在当事人缔约时，依据定额预算价下浮了一定比例形成的合同约定价，只要计算出合同约定价与定额预算价的下浮比例，就能计算出已完工程的合同约定价。鉴定意见书即采用了该种方法，一审判决也是采纳了该鉴定意见。遵循这一思路，本案已完工程的价款应为31139476.56元。然而，无论是鉴定意见书还是一审判决，采用这一方法计价均存在明显不合理之处：一是现无证据证明鉴定的全部工程预算价89098947.93元是当事人缔约时依据的预算价，何况合同总价款68246673.60元也是通过鉴定得出的，并非当事人缔约时约定的合同总价款。二是用鉴定出的两个价款进行比对得出的下浮比例，与当事人的意思表示没有任何关联，如此计算出来的价款当然不可能是合同约定的价格。三是如采用这种方法，乙公司应支付的全部工程价款大致为59239476.56元。由此，乙公司应支付的全部工程价款将明显低于合同约定的总价68345700元，两者相差910余万元。显然，如采用此种计算方法，将会导致乙公司虽然违反约定解除合同，却能额外获取 910 余万元利益的现象。这种做法无疑会助长因违约获得不利益的社会效应，因而该方法在本案中不应被适用。四是虽然一审判决试图以这种计算方法还原合同约定价，但却忽略了当事人双方的利益平衡以及司法判决的价值取向。至乙公司解除合同时，甲公司承包的土建工程已全部完工，乙公司解除合同的行为破坏了双方的交易背景，此时如再还原合同约定的土建工程价款，既脱离实际情况、违背交易习惯，又会产生对守约一方明显不公平的后果。其次，如果采用第二种方法计算本案工程的工程价款，与建设工程中发包人与承包人多以单位时间内完成工程量考核进度的交易习惯相符。乙公司应支付的全部工程价款为 83128938.40 元。乙公司应支付的全部工程价款明显高于合同约定的总价 68345700 元，两者相差 14783238.40 元，此时虽然符合乙公司中途解除合同必然导致增加交易成本的实际情况，但该计算结果明显高于已完工工程相对应的定额预算价 40652058.17 元，对乙公司明显不公，因而也不应采用。再次，如采用第三种方法即依据政府部门发布的定额计算已完工工程价款，则已完工工程价款应是 40652058.17 元。乙公司应支付的全部工程价款为 68752058.17 元，比合同约定的总价 68345700 元仅高出 36 万余元。此种处理方法既不明显低于合同约定总价，也不过分高于合同约定总价，与当事人预期的价款较为接近，因而比上述两种计算结果更趋合理。另外，政府部门发布的定额属于政府指导价，依据政府部门发布的定额计算已完工程价款亦符合《合同法》第六十二条第（二）项[①]“价款或者报酬不明确的，按照订立合同时履行地的市场价格履行；依法应当执行政府定价或者政府指导价的，按照规定履行”以及《民法通则》[②]第八十八条第二款第（四）项“价格约定不明确，按照国家规定的价格履行；没有国家规定价格的，参照市场价格或者同类物品的价格或者同类劳务的报酬标准履行”等相关规定，审理此类案件，除应当综合考虑实际履行情况外，还特别应当注重双方当事人的过错和司法判决的价值取向等因素，以此确定已完工程的价款。一审判决没

---

① 已修订为 2020 年《民法典》第五百一十一条第（二）项。

② 现已失效。

有分清哪一方违约，仅仅依据合同与预算相比下浮的76.6%确定本案工程价款，然而，该比例既非定额规定的比例，也不是当事人约定的比例，一审判决以此种方法确定工程价款不当，应予纠正；甲公司提出的以政府部门发布的预算定额价结算本案已完工工程价款的上诉理由成立，应予支持。最后，经一审法院委托的有关鉴定机构作出的鉴定意见，双方无争议的工程变更、签证项目（廊桥）价格为83361.1元，增加的加气砼墙面抹灰费用为50000元，上述两笔费用均已实际发生，因此应当由发包人乙公司支付。双方有争议的工程变更、签证项目均由监理单位指派的监理人冯某签字确认，该部分鉴定价格为1451136.16元。根据甲公司提交的《案涉项目监理部拟进场人员名单》，冯某系监理单位指派的总监代表，双方有争议的工程鉴证单均系冯某签署。根据原《建设工程施工合同司法解释》第十九条“当事人对工程量有争议的，按照施工过程中形成的签证等书面文件确认。承包人能够证明发包人同意其施工，但未能提供签证文件证明工程量发生的，可以按照当事人提供的其他证据确认实际发生的工程量”的规定，冯某作为总监代表，又是现场唯一监理，在工程签证单上的签字，是对本案建设工程现场施工情况的真实反映。因此，其签署的工程签证单能够证明变更、签证项目的实际发生，对变更、签证的工作量应当予以认定。一审判决以签证单上无监理单位签章，乙公司不予认可，总监理工程师不知情为由，认定上述签证单是冯某超越权限的个人行为，不能作为结算工程款，于事实不符，于法律无据，予以纠正；甲公司提出的变更、签证的工程量应当予以认定的上诉理由成立，予以支持。

律师评析

该案件系公报案例，法院在审理此类案件时不单单局限于结算方式，而是在深入了解案件事实后作出平衡双方利益与还原合同签订时双方的真实意思表示，真正体现“按照约定结算工程价款”。因此，律师在代理此类案件时，可以根据案件的具体情况，建议法院应采用何种方式进行鉴定，以维护当事人的合法权益。

第二节　工程欠款利息纠纷

一、理论概述与实务指引

建设工程施工合同履行中，涉及的工程价款利息主要包括两种类型：一是工程价款的利息，包括预付款利息、进度款利息及结算款利息；二是垫资利息。在司法实践中，发包人迟延支出工程款利息纠纷较多，因此本节以阐述工程款利息为主。

1. 工程欠款利息性质

在司法审判实践中，对于工程欠款利息的性质属于法定孳息、损失还是违约金，一直存在不同的观点。最高人民法院的主流裁判观点认为，工程欠款利息属于“法定孳息”①，不以迟延付款的发包人存在过错为构成要件，即应支付本金一方应当将利息全额支付给对方，而并非根据双方过错进行分担。因此，当建设工程施工合同无效时，由于工程款利息是法定孳息，发包人因占用工程款实际收益的，应当向承包人支付利息。②

2. 工程欠款利息计算标准

《建工司法解释（一）》第二十六条规定，当事人对欠付工程价款利息计付标准有约定的，按照约定处理。没有约定的，按照同期同类贷款利率或者同期贷款市场报价利率计息。该规定明确了欠付工程款利息的计算标准，即有约从约，没有约定的，在2019年8月20日之后，按照全国银行间同业拆借中心公布的贷款市场报价利率计算。如双方约定的利息标准明显超出实际利息损失的，法院有权进行调整。③

---

① （2017）最高法民终175（公报案例）、（2019）最高法民申2634号、（2020）最高法民申3929号、（2019）最高法民申5682号。

② （2019）最高法民终2019号、（2013）民申字第1947号、（2018）最高法民终1275号、（2017）最高法民终434号、（2017）最高法民终944号。

③ （2016）苏民终915号。

3. 工程欠款利息支付时间

《建工司法解释（一）》第二十七条规定："利息从应付工程价款之日开始计付。当事人对付款时间没有约定或者约定不明的，下列时间视为应付款时间：（一）建设工程已实际交付的，为交付之日；（二）建设工程没有交付的，为提交竣工结算文件之日；（三）建设工程未交付，工程价款也未结算的，为当事人起诉之日。"

二、办案思路与实战技巧

1. 建设工程施工合同的效力

建设工程施工合同的有效与否直接关系到工程欠款利息条款能否适用，目前有三种司法裁判观点：第一种认为，合同虽然无效，但工程款利息约定仍然可以参照适用；[①] 第二种认为，合同无效，工程款利息约定亦无效，视为双方未约定利息，按照同期贷款利率执行；[②] 第三种认为，合同无效，工程款利息约定无效，视为双方未约定利息，法院可综合考量后，利率按照同期贷款利率（市场报价利率）上浮 30% 计算。[③] 在诉讼过程中，如利息约定过高，则施工合同无效，应当按照同期贷款利率执行。

2. 工程欠款利息支付标准是否需要调整

双方签订的建设工程施工合同如对工程欠款利息有约定，则尊重合同约定，但不得超过全国银行间同业拆借中心公布贷款市场报价利率的 4 倍。同时，有时会遇到双方对于工程价款结算产生争议，导致迟迟无法进行工程价款的支付，往往由于法院审理周期较长，待法院判决后可能会产生工程欠款利息高于工程款本金的情况。此时，发包人可以抗辩利息过高或请求法院依职权主动调整利息标准。[④]

---

① （2020）最高法民申 1030 号。

② （2019）最高法民再 258 号、（2014）兵六民一初字第 013 号、（2016）苏民终 915 号。

③ （2021）最高法民申 59 号。

④ （2020）最高法民终 80 号。

三、典型案例精析

案例 7：甲公司、乙公司建设工程施工合同纠纷[①]

裁判要旨

因案涉《补充协议》无效，故本案中不能依照双方约定的同期贷款利率的两倍计算利息损失，乙公司应按照银行同期同类贷款利率支付工程欠款利息。因甲公司起诉时案涉工程并未完工交付，故依照原《建设工程施工合同司法解释》第十八条之规定，案涉工程欠款利息应从甲公司起诉之日即 2014 年 8 月 28 日起计算。

案情简介

2012 年 9 月 27 日，乙公司与甲公司签订《建筑工程施工合同补充协议书》。经招投标，2013 年 3 月 10 日，甲公司中标中驰华亭商贸城建设项目（一标段、二标段）工程。2013 年 3 月 18 日，双方就中驰华亭商贸城建设项目一标段签订《建设工程施工合同》。2013 年 6 月 17 日，甲公司和乙公司根据施工情况，就双方施工合同未尽事宜，在充分协商后签订了《补充协议》。乙公司于 2013 年 4 月 9 日名称变更前企业名称为丙公司。2014 年 7 月 15 日，甲公司向乙公司致《停工告知函》，提出从 7 月 15 日开始停工。乙公司于 2014 年 7 月 15 日签收该函件。庭审中，双方就工程欠款的利息计付发生争议。

法院裁判

一审法院认为，本案中双方当事人均同意解除双方签订的《建设工程施工合同》及《补充协议》。欠付工程款的利息性质为法定孳息，合同约定的利率应当在国家法定利率上下限内才予以保护，当约定的利率违反国家规定时，则不予保护，故甲公司主张的利息应当按照中国人民银行发布的同期贷

---

① （2016）最高法民终 794 号。

款利率计算。鉴于甲公司提起诉讼时，本案所涉工程未完工，建设工程未交付，合同约定的工程价款结算条件未能成就，故本案所涉工程利息从甲公司起诉之日即 2014 年 8 月 28 日起计算至甲公司主张的利息截止日期 2014 年 12 月 8 日。

二审法院认为，案涉建设工程的招投标行为违反了法律的强制性规定，属于名标暗定的虚假招投标。依据原《建设工程施工合同司法解释》第一条第（三）项之规定，双方就案涉工程签订的《建筑工程施工合同补充协议书》、两份《建设工程施工合同》及《补充协议》应为无效。

原《建设工程施工合同司法解释》第十七条规定，"当事人对欠付工程价款利息计付标准有约定的，按照约定处理；没有约定的，按照中国人民银行发布的同期同类贷款利率计息"。因案涉《补充协议》无效，故本案中不能依照双方约定的同期贷款利率的两倍计算利息损失，乙公司应按照银行同期同类贷款利率支付工程欠款利息。甲公司认为应依合同约定之同期贷款利率的两倍计算利息的主张不能成立，本院不予支持。一审法院认为案涉合同约定的工程欠款利率超过国家法定利率，故而对其不予支持属于适用法律错误，但裁判结果正确，本院对其裁判结果予以维持。因甲公司起诉时案涉工程并未完工交付，故依照原《建设工程施工合同司法解释》第十八条之规定，案涉工程欠款利息应从甲公司起诉之日即 2014 年 8 月 28 日起计算。甲公司认为应从 2013 年 4 月开始的主张缺乏事实和法律依据，本院不予支持。同时，因甲公司一审起诉请求支付的是截至 2014 年 12 月 8 日的利息，其在二审中主张乙公司支付自开工之日至欠付工程款付清之日的利息，超出其诉讼请求范围，本院不予支持。一审法院关于欠款利息计算的起止时间认定正确，本院予以维持。

律师评析

当施工合同无效时，根据主流裁判观点，视为当事人对欠付工程价款利息计付标准没有约定，应当按照同期同类贷款利率或者同期贷款市场报价利率计息。

第三节　情势变更适用纠纷

建设工程施工合同具有履行时间长且履行期间存在诸多不确定因素的特点，在履行过程中经常会遇到包括但不限于建筑材料价格和劳务费用的剧烈变化、工地异常状况及政策法律法规变化而引起纠纷。承包方往往会以情势变更为由请求法院判令调整价款或解除合同。

一、理论概述与实务指引

1. 情势变更的相关规定

我国法律体系中对情势变更原则的规定，最早体现在 2009 年 4 月 24 日发布的《最高人民法院关于适用〈中华人民共和国合同法〉若干问题的解释（二）》[①] 中，随后最高人民法院于 2009 年 4 月 27 日、7 月 7 日先后发布了《关于正确适用〈中华人民共和国合同法〉若干问题的解释（二）服务党和国家的工作大局的通知》（法〔2009〕165 号）、《关于当前形势下审理民商事合同纠纷案件若干问题的指导意见》（法发〔2009〕40 号），提出应当依据公平原则和情势变更原则审查，合理区分情势变更和商业风险，在调整尺度的价值取向把握上，人民法院仍应遵循侧重于保护守约方的原则。如果根据案件的特殊情况，确需在个案中适用的，应当由高级人民法院审核，必要时应报请最高人民法院审核。

2021 年 1 月 1 日生效的《民法典》首次将情势变更制度上升到立法层面。《民法典》第五百三十三条规定，合同成立后，合同的基础条件发生了当事人在订立合同时无法预见的、不属于商业风险的重大变化，继续履行合同对于当事人一方明显不公平的，受不利影响的当事人可以与对方重新协商；在合理期限内协商不成的，当事人可以请求人民法院或者仲裁机构变更或者解除合同。人民法院或者仲裁机构应当结合案件的实际情况，根据公平原则变

① 现已失效。

更或者解除合同。

2. 建设工程领域情势变更原则的适用条件

根据上述规定及司法裁判观点，在建设工程领域，情势变更原则需要具有如下适用条件。

首先，有情势变更的事实客观存在。有情势变更的事实客观存在指合同的基础条件发生重大变化，且该变化属于当事人在订立合同时无法预见的、不属于商业风险的重大变化。该条构成要件是适用情势变更原则最为关键的要件，也是实践中最难证明的构成要件。

《最高人民法院关于当前形势下审理民商事合同纠纷案件若干问题的指导意见》第二条和第三条①对于“无法预见”和“不属于商业风险的重大变化”这两个构成要件和处理原则进行了较为详细的解释。根据该意见内容可以看出，最高人民法院认为经济形势变化并非突发，市场主体应对市场风险有预见和判断能力，因此对是否构成“无法预见”应严格审查，并将“尚未达到异常变动程度的价格涨跌”归为从事商业活动的固有风险，只有超越这一标准的价格涨跌，才有被认定为“缔约时无法预见的非市场系统固有的风险”的可能性，即构成情势变更的价格涨跌的风险程度必须“远远超出正常人的合理预期”。基于此，在建设工程施工合同纠纷中承包人以情势变更为由主张调整合同价格或解除合同的，较多判决认为

① 《最高人民法院关于当前形势下审理民商事合同纠纷案件若干问题的指导意见》第二条规定：“人民法院在适用情势变更原则时，应当充分注意到全球性金融危机和国内宏观经济形势变化并非完全是一个令所有市场主体猝不及防的突变过程，而是一个逐步演变的过程。在演变过程中，市场主体应当对于市场风险存在一定程度的预见和判断。人民法院应当依法把握情势变更原则的适用条件，严格审查当事人提出的‘无法预见’的主张，对于涉及石油、焦炭、有色金属等市场属性活泼、长期以来价格波动较大的大宗商品标的物以及股票、期货等风险投资型金融产品标的物的合同，更要慎重适用情势变更原则。”第三条规定：“人民法院要合理区分情势变更与商业风险。商业风险属于从事商业活动的固有风险，诸如尚未达到异常变动程度的供求关系变化、价格涨跌等。情势变更是当事人在缔约时无法预见的非市场系统固有的风险。人民法院在判断某种重大客观变化是否属于情势变更时，应当注意衡量风险类型是否属于社会一般观念上的事先无法预见、风险程度是否远远超出正常人的合理预期、风险是否可以防范和控制、交易性质是否属于通常的‘高风险高收益’范围等因素，并结合市场的具体情况，在个案中识别情势变更和商业风险。”

有经验的承包人应当对价格发生波动有预见性，价格波动不应属于完全不可预见的情况。如工程所在地的行业主管部门发布过价格预警的，或造价鉴定机构出具鉴定意见认为价格异常的，则可能成为主张“异常波动”的具体依据。

其次，情势变更的事实发生于合同成立后履行完毕前。如果重大变化已经发生，受不利影响的一方在订立合同时对于该重大变化是知情，而仍然选择订立合同的，则在此种情况下应当视为表明其愿意承担情势变更的风险或在合同条款中已经考虑了情势变更的因素，不能再适用情势变更制度，法律无需予以特殊保护。如受不利影响的一方对该重大变化不知情的，则可能构成重大误解，也不属于情势变更规则的调整范围。此外，重大变化应该发生在合同履行完毕之后，如合同已履行完毕而消灭，情势变更的的事实不会导致当事人之间权利失衡，也不能再适用情势变更要求变更或解除合同。

再次，情势变更事实的出现不可归责于当事人。情势变更事实的发生应当不可归责于合同的一方或双方当事人。例如，如果因第三人原因阻碍合同履行，如案涉工程当地村民持续阻工、垄断材料供应导致成本显著增加，造成实际工期延长数年，当事人无法预期风险也不具备可归责性。①

最后，当事人之间利益显失平衡。利益失衡在建设工程施工合同中表现为材料价格的变化对工程整体造价的影响重大，造成当事人权利义务明显不公平的后果，才符合情势变更的结果要件。如果仅仅是材料价格发生重大变化，但没有对工程造价产生较大影响，则没有情势变更的适用余地。当然，《最高人民法院关于当前形势下审理民商事合同纠纷案件若干问题的指导意见》第四条也指出：“……适用情势变更原则并非简单地豁免债务人的义务而使债权人承受不利后果，而是要充分注意利益均衡，公平合理地调整双方利益关系……”也即，即使主张材料价格上涨属于情势变更，承包人也很难要求发包人承担涨价带来的全部风险，而是应当以利益均衡和公平合理为导向。

① （2015）湘高法民一终字第68号。

二、办案思路与实战技巧

近来因一些不可抗力导致的工期延误、物价剧烈波动等纠纷不断增多，建设工程作为原材料密集型的行业尤其突出，且随着情势变更原则被写入《民法典》，可能会有大量因建材价格上涨承包人请求适用情势变更的案件进入法院或仲裁机构。虽然根据既往判例，基于情势变更主张在建筑材料价格上涨时调价，在司法实践中难度较大，很难被法院支持，但并不意味着绝对不能调整。为了避免处于被动状态，律师可以从事前防范、事中控制、事后处理的三个维度协助发包人处理该类案件。

1. 施工合同签订时，审查承包人资质、合同价款计价和风险分担调整方式

首先，在建设工程施工合同签订前，确保发包人招投标程序合法合规，结合投标人自身实力、工程实际业绩、过往纠纷等情况审查承包人资质，一方面避免承包人频繁以材料上涨为由造成工程停工、擅自撤场或偷工减料的结果；另一方面避免承包人低价中标、高价结算，在结算阶段产生纠纷。

其次，根据很多地方高级人民法院发布关于建材价格上涨如何处理的指导意见或裁判规则[①]可以看出，法院在处理该类纠纷时原则上依照合同约定，即如双方当事人在建设工程合同已约定固定总价或固定单价，且明确约定材料价格波动不调价时，出于对合同约定和意思自治的保护，法院倾向于认为不应直接突破合同约定，适用情势变更原则进行调价。若没有约定或约定不明，如不调整显失公平的，可在市场风险范围内和幅度之外酌情予以支持。据此，律师在审核双方签订的建设工程施工合同时，严格审查双方合同价款的计价模式和建材上涨时的价款调整方式，在满足双方当事人商务目的的同时，约定合适的计价方式和风险承担范围，利于合同的顺利实施，达到双赢

---

① 《北京市高级人民法院关于审理建设工程施工合同纠纷案件若干疑难问题的解答》（京高法发〔2012〕245号）第十二条、《四川省高级人民法院关于审理建设工程施工合同纠纷案件若干疑难问题的解答》（川高法民一〔2015〕3号）第二十四条。

的目的。

2. 施工合同履行时，积极协商共同面对风险，避免合同僵局

工程造价控制在一个合理的区间，发包工程按照约定工期顺利通过竣工验收是工程管理成功的标志。如在合同履行过程中，人工、材料（设备）等价格涨落大幅超过合同签约时的价格，承包人要求调价并签订补充协议时，双方应当秉持诚信原则，共同沟通评估该价格涨幅是否超出异常变动。发包人不能因约定了合同固定总价或材料单价涨跌合同价款不予调整就高枕无忧，当材料价格的涨幅达到承包人“不能承受”的极限时，承包人很可能会采取停工、擅自撤场、偷工减料或解除施工合同等极端措施，导致两败俱伤。所以，合理地分担材料价格异常波动带来的风险是明智的选择。材料价格涨跌幅度超出异常变动时，发包人应委托第三方专业机构对承包人的损失及材料价格上涨是否达到承包人“不能承受”的极限进行评估。同时，律师可以协助发包人对停工、解除施工合同的可能性、可行性和对工程整体的影响进行全面分析，权衡利弊后制定相应方案。

3. 施工合同产生争议后，严密论证承包人提出的“情势变更”适用条件

首先，确认施工合同约定的计价方法及风险分担范围。如前文所述，法院倾向于有约定从约定，如合同约定不明，或概括约定，或未对此约定的，则主张价格调整可能会得到支持。其次，参照鉴定机构意见或者当地行业主管部门处理意见，分析涉案工程施工期间建筑材料涨幅是否属于“不可预见”“不属于商业风险的重大变化”。最后，分析情势变更事实的出现是否不可归责于双方。如果因发包人原因导致工期延误、延期开工、设计变更或暂停施工，其间遭遇材料价格上涨，因此增加的费用属于因发包人违约造成的损失，此时虽不再适用情势变更相关规定，但发包人应予以赔偿。如果属于不可归责于双方的原因，则可根据情况对合同结算价款予以变更。

三、典型案例精析

案例8：某建工集团、某公司建设工程施工合同纠纷[①]

裁判要旨

案涉《建设工程施工合同》专用条款第11.1条约定，市场价格波动不调整合同价格，即市场价格上涨的风险由某建工集团承担。合同签订后，市场价格确实因政策或市场环境的变化存在上涨的情况，但某建工集团作为专业、理性的建筑工程施工企业是在仔细研究了招标文件的全部内容并综合考虑相应的商业风险和成本变动后才向某公司投标，其在明知案涉工程限定造价1.5亿元的前提下理应将建筑材料的市场环境及价格变化纳入其是否投标以及如何投标应考虑的商业风险因素中。情势变更原则所强调的客观情况是当事人在订立合同时无法预见的、非不可抗力造成的非商业风险，继续履行将会对一方明显不公平或不能实现合同目的，本案中建筑材料价格上涨应属于某建工集团在投标和签订合同时应合理预见的商业风险，且上涨幅度并未超过市场价峰值，因此不应适用《最高人民法院关于适用〈中华人民共和国合同法〉若干问题的解释（二）》[②]第二十六条的规定。即使属于不可预见的重大变化，也仅是变更合同条款，即双方分摊相应风险，并非一味保护施工方利益，将材料价格上涨的风险转由发包方承担。

案情简介

2016年10月11日，原、被告双方签订《建设工程施工合同》，约定被告将苏高新荣昌节能环保产业园一期接续产业平台建设项目（A区）总承包给原告，《建设工程施工合同》第11.1条约定市场价格波动不得调整合同价格。2017年5月9日，原、被告双方又签订了关于变更钢结构的《苏高新

---

① （2019）最高法民申5829号。

② 现已失效。

荣昌节能环保产业园一期接续产业平台建设项目（A 区）总承包工程补充协议》。合同签订后，原告即联系勘察和设计单位开始勘察设计工作，并组织队伍进场施工。因材料价格大幅上涨，被告坚持“限价”，且不同意原告提出的优化方案，导致项目无法推进，工程施工停滞不前。截至 2018 年 8 月 30 日，原告已完工程量产值 73690001.69 元，被告已付工程款 32434620 元，尚欠 41255381.19 元。原告认为，被告严格限价，将材料价格异动的风险和损失全部由施工企业承担，显然有违合同法公平、诚信原则，而《最高人民法院关于适用〈中华人民共和国合同法〉若干问题的解释（二）》第二十六条“合同成立以后客观情况发生了当事人在订立合同时无法预见的、非不可抗力造成的不属于商业风险的重大变化，继续履行合同对于一方当事人明显不公平或者不能实现合同目的，当事人请求人民法院变更或者解除合同的，人民法院应当根据公平原则，并结合案件的实际情况确定是否变更或者解除”，故双方在《建设工程施工合同》专用条款第 11.1 条约定的“市场价格波动不得调整合同价格”，不能排除情势变更原则的适用。因此，诉至法院请求法院判令：1. 被告某公司支付原告某建工集团工程款 41255381.19 元；2. 撤销原、被告双方 2016 年 10 月 11 日签订的《建设工程施工合同》专用条款第 11.1 条；3. 本案诉讼费由被告承担。

法院裁判

一审法院认为，原告某建工集团与被告某公司经过招投标程序，签订的《建设工程施工合同》及《苏高新荣昌节能环保产业园一期接续产业平台建设项目（A 区）总承包工程补充协议》系双方真实意思表示，内容不违反法律法规的禁止性规定，系合法有效的合同，对双方当事人具有约束力。关于某建工集团提出撤销双方于 2016 年 10 月 11 日签订的《建设工程施工合同》专用条款第 11.1 条“市场价格波动是否调整合同价格的约定：不调整”的问题，建工集团提出撤销该条约定的理由为建材价格上涨，依据《最高人民法院关于适用〈中华人民共和国合同法〉若干问题的解释（二）》第二十六条“合同成立以后客观情况发生了当事人在订立合同时无法预见的、非不可抗力造成的不属于商业风险的重大变化，继续履行合同对于一方当事人明显不公平或者不能实现合同目的，当事人请求人民法院变更或者解除合同的，人民法院应当根据公平原则，并结合案件的实际情况确定是否变更或者解除”的规定，该价格上涨属于“合同成立以后客观情况发生了当事人在订立合同时无法预见的、非不可抗力造成的不属于商业风险的重大变化”，继续履行将导致某建工集团明显不公平或者不能实现合同目的。本院认为，本案中，双方当事人对主要建筑材料的价格调整系按照2016年《重庆工程造价信息》第8期公布的荣昌地区指导价计取，双方在签订中标合同时专用条款第11.1条约定的“市场价格波动是否调整合同价格的约定：不调整”的含义应为价格上涨的风险由某建工集团承担，价格下跌的收益由某建工集团享有。在签订合同后，主要建筑材料如钢材、商品砼的价格确实存在上涨的情况，但上涨幅度并未超过历史高价，不属于双方无法预见的情况，且按照《最高人民法院关于适用〈中华人民共和国合同法〉若干问题的解释（二）》第二十六条的规定，即使属于不可预见的重大变化，也仅是变更合同条款，即双方分摊相应风险，并非一味保护施工方利益，将材料价格上涨的风险转由发包方承担，如按照某建工集团的请求，将该条款直接撤销，则所有材料价格上涨的风险均由发包方某公司承担，也与双方在订立中标合同时由建工集团应承担相应建材价格变化的风险和收益的目的不相符合，故本院对建工集团要求撤销《建设工程施工合同》专用条款第11.1条“市场价格波动是否调整合同价格的约定：不调整”的请求，不予支持。

二审法院认为，关于《建设工程施工合同》专用条款第11.1条是否应当予以撤销的问题。《最高人民法院关于适用〈中华人民共和国合同法〉若干问题的解释（二）》第二十六条规定：“合同成立以后客观情况发生了当事人在订立合同时无法预见的、非不可抗力造成的不属于商业风险的重大变化，继续履行合同对于一方当事人明显不公平或者不能实现合同目的，当事人请求人民法院变更或者解除合同的，人民法院应当根据公平原则，并结合案件的实际情况确定是否变更或者解除。”该条系对合同法上情势变更原则所作的规定。根据该条规定可知，适用情势变更原则必须同时符合以下条件：一是客观情况的变化系当事人在订立合同时无法预见的；二是客观情况的变化导致合同成立的基础发生异常变动，继续履行合同对一方当事人明显不公平或者不能实现合同目的；三是客观情况不属于正常的商业风险。在本案中，某公司为建设案涉工程，根据自己的经济状况确定了招标的具体条件并公开进行招标，某建工集团作为理性的、专业的建筑工程施工企业，理应知道其投标行为的法律后果。也即，在某公司明确将案涉工程限定在造价1.5亿元的情况下，某建工集团在投标时应当综合考虑相应的成本及正常的商业风险，包括建筑材料上涨带来的商业风险，再决定是否投标以及以何种条件投标。其中，建筑材料的市场价峰值、谷值都应当成为某建工集团确定是否投标以及以何种条件投标所应当考虑的因素，这些因素应当归入其进行经营决策所应当考虑的商业风险的范畴。某建工集团在对案涉工程施工过程中，建筑材料价格虽有上涨，但上涨幅度并未超过其市场价峰值，某建工集团作为专业的建筑工程施工企业，在投标时理应对此进行合理的预见，故本案中建筑材料价格的上涨属于某建工集团应当承担的商业风险，而不属于当事人在签订合同时无法预见的客观情况，不符合《最高人民法院关于适用〈中华人民共和国合同法〉若干问题的解释（二）》第二十六条规定的情势变更的范畴。某建工集团请求撤销《建设工程施工合同》专用条款第11.1条关于市场价格波动不调整合同价格的约定，理由不成立，一审未予支持并无不当。

再审法院认为，关于《建设工程施工合同》专用条款第11.1条是否应当予以变更的问题。某建工集团认为，本案应根据情势变更原则和主管部门的相关规定，就价格涨幅超过5%的部分应据实调整为由某公司自行承担。本院认为，案涉《建设工程施工合同》专用条款第11.1条约定，市场价格波动不调整合同价格，即市场价格上涨的风险由某建工集团承担。合同签订后，市场价格确实因政策或市场环境的变化存在上涨的情况，但某建工集团作为专业、理性的建筑工程施工企业是在仔细研究了招标文件的全部内容并综合考虑相应的商业风险和成本变动后才向某公司投标，其在明知案涉工程限定造价1.5亿元的前提下理应将建筑材料的市场环境及价格变化纳入其是否投标以及如何投标应考虑的商业风险因素中。《最高人民法院关于适用〈中华人民共和国合同法〉若干问题的解释（二）》第二十六条系对合同法上情势变更原则所作的规定，该条强调的客观情况是当事人在订立合同时无法预见的、非不可抗力造成的非商业风险，继续履行将会对一方明显不公平或不能实现合同目的，本案中建筑材料价格上涨应属于某建工集团在投标和签订合同时应合理预见的商业风险，且上涨幅度并未超过市场价峰值，因此不应适用《最高人民法院关于适用〈中华人民共和国合同法〉若干问题的解释（二）》第二十六条的规定，原审法院适用法律并无不当，某建工集团的该项申请再审理由不能成立。

律师评析

该案件是法院不支持承包人主张以情势变更为由变更合同价款的典型案例。法院就不符合情势变更的几个要件予以了详细的阐述，对此类案件的裁判具有较强的指导意义。

案例 9：甲公司与乙公司建设工程施工合同纠纷[①]

裁判要旨

双方签订的合同为原材料固定单价合同，但合同签订后，施工所需的钢材、水泥、黄沙、石子等原材料价格发生了异常涨价，但双方签订合同是采用固定价，原材料价格是根据 2016 年 10 月的市场价报价所定，而从 2016 年 12 月开始，建筑所需钢材、水泥、黄沙、石子等原材料价格发生了异常涨价，若仍按双方签订合同时约定的价格计付工程款，对乙公司明显不公平，且在施工期间，因涉案工程的管廊结构重新设计及其他设计变更，致使多次停工，导致工期延长，甲公司亦有责任，且根据《江苏省高级人民法院关于审理建设工程施工合同纠纷案件若干问题的意见》（苏高法审委〔2008〕26 号）第九条第一款规定，建设工程施工合同约定工程价款实行固定价结算的，一方当事人要求按定额结算工程价款的，人民法院不予支持，但在合同履行过程中，原材料价格发生重大变化的除外。故涉案工程合同价款可予以调整。

---

① （2018）苏 07 民终 4375 号。

案情简介

2016年10月21日，乙公司（承包人）中标甲公司（发包人）对外公开发包的连云港赣榆港区码头石油管廊工程施工项目（GLSG-4标段），双方签署了一系列施工合同文件，合同约定施工工期为14个月。其中专用合同条款第1.1.5.9条约定“固定单价合同，在合同执行过程中，除约定的风险范围外，合同工程量清单中不得调整单价的合同”，专用合同条款第16.1条约定“物价波动引起的价格调整，删除通用条款本款原内容，改为不调整”。合同签订后，乙公司于2016年11月16日开工，自2016年12月至2017年12月乙公司施工期间，涉案工程所需钢材、水泥、黄沙、石子等原材料价格发生了异常涨价。2017年3月，乙公司就原材料价格上涨问题向甲公司及监理公司提出工程单价调整的报告，甲公司亦开会进行了研究，但一直未有结果，为此乙公司诉至一审法院。

法院裁判

一审法院认为，依法成立的合同自成立时生效，双方应按合同约定履行义务，合同成立后客观情况发生了当事人订立合同时无法预见的、非不可抗力造成的不属于商业风险的重大变化，继续履行合同对于一方当事人明显不公平或者不能实现合同目的，当事人请求人民法院变更或解除合同的，人民法院应当根据公平原则，并结合案件的实际情况确定是否变更或者解除。本案乙公司与甲公司双方在自愿协商的基础上达成连云港赣榆港区码头石油管廊工程施工项目（GLSG-4标段）施工合同，该合同合法有效。双方签订的合同为原材料固定单价合同，但合同签订后，施工所需的钢材、水泥、黄沙、石子等原材料价格发生了异常涨价，但双方签订合同是采用固定价，原材料价格是根据2016年10月的市场价报价所定，而从2016年12月开始，建筑所需钢材、水泥、黄沙、石子等原材料价格发生了异常涨价，若仍按双方签订合同时约定的价格计付工程款，对乙公司明显不公平，且在施工期间，因涉案工程的管廊结构重新设计及其他设计变更，致使多次停工，导致工期延长，甲公司亦有责任，且根据《江苏省高级人民法院关于审理建设工程施工合同纠纷案件若干问题的意见》(苏高法审委〔2008〕26号)第九条第一款规定，建设工程施工合同约定工程价款实行固定价结算的，一方当事人要求按定额结算工程价款的，人民法院不予支持，但合同履行过程中，原材料价格发生重大变化的除外。故涉案工程合同价款可予以调整。

二审法院认为，涉案工程在履行过程中，钢材、石子、黄沙、水泥等主要建筑材料的价格发生异常变动的情形，出现了暴涨情况，如仍按双方施工合同约定的固定单价继续履行将导致乙公司与甲公司的权利义务严重失衡，对乙公司显失公平，故依据公平原则，一审法院对乙公司关于价格调整的诉求予以支持并无不当。

律师评析

实践中，承包人适用情势变更原则调整合同价款的难度极高。本案系为数不多支持适用情势变更的案例，具有一定指导意义。承包人在因主要建筑材料价格发生异常变动，进而导致发包人与承包人权利义务严重失衡的情形下，可以依据情势变更的相关规定要求法院对合同内容进行调整，以确保各方利益平衡。

第五章　建设工程价款优先受偿权纠纷

建设工程价款优先受偿权（以下简称工程价款优先受偿权）是指在发包人逾期不向承包人支付建设工程价款时，承包人对于建设工程的价款就该工程折价或者拍卖的价格享有优先受偿的权利。为了保障承包人的劳动报酬、解决建筑行业工程款久拖不结的顽疾，在《民法典》及相关司法解释施行的背景之下，法律赋予承包人基于建设工程所享有的债权请求权“优先受偿”。

第一节　理论概述与实务指引

一、工程价款优先受偿权的性质

《民法典》第八百零七条规定，发包人未按照约定支付价款的，承包人可以催告发包人在合理期限内支付价款。发包人逾期不支付的，除根据建设工程的性质不宜折价、拍卖外，承包人可以与发包人协议将该工程折价，也可以请求人民法院将该工程依法拍卖。建设工程的价款就该工程折价或者拍卖的价款优先受偿。由此可见，工程价款的优先受偿权是法定的优先权。

然而，在实践中常常见到发包人利用优势地位在与承包人签订合同时要求承包人出具书面文件承诺放弃优先受偿权，或发包人将涉案工程作为抵押物与贷款银行签订抵押贷款合同时，银行为了保障其抵押权的优先权，同样要求承包人出具书面文件承诺放弃优先受偿权的情况。为了保障承包人的建设工程价款及保护广大建筑工人的权益，法律对工程价款优先受偿权进行了进一步规定。《建工司法解释（一）》第四十二条规定，发包人与承包人约定放弃或者限制建设工程价款优先受偿权，损害建筑工人利益，发包人根据该约定主张承包人不享有建设工程价款优先受偿权的，人民法院不予支持。由此也进一步明确，工程价款的优先受偿权系法定的权利。

二、工程价款优先受偿权的行使主体

建设工程施工合同的签约主体主要是发包人和承包人，《民法典》第八百零七条、《建工司法解释（一）》第三十五条规定，与发包人订立建设工程施工合同的承包人，依据《民法典》第八百零七条的规定请求其承建工程的价款就工程折价或者拍卖的价款优先受偿的，人民法院应予支持。《建工司法解释（一）》第三十七条第一款规定，装饰装修工程具备折价或者拍卖条件，装饰装修工程的承包人请求工程价款就该装饰装修工程折价或者拍卖的价款优先受偿的，人民法院应予支持。

根据上述规定可以看出，与发包人直接签订建设工程施工合同的承包人及装饰工程的承包人有权就工程折价或者拍卖的价款优先受偿，而勘察人、设计人、监理人不享有建设工程价款优先受偿权。

三、工程价款优先受偿权的范围

（一）成本、利润、税金等属于工程价款优先受偿权范围

《建工司法解释（一）》第四十条第一款规定，承包人建设工程价款优先受偿的范围依照国务院有关行政主管部门关于建设工程价款范围的规定确定。

而国务院有关行政主管部门的规定，常用的关于建设工程价款组成部分的规定有两个：一是住房和城乡建设部、财政部印发的《建筑安装工程费用项目组成》（建标〔2013〕44号）中规定，建筑安装工程费用项目按费用构成要素组成划分为人工费、材料费、施工机具使用费、企业管理费、利润、规费和税金。规费是指按国家法律法规规定，由省级政府和省级有关权力部门规定必须缴纳或计取的费用，包括（1）社会保险费（养老、失业、医疗、生育、工伤保险费）；（2）住房公积金；（3）工程排污费等。二是原建设部《建

设工程施工发包与承包价格管理暂行规定》（建标〔1999〕1号）第五条规定，工程价格由成本（直接成本、间接成本）、利润（酬金）和税金构成。

根据上述规定，建设工程价款优先受偿权的范围包括人工费、材料费、施工机具使用费、企业管理费、利润、规费和税金，不包括违约金、赔偿金等费用。

（二）到期的工程质保金属于工程价款优先受偿权范围

《建设工程质量保证金管理办法》（建质〔2017〕138号）第二条第一款规定，本办法所称建设工程质量保证金是指发包人与承包人在建设工程承包合同中约定，从应付的工程款中预留，用以保证承包人在缺陷责任期内对建设工程出现的缺陷进行维修的资金。据此，相关司法裁判认定工程质量保证金本质上属于建设工程价款的一部分。[①] 在建设工程质量合格的情况下，缺陷责任期到期后，发包人应当向承包人支付剩余建设工程价款，从某种意义上说，返还建设工程价款中预扣的工程质量保证金可视为附期限的工程价款支付义务。因此，发包人从建设工程价款中预扣的工程质量保证金，可就建设工程直接或拍卖的价款优先受偿，属于工程价款优先受偿权范围。

（三）违约金、延期工程款利息、损害赔偿金等不属于工程价款优先受偿权范围

《建工司法解释（一）》第四十条第二款规定，承包人就逾期支付建设工程价款的利息、违约金、损害赔偿金等主张优先受偿的，人民法院不予支持。

在司法实践中，法院认为垫资利息、工程停工费、停窝工损失[②]、因发包人原因导致施工延期材料价格上涨的差价损失[③]属于损失费用，亦不属于工程价款优先受偿权范围。

---

① （2020）最高法民申4593号。

② （2017）最高法民终252号。

③ （2014）民一终字第56号。

四、工程价款优先受偿权的行使方式

根据《民法典》第八百零七条规定，承包人可以通过与发包人协议将工程折价，通过诉讼、仲裁等方式请求法院将工程拍卖来行使工程价款优先受偿权。但从该法条规定内容看，法律并未规定工程价款优先受偿权必须以何种方式行使[①]，根据“法无禁止即可为”的基本原则，承包人除行使以上两种方式外，还可以以冲抵工程款的方式购买建筑物行使建设工程价款优先受偿权[②]，通过申请参加对工程价款的分配程序向破产管理人申请工程价款优先受偿权[③]，以书面通知形式催要工程款并主张工程价款优先受偿权[④]等方式行使该优先权，只要承包人在法定期限内向发包人主张过优先受偿的权利，应当认定其主张未超过优先受偿权行使的法定期限，否则不利于实现建设工程价款优先受偿权的制度目的。

当然，对于以书面通知催要工程款的同时主张其享有工程价款优先受偿权，对于该行为应否视为承包人在行使优先受偿权的，在司法实践中存在争议，因此在采取通知方式行使优先受偿权时应当注意以下几点：1. 债务履行期已经届满，承包人已向发包人催款；2. 在优先受偿权行使的法定期限内发出通知；3. 通知的内容应当有协议折价（包括确定工程价款的金额或者工程折价的金额等）的内容，明确行使优先受偿权的意思表示；4. 折价的工程不属于“不宜折价、拍卖”的建设工程；5. 有效送达。

五、工程价款优先受偿权的行使期限

《民法典》实施前，最高人民法院于 2018 年 10 月 29 日出台的《关于审理建设工程施工合同纠纷案件适用法律问题的解释（二）》[⑤]第二十二条规定，承包人行使建设工程价款优先受偿权的期限为 6 个月，自发包人应当给付建

---

① （2021）最高法民申 2026 号。

② （2020）最高法民再 352 号。

③ （2015）民申字第 1527 号。

④ （2019）最高法执监 71 号。

⑤ 现已失效。

设工程价款之日起算。《民法典》实施后出台的《建工司法解释（一）》第四十一条规定，承包人应当在合理期限内行使建设工程价款优先受偿权，但最长不得超过18个月，自发包人应当给付建设工程价款之日起算。

《民法典》施行以后承包人行使优先受偿权的期限从6个月延长到了18个月。然而，在司法实践中就《建工司法解释（一）》施行后工程价款优先受偿权的行使期限应当以6个月计算行使期限还是以18个月计算，目前各地各级法院尚未达成统一的裁判标准。有些裁判观点认为《建工司法解释（一）》更有利于保护民事主体合法权益，更有利于维护社会和经济秩序，故认定建设工程价款优先受偿权的行使期限应适用18个月[①]，而有些裁判观点认为案件发生的事实在《民法典》颁布实施之前，且当时的法律和司法解释对此类情况均有明确的规定，《民法典》不具有溯及力，对于承包人提出的应当适用《建工司法解释（一）》中18个月规定的诉讼请求不予支持。[②]

此外，《民法典》规定工程价款优先受偿权自发包人应当给付建设工程价款之日起算，但在审判实践中建设工程案件情况繁复，各地各级法院对于如何把握发包人应当给付建设工程价款之日认识亦不统一，掌握的标准也不一样。根据主流裁判观点，对于给付之日应当遵循以下原则：有约定从约定，如合同无效、合同终止或解除时，合同对于给付之日有约定的，可以参照约定确定。无约定或者约定不明的，如双方未进行结算，工程价款尚不明确的情况下，建设工程实际交付的，以建设工程交付之日作为应付款时间。如建设工程未交付，工程价款未结算的，承包人行使建设工程价款优先受偿权的时间从当事人起诉之日开始计算。[③]如双方对工程款协商不能的，则以双方对工程款协商不能时作为优先受偿权起算时间。[④]发包方不得以质量保修金的返还日期作为工程价款优先受偿权的起算时点。[⑤]

---

① （2020）豫08民终3677号、（2020）渝0154民初5427号、（2021）鲁11民终341号。

② （2021）冀05民终817号、（2021）苏07民终3号。

③ （2020）最高法民终496号。

④ （2020）最高法民终144号。

⑤ （2020）最高法民终1192号。

第二节 办案思路与实战技巧

关于承包人请求行使工程价款优先受偿权的，律师应当从以下几个方面来分析是否满足建设工程价款优先受偿权的适用条件，厘清该类案件的代理思路。

一、发包人是否按照约定支付工程款

根据《民法典》第八百零七条及《建工司法解释（一）》第三十五条的规定，行使建设工程价款优先受偿权的前提条件为发包人未按照约定支付工程款。因此，律师在代理该类案件时需要根据双方合同约定核实发包人支付工程款情况，确保满足主张行使工程价款优先受偿权的最基本的前提条件。

二、承包人承建的建设工程质量合格

《建工司法解释（一）》第三十八条规定，建设工程质量合格，承包人请求其承建工程的价款就工程折价或者拍卖的价款优先受偿的，人民法院应予支持。第三十九条规定，未竣工的建设工程质量合格，承包人请求其承建工程的价款就其承建工程部分折价或者拍卖的价款优先受偿的，人民法院应予支持。根据上述规定，无论涉案工程是否竣工，行使工程价款优先受偿权的前提都是建设工程质量合格。为此，承包人请求判令建设工程价款优先受偿权的，承包人需确保所承建的建设工程质量合格且已取得了完整的阶段性或最终的验收文件以证明涉案工程质量合格。

三、承包人是否在合理期限内行使优先受偿权

建设工程价款优先受偿权，是法律对承包人的特殊保护，承包人应当予以重视并合理行使，避免因轻视自身权利而错过行使期间。《建工司法解释（一）》第四十一条中增加了“承包人应当在合理期限内行使建设工程价款优先受偿权”的规定，承包人应当积极在合理期限内维护自身合法权益，承包

人如果在条件符合的情况下怠于行使优先受偿权超过合理期限，即使未超过18个月的期限，仍存在丧失优先权的风险。同时，应当注意该期间为除斥期间，不因任何事由中止、中断或延长。

此外，在办理该类案件时，还应当确认承包人是否有权行使工程价款优先受偿权、主张工程价款优先受偿范围是否属于建设工程价款范围，涉案工程是否属于可以折价、拍卖的建设工程。具体情况已在本章第一节中阐述，不再赘述。

第三节　典型案例精析

案例10：马某忠诉甲公司、乙公司及某银行伊犁分行建设工程施工合同纠纷[1]

裁判要旨

根据《合同法》第二百八十六条[2]及《最高人民法院关于审理建设工程施工合同纠纷案件适用法律问题的解释（二）》[3]第十七条规定，享有建设工程价款优先受偿权的主体是与发包人订立建设工程施工合同的相对方，即承包人，法律并未赋予实际施工人该项权利。因此，实际施工人主张建设工程价款优先受偿权的，人民法院不予支持。

案情简介

本案系建设工程施工合同纠纷，马某忠系案涉工程的实际施工人，乙公司系案涉工程的承包人，甲公司系案涉工程的发包人，某银行伊犁分行系本案一审第三人。

---

① （2019）最高法民申2755号（最高人民法院第六巡回法庭2019年度参考案例）。

② 已修订为《民法典》第八百零七条。

③ 现已失效。

2014年8月26日，乙公司与马某忠签订三份责任合同约定，由马某忠承建五金城项目一标段1$^{\#}$A、1$^{\#}$B楼，二标段2$^{\#}$楼、16$^{\#}$地下车库，三标段3$^{\#}$—15$^{\#}$楼，三个标段项目。

2014年10月27日，经招投标程序，甲公司与乙公司分别签订三份施工合同，该三份合同约定的内容与上述责任合同的主要内容基本一致。

2017年10月26日，二审法院作出民事调解书，确认甲公司应向某银行伊犁分行偿还借款及利息，如未按约还款，伊犁分行享有案涉工程相关抵押给某银行伊犁分行的财产拍卖、变卖价款优先受偿权。

马某忠一审起诉请求确认其在甲公司、乙公司应给付款项范围内对案涉工程价款享有优先受偿权，一审判决予以支持。随后甲公司和某银行伊犁分行提起上诉，请求撤销一审判决中有关马某忠享有优先受偿权的相关项。二审判决支持了某银行伊犁分行有关主张马某忠不享有优先受偿权的上诉请求。马某忠不服二审判决，向最高人民法院申请再审。

法院裁判

一审法院于2018年9月17日作出（2017）新40民初21号判决：一、甲公司、乙公司于判决生效之日起10日内共同支付马某忠工程款15896923.31元。二、甲公司、乙公司于判决生效之日起10日内共同支付马某忠工程款利息（以19889279.21元为基数，自2017年1月11日起至实际支付之日止，按年息20%利率计算。其中本金分别扣减以下已付款计算：2017年4月17日150万元；2017年6月5日1156800元；2017年7月11日36000元；2017年7月4日15万元；2017年7月5日43万元；2017年9月8日10万元；2017年9月11日6万元：2017年12月2日569555.9元）。三、甲公司、乙公司于判决生效之日起10日内共同支付马某忠工程款资金占用损失（以805万元为基数，自2016年4月20日起至2017年1月10日止，按年息20%利率计算）。四、甲公司、乙公司于判决生效之日起10日内共同支付马某忠工程款借款利息2475000元。五、甲公司、乙公司于判决生效之日起10日内共同支付马某忠律师费500000元、保全费5000元、担保费78000元损失。六、马某忠在33304130.94元价款范围内享有甲公司建设的伊宁市百业五金机电建材城建筑工程折价或者拍卖价款的优先受偿权。七、驳回马某忠其他诉讼请求。

甲公司、某银行伊犁分行提起上诉。二审法院于2019年2月27日作出（2018）新民终527号判决：一、维持(2017)新40民初21号判决第（一）项、第（二）项、第（三）项、第（四）项、第（五）项、第（七）项；二、撤销（2017）新40民初21号判决第（六）项。

马某忠申请再审。最高人民法院于2019年7月19日作出（2019）最高法民申2755号裁定：驳回马某忠的再审申请。

律师评析

本案系《民法典》生效前最高人民法院的参考案例，法院认为根据《合同法》第二百八十六条、原《最高人民法院关于审理建设工程施工合同纠纷案件适用法律问题的解释（二）》第十七条的规定，工程价款优先受偿权请求权的主体为"承包人"，即工程承包人可以基于法律规定或者合同约定，直接请求对工程价款行使优先受偿权。同时，原《最高人民法院关于审理建设工程施工合同纠纷案件适用法律问题的解释》第二十六条仅赋予实际施工人突破合同相对性向发包人主张欠付工程价款的权利，并未规定其可以主张建设工程价款优先受偿权，故本案原告马某忠作为实际施工人，并非与发包人甲公司签订建设工程施工合同的承包人，其请求对工程价款行使优先受偿权缺乏法律依据，人民法院不予支持。

案例11：甲公司、乙公司建设工程施工合同纠纷①

裁判要旨

案涉工程的竣工时间为2016年3月25日，甲公司于2016年9月19日通过函件方式主张工程价款优先权，没有超过6个月的期限（注：根据《建工司法解释（一）》，优先受偿权的行使期限已变更为最长不超过18个月）。甲公司通过律师发函件给乙公司的方式主张优先受偿权不违反法律规定。

---

①（2019）最高法民终750号。

案情简介

甲公司向一审法院起诉请求：1. 乙公司依法支付工程余款 33093690.66 元及违约金 20598853.7 元（违约金按未付进度款分段计算自 2015 年 9 月 1 日暂算至 2017 年 5 月 31 日止，后续违约金按 31645737.75 元应付款的日千分之一算至付清工程余款之日止），以上款项合计 53692544.36 元；2. 乙公司支付甲公司提前竣工验收奖励 30 万元；3. 甲公司对乙公司投资建设的鹰潭市美亚汇金广场（一期）工程的工程折价或者拍卖的价款具有优先受偿权；4. 乙公司承担本案的诉讼费用。一审审理期间，甲公司于 2017 年 8 月 16 日申请追加汪某荣、丙公司、汪某为本案共同被告，并增加以下诉讼请求：1. 汪某荣、丙公司、汪某共同承担乙公司欠工程款余款 33093690.66 元及违约金 20598853.70 元（违约金按未支付进度款分段自 2015 年 9 月 1 日暂算至 2017 年 5 月 31 日止，后续违约金按 31645737.75 元应付款的日千分之一算至付清工程余款之日止）。以上款项合计 53692544.36 元。2. 汪某荣、丙公司、汪某共同支付甲公司提前竣工验收奖励 30 万元。3. 汪某荣、丙公司、汪某共同承担本案的诉讼费用。

一审法院审理查明后认为，关于甲公司对案涉工程价款是否具有优先受偿权问题。《合同法》第二百八十六条[①] 规定："发包人未按照约定支付价款的，承包人可以催告发包人在合理期限内支付价款。发包人逾期不支付的，除按照建设工程的性质不宜折价、拍卖的以外，承包人可以与发包人协议将该工程折价，也可以申请人民法院将该工程依法拍卖。建设工程的价款就该工程折价或者拍卖的价款优先受偿。"甲公司系案涉工程的承包人，其可依法主张优先受偿权，该项权利的对象是工程折价或者拍卖价款。同时，建设工程的价款包括甲公司为建设工程应当支付的工作人员报酬，材料款等实际支出的费用，不包括甲公司因乙公司违约所造成的损失。《最高人民法院关于建设工程价款优先受偿权问题的批复》[②] 规定，建设工程承包人行使优先

① 已修订为《民法典》第八百零七条。

② 现已失效。

权的期限为6个月，自建设工程竣工之日或者建设工程合同约定的竣工之日起计算。本案中，案涉工程的竣工时间为2016年3月25日，甲公司于2016年9月19日通过函件方式主张工程价款优先受偿权，没有超过6个月的期限。故甲公司对案涉工程价款在乙公司欠付工程款11891737.58元范围内具有优先受偿权。

乙公司提起上诉称，一审判决确认甲公司享有建设工程优先受偿权不符合法律规定。承包人行使优先受偿权的期限为6个月，且行使优先受偿权的方式为向法院申请工程拍卖并主张优先受偿。甲公司通过律师发函件给乙公司的方式主张优先受偿权不符合法律规定。甲公司辩称，甲公司依法享有建设工程优先受偿权。案涉工程竣工验收之日为2016年3月25日，甲公司于2016年9月19日委托律师事务所向乙公司寄送函件要求享有优先受偿权符合法律规定。

法院裁判

根据《合同法》第二百八十六条规定，发包人逾期不支付工程价款，承包人可以与发包人协议将该工程折价，也可以申请人民法院将该工程依法拍卖。建设工程的价款就该工程折价或者拍卖的价款优先受偿。乙公司主张建设工程价款优先受偿权的行使方式仅为向法院申请工程拍卖并主张优先受偿，于法无据。甲公司通过律师发函件给乙公司的方式主张优先受偿权不违反法律规定，一审判决确认甲公司享有建设工程价款优先受偿权并无不当。

律师评析

在采取通知方式行使优先受偿权时应当注意以下几点：1. 债务履行期已经届满，承包人已向发包人催款；2. 在优先受偿权行使的法定期限内发出通知；3. 通知的内容应当有协议折价（包括确定工程价款的金额或者工程折价的金额等）的内容，明确行使优先受偿权的意思表示；4. 折价的工程不属于“不宜折价、拍卖”的建设工程；5. 有效送达。

第三篇

房地产项目销售纠纷

第一章　营销宣传纠纷

本章所述营销宣传，是指在商品房销售阶段，房地产开发企业或其代理人为促成交易，通过媒体广告、宣传资料、沙盘模型、样板间等方式，向不特定对象宣传或发送关于商品房状况或其销售信息的图片、文字或其他说明的行为。

在商品房普遍采取预售方式的今天，大多数商品房在销售时尚未建成，购房人仅能通过房地产开发企业的宣传手段，了解所购房屋的状况。同时，出于快速销售、回笼资金的考虑，房地产开发企业在商品房营销宣传中也不可避免地会出现虚假、夸大、不实的营销行为，从而给购房人造成损失。其中，由房地产开发企业不实宣传、故意隐瞒项目不利因素而引发的商品房买卖合同纠纷，是目前房地产营销宣传领域较为突出的问题，以下分别展开论述。

第一节　不实宣传纠纷

一、理论概述与实务指引

不实宣传纠纷是指房地产开发企业为了谋取不正当经济利益，采取夸大、欺骗或引人误解的方式宣传自己的商品房，致使购房人的利益受到损失。司法实践中，认定不实广告主要采用“虚假不实”和“引人误解”相结合的标准，前者是针对宣传内容而言，后者是针对宣传的目的和效果而言。从《民法典》《广告法》到《最高人民法院关于审理商品房买卖合同纠纷案件适用法律若干问题的解释》《房地产广告发布规定》，从不同规制层级及管理角度对房地产不实广告的认定、表现形式及其法律后果进行了规定，便于实践中对此类纠纷的甄别与处理。

（一）房地产广告的法律性质

《民法典》第四百七十三条规定：“要约邀请是希望他人向自己发出要约的意思表示。拍卖公告、招标公告、招股说明书、债券募集办法、基金招募说明书、商业广告和宣传、寄送的价目表等为要约邀请。商业广告和宣传的内容符合要约条件的，构成要约。”该条款系认定房地产广告法律性质的基本依据。《最高人民法院关于审理商品房买卖合同纠纷案件适用法律若干问题的解释》（法释〔2020〕17号）第三条规定：“商品房的销售广告和宣传资料为要约邀请，但是出卖人就商品房开发规划范围内的房屋及相关设施所作的说明和允诺具体确定，并对商品房买卖合同的订立以及房屋价格的确定有重大影响的，构成要约。该说明和允诺即使未载入商品房买卖合同，亦应当视为合同内容，当事人违反的，应当承担违约责任。”该规定对于广告的性质认定进行了进一步阐明。

1. 房地产广告在一般情况下构成要约邀请

根据前述《民法典》第四百七十三条规定，对商业广告的内容在原则上应认定为属于要约邀请，未订入合同中的宣传广告内容一般不应作为合同内容看待。但是，即使如此，房地产开发企业作为广告利益的归属方，也应本着诚实信用的原则承担《广告法》中关于广告主的责任。

2. 房地产广告在特殊情况下可以构成要约

房地产广告中的内容在满足如下三个条件的情况下，可以构成一项要约：（1）该项内容针对的是商品房开发规划范围内的房屋及相关设施；（2）对上述内容所做的说明和允诺具体确定；（3）该说明和允诺对商品房买卖合同的订立以及房屋价格的确定有重大影响。在上述三个要件同时满足的情况下，广告中的说明和允诺才构成要约，在双方形成房屋买卖关系时上述要约内容产生合同的效力。

（二）不实宣传的认定

1. 应区分夸张性宣传与夸大宣传

房地产开发企业进行广告宣传的目的，是向潜在购房人描述和推荐商品房，以引起潜在购房人的注意，激发其购买意愿。因此，在广告宣传中采取适度的夸张性文字，以制造气氛、烘托氛围，是在法律法规许可的范围内的正常销售行为。如在广告语中使用“理想家园”“温馨社区”等用语，其没有明确的指标，属于要约邀请，并无法律约束力，不构成夸大宣传。而若进一步在广告中对于房屋状况、小区环境、设施配套等做了与事实不符的详细描述，则会构成夸大宣传，属于不实宣传的范畴。

2. 应分析广告承诺未能履行是否系由客观原因导致

若房地产开发企业已经按照广告中所承诺的事项尽量履行义务，但由于房地产开发企业不可控制的客观情况（如政府规划调整等）未能履行或未能全部履行广告承诺的，则不能认为房地产开发企业存在不实宣传行为。若由此导致合同继续履行显失公平或合同目的无法实现的，则房地产开发企业可以应购房人的要求，变更合同价款或解除合同。

3. 故意虚构事实或隐瞒真相的情形应构成不实宣传

若在广告发布时房地产开发企业主观上即存在虚构事实或隐瞒真相的故意，并以此诱使购房人购房，根本无意或不能履行广告承诺，或在不确定是否具备履行条件的情况下即承诺可以履行，则构成不实宣传，属于欺诈行为。例如，房地产开发企业以配建某品牌学校作为商品房的宣传卖点，但实际上房地产开发企业并未与该品牌学校进行合作，所开发的小区也未配建相应的学校，这就属于典型的“不实宣传”。因为购房人购买的不仅仅是房屋本身，也包括房地产开发企业在广告中承诺的与之相适应的小区整体环境，购房人在签订购房合同时对房屋及其周边环境情况进行了解的主要渠道就是房地产开发企业的宣传，对其是否真实缺乏相应的甄别能力；基于上述客观情况，房地产开发企业进行的不实宣传将会导致购房人对房屋及其周边环境的认识存在偏差，房地产开发企业应承担相应的法律责任。

（三）不实宣传的民事责任

在房地产广告仅构成一项要约邀请且没有实际履行的情况下，因通常认为要约邀请本身不具有法律约束力，房地产开发企业就其无需承担民事责任；但若广告内容违反《广告法》或《房地产广告发布规定》，则房地产开发企业仍需承担相应的行政责任，就此不再赘述。

在房地产广告构成一项要约的情况下，其具有要约的法律约束力；若房地产开发企业无法兑现要约内容，需承担违约责任或缔约过失责任。

1. 违约责任

在房地产销售广告构成一项要约并最终签订购房合同的情况下，《最高人民法院关于审理商品房买卖合同纠纷案件适用法律若干问题的解释》（法释〔2020〕17 号）第三条明确规定，房地产开发企业应承担违约责任。

违约责任是违反合同约定的民事责任的简称，以合同有效成立为前提。违约责任以补偿守约方所受损失为主要目的，以损害赔偿为主要责任形式，而且当事人可以在法律规定范围内约定。房地产开发企业就不实宣传是否应承担违约责任，至少需从以下四方面认定：（1）是否存在不实宣传的事实；（2）是否因不实宣传违约行为导致了损害事实；（3）违约行为和损害事实之间是否存在因果关系；（4）房地产开发企业是否存在过错。

2. 缔约过失责任

在房地产销售广告构成一项要约，并因其不实内容而导致最终未能签订购房合同的情况下，根据《最高人民法院关于审理商品房买卖合同纠纷案件适用法律若干问题的解释》（法释〔2020〕17 号）第三条及《民法典》第五百条的规定，房地产开发企业应承担缔约过失责任。

缔约过失责任，是指订立合同的过程中，由于一方当事人的过错，使得合同无效、被撤销或未成立，并给对方造成损失的情况下所承担的一种民事赔偿责任。缔约过失责任救济的是法律肯定的信赖利益。要求房地产开发企业承担不实宣传的缔约过失责任，至少应满足如下四个要件：（1）房地产开发企业在要约生效后违反先合同义务；（2）房地产开发企业存在过错；（3）购房人基于要约而产生的信赖利益受到损失；（4）购房人损失与房地产开发企业违反先合同义务之间有因果关系。

二、办案思路与实战技巧

关于商品房不实宣传纠纷，律师应当从广告宣传的性质为要约还是要约邀请、房地产开发企业的营销行为是否构成不实宣传、承担不实宣传民事责任的要件是否完备等方面确定案件的代理思路；就此前文已经进行了详细阐述。此外，在此类案件的处理过程中，还应特别注意以下两个问题。

1. 宣传资料或购房合同中关于广告免责条款的效力

房地产开发企业一般会在宣传资料或最终签署的购房合同中设置类似于“广告内容属于要约邀请”“对房地产开发企业无法律约束力”“双方权利义务以最终签署的购房合同的明确约定为准”“购房合同取代之前双方关于房屋的任何承诺”等免责条款。在纠纷发生时，购房人通常会援引《民法典》关于格式条款的规定，或《最高人民法院关于审理商品房买卖合同纠纷案件适用法律若干问题的解释》（法释〔2020〕17 号）第三条的规定，主张上述免责条款无效或其存在不影响房地产开发企业责任的认定。

实际上，格式条款并不必然无效，而前期宣传构成要约并进而认定房地产开发企业承担违约责任也有严格的条件限制。所以，很多情况下，房地产开发企业可以援引宣传资料或购房合同中关于广告内容的免责条款，作为主张己方免予承担责任的依据。

2.《消费者权益保护法》关于经营者欺诈行为的多倍赔偿原则，一般不适用于商品房不实宣传欺诈

《消费者权益保护法》第五十五条第一款规定：“经营者提供商品或者服务有欺诈行为的，应当按照消费者的要求增加赔偿其受到的损失，增加赔偿的金额为消费者购买商品的价款或者接受服务的费用的三倍；增加赔偿的金额不足五百元的，为五百元。法律另有规定的，依照其规定。”因此，在许多购房人起诉房地产开发企业不实宣传构成欺诈的案例中，购房人均会主张要求房地产开发企业按照《消费者权益保护法》的上述规定承担责任。

但需要看到的是，《消费者权益保护法》最初颁布生效于 1994 年 1 月 1 日，当时我国尚实行普遍的福利分房制度，商品房这一概念尚未出现。此后，出现了很多《消费者权益保护法》立法原意范畴之外的特殊商品，商品房就是其中的典型。但由于商品房的价值巨大，若直接适用多倍赔偿的原则，将导致双方利害关系显失平衡，违反民法的公平原则。因此对于不实宣传行为的赔偿责任，应按照《民法典》的规定进行认定，而不应直接适用《消费者权益保护法》的规定。《最高人民法院关于审理商品房买卖合同纠纷案件适用法律若干问题的解释》（法释〔2020〕17号）在2020年12月29日重新修订颁布时，也删除了原第八条、第九条关于双倍赔偿的规定。

三、典型案例精析

案例1：姚某等购房人诉某公司商品房预售合同纠纷[①]

裁判要旨

商品房的销售广告和宣传资料，只有同时具备《最高人民法院关于审理商品房买卖合同纠纷案件适用法律若干问题的解释》第三条所规定的三个标准，方构成要约；出卖人就商品房开发规划范围外的区域配套设施所作的销售广告和宣传资料为要约邀请，出卖人违反诚实信用原则，给买受人造成损失的，应当根据《民法典》第五百条规定承担缔约过失责任。

案情简介

2013年期间，某公司开发的某项目一期及二期商品期房开盘预售。根据某公司对楼盘销售推广及介绍，姚某等购房人分别与某公司签署了《商品房预售合同》。但在合同履行过程中，姚某等购房人获悉某公司销售宣传的“八万方水景公园”区域实为市政公用设施用地，该区域市政规划也未明确存在“八万方水景公园”规划建设。并且，姚某等购房人所购商品房临近的公园南路与园西街交叉口东北侧位置，于2013年10月开工建设近3000米的110千伏变电站项目，目前基建已基本完成。该变电站属于电磁强辐射设施，对所售商品房的居住品质存在一定程度的损害。但是在姚某等购房人购买商品房时，某公司从未以任何方式告知过该变电站在所售楼盘临近选址规划拟建的事实。因而要求撤销双方签订的《商品房预售合同》，并赔偿损失。

① （2016）皖03民终910号。

法院裁判

法院生效裁判认为：首先，姚某等购房人关于撤销涉案商品房买卖合同的诉讼请求不能成立。本案争议的“八万方水景公园”及变电站设施均系市政建设项目，诉争区域的土地为市政建设用地，不属于某公司的商品房开发规划范围。

《最高人民法院关于审理商品房买卖合同纠纷案件适用法律若干问题的解释》第三条规定：“商品房的销售广告和宣传资料为要约邀请，但是出卖人就商品房开发规划范围内的房屋及相关设施所作的说明和允诺具体确定，并对商品房买卖合同的订立以及房屋价格的确定有重大影响的，应当视为要约。该说明和允诺即使未载入商品房买卖合同，亦应当视为合同内容，当事人违反的，应当承担违约责任。”鉴于涉案变电站建设项目及某公司宣传的“八万方水景公园”项目均不在某公司商品房开发规划范围内，故某公司关于“八万方水景公园”的宣传问题以及涉案变电站的规划建设问题均不能成为某公司与姚某等购房人签订的商品房买卖合同的组成部分，当然亦不能构成该商品房买卖合同的履行内容。一审判决将某公司关于“八万方水景公园”的宣传资料视为商品房买卖合同内容，并认定某公司未兑现承诺构成违约，与上述司法解释规定不符，予以纠正。

其次，某公司在销售房屋过程中违反如实告知的先合同义务，依法承担相应赔偿责任。关于某公司是否应承担民事责任的问题。法院生效裁判认为，某公司虽不构成违约行为和欺诈行为，但并不意味着其不承担任何法律责任。就一般情况而言，房地产开发企业预售的商品房属于特殊类型的商品，其价值不仅取决于预售房屋本身的质量、结构和功能，区域配套设施和环境因素对房屋价格也具有不同程度的影响。

本案中，某公司宣传预售的商品房亦不例外。某公司为取得较好的商业效益，在宣传资料中除标明公司品牌价值、社区景观特征、安全防护技术外，还对周边人文环境、商业环境和绿化环境进行宣传，其中即包括“八万方水景公园”的内容。根据权利义务一致的法律原则，房地产开发企业有权从其房屋销售宣传中获取利益，即应依法对其不当的销售宣传行为承担相应法律责任。

从本案现有证据分析，某公司关于“八万方水景公园”的销售宣传行为是存在一定不足之处的，主要表现在：

第一，某公司关于“八万方水景公园”的宣传内容与市政规划不完全相符。原国家工商行政管理局《房地产广告发布暂行规定》（1998 年修订）[①] 第三条规定，房地产广告必须真实、合法、科学、准确，符合社会主义精神文明建设要求，不得欺骗和误导公众。而根据蚌埠市城乡规划局出具的《情况说明》，绿地中央广场一期、二期项目之间规划面积约为 66582 平方米，规划用地性质为绿地和公用设施用地。由此表明，绿地中央广场一期、二期之间地块面积和规划用途与某公司宣传的“八万方水景公园”均存在差异，某公司的销售宣传行为违反上述《房地产广告发布暂行规定》第三条的规定。

第二，某公司关于“八万方水景公园”的宣传资料中未注明规划或建设的相关内容，不符合房地产广告发布的法律要求。国家工商行政管理局《房地产广告发布暂行规定》（1998 年修订）第十一条规定，房地产广告中涉及的交通、商业、文化教育设施及其他市政条件等，如在规划或者建设中，应当在广告中注明。某公司关于“八万方水景公园”的宣传资料中未注明规划或建设相关内容，与上述规定不符，不利于保障购房者的知情权。

第三，某公司在其部分销售宣传资料中未如实注明“市政”字样，容易使购房户对公园项目的性质和归属产生误解。上述情形表明，某公司出于追求商业利润的需要，在销售房屋过程中向姚某等购房人作出“八万方水景公园”的宣传，夸大了宣传对象的规模和用途，违反了如实告知的先合同义务，并对房屋销售价格和购房户的居住环境预期产生一定影响，客观上给购房户造成了相应损失，根据《合同法》第四十二条 [②] 规定，“当事人在订立合同过程中有下列情形之一，给对方造成损失的，应当承担损害赔偿责任……（三）有其他违背诚实信用原则的行为”。故某公司依法应对姚某等购房人产生的相关损失承担赔偿责任。

---

① 现已失效。

② 已修订为《民法典》第五百条。

律师评析

本案系一则关于房地产广告宣传纠纷的典型案例，涉及房地产广告的法律性质及法律责任两方面的法律问题，笔者逐一评析如下。

1. 房地产广告的法律性质

商业广告原则上应认定为一种要约邀请，一般情况下不能将未订入合同中的宣传广告内容作为合同内容。但根据《最高人民法院关于审理商品房买卖合同纠纷案件适用法律若干问题的解释》第三条规定，商品房的销售广告和宣传资料为要约邀请，但是出卖人就商品房开发规划范围内的房屋及相关设施所作的说明和允诺具体确定，并对商品房买卖合同的订立以及房屋价格的确定有重大影响的，构成要约。

房地产开发企业在宣传广告和宣传资料中，如果就其开发的商品房及相关设施所做的说明和允诺具体确定，并由此对购房人决定订立合同及房屋价格的确定有重大影响的，即使该说明和允诺没有明确订立在合同中，也应当认定为合同内容。当事人违反该内容的，应当承担违约责任。

此外，如果房地产开发企业在宣传广告和宣传资料中对描述内容的法律性质进行了明确，或者在双方签订的合同中对宣传广告和宣传资料的法律性质进行了约定，也应作为房地产广告法律性质认定的重要依据。

2. 房地产广告的法律责任

关于不实宣传所导致的责任，应根据宣传内容为要约还是合同约定来区分。在广告内容为要约的情形下，若出现影响合同效力的情形导致合同未能成立、生效、被撤销或被确认为无效的，则过错方应根据《民法典》第五百条及其他相关条款约定承担赔偿损失的缔约过失责任。但若该项要约内容最终经对方承诺而合同成立生效的，则过错方需按照《民法典》第八章的约定承担继续履行、采取补救措施、赔偿损失、支付违约金等违约责任。本案中，由于某公司所发布的广告构成一项要约，其应承担缔约过失责任。

第二节 项目不利因素披露纠纷

一、理论概述与实务指引

关于项目不利因素的定义或范围，目前尚无明确的界定，一般是指根据普通人的价值观念和判断标准，商品房周边环境中对购房人利益有负面影响的客观存在。通常情况下，它不足以影响商品房居住目的的实现，也不至于对人身产生危害，但可能对购房人的正常生活或居住感受造成不利影响。若购房人在签订购房合同时对上述不利因素不知情，则可能会影响其对本次交易的判断并在后续引起纠纷。因此，目前各地房屋交易管理部门纷纷出台规范性文件，要求房地产开发企业在预售现场对项目内外的不利因素进行公示。该项制度对于减少此类纠纷的发生，维护诚信有序的房地产交易环境，产生了积极的效果。

1. 房地产开发企业基于诚实信用原则对项目不利因素负有一定的披露义务

（1）房地产开发企业对项目不利因素负有法定的披露义务

《民法典》第五百零九条第二款规定："当事人应当遵循诚实信用原则，根据合同的性质、目的和交易习惯履行通知、协助、保密等义务。"这里的"通知义务"即如实告知义务的具体表现。《消费者权益保护法》第八条第一款也规定："消费者享有知悉其购买、使用的商品或者接受的服务的真实情况的权利。"

根据上述规定，如实告知义务是诚实信用原则的必然要求，也是民事主体在民事活动中应尽的基本义务之一。在合同法律关系中，无论是合同的签订还是合同的履行，都离不开当事人善意、适当、全面地履行告知义务。否则，隐瞒方轻者要承担缔约过失责任或违约责任，重者则构成欺诈，合同可能被撤销。购房人作为商品房这一价值巨大的特殊商品的消费者，理应对所购商品房及其周边环境状况享有相应的知情权；而房地产开发企业也负有相应的信息披露义务，否则需承担相应的不利后果。

（2）房地产开发企业就项目不利因素所负有的披露义务应有合理限度

如实告知义务并不是无限度的告知义务，告知的范围和程度应该有一定限制：要么基于法律的直接规定，要么基于双方当事人的明确约定，也可以基于合同的性质、目的、交易习惯等引申而来，如法律、合同对当事人的告知义务没有明确规定或者超出法律、合同已规定事项的，此时应依据合同的性质、目的或交易习惯等来确定当事人是否具有某种如实告知义务。

在房地产交易过程中，项目不利因素既可能来自房地产开发用地范围内（以下简称项目红线内不利因素），也可能来自房地产开发用地范围外（以下简称项目红线外不利因素）。对于项目红线内不利因素，房地产开发企业理应知晓且购房人通过正常途径在购房时一般难以获知，所以房地产开发企业应承担较高程度的披露义务；而对于项目红线外不利因素，由于其并不属于房地产开发企业的开发范围，房地产开发企业难以控制，所以房地产开发企业仅需承担较低程度的披露义务即可。

2. 项目不利因素披露的内容

虽然对于房地产开发企业负有主动告知红线内外不利因素的义务并无争议，但法律法规对于项目不利因素披露的内容、程度及范围等均无明确规定。结合司法实践，其一般包括：

（1）项目红线内不利因素

主要指小区内公建配套对毗邻房屋带来的不利因素，如配电室、垃圾房、水泵房、地下式排气口等。

（2）项目红线外不利因素

噪声（机场、公路、铁路、立交桥等），污染（垃圾场、污水河、造纸厂、废品站等），禁忌场所（殡葬馆、火葬场、公墓、监狱等），辐射性（高压线路、无线通信基站等），环境变迁（规划路、桥的建设）。

3. 房地产开发企业未尽项目不利因素披露义务的法律责任

《民法典》第一百四十八条规定，一方以欺诈手段，使对方在违背真实意思的情况下实施的民事法律行为，受欺诈方有权请求人民法院或者仲裁机构予以撤销。因此，若房地产开发企业为促成交易，故意隐瞒对合同缔结或价格确定有重大影响的项目不利因素，则购房人有权请求人民法院或者仲裁机构予以撤销。此外，即使双方最终并未签订购房合同，根据《民法典》第五百条第（二）项规定，故意隐瞒与订立合同有关的重要事实或者提供虚假情况，给对方造成损失的，仍应承担赔偿责任。

二、办案思路与实战技巧

对于此类纠纷案件的处理，律师主要应当从房地产开发企业就项目不利因素披露责任的承担范围这一角度出发，确定案件的代理思路。实践中主要涉及以下两个问题。

1. 房地产开发企业就项目不利因素披露承担民事责任的界定

（1）就项目红线内不利因素未尽到披露义务的应承担民事责任

参照《最高人民法院关于审理商品房买卖合同纠纷案件适用法律若干问题的解释》（法释〔2020〕17号）第三条的规定，笔者认为，房地产开发企业应就商品房开发规划范围内，对商品房买卖合同的订立及房屋价格的确定有重大影响的项目不利因素进行充分披露；若未尽到相应的披露义务，则应承担相应民事责任。

（2）就项目红线外不利因素披露一般不应承担民事责任

基于诚实信用原则并结合日常生活经验，对于项目红线外对房屋可能存在的不利因素，房地产开发企业虽应尽可能地予以披露；但毕竟房地产开发企业并非红线外用地的开发主体，若要求其对项目红线外不利因素承担与项目红线内不利因素披露相同的责任，则加重了房地产开发企业的责任，不仅有失公允而且不利于该行业的发展。因此，对于未能充分告知项目红线外不利因素，房地产开发企业一般不需承担民事责任。

（3）购房人未尽谨慎注意义务可作为减轻或免除房地产开发企业民事责任的事由

购房人在购房时也应对项目不利因素负有谨慎、注意义务，特别是对于购房合同签订时项目内外已经存在且购房人在正常情况下应知晓的不利因素，也不应要求房地产开发企业承担过多的披露义务及责任。

2. 房地产开发企业就购房合同签订后项目不利因素变更情况的告知义务

对于一般的房地产开发项目，在房屋具备预售条件至房屋实际交付给业主前，一般会经历两年左右的时间。该期间由于尚处在建设期，所以房地产开发企业可能会对房屋或小区平面布局等进行设计变更及调整，项目周边的规划建设情况也可能会发生较大的变化。其中有时会涉及项目不利因素情况的变化。对于项目红线内新出现的不利因素，若影响合同目的的实现或根据购房合同约定和（/或）法律法规规定属于应通知购房人的变更事项，则房地产开发企业应承担告知义务并征求购房人的意见，以确定是否变更或解除购房合同；而对于项目红线外新出现的不利因素及项目红线内并非必然告知的变更事项，房地产开发企业可不再单独另行通知已经签订购房合同的购房人，但仍需在销售现场公示变更内容，以免引起误导和不必要的纠纷。

三、典型案例精析

案例 2：蔡某与上海某公司房屋买卖合同纠纷[①]

裁判要旨

在没有法律规定和合同约定的情况下，房地产开发企业作为市场主体，对于项目红线外不利因素并无向购房人主动告知的义务，也不存在故意隐瞒而构成欺诈的问题。

案情简介

2015 年 4 月 30 日，蔡某与上海某公司签订《上海市商品房预售合同》，约定蔡某向上海某公司购买系争房屋，后案涉地块附近建设了 110 千伏变电站。蔡某称其在购房时不知案涉地块附近将建设变电站，认为上海某公司构成欺诈，请求法院判决上海某公司减少房屋价款并赔偿相关利息。经查，合同补充条款中约定上海某公司已告知蔡某所购房屋附近可能有变电站，还约定“本项目用地红线以外非甲方规划开发范围，甲方对建筑区划外的情况进

① （2020）沪 02 民终 11459 号。

行介绍或引用相关资料，仅具有参考作用，不构成甲方承诺，具体以政府实际确定的情况或者实际实施的项目为准”。此外，上海某公司曾于 2015 年 3 月 16 日出具了《关于 110 千伏变电站情况说明》。

法院裁判

一审法院认为，蔡某和上海某公司所签商品房预售合同中，上海某公司就案涉地块可能建设变电站已进行多次告知和提示。其中，合同附件六的平面图在相应位置标注“市政用地”，合同补充条款第六条、第九条、第十八条载明该地块可能建设变电站，该地块非上海某公司规划建设范围，上海某公司介绍情况不构成承诺，最终以职权部门确定情况为准等。鉴于此，以及案涉变电站非上海某公司建设范围，当时亦处拟建中等，蔡某诉称上海某公司构成欺诈，依据不足，法院不予认同。

二审法院认为，如一审判决所述，涉案变电站所涉地块并非在上海某公司建筑区划范围内，其最终用途系由市政部门决定，上海某公司非建造主体，客观上在获知相关施工许可被批准前也难以确认规划的建设变电站事项必然实施，故在此情况下要求上海某公司在合同中就涉案地块建造变电站作出确定性的表述并承担相应合同责任显然有失公允。此外，在案证据显示上海某公司在双方的合同中对涉案地块可能建造变电站作出了相应的表述，而根据信息公开的相关规定，涉及变电站建造规划的相关文件可以通过公开查询方式获得，故蔡某在签署涉案房屋预售合同前亦可自行获取相关信息，并作出权衡。综上，蔡某签署预售合同时显然应当对涉案地块建设变电站的可能性已有主观认识，而涉案合同中相应条款的文字表述客观上亦难以被认定为故意隐瞒或虚假陈述。

律师评析

本案例涉及房地产开发企业项目不利因素披露义务的法律基础及责任主体的确定两个法律问题，笔者逐一评析如下。

1. 房地产开发企业项目不利因素披露义务的法律基础

房地产开发企业不利因素披露义务的主要法律依据是《民法典》第

五百零九条第二款“当事人应当遵循诚信原则，根据合同的性质、目的和交易习惯履行通知、协助、保密等义务”的规定。因此，房地产开发企业对不利因素的披露需遵循诚实信用原则，且需与合同的性质、目的和交易习惯相匹配。

购房行为本质上仍是买卖行为，买卖的标的物——房屋，系由房地产开发企业开发建造并满足购房人居住需求的特殊商品。因此，房地产开发企业的披露义务，需与其所建造的房屋自身品质及购房人实现居住目的相关联。在认定需披露的不利因素具体标准时，可以参照《最高人民法院关于审理商品房买卖合同纠纷案件适用法律若干问题的解释》（法释〔2020〕17 号）第三条关于广告构成“要约”的规定。本案中，由于蔡某主张案涉地块附近建设了 110 千伏变电站，属于红线外因素，且并不会对购房价格及购房决议产生重大影响。因此，认定上海某公司对此不负有告知义务，也是符合《民法典》第五百零九条的立法精神的。

2. 应区分房地产开发企业与项目周边其他主体对项目红线外不利因素所负有的义务

项目不利因素虽可能会对购房人的购买意向产生一定影响，但不能毫无区分地一概认定为影响房屋价格与合同订立的重要因素，也不能简单地依据《民法典》第五百零九条第二款的原则性规定，将房地产开发企业的告知义务无限扩大。房地产开发企业作为商品房的第一个“业主”，有义务也有能力向购房人充分描述商品房及其周边环境的情况，以解决双方在房屋交易中的信息不对称问题，确保购房人对交易标的物的知情权。

同样，项目红线外用地及地上建筑物、构筑物等应属于国家或其他业主财产并由相应权利人进行管理，房地产开发企业获取不利因素信息的能力极为有限，应主要由红线外用地的相应管理者承担主要的不利因素披露责任。本案中，批准及建设变电站均非上海某公司实施，若建设变电站违反城市规划要求，则可以要求规划管理部门撤销相关批准；若建设变电站对购房人身体健康产生了不利影响，则购房人可以以侵权为由要求相关建设主体承担赔偿等责任，或要求变电站的建设主体采取措施消除其不利影响。

第二章　商品房价款支付纠纷

商品房价款支付纠纷，是指在商品房买卖过程中，因购房人支付购房款所导致的纠纷。该种纠纷在司法实践中主要分为两类：价款支付典型纠纷及按揭贷款纠纷。支付购房款，作为购房人最重要的义务，在房地产市场上行或趋好的形势下，出现违约的情况较少，但在房地产市场下行，商品房作为投资品的价值降低时，则会较多出现。

第一节　价款支付典型纠纷

一、理论概述与实务指引

价款支付典型纠纷是指只涉及房地产开发企业和购房人双方的价款支付纠纷，产生纠纷的主要原因系购房人资金支付出现困难，或者房地产市场下行阶段商品房投资属性下降导致购房人认为继续购买房屋的损失大于解约并赔偿违约金的损失。

1. 逾期付款违约责任的承担方式

如购房人未按商品房买卖合同的约定支付商品房价款，房地产开发企业有权根据商品房买卖合同的约定追究购房人的违约责任，如要求其承担一定金额或比例的违约金等。

如商品房买卖合同中约定逾期付款超过一定期限房地产开发企业有权解除合同，则房地产开发企业有权在解约条件成就后行使解约权，并要求购房人赔偿其因此所遭受的损失。对于房地产开发企业行使解约权的除斥期间，如商品房买卖合同中作出了明确约定，则房地产开发企业应在相应期限内及时行使解约权，如不及时行使，房地产开发企业将丧失单方解约权。

如商品房买卖合同中未对房地产开发企业因购房人逾期付款导致解约的解约权成就条件或解约权行使的除斥期间作出明确约定，则按照《最高人民法院关于审理商品房买卖合同纠纷案件适用法律若干问题的解释》（法释〔2020〕17号）第十一条规定处理："根据民法典第五百六十三条的规定，出卖人迟延交付房屋或者买受人迟延支付购房款，经催告后在三个月的合理期限内仍未履行，解除权人请求解除合同的，应予支持，但当事人另有约定的除外。法律没有规定或者当事人没有约定，经对方当事人催告后，解除权行使的合理期限为三个月。对方当事人没有催告的，解除权人自知道或者应当知道解除事由之日起一年内行使。逾期不行使的，解除权消灭。"

2. 逾期付款违约金金额的计算和调整

《最高人民法院关于审理商品房买卖合同纠纷案件适用法律若干问题的解释》（法释〔2020〕17号）第十二条规定："当事人以约定的违约金过高为由请求减少的，应当以违约金超过造成的损失30%为标准适当减少；当事人以约定的违约金低于造成的损失为由请求增加的，应当以违约造成的损失确定违约金数额。"第十三条规定："商品房买卖合同没有约定违约金数额或者损失赔偿额计算方法，违约金数额或者损失赔偿额可以参照以下标准确定：逾期付款的，按照未付购房款总额，参照中国人民银行规定的金融机构计收逾期贷款利息的标准计算……"

通过上述规定可知，若在商品房买卖合同中没有约定违约金数额，则逾期付款违约金按照未付购房款总额，参照中国人民银行规定的金融机构计收逾期贷款利息的标准计算。同时，若当事人以约定的违约金金额过高为由请求减少的，应当以违约金超过造成的损失30%为标准适当减少；当事人以约定的违约金低于造成的损失为由请求增加的，应当以违约造成的损失确定违约金数额。

3. 解约权的行使

《民法典》第五百六十五条规定："当事人一方依法主张解除合同的，应当通知对方。合同自通知到达对方时解除；通知载明债务人在一定期限内不履行债务则合同自动解除，债务人在该期限内未履行债务的，合同自通知载明的期限届满时解除。对方对解除合同有异议的，任何一方当事人均可以请求人民法院或者仲裁机构确认解除行为的效力。当事人一方未通知对方，直接以提起诉讼或者申请仲裁的方式依法主张解除合同，人民法院或者仲裁机构确认该主张的，合同自起诉状副本或者仲裁申请书副本送达对方时解除。”

上述《民法典》的规定明确了通知解除的两种方式，即直接通知对方解除或通知债务人在一定期限内不履行债务则合同自动解除，债务人在该期限内未履行债务的，合同自通知载明的期限届满时解除。按照第二种方式进行解除，实际是将催告与解约进行了综合，避免了发送两次函件的麻烦，同时《民法典》也明确了可以直接以提起诉讼或者申请仲裁的方式依法主张解除合同。

二、办案思路与实战技巧

1. 房地产开发企业解约权除斥期间届满后的救济措施

在购房人逾期支付商品房价款的情况下，房地产开发企业有权依据商品房买卖合同的约定追究购房人的违约责任，直至解除商品房买卖合同。在达到商品房买卖合同约定的解约条件后，房地产开发企业应在商品房买卖合同约定的除斥期间或法定除斥期间内及时行使解约权，如不及时行使，房地产开发企业的单方解约权将丧失。如房地产开发企业因各种原因怠于行使解约权，其在解约权行使期限经过后再提出解约的，购房人可据此抗辩房地产开发企业解约权已经消灭，从而丧失单方解约的权利。

出现上述情形，房地产开发企业应如何救济权利？在购房人未按约付清商品房购房款时，无外乎通过两种方式解决商品房买卖合同的履行问题：一是继续履行合同，即购房人应继续按约履行付款义务，直至付清商品房购房款；二是终止合同，即赋予房地产开发企业解除合同的权利，由双方清算购房款，房地产开发企业收回商品房后另行销售。

如房地产开发企业提出解除商品房买卖合同而购房人以房地产开发企业解约权除斥期间已经经过为由进行抗辩，则购房人应继续履行合同，付清剩余购房款。如购房人既不同意解除商品房买卖合同，也不支付剩余购房款，则势必造成商品房买卖合同的履行陷入僵局、双方权利义务处于不确定状态，从而使得交易秩序不稳定。因此，即使房地产开发企业的约定解约权除斥期间已经届满，在特定情况下，房地产开发企业仍有权请求法院按照《民法典》第五百六十三条规定依法判令解除商品房买卖合同。

2. 商品房买卖合同解除后网签备案登记手续的撤销

在商品房销售过程中，房地产开发企业与购房人应根据相关行政法规的规定，对双方所签订的商品房买卖合同进行网签备案登记。只有进行了网签备案登记，才能进一步办理商品房交易的其他手续（如契税的缴纳、房屋权属登记的办理等）。而商品房买卖合同解除后，只有办理了网签备案登记的撤销手续，房地产开发企业才能实现另行销售的解约目的。

在实践中，对于房地产开发企业提出的要求购房人配合办理网签备案登记撤销手续的诉讼请求，部分法院以其系行政机关的行政管理范畴为由不予支持。而即使房地产开发企业提出的上述诉讼请求得到法院的支持，行政机关往往还会设置其他程序性要求（如要求必须由法院送达协助执行文书方可办理等），使得房地产开发企业网签备案登记撤销手续的办理面临重重障碍。在这种情形下，房地产开发企业应积极与法院及行政机关沟通，根据当地情况提前确定切实可行的操作方案，以避免因无法满足当地司法或行政机关的要求而使得房地产开发企业解约目的无法实现。

3. 预留购房人通信地址以备送达之需

在商品房买卖合同的履行过程中，房地产开发企业常常需要根据合同约定及相关法律法规的规定履行通知购房人的义务，且某些法律行为只有在相关通知送达购房人后方可发生法律效力。因此，确保相关通知能够有效送达购房人，对于房地产开发企业来讲至关重要。

而在实践中，房地产开发企业的销售人员往往对于预留购房人通信地址等信息不够重视，导致在房地产开发企业需采取法律行动时方发现无法对购房人进行有效送达。因此，房地产开发企业应在商品房买卖合同中预留购房人的详细通信地址，并约定发出的通知在符合特定条件的情况下即视为送达。

三、典型案例精析

案例3：邓某与某公司商品房预售合同纠纷[①]

裁判要旨

丧失商业信誉是指双务合同中的后履行方当事人存在多次不履行、不按时履行或者长期没有能力履行合同约定的义务，从而导致社会公众对其经济能力、信用状况等产生负面评价的情形，不能等同于一般的违约行为。购房人以房地产开发企业未能按时开具发票为由，认为房地产开发企业丧失商业信誉，不能履行对应主要合同义务，从而主张行使不安抗辩权，拒绝支付购房款，缺乏合法依据，应承担逾期付款违约责任。

案情简介

2013年9月14日，某公司与邓某签订了商品房买卖合同，购买出卖人开发的商品房。合同第六条约定，买受人按分期付款即非银行按揭分期付款（邓某应在签订合同时付清首期房价款147899元整；2013年12月14日前支付二期房价款295803元整；剩余房价款1035314元整分7期支付，剩余房价款中的首期款应于2014年3月14日前支付，之后的每三个月为一期，剩余房价款中除最后一期应支付的房价款为147902元整外，其余每期应支付的房价款为147902元整）。

合同签订后，邓某依约向某公司交纳了首期房价款购房款147899元整（冲抵定金30000元，实付117899元），邓某在之后的分期付款中存在不同程度的逾期。邓某承认逾期付款这一事实，但主张自己对某公司未按法律规定开具发票行使的是不安抗辩权。

---

① （2018）鲁06民终4945号。

法院裁判

二审法院认为，当事人对自己的诉讼主张有责任提供证据证明。没有证据或者证据不足以证明当事人的事实主张的，由负有举证责任的当事人承担不利后果。《合同法》第六十八条规定：“应当先履行债务的当事人，有确切证据证明对方有下列情形之一的，可以中止履行：（一）经营状况严重恶化；（二）转移财产、抽逃资金，以逃避债务；（三）丧失商业信誉；（四）有丧失或者可能丧失履行债务能力的其他情形。当事人没有确切证据中止履行的，应当承担违约责任。”[1] 第六十九条规定：“当事人依照本法第六十八条的规定中止履行的，应当及时通知对方。对方提供适当担保时，应当恢复履行。中止履行后，对方在合理期限内未恢复履行能力并且未提供适当担保的，中止履行的一方可以解除合同。”[2] 据此，主张不安抗辩权的一方当事人，应当提交符合不安抗辩权行使的前提条件的证据以及通知对方中止履行，对方亦未提供担保的证据。

本案中，邓某以某公司丧失商业信誉为由主张其逾期付款系行使不安抗辩权，但丧失商业信誉是指双务合同中的后履行方当事人存在多次不履行、不按时履行或者长期没有能力履行合同约定的义务，从而导致社会公众对其经济能力、信用状况等产生负面评价的情形，不能等同于一般的违约行为。某公司虽然存在未能按时开具发票的情形，但开具发票只是双方《商品房买卖合同》的附随义务，并不能必然导致某公司丧失商业信誉，且某公司已按合同约定于 2015 年 6 月 30 日完成了商品房交付的主要合同义务，并非不能履行或没有履行合同主要义务的能力。因此，在邓某不能进一步提交确切证据证明某公司丧失商业信誉，不能履行对应主要合同义务的情形下，邓某主张行使不安抗辩权缺乏合法依据，本院不予支持。邓某应按《商品房买卖合同》第七条约定，承担逾期付款违约责任，原审对此所作判决正确，依法应予维持。

---

① 已修订为 2020 年《民法典》第五百二十七条。

② 已修订为 2020 年《民法典》第五百二十八条。

律师评析

分期付款方式与按揭贷款方式不同。按揭贷款中，购房人按照约定向贷款机构提交符合要求的全部材料后，可能因贷款机构自身受资金或政策的影响导致逾期放款，在司法实践中，若购房人按约定提交合格的贷款资料，并且非因购房人自身原因导致的逾期付款，一般无需承担逾期付款责任。而在分期付款中，购房人应按照合同约定支付购房款，在没有确切的证据证明房地产开发企业存在不能履行或没有履行合同主要义务的能力，因而可能导致合同目的无法实现的情形时，购房人无权以不安抗辩权为由拒绝支付购房款。购房人未按合同约定付款的，还应承担相应的违约责任。

第二节　按揭贷款纠纷

商品房按揭，是从我国香港地区传入内地的一种融资购楼方式，包括楼花按揭和现楼按揭。本节所述商品房按揭，特指在商品房销售过程中，购房人以所购买商品房作为抵押物，向银行和（/或）公积金管理机构（以下简称贷款机构）贷款用于支付部分购房款，房地产开发企业根据贷款机构的要求为购房人贷款承担阶段性连带责任保证担保的一种贷款方式。

商品房按揭法律关系并非单一的法律关系，而是一个法律关系集合体，涉及购房人与贷款机构之间的借款合同关系、抵押担保关系，贷款机构与房地产开发企业的保证担保关系，购房人与房地产开发企业的商品房买卖合同关系。若其中一个法律关系脱节，会导致法律关系失衡，从而引发一系列矛盾。

本节中，我们仅从商品房按揭对购房合同所带来的影响角度，根据纠纷的成因及法律后果，探讨商品房按揭纠纷的解决之道。

一、理论概述与实务指引

本章所述商品房按揭纠纷，是指因商品房按揭贷款合同的签订、履行及解除而引起的房地产开发企业与购房人之间就购房合同项下权利义务产生的纠纷。此类纠纷的一大特点是，其虽起源于借款合同纠纷，但由于借款用途系用于支付购房款，购房人自身的贷款资格、贷款政策的调整及贷款人还款的情况均会影响商品房买卖合同的签署和履行，甚至导致解除合同的后果。下面，我们将根据纠纷成因对相关法律问题进行分析。

（一）因购房人原因导致的纠纷

1. 纠纷成因

虽然房地产开发企业在与购房人签订购房合同以前，可以根据贷款政策对购房人是否符合贷款条件及可贷款金额进行初步的判断，并可以要求贷款机构对购房人的信用情况进行初步的查询，但贷款机构在正式受理商品房按揭贷款业务后，方可正式启动购房人的贷款资格及贷款能力评定程序，并需由购房人配合提供各种证明材料及办理各项手续。此外，对于行业或信用等方面存在特殊情况的购房人，还可能会设置更严的贷款条件、较高的贷款利率或首付款比例，甚至最终不予办理贷款。在此过程中，若购房人未履行配合义务或无法达到贷款机构的贷款要求等，均可能导致无法按期支付购房合同约定的按揭部分购房款。

2. 法律后果

《最高人民法院关于审理商品房买卖合同纠纷案件适用法律若干问题的解释》（法释〔2020〕17 号）第十九条规定："商品房买卖合同约定，买受人以担保贷款方式付款、因当事人一方原因未能订立商品房担保贷款合同并导致商品房买卖合同不能继续履行的，对方当事人可以请求解除合同和赔偿损失……"

根据上述规定，在因购房人原因导致购房合同所约定的按揭贷款无法实现的情况下，房地产开发企业可以要求解除购房合同并要求购房人承担相应违约责任。

（二）因房地产开发企业过错导致的纠纷

1. 纠纷成因

虽然办理商品房按揭的主要义务在购房人一方，但房地产开发企业也需确保相应商品房具备办理按揭的基本条件。比如，房地产开发企业需确保商品房所在项目不存在前期开发建设手续不全的情形，项目上也不存在权属争议或因诉讼纠纷导致的查封等权利负担，房地产开发企业按时提供相应的贷款保证担保，及时办理购房合同网上签约备案手续。另外，若房地产开发企业为办理开发贷款而将商品房所在在建工程抵押的，则还需与开发贷款的抵押权人协商解除相应商品房上所设定的抵押，以将其另行抵押给按揭贷款机构。而对于公积金贷款，公积金贷款机构就办理按揭的商品房还可能有建设进度的要求，房地产开发企业需确保商品房达到相应的建设进度以满足贷款条件。若在上述方面房地产开发企业没有及时履行义务，则会导致按揭贷款无法办理，可能引起购房合同纠纷。

2. 法律后果

根据前述《最高人民法院关于审理商品房买卖合同纠纷案件适用法律若干问题的解释》（法释〔2020〕17 号）第十九条的规定，若因房地产开发企业原因导致未能订立商品房担保贷款合同并导致商品房买卖合同不能继续履行，购房人也可以要求解除购房合同并要求房地产开发企业承担损失赔偿责任。

（三）因贷款政策调整导致的纠纷

1. 纠纷成因

在商品房买卖合同签订后，房地产信贷政策发生调整，导致出现购房人不具备按揭贷款资格或者贷款首付比例增加、可贷款金额降低、贷款利率提高等情形，则会加重购房人履行合同的负担，可能造成其“履约艰难”；而若购房人无力承担该增加的合同负担，又无法通过其他方式解决（如以自有资金支付购房款），将会导致购房合同难以正常履行，从而产生纠纷。

2. 法律后果

虽然《最高人民法院关于审理商品房买卖合同纠纷案件适用法律若干问题的解释》（法释〔2020〕17 号）第十九条规定“……因不可归责于当事人双方的事由未能订立商品房担保贷款合同并导致商品房买卖合同不能继续履行的，当事人可以请求解除合同，出卖人应当将收受的购房款本金及其利息或者定金返还买受人”。但司法机关认定贷款政策调整是否适用该规定时应十分谨慎，原则上不应轻易解除双方签订的购房合同。只有在购房人充分举证证明系因贷款政策的调整增加了其履约难度，并已经严重至合同履行不能的程度时，方可判决解除购房合同并对购房人的违约行为予以免责处理。

（四）因贷款人逾期还款导致房地产开发企业承担连带保证责任引起的纠纷

1. 纠纷成因

由于我国实行商品房预售制度，银行办理按揭贷款时往往尚无法办理商品房的抵押权登记（仅可以办理抵押权预告登记），其债权无法得到相应保障。因此，虽然部分地方政府成立了专门的贷款担保机构来解决按揭贷款的担保问题，但大部分地区需要由房地产开发企业为所销售房屋的购房人提供阶段性按揭贷款担保。而一旦购房人在阶段性担保期间（一般指购房人领取不动产权证及办理正式抵押登记、将房地产他项权证交付给贷款机构以前）偿还按揭贷款出现逾期，贷款机构即会要求房地产开发企业承担保证责任，代购房人清偿贷款。

2. 法律后果

房地产开发企业与购房人基于购房合同所形成的商品房买卖关系，与双方基于贷款保证合同而形成的债务担保关系，是两种既相互联系又各自独立的法律关系，且两者不具有主从合同的性质。因此，根据《民法典》第七百条“保证人承担保证责任后，除当事人另有约定外，有权在其承担保证责任的范围内向债务人追偿，享有债权人对债务人的权利，但是不得损害债权人的利益”的规定，房地产开发企业可以基于保证义务已经履行的事实向购房人行使追偿权。

二、办案思路与实战技巧

关于商品房按揭纠纷，律师应当立足于纠纷发生的原因及化解可能性，根据合同继续履行的成本及可能性、证据收据情况、判决执行的难易程度、外在不利因素影响风险性等多个方面确定案件的代理思路。其中，有如下几个实践中比较关键的问题需特别重视。

（一）房地产开发企业需就因购房人违约导致无法办理贷款承担相应的举证责任

商品房按揭贷款过程中导致无法办理贷款的原因很多，如房地产开发企业诉讼要求购房人承担违约责任，则需就购房人存在违约的事实承担初步的举证责任。实践中，人民法院或仲裁机构一般会要求房地产开发企业提供一份贷款机构关于按揭贷款手续无法按时办理原因的说明，但是，贷款机构考虑到自身的涉诉风险，往往不愿意出具此类证明。就此，需由房地产开发企业与贷款机构签署贷款合作协议时对贷款机构出具该证明的义务进行明确，以免纠纷发生时房地产开发企业承担举证不能的不利后果。

（二）在认定贷款新政对购房合同履行的影响时，需结合购房人的签约及履约情况来综合判断

若购房人基于贷款政策调整的事由，要求人民法院或仲裁机构解除购房合同并由房地产开发企业返还购房款本息，房地产开发企业可基于有关购房人签约及履约的以下事由要求继续履行合同或由购房人承担解除合同的违约责任：

1. 购房合同签订于贷款新政出台以后。

2. 贷款合同签订于贷款新政出台以前，但根据购房人的实际情况，无论按照新旧贷款政策其均不符合相应的贷款条件。

3. 购房人在贷款政策调整前签署购房合同，并有条件在贷款政策调整前完成贷款，但由于购房人怠于履行义务导致在贷款政策调整前无法完成的。

4. 购房合同中并未明确以贷款方式支付购房款，而购房人以贷款政策调整为由拒绝支付剩余购房款的。

5. 购房合同达成了关于“若贷款政策调整导致无法按照购房合同约定的金额贷款，则购房人同意以自有资金一次性支付剩余购房款”的有效约定，后购房人以贷款政策调控导致其无法按揭贷款要求解除购房合同的。

（三）购房人因贷款新政导致无法履行付款义务而请求解除购房合同时，其对房地产开发企业的损失赔偿责任并非完全免除

因首付款提高、利息增加、银行贷款额度减少或无法办理贷款，致使购房人无法履行付款义务，根据《最高人民法院关于审理商品房买卖合同纠纷案件适用法律若干问题的解释》（法释〔2020〕17号）第十九条规定，购房人可以要求解除合同，房地产开发企业应退还所收取的购房款本息或定金。但在此情况下，该规定就购房人对房地产开发企业是否应承担赔偿责任，并无明确规定。笔者认为，在购房人存在一定过错的情况下，合同的解除不影响房地产开发企业要求赔偿损失的权利，所以房地产开发企业仍可要求购房人承担一定范围内的赔偿责任。

而购房合同解除可能会给房地产开发企业造成两方面的损失：一是预期利益损失，主要是房价下跌导致的再出售损失；二是为订立合同及履行合同做准备所发生的实际损失。对于前者，由于属于购房人在签约时所不能预见且不属于依赖利益损失，所以一般不予支持；而对于后者，属于实际发生的费用，房地产开发企业可以要求购房人赔偿。

（四）房地产开发企业因购房人未按期偿还贷款而需向贷款机构承担保证责任时的救济途径

房地产开发企业并非金融担保机构，其就房地产按揭提供保证担保并无单独的经济利益，唯一目的仅为回笼房款。而一旦因购房人未按期偿还贷款导致房地产开发企业需向贷款机构承担保证责任的，则根据担保的一般原理，房地产开发企业仅可通过向购房人行使追偿权的方式获得救济；虽然涉及不同法律关系，但从实际效果来看，在房地产开发企业的追偿权获得满足以前，其签署购房合同的目的是无法实现的。

实际上购房人逾期偿还按揭贷款一般发生在其资金状况严重恶化、存在大量其他债权纠纷，甚至本人已经下落不明的情况下，房地产开发企业向购房人追偿是极为困难的。为此，购房合同中往往会约定，若一旦因购房人逾期偿还按揭贷款导致房地产开发企业向贷款机构承担保证责任时，房地产

开发企业有权解除购房合同并由购房人向其承担违约责任。在此情况下，房地产开发企业可以通过收回房屋，并自应退房款中扣除向贷款机构代偿的款项，以补偿其损失。

但是，很多情况下，房地产开发企业与购房人签订的《购房合同》中并未约定房地产开发企业代偿按揭贷款情形下的解约权条款，或虽然约定，但商品房上有其他解除合同的障碍负担（如商品房上存在其他债权人申请的查封，购房合同解除后需通过执行异议或执行异议之诉的方式撤销购房合同网签备案手续，以恢复商品房的可销售状况，过程中法律风险较大），则不宜采取解除合同的方式解决。此时，若有生效法律文书确认贷款机构债权对相应商品房拍卖、变卖所得价款有优先受偿权，则房地产开发企业可能会通过委托第三方受让债权的方式解决纠纷；或者与银行协商先行以拍卖所涉商品房的方式受偿，不足部分再由房地产开发企业补足，以最大限度地降低风险。

三、典型案例精析

案例 4：某置业公司与杨某商品房预售合同纠纷[①]

裁判要旨

在因商品房按揭所引起的纠纷案件中，房地产开发企业需就因购房人原因导致按揭贷款手续未能办理承担相应的举证责任。

案情简介

2013 年 1 月 18 日，被告某置业公司与原告杨某签订商品房预售合同，合同约定：由杨某购买该置业公司开发的楼房一套（以下简称该房屋），购买款总额人民币 513384 元；杨某应于签约当天支付购房首付款 193384 元，并应于 2012 年 12 月 23 日前将贷款 32 万元支付给该置业公司；逾期付款超过

① （2014）青民一终字第 1759 号。

30 日的，某置业公司有权解除合同，收取杨某总房款 10% 的违约金。

签约当天，某置业公司曾邀请贷款银行到签约现场提供服务，杨某也咨询了贷款的相关问题，并付清了首付款，后续杨某也曾自行或通过置业顾问向贷款银行提供了部分贷款资料，但贷款银行一直未正式受理该业务，也未就杨某提供的贷款资料向杨某出具过任何接收凭证。2013 年 1 月 15 日及 3 月 29 日，该置业公司向杨某分别发送了催办函，要求杨某尽快办理贷款手续。但直到 2013 年 9 月 17 日杨某仍未办理。为此，该置业公司向杨某发送了解约通知并将杨某诉至法院，要求法院判令解除购房合同并由杨某向该置业公司支付总房款 10% 的违约金。

杨某辩称，该置业公司起诉与事实完全不符，其已经提供了办理贷款的手续，没有办理好贷款不是杨某原因造成。

法院裁判

一审法院认为，某置业公司、杨某于 2013 年 1 月 18 日签订的《商品房预售合同》，是双方的真实意思表示，双方均应依约履行。到银行办理贷款需要某置业公司、杨某双方互相配合，而某置业公司、杨某双方对未办理完毕贷款手续原因问题互相推诿，但双方均未提供证据证明自己的主张，故该置业公司以杨某未办理贷款为由，要求杨某支付总房款 10% 的违约金 51338.4 元，证据不足，本院不予支持。在该置业公司多次通知杨某要求其缴纳尚欠房款的情况下，杨某至今不履行，其行为明确表示不再履行合同，故该置业公司要求解除 2013 年 1 月 18 日双方签订的《商品房预售合同》，本院予以支持。一审法院判令解除《商品房预售合同》，某置业公司返还杨某支付的全部购房款，驳回某置业公司的其他诉讼请求。

二审法院认为，本案中，因买受人杨某未能订立商品房担保贷款合同导致商品房买卖合同不能继续履行，上诉人该置业公司要求解除合同，原审予以支持并无不当，本院予以维持。至于合同解除后果的处理，应综合考虑本案实际。首先，办理贷款手续的义务方是杨某，杨某应承担其已向银行提交相关贷款手续的举证责任，但其并未提交有效证据证明。且该置业公司与杨某约定了办不下贷款手续后付款方式自动变更，因此，杨某在本案中存在违约行为。其次，鉴于杨某办理贷款手续需要该置业公司的配合，而该置业公司亦未提交有效证据证明其履行了积极配合的义务，应承担一定的责任。最后，杨某已向该置业公司支付首付款，而合同解除后该首付款的利息也应一并处理。故综合考虑本案实际，本院认定合同解除的后果以该置业公司返还杨某预交的购房款 193384 元为宜，故对该置业公司要求杨某支付违约金 51338.4 元的上诉请求，本院不予支持。故判决：驳回上诉，维持原判。

律师评析

本案系一则因未能签订贷款合同导致解除商品房买卖合同的典型案例。案件的关键问题在于解除购房合同的法律依据、举证责任分配及相应的法律后果，现评析如下。

1. 举证责任分配

在商品房按揭纠纷案件中，由于房地产开发企业与贷款银行之间存在合作关系，举证能力相对较强，因此人民法院在审查房地产开发企业提供的银行证明材料及分配举证责任时，对于房地产开发企业提出了更为严格的标准和要求。而房地产开发企业为了在将来纠纷案件处理时，尽量削弱或消除举证责任分配可能带来的不利影响，应在签订的购房合同中更为明确和详细地约定双方在办理贷款手续过程中的义务，并通过过程中与银行及购房人的往来函件固定事实。本案中，由于置业公司无法提供相应证据证明杨某就贷款办理存在过错或置业公司无过错，故法院无法对杨某就贷款合同未能缔结的过错进行认定。但考虑到支付购房款是购房人的主要合同义务，而办理按揭贷款仅系支付购房款的一种方式，在购房合同已经明确若无法办理贷款则付款方式自动变更的情况下，从尊重双方当事人意思自治的原则出发，应认定杨某存在迟延付款的违约行为，并判令杨某承担相应的违约责任。

2. 解除购房合同的法律依据

《最高人民法院关于审理商品房买卖合同纠纷案件适用法律若干问题的解释》（法释〔2020〕17 号）第十九条规定："商品房买卖合同约定，买受人以担保贷款方式付款、因当事人一方原因未能订立商品房担保贷款合同并导致商品房买卖合同不能继续履行的，对方当事人可以请求解除合同和赔偿损失……”根据该条规定，对于未能缔结贷款合同无过错的一方，可以以按揭贷款合同未能缔结为由要求解除购房合同。

而本案中，双方均未能提供己方对贷款合同未能签订并无过错的证据，所以法院并未直接援引上述司法解释的规定对本案作出裁判。在置业公司提出解除合同而杨某同意解除的情况下，法院当然可以判令解除购房合同，但购房合同解除的法律依据，更多的是基于双方当事人对于解除购房合同的合意，而非基于对置业公司或杨某所提出的对购房合同单方解约权的支持。

案例 5：某置业公司与张某商品房预售合同纠纷①

裁判要旨

若购房合同明确约定因购房人逾期偿还贷款导致房地产开发企业向贷款银行承担清偿责任时，房地产开发企业有权要求解除购房合同的，则该约定可认定为有效，且房地产开发企业可以据此要求解除购房合同。

案情简介

2012 年 6 月 8 日，某置业公司与张某签订《商品房预售合同》（以下简称《预售合同》），约定由张某购买置业公司开发的某楼盘 12 号楼 1602 户房屋，购房款总额为人民币 734235 元，首付款人民币 224235 元应在签约当天支付，剩余款项 51 万元的付款方式为银行按揭贷款，并应在 2015 年 6 月 15 日以前支付完毕。后张某通过某银行办理了该贷款并支付给了该置业公司。但由于张某逾期偿还按揭贷款，某银行将置业公司及张某诉至法院，要求张某提前清偿债务并由置业公司承担保证责任。后法院支持了某银行的诉讼请求，判令张某偿还贷款本金 486985.08 元及利息，置业公司对上述债务承担连带清偿责任。置业公司根据上述生效判决清偿了全部债权本息合计人民币 548234.11 元。

---

① （2014）李民初字第 1768 号。

根据《预售合同》约定，若张某逾期偿还按揭贷款导致置业公司承担连带保证责任的，则置业公司有权解除《预售合同》并收取代偿款项总额10%的违约金，置业公司代偿的款项及违约金从应退购房款中优先予以扣除。基于上述约定，置业公司将张某诉至法院，要求解除《预售合同》并由张某向其支付违约金54823.41元，请求将违约金及代偿款项从应退房款中优先扣除。

法院裁判

法院认为，《预售合同》系双方当事人的真实意思表示，符合法律的相关规定，对双方均具有约束力，双方均应遵照执行。因被告未按期偿还贷款本息，导致置业公司承担连带清偿责任，达到了《预售合同》约定的解约条件，原告请求法院依法解除《预售合同》并要求被告偿还代偿款项548234.11元、支付违约金54823.41元（上述两项合计为人民币603057.52元），符合法律规定及双方约定，法院予以支持。《预售合同》解除后，置业公司应返还张某购房款人民币734235元，与张某应支付给原告的人民币603057.52元相抵后，置业公司尚需返还张某人民币131177.48元。

律师评析

本案是一起因购房人逾期偿还按揭贷款导致房地产开发企业承担担保责任从而解除购房合同的典型案例。

1. 关于张某履行付款义务后置业公司是否仍享有合同解除权的问题

《合同法》第九十三条第二款（《民法典》第五百六十二条第二款）规定："当事人可以约定一方解除合同的条件。解除合同的条件成就时，解除权人可以解除合同。"本案中，法院正是基于某置业公司与张某在《预售合同》中关于解约权的约定，判令解除了该《预售合同》。

但实践中，有人认为购房人通过各种方式支付了全部购房款，特别是房地产开发企业据此向购房人交付房屋后，双方签署的房屋买卖合同即已经履行完毕，而不再具有可解除的内容，从而认为在发生本案情形时，不应支持置业公司要求解除合同的诉讼请求，并进而认为置业公司在代为清偿后只能通过行使追偿权的方式补偿损失。笔者认为，支付购房款系房屋买卖合同中购房人的主要合同义务，在购房人通过贷款方式支付全部购房款后，其该项付款义务已经履行完毕，但这并不意味着购房人的合同义务均已履行完毕。房地产开发企业向购房人销售房屋的目的是获得经营收益，而为购房人按揭贷款提供担保仅为房地产开发企业基于其系房屋建设单位的事实而不得不承担的义务，房地产开发企业并未从该担保行为中取得单独的经济利益，其目的是通过收取购房款从而获得房屋销售经营收益。因此，在购房人逾期偿还贷款导致房地产开发企业基于保证人身份向贷款机构承担了清偿责任的情况下，房地产开发企业获得经营收益的合同目的已经无法实现。若不允许房地产开发企业解除合同、收回房屋，可能会导致房地产开发企业发生在缔结购房合同时无法预见的风险，并进而导致其交易目的落空。且一旦购房人的其他债权人先于房地产开发企业对涉案房屋采取了保全措施，而购房人又无其他可供执行的财产，则房地产开发企业客观上也无法通过行使追偿权而获得补偿，此时若不允许房地产开发企业行使合同解除权，也违反公平原则。

2. 关于合同中约定应退房款与违约责任款项相抵扣条款的效力问题

《合同法》第九十九条、第一百条（《民法典》第五百六十八条、第五百六十九条）中明确了债务的法定抵销及约定抵销。本案中，双方在《预售合同》中约定了置业公司解除合同时，代偿款项及违约金应从应退购房款中优先扣除；这属于“约定抵销”，且在《预售合同》缔结时，该抵销所针对的债务均尚未发生，属于预约性质。

对于此类抵销，虽然法律并无明确规定，但《最高人民法院执行工作办公室关于上市公司发起人股份质押合同及红利抵债协议效力问题请示案的复函》（〔2002〕执他字第22号）第二条答复中明确：“关于本案中三方当事人达成的以股份所产生的红利抵债的协议（简称三方抵债协议），我们认为：首先，该协议性质上属于三方当事人之间的连环债务的协议抵消关系。在协议抵消的情况下，抵消的条件、标的物、范围，均由当事人自主约定。《合同法》第100条关于双方当事人协议抵消的规定，并不排除本案中三方当事人协议抵消的做法。其次，该协议属于预定抵消合同。根据这种合同，当事人之间将来发生可以抵消的债务时，无须另行作出抵消的意思表示，而当然发生抵消债务的效果。这种协议并不违反法律的强制性规定，应予以认可……”

综上，笔者认为，因购房人逾期偿还贷款导致房地产开发企业解除购房合同的案件属于近几年刚刚出现的新型案件且其数量呈现上升趋势，此类案件中往往伴随着购房人资产状况发生严重恶化、存在其他债权纠纷的情形，处理起来非常复杂。在房地产开发企业负有保证责任时，除法定的追偿权救济途径外，通过约定购房合同解除条款可以更好地保护房地产开发企业的合法利益，为追偿权的实现提供资金来源。同时，由于房地产开发企业的追偿权实现得到了保护，也激发了其承担保证责任的积极性，从而也保护了按揭银行的利益，稳定了经济秩序。因此，赋予房地产开发企业按照约定解除购房合同的权利，是发生此类纠纷时一种比较安全可行的解决方案。

第三章　商品房交付纠纷

商品房交付是指房地产开发企业根据相关法律法规的规定及商品房买卖合同的约定，将符合交付使用条件的房屋按期向购房人交付、购房人查验并接收房屋的过程。

在房地产市场的发展过程中，房地产开发企业侵犯购房人权益的情形时有发生。随着购房人维权意识的提高，房地产开发企业与购房人的矛盾冲突往往在商品房交付验收环节集中爆发，主要表现在交付条件、交付房屋质量、逾期交付等方面，其中，交付条件、交付房屋质量的争议又会导致逾期交付的争议。

第一节　交付条件纠纷

一、理论概述与实务指引

交付条件纠纷是指房地产开发企业与购房人就商品房应达到何种条件（不包括商品房应达到的具体交付标准）方可交付所发生的纠纷。在实践中，房地产开发企业通常在商品房买卖合同中对房屋交付的条件作出明确约定，如房屋取得建筑工程竣工验收备案文件后交付等。但购房人往往以房屋交付条件不符合法定条件为由拒绝接收房屋，从而与房地产开发企业发生争议。

1. 商品房交付的法定条件

（1）竣工验收

《城市房地产管理法》第二十七条规定：“房地产开发项目的设计、施工，必须符合国家的有关标准和规范。房地产开发项目竣工，经验收合格后，方可交付使用。”

《建设工程质量管理条例》第十六条规定：“建设单位收到建设工程竣工报告后，应当组织设计、施工、工程监理等有关单位进行竣工验收。建设工程竣工验收应当具备下列条件：（一）完成建设工程设计和合同约定的各项内容；（二）有完整的技术档案和施工管理资料；（三）有工程使用的主要建筑材料、建筑构配件和设备的进场试验报告；（四）有勘察、设计、施工、工程监理等单位分别签署的质量合格文件；（五）有施工单位签署的工程保修书。建设工程经验收合格的，方可交付使用。”

根据上述规定，房地产开发项目竣工后，房地产开发企业应当组织设计、施工、工程监理等有关单位进行验收，涉及的主要内容为房屋质量的验收。

（2）提供证明材料

除上述竣工验收条件外，房地产开发企业在交付房屋时还应提供其他相关证明文件。《城市房地产开发经营管理条例》第三十条第一款、第二款规定：“房地产开发企业应当在商品房交付使用时，向购买人提供住宅质量保证书和住宅使用说明书。住宅质量保证书应当列明工程质量监督单位核验的质量等级、保修范围、保修期和保修单位等内容。房地产开发企业应当按照住宅质量保证书的约定，承担商品房保修责任。”《商品房销售管理办法》第三十四条第一款规定：“房地产开发企业应当在商品房交付使用前按项目委托具有房产测绘资格的单位实施测绘，测绘成果报房地产行政主管部门审核后用于房屋权属登记。”根据上述规定，房地产开发企业在交付房屋时还应提供房屋面积实测技术报告书；房屋为住宅的，还应提供《住宅质量保证书》和《住宅使用说明书》。

（3）其他法定条件

自 2020 年以来，部分城市要求房地产开发企业需完成商品房的不动产首次登记方可向购房人移交，以便购房人接收商品房以后即可办理不动产转移登记手续，并就此出台了相应的政策规定。虽然此类规定多以地方政府行政部门通知的形式推行，效力层级并不高，但往往配以强制修改网签合同文本等行政管理措施，从而对买卖双方具有强制约束力。

如房地产开发企业无法提供上述证明文件或达到其他法定交付条件的，购房人有权拒绝接收房屋，由此引起的房屋逾期交付，应由房地产开发企业按照商品房买卖合同的约定承担逾期交付的违约责任。

2. 商品房交付的约定条件

除了上述法定条件，房地产开发企业为了保证自己利益的最大化，往往会将购房人按约定付清全部房款及履行其他约定义务作为交房的条件之一。应该看到该条款在督促购房人履行支付购房款等相关义务中起到了积极作用，但是目前实践中的部分司法案例显示，法院认为除了购房款未能完全支付之外，因逾期支付购房款所导致的违约金并不能成为阻却商品房交付的条件。换言之，如果购房人支付完毕了所有的购房款，则房地产开发企业不能以购房人未支付逾期付款违约金为由拒绝交付房屋，只能通过交付房屋之后另行向购房人进行追偿的方式维护自身的合法权益。

二、办案思路与实战技巧

关于商品房交付条件纠纷，律师应当从商品房交付是否符合约定条件及购房人能否实现合同目的出发来厘清该类型案件的代理思路，具体涉及以下几个问题。

1. 交付条件符合合同约定

如房地产开发企业在商品房买卖合同中约定以房地产项目取得竣工验收备案文件及达到其他具体条件后交付作为房屋交付的条件，且在房屋交付时房地产项目达到了上述交付条件，并取得房屋面积实测技术报告书及《住宅质量保证书》和《住宅使用说明书》（房屋为住宅的），则房地产开发企业可以据此抗辩房屋已达到合同约定的条件可以交付。司法实践中，各地法院也倾向于根据合同约定判定房屋是否达到交付条件。

2. 购房人能够实现其合同目的

除达到合同约定的交付条件外，司法实践中，法院还会从购房人能否实现其合同目的考量房地产开发企业的房屋交付行为是否达到交付条件。如房地产项目在交付时各项配套设施已具备使用条件（如水、电、气、暖、通信等），购房人在接收房屋后即可实际占有使用，其能够完全实现合同目的，则房地产开发企业可以据此抗辩房屋已达到合同约定的条件，可以交付。

3. 房屋转移占有

《最高人民法院关于审理商品房买卖合同纠纷案件适用法律若干问题的解释》（法释〔2020〕17 号）第八条第一款规定："对房屋的转移占有，视为房屋的交付使用，但当事人另有约定的除外。"根据上述规定，如购房人已实际接收并使用房屋，则视为房屋已交付使用，此后购房人不得再以房地产项目不符合交付条件为由要求房地产开发企业承担逾期交付的违约责任。

三、典型案例精析

案例 6：王某与某置业公司商品房预售合同纠纷[①]

裁判要旨

商品房预售合同中，购房人的主要义务为支付购房款，房地产开发企业的主要义务为交付房屋，若购房人存在逾期付款违约金但金额较低，则即使购房合同有约定，也不能作为对抗购房人要求交付房屋的事由。

案情简介

2012 年 8 月 10 日，王某与某置业公司签署了购房合同，购房合同约定，购房人需要按照购房合同约定支付全部房款、有关税费、专项维修基金、合同约定的违约金（如有）以及前期物业管理服务协议所述全部费用后才具备收楼条件，如购房人未按照约定支付前述款项，则房地产开发企业有权顺延办理交楼及产权登记手续的时间。后王某由于贷款原因逾期支付购房款，并产生了逾期付款违约金。待涉案的房屋具备交付条件后，某置业公司以王某

① （2020）鲁 0211 民初 7490 号。

尚有逾期付款违约金未支付为由拒绝交付涉案房屋。王某将某置业公司诉至法院要求交付涉案房屋并支付逾期交房违约金。

法院裁判

根据预售合同，被告应于 2013 年 10 月 1 日前将房屋交付给原告，被告主张根据合同补充条款，原告付清房款、违约金后才具备收楼条件，但原告未交纳逾期付款违约金，被告交房的条件未成就。法院认为，在商品房预售合同中，原告的合同义务为交付房款，被告的合同义务为交付房屋，被告主张原告未支付逾期付款违约金，故不同意交房及办理房产证，但根据本案中证人的陈述及原告另外购买的房屋的签约时间，可以认定原告在被告处先后购买了 5 套房，且都约定了以贷款支付房款，结合原、被告关于逾期付款违约金已在法院（2014）黄民初字第 6286 号案件中经调解，数额仅为 2000 元，可以认定，涉案房屋未能办理贷款，不能完全归责于原告。虽然原告未向被告支付逾期付款违约金，但该违约金的数额过低，不足以对抗原告要求被告向其交付房屋的权利。综上，被告以原告未支付逾期付款违约金为由主张交房条件未成就，拒不向原告交房，法院不予支持。

律师评析

本案中关于逾期付款违约金及房屋交付义务之间关系的论述，体现了该案中对该问题的看法。法院认为在购房人已经支付完毕全部购房款的前提下，即使购房合同有约定小额的逾期付款违约金可以作为拒绝交付房屋的条件，开发商也应先履行其主要的交房义务，再另行进行诉讼追偿。应该看到，本案的判决是站在了购房人的角度去考虑，但是对于双方意思自治而签署的购房合同的效力问题却没有提及。

第二节　逾期交付纠纷

一、理论概述与实务指引

逾期交付纠纷是指房地产开发企业未按商品房买卖合同约定的期限将房屋交付购房人所发生的纠纷。在实践中，商品房买卖合同中对房屋交付期限均会作出明确约定，如房地产开发企业未按约定期限交付房屋，应承担相应的违约责任。

（一）逾期交付的认定

根据本章第一节交付条件纠纷中所述，房地产开发企业交付的房屋应符合商品房买卖合同中约定的交付条件且应提供房屋面积实测技术报告书；房屋为住宅的，还应提供《住宅质量保证书》和《住宅使用说明书》。在符合上述交付条件，同时在商品房买卖合同中约定了购房人不能以房屋存在一般质量问题为由拒绝接收房屋的情形下，如购房人因此拒绝接收房屋，由此造成的房屋逾期交付，房地产开发企业将不承担责任。

除上述情形外，如房地产开发企业实际交付房屋的时间超过了商品房买卖合同中约定的房屋交付期限，则应认定为房地产开发企业构成逾期交付。

（二）逾期交付违约责任的承担方式

房地产开发企业逾期交付房屋应承担相应的违约责任，包括承担违约金、赔偿损失、购房人解除合同等。

1. 承担违约金、赔偿损失

房地产开发企业通常会在商品房买卖合同中约定逾期交付应承担的违约责任，如承担一定金额或比例的违约金等。如房地产开发企业在商品房买卖合同中未约定逾期交付应承担的违约责任，《最高人民法院关于审理商品房买卖合同纠纷案件适用法律若干问题的解释》（法释〔2020〕17号）第十三条规定："商品房买卖合同没有约定违约金数额或者损失赔偿额计算方法，违约金数额或者损失赔偿额可以参照以下标准确定……逾期交付使用房屋的，按照逾期交付使用房屋期间有关主管部门公布或者有资格的房地产评估机构评定的同地段同类房屋租金标准确定。"

关于购房人认为合同中约定的违约金数额过低的问题。《最高人民法院关于审理商品房买卖合同纠纷案件适用法律若干问题的解释》（法释〔2020〕17号）第十二条规定："当事人以约定的违约金过高为由请求减少的，应当以违约金超过造成的损失30%为标准适当减少；当事人以约定的违约金低于造成的损失为由请求增加的，应当以违约造成的损失确定违约金数额。"根据上述规定，如购房人能够证明其实际损失高于合同中约定的违约金，其有权要求以其实际损失确定违约金的数额。实践中，法院一般参照《最高人民法院关于审理商品房买卖合同纠纷案件适用法律若干问题的解释》（法释〔2020〕17号）第十三条的规定，以拟交付房屋所在地段的其他同类房屋的租金数额作为确定购房人逾期交付损失的依据，并据实调整合同中约定的违约金数额。

2. 购房人解除合同

如商品房买卖合同中约定逾期交付超过一定期限购房人有权解除合同，则购房人有权在解约条件成就后行使解约权，并要求房地产开发企业赔偿其因此遭受的损失。对于购房人解约权的行使期限，如商品房买卖合同中作出了明确约定，则购房人应在相应期限内及时行使解约权，如不及时行使，购房人的解约权将消灭。

如商品房买卖合同中未对购房人因逾期交付导致解约的解约权成就条件或解约权的行使期限作出明确约定，《最高人民法院关于审理商品房买卖合同纠纷案件适用法律若干问题的解释》（法释〔2020〕17号）第十一条规定："根据民法典第五百六十三条的规定，出卖人迟延交付房屋或者买受人迟延支付购房款，经催告后在三个月的合理期限内仍未履行，解除权人请求解除合同的，应予支持，但当事人另有约定的除外。法律没有规定或者当事人没有约定，经对方当事人催告后，解除权行使的合理期限为三个月。对方当事人没有催告的，解除权人自知道或者应当知道解除事由之日起一年内行使。逾期不行使的，解除权消灭。”

二、办案思路与实战技巧

律师应当从逾期交付的实体抗辩理由及购房人解约权的丧失来厘清该类型案件的代理思路，具体涉及以下几个问题。

（一）房地产开发企业对逾期交付的抗辩理由

实践中，房地产开发企业逾期交付房屋，除因自身原因造成的以外，还有可能因外界因素导致。如因政府部门政策变化或为遵守政府法令而引起房屋逾期交付，因政府部门、市政能源部门进行与房地产项目相关联的市政干线工程或采取临时措施而引起房屋逾期交付，因政府部门根据法律法规采取某项重要措施、调整规划而导致房地产项目开发建设周期延长，因政府部门公布的公共卫生事件或其他社会突发事件、政府重大活动导致房屋逾期交付，因其他非房地产开发企业所能控制或不可抗力因素导致房屋逾期交付等。在出现上述情形时，房地产开发企业应注意及时收集或整理相关的证据，并进行证据固化，以便将来在购房人主张房地产开发企业承担逾期交付违约责任时作为免除或减轻自身责任的依据。

如在商品房买卖合同约定的交付期限届满后房屋方达到交付条件的，房地产开发企业应及时就房屋交付事宜对购房人进行书面通知并保留相关证据，以便阻断房屋逾期交付违约责任的计算期限，避免房地产开发企业逾期交付损失的扩大。

除此之外，对于逾期交付房屋，房地产开发企业还可以以本部分第一节关于逾期交付的认定标准为依据，抗辩其不构成逾期交付行为。

（二）购房人解约权的丧失

如房地产开发企业的逾期交付行为达到商品房买卖合同约定的解约条件或《最高人民法院关于审理商品房买卖合同纠纷案件适用法律若干问题的解释》（法释〔2020〕17号）第十一条规定的法定解约条件，则购房人有权在上述约定期限或法定期限内行使解约权。如购房人因各种原因怠于行使解约权，其在解约权行使期限经过后再提出解约的，房地产开发企业可据此抗辩购房人未在法定或约定期限内行使解约权，从而使购房人丧失解约的权利。而且，对于迟迟不行使解约权的购房人，房地产开发企业也应及时进行书面催告，以便尽快确定商品房买卖合同的履行状态。

此外，某些房地产开发企业在商品房买卖合同中约定购房人在逾期交付的情形下，仅有权主张房地产开发企业承担违约金、赔偿损失，而无权要求解除合同，笔者认为该约定不合理地限制了购房人的合法权利，其不应得到法院的支持。解约权系《民法典》中明确规定的违约方承担违约责任的一种方式，在违约方的违约情形达到一定程度的情况下，守约方应享有解约权，以便使其从不稳定的交易关系中解脱出来，而且，赋予守约方解约权也能够有效制约违约方的违约行为，避免其放任违约后果的发生而不积极主动地纠正其违约行为。因此，即使商品房买卖合同中明确约定购房人在逾期交付的情形下不享有解约权，笔者认为购房人仍有权在违约情形达到一定程度后主张解除商品房买卖合同。

三、典型案例精析

案例7：林某与某公司商品房预售合同纠纷①

裁判要旨

对于因不可抗力、政府原因等非房地产开发企业原因且在客观上房地产开发企业确不能预见并无法克服的情形，导致房屋逾期交付，应视具体情况相应地免除或减轻房地产开发企业应承担的逾期交付违约责任。但房地产开发企业在出现上述情形时，应按相关法律、法规的规定及合同约定及时向购房人履行告知义务。

---

① （2014）榕民终字第1955号。

案情简介

上诉人（一审原告）林某作为买受人，与被上诉人（一审被告）某公司作为出卖人，于2010年10月28日签订一份《商品房买卖合同》（以下简称预售合同或合同），购买争议房屋，预售合同约定："出卖人应当在2011年6月15日前，依照国家和地方人民政府的有关规定，将同时符合预售合同各项约定条件的商品房交付买受人使用，但如遇下列特殊原因，除双方协商同意解除合同或变更合同外，出卖人可据实予以延期：遭遇不可抗力，且出卖人在发生之日起30日内书面告知买受人的；自然灾害、因政府临时决定造成出卖人无法正常施工等非出卖人所能控制的延误，按实际延误顺延，并及时书面告知买受人。除本合同规定的特殊情况外，出卖人如未按本合同规定的期限将该商品房交付买受人使用，按下列第2种方式处理……2. 逾期超过30日后，买受人有权解除合同……买受人要求继续履行合同的，合同继续履行，自本合同第八条规定的最后交付期限的第二天起至实际交付之日止，出卖人按日向买受人支付已付款3‱的违约金。"

2012年5月16日，争议房屋通过建设、勘察、设计、施工、监理5家单位竣工验收合格。2012年8月14日，林某与某公司办理了交房手续。

因某公司未按合同约定的期限将争议房屋交付林某使用构成违约，因此，林某请求某公司承担逾期交房的违约责任，违约时间从合同约定的最后交付期限的第二天，即2011年6月16日起至实际交付之日即2012年8月14日止，计426天。某公司辩称，涉案小区北面大门相邻的×××道路及通信管道市政工程因征地、拆迁、设计变更等多种因素，政府部门多次临时要求停工，从而直接导致争议房屋的施工材料无法及时进场、工程管网无法及时定位安装等，造成交房日期延误至少464天，该情形属于《商品房买卖合同》约定的政府临时决定造成的施工延误，因此，某公司不应当承担逾期交房的违约责任。

一审法院审理查明：涉案小区北面大门相邻的×××道路及通信管道市政工程属于该县建设局发包的市政工程，合同工期总日历天数120天（有效工作日）；该工程于2010年10月20日开工后，因部分地段征地、拆迁工作未完成，以及设计变更，原自来水主干管与设计污水管相冲突，供水公司需对自来水管道进行搬迁改造等问题，而停工 464 天，但某公司没有书面告知林某已出现上述情况。

二审法院另查明：××× 路是某公司开发涉案小区运送建材进出的唯一道路，遇政府修建 ××× 路工程，工期多次顺延，客观上对某公司开发的涉案小区建设工期进度存在一定的影响。

法院裁判

一审法院认为：预售合同第八条约定："如遇下列特殊原因，除双方协商同意解除合同或变更合同外，出卖人可据实予以延期：遭遇不可抗力，且出卖人在发生之日起 30 日内书面告知买受人的；自然灾害、因政府临时决定造成出卖人无法正常施工等，非出卖人所能控制的延误，按实际延误顺延，并及时书面告知买受人。"某公司没有证据证明其已书面告知林某遭遇施工延期情况，故其按照实际延误天数顺延交房日期的主张，缺乏合同和法律依据，不予采纳。但考虑到争议房屋逾期交付客观上存在市政工程建设等因素影响，为此，违约金酌情按 80% 计算；违约时间从合同约定的最后交付期限的第二天起算，即自 2011 年 6 月 16 日起至实际交付之日即 2012 年 8 月 14 日止，计 426 天，违约金为人民币 255795.07 元［2501908（元）× 0.0003×426（天）×80%］。

二审法院认为：某公司作为涉案小区的房地产开发企业，对于政府修建位于其开发的涉案小区北向大门外的 ××× 道路应当是知道的，但对政府工程多次因故临时顺延工期，作为发包方的县建设局是不可能预知的，某公司更无法预知，但不因此免除某公司没有按照《商品房买卖合同》第八条第四款约定履行书面告知的义务。本案中，政府工程在施工过程中多次临时顺延工期，每次顺延工期均超过 30 日。按照双方合同约定，某公司应当在上述政府工程出现第一次临时顺延工期时，在发生顺延工期之日起 30 日内书面告知林某，但是某公司没有履行该告知义务。此后，本案中政府工程多次出现临时顺延工期，每次临时顺延工期时间均不止 30 日，某公司都没有按约在发生临时顺延工期之日起 30 日内履行书面告知义务，存在违约情况。

但就本案而言，某公司没有履行告知义务，不因此否认政府工程临时顺延工期客观上对某公司逾期交房存在一定的影响因素。林某作为购房人，又是本地人，其因购买涉案小区房屋，客观上会经常到该小区看看，应当知悉涉案小区大门外政府发包修建的 ××× 道路工程经常停工的事实以及政府工程顺延工期会对某公司逾期交房造成影响。因此，基于本案的客观事实，可以采纳某公司减轻承担逾期交房违约金的请求。某公司违约时间从合同约定交付争议房屋的次日即 2011 年 6 月 16 日起，计至实际交付之日即 2012 年 8 月 14 日止，按逾期交房 426 天计付，鉴于政府 ××× 道路工程多次临时顺延工期，某公司没有依约履行书面告知义务，但政府工程的工期临时顺延，非某公司所能控制的延误，对某公司逾期交房具有一定影响因素，可以减轻某公司逾期交房的责任，由某公司承担 50% 逾期交房违约金，计 159872 元［2501908（元）×0.0003×426（天）×50%］。

律师评析

对于因不可抗力等非房地产开发企业原因导致的房屋逾期交付，在司法实践中是否能够免除或减轻房地产开发企业应承担的逾期交付违约责任，应视具体情形而定。正如本案例所述，如果该不可抗力或者政府原因在客观上确实是房地产开发企业不能预见并无法克服的情形，且对房地产项目的开发进度产生了没有其他任何方式可以替代继续推进的影响，法院通常会在一定程度上减轻房地产开发企业应承担的逾期交付违约责任。

但是，《商品房销售管理办法》第三十条规定："房地产开发企业应当按照合同约定，将符合交付使用条件的商品房按期交付给买受人。未能按期交付的，房地产开发企业应当承担违约责任。因不可抗力或者当事人在合同中约定的其他原因，需延期交付的，房地产开发企业应当及时告知买受人。"因此，房地产开发企业在出现可以顺延交付房屋的情形时，应按相关法律、法规的规定及合同约定及时向购房人履行告知义务，否则，房地产开发企业可能会因此承担相应的违约责任。

第三节　精装修交付纠纷

一、理论概述与实务指引

随着房地产市场的发展，越来越多的房地产项目采用精装修的方式交付，也有不少地区对商品房的精装修交付作了强制性规定，而现阶段我国关于房屋精装修的相关规范并不完善，由此导致房地产开发企业与购房人关于房屋精装修质量的纠纷层出不穷。

（一）精装修成本与销售价格的争议

近年来，部分地区为了控制房价的过快上涨，对商品房的毛坯价格进行了限定，但该毛坯价格一般低于市场价格。房地产开发企业为了获取市场平均收益，会选择通过各种方式增加商品房的整体售价，比如绑定并提高车位的价格或者精装修溢价。

采用精装修方式增加房屋溢价面临一个经常产生争议的问题，即商品房买卖合同中约定的房屋装修价款与实际装修成本或单独装修价格的差异合理性问题。许多房地产开发企业在销售阶段也会就装修的标准进行夸大宣传或对样板间进行超约定标准的装修。上述情况可能会导致房屋在交付时，装修成本或标准如果明显低于约定装修价格或者宣传的装修标准，购房人就会以交付标准过低为由要求房地产开发企业支付装修销售价格与成本价格之间的差价，从而产生争议。

关于此类争议，法院一般都会明确购房合同中就精装修的具体标准（非价格标准）是否有明确的约定：若涉案房屋能够达到购房合同约定的具体标准，法院一般不会仅以装修成本与装修销售价格之间存在差异而要求房地产开发企业承担赔偿责任；但若购房人有证据证明房地产开发企业作了其他额外的承诺，则需根据该承诺是否构成一项要约而对其法律后果进行判断。

（二）装修标准约定不明的争议

对于精装修房屋，房地产开发企业通常会在商品房买卖合同中对装修标准进行约定，但由于房地产项目的开发周期较长，其间各种变更随时可能发生，因此，房地产开发企业往往在约定装饰装修品牌时以“同档次品牌”“其他知名品牌”等予以扩充解释，以期规避相关风险。但在房屋交付时，由于房地产开发企业与购房人对“同档次品牌”“其他知名品牌”的理解不一，导致购房人认为房地产开发企业交付的房屋不符合约定标准，从而拒绝接收房屋并提出索赔。

如确有证据证明房地产开发企业交付的房屋装饰装修标准不符合合同约定，则房地产开发企业构成违约。房地产开发企业应首先根据合同约定对房屋进行整改，使之符合合同约定。如房屋无法整改，购房人有权根据《民法典》的相关规定要求房地产开发企业赔偿其因此所遭受的损失。在司法实践中，一般由法院根据房屋装饰装修标准变更的程度、房屋价款数额、装饰装修标准变更对购房人使用房屋造成的实际影响等因素，参照司法鉴定的结果，自由裁量确定损失的具体数额。

二、办案思路与实战技巧

（一）诉前风险防控是解决精装修价格纠纷的重要措施

为避免精装修价格纠纷，房地产开发企业须在合同签署阶段就通过缔结的合同明确约定装修标准。上述标准不仅包括装修的品类标准，还包括价格标准。比如购房合同中明确约定总房款与毛坯价款的差额并非装修价款，同时对相关条款进行明显的提示，也可要求购房人出具单独的承诺函，明确其知悉上述内容，从而避免后续出现相应的纠纷导致败诉、承担责任。

（二）对精装修价格纠纷，可以从市场经济的原理进行说理

精装修价格纠纷中，购房人多是要求房地产开发企业以成本价格出售商品房的装修部分，这种诉求并不符合市场经济规律。房屋精装修部分的价值

不能简单地以其成本或者实物价值进行衡量，根据房地产市场的运行规律及商业惯例，精装修房屋的价值除了基本的装修造价外，还包括房地产开发企业的招采成本、管理成本、资金成本，也包括房地产开发企业的设计成本、品牌溢价、商誉以及房地产开发企业的利润等，购房人不能以装修成本或实物价值低于其主张的房屋精装修部分价格即要求房地产开发企业赔偿其相关的差价损失。否则，势必将严重扰乱市场秩序，也不符合市场经济的客观规律。

（三）对精装修价格纠纷，可以考虑周边竞品的房屋是否有举证意义

因一般的商品房并不会单独存在，周边存在竞品的概率较高，若房地产开发企业在购房合同中并没有就装修的标准作出足以免责的约定，则可以考察周边的竞品价格，考虑将周边的竞品价格作为证据，以证明涉案房屋的价格处在合理区间之内，并且不存在明显高于周边房屋价格的问题。

三、典型案例精析

案例 8：姜某与某公司商品房销售合同纠纷[1]

裁判要旨

购房人在知悉并认可涉案房屋装修成本价格与销售价格存在差额的情况下，又以装修质量达不到合同约定的价格为由，主张返还装修差价款的，不予支持。

案情简介

2017 年 3 月 30 日，姜某与某公司签订商品房预售合同，约定购买某公司开发的房屋一套。合同第三条约定，房屋建筑面积单价为 15639 元 / 平方米，房屋总价款（不包含房屋全装修价格）暂定为 1902797 元；房屋全装修

---

① （2020）鲁 02 民终 9864 号。

总价为 2632817 元。合同附件三中约定了装修及设备标准等内容。

此外，合同补充条款中约定“甲乙双方确认，乙方经充分考虑后自愿按照合同第三条约定的价格购买本合同项下房屋，且乙方确认：（1）该房屋全装修总价与该房屋的总价款（不包含房屋全装修价格）的差额并非装修标准或装修造价成本，乙方不因该房屋装修价格或标准向甲方提出调减房价、违约责任等任何权利诉求。（2）买卖合同及补充条款签订后，买卖合同第三条约定的房款不因任何因素而调整……（3）买卖合同及本补充条款所约定的相关内容，若涉及房屋价款（包括但不限于违约金的计算基数），均以该房屋全装修总价为准”。姜某主张该条款为格式条款，限制、排除了姜某权利，某公司未尽合理提示和说明义务，为无效条款。姜某主张，认可装修价值应为 730020 元（2632817 元减去 1902797 元），但主张实际装修价值仅为 50000 元，某公司没有严格履行合同。

姜某曾向某公司出具承诺书一份，内容主要为姜某知悉涉案房产装修总价款为 730020 元，该价格可能与装修成本存在差距，姜某仍认可该价格，并承诺不因该房屋装修价格向某公司提出调减房价、违约责任等任何利益诉求……“上述承诺内容系本人与贵司平等协商一致后，本人自愿承诺……本承诺函系本人的真实意思表示。”

某公司于 2019 年 6 月 28 日交付房屋。姜某提交售楼确认书复制件一份，显示姜某签收时曾备注“本人对该房屋精装修标准有异议”。

法院裁判

一审法院认为：姜某与某公司之间成立买卖合同，系双方真实意思表示，不违反法律效力性强制性规定，合法有效，双方须恪守约定，全面履行。姜某主张部分条款为格式条款，但从姜某出具的承诺函内容显示，双方已就条款内容进行磋商。姜某以格式条款无效为辩，无事实依据，不予采信。

涉案合同对房屋价款约定明确（即均以房屋全装修总价为准），现姜某诉请返还装修价差，实为变更合同价款。价格条款为买卖合同实质性条款，变更需经双方协商一致或符合法律规定。现姜某已在合同之外单独承诺在存在装修价差的情况下，仍认可装修总价款730020元，该承诺系对己方权利的自行处分，具有约束力。姜某诉请返还差价，违背承诺，有违诚信；姜某亦未陈述并举证证明其要求调整价款具有其他法定或约定事由。故，姜某的诉请证据不足，不予支持。

二审法院认为：本案争议焦点为涉案房屋装修差价应否返还问题。姜某要求某公司返还涉案房屋装修差价，并主张涉案合同部分条款及承诺函系格式条款，应属无效，对此本院认为，承诺函系与涉案合同同日出具，承诺函中姜某已明确表示在与装修成本存在差距的情况下，仍认可装修总价款为730020元，并在承诺函两处涉及其签名处签字并捺印确认，故该承诺函系姜某的真实意思表示，应视为姜某对涉案房屋装修差价的认可。现姜某主张涉案房屋装修价值另外单算，缺乏依据，其要求某公司返还装修差价款，不符合双方合同约定，亦缺乏法定事由，故一审法院认定姜某诉请证据不足不予支持正确，本院予以确认。

律师评析

本案系因购房人认为商品房精装修质量不符合合同约定的价格标准引起的起诉要求退还精装修差价的纠纷。对于此类纠纷，法院通常尊重当事人双方的合同约定，购房人作为完全民事行为能力人，可以判断自己行为的后果，购房人在预售合同中对自己民事权利的处分及民事责任承担的约定，系真实意思表示，内容清楚明确，并构成双方缔结合同的基础，应受其约束。

第四章　商品房质量纠纷

商品房作为特殊的商品，由于其建设时间长、涉及的施工单位多、工艺繁复且很多环节没有标准化生产等问题，导致房屋质量纠纷成为购房人和房地产开发企业之间最多发的纠纷类型。

商品房质量纠纷由于其本身的复杂性和专业性，一般会需要第三方鉴定机构出具专业的鉴定意见，从而产生较高的诉讼成本。同时，一个鉴定意见的出具及公开可能会衍生多起相类似的诉讼。因此，房地产开发企业对待商品房质量纠纷务必谨慎。

就我国目前的司法实践，一般质量纠纷和主体结构及严重影响使用的质量纠纷从处理方式到导致的结果存在较大差异，因此在本章中分别论述。

第一节　一般质量问题纠纷

一、理论概述与实务指引

除主体结构及严重影响使用的质量问题外，房地产开发企业交付的房屋存在其他不符合相关法律、法规规定标准或商品房买卖合同约定标准的情形，属于一般质量问题。

（一）一般质量问题所导致的赔偿责任

就一般质量问题，房地产开发企业一般会在购房合同中就保修问题作出明确约定，同时也会约定只承担保修而不承担额外的赔偿责任，但在实际的纠纷中，购房人可能因为房屋存在的一般质量问题导致需要另行租房等额外损失，就该损失，房地产开发企业也有义务进行赔偿。

《城市房地产开发经营管理条例》第三十条第三款规定："保修期内，因房地产开发企业对商品房进行维修，致使房屋原使用功能受到影响，给购买人造成损失的，应当依法承担赔偿责任。"《最高人民法院关于审理商品房买卖合同纠纷案件适用法律若干问题的解释》（法释〔2020〕17号）第十条第二款规定："交付使用的房屋存在质量问题，在保修期内，出卖人应当承担修复责任；出卖人拒绝修复或者在合理期限内拖延修复的，买受人可以自行或者委托他人修复。修复费用及修复期间造成的其他损失由出卖人承担。"根据上述规定，对于房屋存在的一般质量问题，房地产开发企业应当承担修复责任，修复费用及修复期间购房人遭受的其他损失由房地产开发企业承担。

（二）一般质量问题不能作为购房人拒绝收房的理由

实践中，购房人在验收房地产开发企业交付的房屋时发现一般质量问题，其往往以此为由拒绝接收房屋，甚至拒绝房地产开发企业进行维修，直接提出高额的索赔。为规避相关法律风险，房地产开发企业通常在商品房买卖合同中约定在房屋出现一般质量问题时，由房地产开发企业承担维修责任，但购房人不能以此为由拒绝接收房屋，也不能拒绝房地产开发企业采取合理的措施进行维修。在此情形下，购房人拒绝接收房屋或拒绝房地产开发企业进行维修的行为，均没有相应的法律及合同依据。

另外，《最高人民法院关于审理商品房买卖合同纠纷案件适用法律若干问题的解释》（法释〔2020〕17号）第八条第二款规定："房屋毁损、灭失的风险，在交付使用前由出卖人承担，交付使用后由买受人承担；买受人接到出卖人的书面交房通知，无正当理由拒绝接收的，房屋毁损、灭失的风险自书面交房通知确定的交付使用之日起由买受人承担，但法律另有规定或者当事人另有约定的除外。"根据上述规定，购房人在房屋存在一般质量问题的情形下拒绝接收房屋的行为，并不影响房屋损毁、灭失风险责任的转移。

二、办案思路与实战技巧

（一）对房屋存在一般质量问题的，房地产开发企业应及时履行修复义务

如房屋存在一般质量问题，房地产开发企业应及时根据商品房买卖合同的约定履行修复的义务并赔偿购房人因此遭受的损失。在此情形下，购房人无权解约。如购房人以房屋存在一般质量问题为由拒绝接收房屋，在商品房买卖合同中约定了购房人不能以此为由拒绝接收房屋的情形下，购房人不得因此拒绝接收房屋，否则房地产开发企业将不承担由此造成的房屋逾期交付责任，且购房人拒绝接收房屋的行为也不能阻却房屋交付相关责任风险的转移。

（二）购房人替代履行救济的适用条件

对于房屋存在的一般质量问题，购房人寻求替代履行救济也应满足一定的条件。根据《最高人民法院关于审理商品房买卖合同纠纷案件适用法律若干问题的解释》（法释〔2020〕17号）第十条第二款的规定，只有在房地产开发企业拒绝修复或者在合理期限内拖延修复的，购房人方可自行或者委托他人修复，进行替代履行救济。因此，如房地产开发企业同意对房屋的一般质量问题采取合理措施进行维修的，购房人不得行使替代履行救济的权利；如购房人拒绝房地产开发企业维修的，对于就此扩大的损失，应由购房人自行承担。若有购房人在未报修，或在房地产开发企业合理的维修期间内自行委托第三方替代履行救济的，则房地产开发企业可以未达到替代履行的条件为由进行抗辩。

（三）因一般质量问题导致租房损失的必要性审查

在一般质量问题导致的纠纷中，购房人经常会主张其在外租房的损失，同时会提供其与房东签署的租房合同，有的还会提供转账凭证。由于相关的合同及转账凭证均发生在购房人与第三人之间，房地产开发企业一般无法查证证据的真实性。导致的结果是，无论该交易是否真实，法院都有可能支持该损失。

面对上述情况，房地产开发企业可从如下角度进行应对：

（1）要求购房人明确该房屋是否是其唯一住房，若不是唯一住房，则在外租房并非必要；（2）申请到现场进行勘验，向审判法官直观地展示是否有必要在外租房；（3）调取涉案房屋的水电使用及车辆进出情况，确定房屋是否未使用。

三、典型案例精析

案例9：崔某与某房地产开发公司商品房预售合同纠纷①

裁判要旨

对于房屋存在的一般质量问题，房地产开发企业应及时根据商品房买卖合同的约定履行修复义务，并赔偿购房人因此所遭受的损失。如房屋在交付时具备了合同约定的交付条件，则购房人不得以房屋存在的一般质量问题为由拒绝接收房屋并要求房地产开发企业承担因此导致的房屋逾期交付的违约责任。

案情简介

上诉人（一审原告）崔某作为买受人，与被上诉人（一审被告）某房地产开发公司作为出卖人，于2010年8月30日签订《商品房买卖合同》(以下简称预售合同或合同)，购买争议房屋。预售合同约定："一、某房地产开发公司应当在2011年6月30日前，将符合下列条件的商品房交付给崔某使用：1. 完成规划、单体工程质量、消防、人防、燃气等专项验收；2. 公共配套设施、市政公用设施及园林绿化工程按设计要求建成，并满足使用功能要求；3. 供电、给水、排水等设施按设计要求建成，并经有关行业单位认可达到正常使用条件；4. 完成商品房项目竣工交付使用相关手续……10. 完成商品房项目竣工交付使用相关手续，并提供《住宅质量保证书》和《住宅使用说

① （2014）鄂武汉中民终字第00296号。

明书》……二、某房地产开发公司如未按期限交付房屋，自合同约定的最后交付期限的第二日起至实际交付之日止，按日向崔某支付已交付房屋价款万分之一的违约金。三、房屋达到合同约定的交付使用条件后，某房地产开发公司应当将办理交接手续的时间、地点以及应当携带的证件等内容书面通知崔某。双方进行验收交接时，某房地产开发公司应当出示符合交付条件的证明文件、《住宅质量保证书》及《住宅使用说明书》，并签署房屋交接单。如因崔某的原因未能按期交付房屋，自合同约定交房日期之日起，视为崔某认可房屋已符合交付条件，并已实际交付。四、某房地产开发公司交付使用的房屋装饰、设备标准应符合约定标准。达不到约定标准的，崔某有权要求某房地产开发公司修理、更换重做，但不能视为某房地产开发公司延期交房，崔某不得以该理由拒绝接收房屋。五、某房地产开发公司按照《住宅质量保证书》承诺的内容承担相应的保修责任。六、崔某确认合同正文前'合同当事人'项下约定的通讯地址为某房地产开发公司向其发出书面通知的送达地址，某房地产开发公司按上述地址发出通知，即视为某房地产开发公司已经履行了通知义务。"

合同签订后，2010 年 8 月 5 日，崔某向某房地产开发公司支付购房款 48 万元；2010 年 8 月 19 日，崔某向某房地产开发公司支付购房款 109 万元。2011 年 1 月 4 日，争议房屋所在的 17 号楼取得武汉市城乡建设委员会颁发的《湖北省房屋建筑工程和市政基础设施工程竣工验收备案证明书》。2011 年 6 月 30 日，崔某收到某房地产开发公司邮寄的收（验）楼通知书。2011 年 7 月 19 日，崔某发现争议房屋内存在排水不畅等问题，拒绝收房。2011 年 7 月 26 日，武汉某区房产管理局填发上述房屋的《武汉市商品房权属证明书》。2012 年 2 月 23 日，某房地产开发公司向崔某邮寄敦促收（验）楼通知书（17–302）。崔某收到通知书后，多次向某房地产开发公司反映房屋漏水、墙面渗水、门窗密封不严、小露台地面高于室内等质量问题，某房地产开发公司亦多次对争议房屋进行了维修。但崔某未收房。

2013 年 5 月 22 日，崔某诉至一审法院，请求法院判令某房地产开发公司支付截至交付房屋前一日的迟延履行违约金。

法院裁判

一审法院认为：1. 本案争议房屋在2011年6月30日是否达到合同约定交房条件的问题。根据合同约定，某房地产开发公司在2011年6月30日前向崔某交付的房屋应具备下列条件：（1）完成规划、单体工程质量、消防、人防、燃气等专项验收……（4）完成商品房项目竣工交付使用相关手续……某房地产开发公司虽领取了《湖北省房屋建筑工程和市政基础设施工程竣工验收备案证明书》，并于2011年6月30日前通知崔某收房，但该公司未向房屋主管部门办理商品房项目竣工交付使用备案证，本案争议的房屋并未于2011年6月30日达到合同约定的交付条件。对此，某房地产开发公司应承担逾期交房的违约责任。武汉某区房产管理局于2011年7月26日填发本案争议房屋的商品房权属证明书，表明房屋主管部门已认可某房地产开发公司办理了商品房竣工交付使用备案证，因此，本案争议房屋于2011年7月26日具备合同约定的交付条件。故某房地产开发公司逾期交房的时间应计算至2011年7月26日止（共计26天）。

2. 本案争议房屋存在的质量问题是否影响房屋交付问题。《最高人民法院关于审理商品房买卖合同纠纷案件适用法律若干问题的解释》（法释〔2003〕7号）第十二条规定："因房屋主体结构质量不合格不能交付使用，或者房屋交付使用后，房屋主体结构质量经核验确属不合格，买受人请求解除合同和赔偿损失的，应予支持。"第十三条规定，因房屋质量问题严重影响正常居住使用，买受人请求解除合同和赔偿损失的，应予支持。交付使用的房屋存在质量问题，在保修期内，出卖人应当承担修复责任；出卖人拒绝修复或者在合理期限内拖延修复的，买受人可以自行或者委托他人修复。修复费用及修复期间造成的其他损失由出卖人承担。上述规定对交付使用的房屋质量问题分为三种情形：第一种是房屋主体结构质量问题，买受人可以请求解除合同和赔偿损失；第二种是房屋质量问题严重影响正常居住使用，买受人可以请求解除合同和赔偿损失；第三种是房屋存在质量问题，在保修期内，出卖人应当承担修复责任，给买受人造成损失的应当赔偿损失。本案中，崔某在验收房屋时，发现房屋有质量问题可以依合同约定要求某房地产开发公司履行维修义务，并赔偿损失。根据合同约定，并依照《合同法》第一百五十五条“出卖人交付的标的物不符合质量要求的，买受人可以依照本法第一百一十一条的规定要求承担违约责任”①、第一百一十一条“质量不符合约定的，应当按照当事人的约定承担违约责任。对违约责任没有约定或者约定不明确，依照本法第六十一条的规定仍不能确定的，受损害方根据标的的性质以及损失的大小，可以合理选择要求对方承担修理、更换、重作、退货、减少价款或者报酬等违约责任”②、第六十一条“合同生效后，当事人就质量、价款或者报酬、履行地点等内容没有约定或者约定不明确的，可以协议补充；不能达成补充协议的，按照合同有关条款或者交易习惯确定”③的规定，根据崔某所述，本案争议房屋存在漏水、墙面渗水、门窗密封不严、小露台地面高于室内等质量问题并不影响崔某正常居住使用，且某房地产开发公司已对该房屋进行维修，如因维修导致崔某产生损失，崔某可向某房地产开发公司另行主张赔偿。这样有利于实现合同的目的，维护交易安全和稳定性。同时，《最高人民法院关于审理商品房买卖合同纠纷案件适用法律若干问题的解释》（法释〔2003〕7号）第十三条规定的是房屋质量问题严重影响正常居住使用，买受人请求解除合同和赔偿损失的，应予支持。对不属于上述情形的质量问题，在保修期内的，由出卖人承担修复责任并赔偿造成的其他损失。本案争议房屋所存在的上述质量问题在目前房屋建筑工程中属一般质量问题，可以通过维修予以解决，不符合上述规定的可以解除合同的法定情形。且崔某并不主张解除合同，而是要求某房地产开发公司交付房屋。因此，对崔某提出房屋存在质量问题，未达到交付条件的主张，不予支持。

3. 本案争议房屋于2011年7月26日具备合同约定的交付条件。某房地产开发公司逾期交房26天（2011年7月1日始至2011年7月26日止），应向崔某支付违约金4082元［1570000（元）×26（天）×0.0001］。崔某在房屋具备交付条件后拒收房屋，由此产生的延期收房的责任，由其自行承担。

---

① 已修订为《民法典》第六百一十七条。

② 已修订为《民法典》第五百八十二条。

③ 已修订为《民法典》第五百一十条。

一审宣判后，崔某提出上诉，并请求将一审判决中“某房地产开发公司向崔某支付逾期交房违约金”的判决改判为“某房地产开发公司向崔某立即交付房屋并支付逾期交房违约金”。

二审法院认为：一审判决认定事实清楚，适用法律正确。因此，判决驳回上诉，维持原判。

律师评析

司法实践中，正如本案例所述，如房屋存在一般质量问题（即主体结构质量不合格或严重影响正常居住使用的质量问题之外的其他问题），根据《最高人民法院关于审理商品房买卖合同纠纷案件适用法律若干问题的解释》（法释〔2020〕17号）第十条的规定，交付使用的房屋存在质量问题，在保修期内，出卖人应当承担修复责任；出卖人拒绝修复或者在合理期限内拖延修复的，买受人可以自行或者委托他人修复。修复费用及修复期间造成的其他损失由出卖人承担。在此情形下，如购房人以房屋存在一般质量问题为由拒绝接收房屋，只要房屋在交付时具备了合同约定的交付条件，则购房人因此要求房地产开发企业承担逾期交付的违约责任是没有依据的。

应当注意的是，如房地产开发企业与购房人就房屋是否存在质量问题及出现质量问题的原因发生争议，房地产开发企业应及时与购房人协商通过委托检测、鉴定的方式查明原因、厘清责任，并注意及时收集或准备相关的证据并进行证据固化。如购房人拒绝房地产开发企业对房屋的质量问题采取合理措施进行维修，房地产开发企业也应及时进行书面通知并保留相关证据，以避免购房人以房地产开发企业怠于履行维修义务为由要求房地产开发企业承担其他额外责任。房地产开发企业在对房屋进行维修后，也应及时书面通知购房人进行二次验收，以避免房地产开发企业承担可能因此造成的逾期交付责任。

案例 10：王某与某公司、华某房屋买卖合同纠纷[①]

裁判要旨

对于房屋存在的质量问题，房地产开发企业应及时根据商品房买卖合同的约定履行修复的义务并赔偿购房人因此所遭受的损失。在确定购房人损失时，应根据案件的具体情形，以实际损失为基准，综合考虑维修期限、房地产开发企业过错程度、房地产开发企业的维修态度、质量问题的严重程度、房地产开发企业在质量问题的造成中是否得到利益、小区整体情况等因素予以确定。如房屋无法及时维修并非全部因房地产开发企业的原因所致，应相应减轻房地产开发企业的责任。

案情简介

一审被告华某作为买受人，与被上诉人（一审被告）某公司作为出卖人，于 2009 年 3 月 20 日签订《上海市商品房预售合同》(以下简称预售合同或合同)，购买争议房屋。合同第十一条约定某公司定于 2009 年 10 月 31 日前将争议房屋交付给华某，除不可抗力外。合同第十二条约定某公司如未在合同第十一条约定期限内将争议房屋交付给华某，应当向华某支付违约金，违约金按华某已支付的房价款日万分之三计算，违约金自合同第十一条约定的最后交付期限之第二天起算至实际交付之日止。逾期超过 60 天，华某有权单方面解除合同。合同第十七条约定某公司交付的争议房屋系验收合格的房屋。如争议房屋的装修、设备标准达不到合同附件三约定的标准，华某有权要求某公司按实际的装修、设备与约定的装修、设备差价 0.10 倍给予补偿。如主体结构不符合合同附件三约定的标准，华某有权单方面解除合同。双方商定对标准的认定产生争议时，委托本市有资质的建设工程质量检测机构检测，并以该机构出具的书面鉴定意见为处理争议的依据。合同第二十二条约定某公司交付争议房屋有其他工程质量问题的，华某在保修期内有权要求某

① （2014）沪二中民二（民）终字第 1503 号。

公司除免费修复外，还须按照修复费的0.10倍给予补偿。双方商定对争议房屋其他工程质量问题有争议的，委托本市有资质的建设工程质量检测机构检测，并以该机构出具的书面鉴定意见为处理争议的依据。合同第二十三条约定自争议房屋验收交接之日起，某公司对争议房屋负责保修，保修范围和保修期由双方参照国务院发布的《建筑工程质量管理条例》及《上海市房地产转让办法》规定在合同附件五中约定。合同附件三约定了房屋建筑结构、装修及设备标准。合同签订后，华某支付了全部房款，取得了争议房屋，办理了房地产权证，但华某未入住使用争议房屋，争议房屋也未进行装修。2010年5月，有关媒体报道包括本案争议房屋在内的14幢别墅沉降超标。

2012年4月29日，上诉人（一审原告）王某与华某签订《协议书》一份，约定华某与王某就争议房屋达成买卖协议，双方协商就争议房屋一次性加固纠偏赔偿费（金额以华某与某公司签订的承诺书为准），由某公司赔偿给华某，王某认可上述费用由华某领取，华某应将与某公司签订的承诺书复印件交与王某备案，除此之外华某与某公司签订的其他协议对王某无约束力。王某承诺配合某公司的后续维修施工。

2012年5月4日，王某与华某签订《上海市房地产买卖合同》（以下简称买卖合同），约定华某将争议房屋转让于王某，转让价款为2088000元。该买卖合同补充条款一第三条关于交房的约定第一款中约定，王某和华某对已知晓的房屋维修加固的约定以双方另行签订的协议书为准。买卖合同签订后，王某向华某支付了全部房款，取得了争议房屋，于2012年6月26日办理了房地产权证。王某对争议房屋未进行装修，也未入住。

2012年5月29日，华某向某公司出具《承诺书》一份，内容为华某系争议房屋业主，现就该单元所在的第7栋房屋不均匀沉降、倾斜超标问题以及地基加固纠偏施工一事，与某公司达成谅解，华某承诺："本业主愿接受某公司提出的一次性赔偿方案，赔偿总额为92420元（按预售合同第39号的实际房价1848391元的5%计算）；在收到上述赔偿款后，本人同意放弃相关赔偿及其他权利主张；本业主将无条件配合某公司对该第7栋房屋的相关维修施工，施工方案详见附件之《×××16幢（78户）联体别墅地基纠偏加固施工方案》；在上述相关维修施工尚未实施之前，若该房屋进行出售或出租，本业主承诺如实向买受人或承租人告知相关情况，同时亦要求买受人或承租人承诺将无条件配合某公司进行上述维修施工，且不再另行向某公司提出任何赔偿要求，否则，本业主承诺全额退还某公司支付的赔偿款并作为第三方承担相应法律责任。”2012年6月9日，华某出具收条，收到某公司赔偿款92420元。

2013年4月，王某以在房屋买卖过程中华某向其隐瞒了争议房屋存在严重的不均匀沉降问题，且已超过了国家标准，2012年4月29日的《协议书》亦是在华某欺骗下签订的，并非王某的真实意思表示，某公司应该向王某支付争议房屋所涉及的补偿金，而某公司建造的房屋不符合国家标准，华某在购房过程中未向王某如实陈述争议房屋的质量问题，故应承担连带责任为由，起诉至原审法院，请求判令：1. 某公司对王某所有的争议房屋按照鉴定施工方案立即进行修复加固或纠偏；2. 某公司、华某向王某支付损失10万元（暂计）（以购房款为本金，从2012年6月27日至实际修复完毕之日，按银行同期贷款利率计算）；3. 撤销王某与华某于2012年4月29日就争议房屋签订的相关协议中关于补偿费的内容；4. 某公司、华某承担自2012年6月27日至某公司完成修复并经鉴定合格后交付房屋为止的物业费。原审审理中，王某撤回请求撤销王某与华某于2012年4月29日签订的争议房屋相关协议中关于补偿费的内容的请求。

一审另查明：2009年9月2日，上海市青浦区建设和交通委员会（以下简称青浦建交委）向某公司颁发了争议房屋所在小区工程的竣工验收备案证书。同年9月29日，某公司取得了涉案房屋所在小区的上海市新建住宅交付使用许可证。争议房屋属第7栋六联排别墅，其相邻方业主于2011年2月至3月期间均在某公司的“业主关于本楼栋加固施工的意见回执单（请业主明确签署是否同意并签名确认如下）”中同意栏打钩；39号别墅现业主王某于2012年4月承诺配合维修。

2010年5月25日，由青浦建交委委托上海岩土工程勘察设计研究院有限公司参与涉案小区工程1#—10#、39#—42#、61#、62#建筑物倾斜技术原因分析，并于6月10日出具涉案小区工程1#—10#、39#—42#、61#、62#建筑物倾斜原因分析报告，该报告中载明该公司接受的主要工作：补勘及复核勘察报告；复核房屋沉降计算，从岩土工程角度分析倾斜原因。根据计算结果，考虑填土荷载土时各幢建筑物南北两侧的沉降量及倾斜率，填土荷载作用时各计算点沉降量及倾斜率，39# 的平均倾斜率为 3.48‰。考虑道路填土荷载的作用，各幢建筑物的不均匀沉降都有所增加，该方法计算倾斜率为 2.0‰— 6.7‰，除部分建筑物外，大多数建筑的倾斜率均超出了规范的容许规定 4‰。建筑物倾斜原因分析：建筑物自身有较大沉降，容易出现一定的不均匀沉降；道路填土对建筑物产生不对称的附加荷载，是建筑物出现向道路侧倾斜的主要原因。建议为：1. 设计单位加强荷载复核，重新评估和分析建筑物沉降；2. 建筑物各点沉降不均匀，各边倾斜不一致，对结构容易产生次应力，墙体容易裂缝，应加强房屋沉降监测和结构裂缝观测；3. 尽早委托专业、权威单位进行加固设计，尽可能把问题、损失减小；4. 建议采取锚杆静压桩加固，必要时采取其他纠偏措施；施工时要采取措施减小附加沉降，并加强动态监测；提醒非常注意管线的保护和迁移问题；5. 建筑物加固后需继续加强沉降和倾斜监测。

2010 年 7 月 30 日，上海市建筑科学研究院房屋质量检测站出具了《×××16 幢联体别墅不均匀沉降及裂缝损伤检测评估报告》。该报告中委托原因与要求中明确上述房屋近期发现倾斜率超标的情况，在青浦建交委的协调下，由某公司委托该公司对 16 幢别墅的不均匀沉降现状、原因进行检测。测量结果：1. 房屋南北向的倾斜明显，两排房屋整体向中间道路一侧倾斜，即第一排的 8 幢房屋向北侧倾斜，第二排的 8 幢房屋向南侧倾斜。除 42 栋房屋向西倾斜 1.34‰，39 栋房屋向东倾斜 2.15‰外，其余房屋的东西向倾斜规律不明显。2. 西侧房屋的倾斜率普遍偏大。3. 多数房屋中部的沉降略大于两端。结论与建议为：从目前的沉降监测数据分析，房屋的沉降和沉降差在一段时间内仍会有所发展。房屋南北侧室外地坪高差使房屋的南北侧地基土产生了明显的压力差，是房屋向道路一侧倾斜的主要原因。此外，场地土软弱土层厚度大、场地土不均匀等情况使房屋的沉降量较大，并有一定的不均匀沉降。房屋主体结构上未见承载力不足、不均匀沉降引起的裂缝损伤，房屋的裂缝损伤主要是外墙角的 45° 楼板斜裂缝，少量的窗边水平短缝和短斜缝，窗边渗水、粉刷层龟裂、外墙修补痕迹等常见的施工质量通病，部分业主装修时有凿除承重墙的情况。目前的不均匀沉降尚未对房屋主体结构的安全性造成明显影响。建议对房屋地基基础进行加固处理，对倾斜率较大的房屋进行纠偏处理。对裂缝、渗水等进行全面的维修整改。加固纠偏等设计和施工应由有资质的单位承担，并应继续对房屋沉降进行监测。

2010 年 9 月 30 日，上海市城乡建设和交通委员会科学技术委员会出具《×××16 栋联排别墅加固设计方案技术评审报告》，载明：上海市城乡建设和交通委员会科学技术委员会受上海市青浦区质量问题调查组的委托，于 8 月 30 日组织房屋检测、结构设计和施工等方面的专家对上海市房屋建筑设计院有限公司编制的《×××16 栋联排别墅加固设计方案》（以下简称《加固方案》）进行了技术评审，认为《加固方案》中采用锚杆静压桩加固和掏土纠偏的方案总体上是合理的、可行的，尚需对部分方面进一步完善和优化，共列出 12 条内容。

上海房屋工程建设技术发展有限公司于 2010 年 12 月出具《×××16 幢（78 户）联体别墅地基纠偏加固施工方案》（以下简称《施工方案》）。

上海市城乡建设和交通委员会科学技术委员会于 2011 年 1 月 18 日出具《×××16 栋联排别墅纠偏和基础加固施工方案技术咨询报告》，载明：上海市城乡建设和交通委员会科学技术委员会受某公司的委托，于 2011 年 1 月 12 日组织房屋检测、结构加固和施工等方面的专家对上海市房屋工程建设技术发展有限公司编制的《施工方案》进行了技术咨询。会上听取各方介绍，进行了认真的讨论，认为《施工方案》内容基本完整，施工技术措施、质量安全及进度控制总体上基本合理，方案经优化调整后可作为工程施工的指导依据。《施工方案》尚需在部分方面作进一步完善和优化，共计 7 条意见。

上海房屋质量检测站于 2011 年 11 月 17 日出具房屋加固后监测评估报告（项目名称：《××× 第 8 栋联排别墅加固后房屋监测评估》），委托检测目的为 ××× 第 8 栋（46—49 号）房屋于 2011 年 7 月 20 日地基基础加固工程完工。现场检测情况中列明外墙的墙面粉刷局部不平整，局部区域有粉刷龟裂现象。检测结论为：1. 经现场检测，被检测的 ××× 第 8 栋（46—

49号）房屋主体结构完好，地下室及上部结构楼（屋）面梁、柱、板及节点连接均完好，混凝土结构或构件构造和连接可靠，未发现混凝土构件有开裂变形等结构性损坏现象，可以安全使用。2.经现场检测，被检测房屋经过纠偏，房屋上部结构的倾斜率已经小于《建筑地基基础设计规范》（GB5007—2002）规定的允许值4‰。3.根据现场监测结果及委托单位对控制房屋沉降速率的要求，建议继续对该栋房屋进行沉降监测，直至房屋沉降处于稳定状态（房屋每年的沉降总量在4毫米之内）。4.可以对房屋的门窗进行必要的整修，确保正常使用。

上海房屋质量检测站于2012年5月10日出具房屋加固后监测评估报告（项目名称：《×××第62栋联排别墅加固后房屋监测评估》），委托检测目的为×××第62栋房屋于2011年12月17日地基基础加固工程完工。现场检测情况中列明外墙的墙面粉刷局部不平整，局部区域有粉刷龟裂现象。测量结果表明，被检测房屋经过纠偏，房屋上部结构的倾斜率已经小于《建筑地基基础设计规范》（GB5007—2002）规定的允许值4‰。检测结论为：1.经现场检测，被检测的×××第62栋房屋主体结构完好，地下室及上部结构楼（屋）面梁、柱、板及节点连接均完好，混凝土结构或构件构造和连接可靠，未发现混凝土构件有开裂变形等结构性损坏现象，可以安全使用。2.经现场检测，被检测房屋经过纠偏，房屋上部结构的倾斜率已经小于《建筑地基基础设计规范》（GB5007—2002）规定的允许值4‰。3.根据现场监测结果及委托单位对控制房屋沉降速率的要求，建议继续对该栋房屋进行沉降监测，直至房屋沉降处于稳定状态（房屋每年的沉降总量在4毫米之内）。4.可以对房屋的门窗进行必要的整修，确保正常使用。

2012年5月，上海房屋质量检测站对涉案小区16栋房屋沉降监测成果报表显示1栋、9栋、10栋已进入稳定状态，2栋、3栋、4栋、6栋、7栋、8栋、39栋、40栋、41栋、42栋、62栋尚未稳定。同年8月，上海房屋质量检测站对涉案小区16栋房屋沉降监测成果报表显示1栋、2栋、4栋、5栋、9栋、10栋、40栋、41栋、42栋已进入稳定状态，3栋、6栋、7栋、39栋、61栋尚未稳定。2013年1月，上海房屋质量检测站对涉案小区16栋房屋沉降监测成果报表显示7栋、8栋、61栋、62栋已进入稳定状态。

在案件审理中，某公司向一审法院提出申请，要求对本案同小区房屋2009年1月至2012年11月房地产市场平均租赁价格进行评估，一审法院通过上海市高级人民法院委托上海百盛房地产估价有限责任公司进行评估。上海百盛房地产估价有限责任公司出具《青浦区赵巷镇镇乐路×××弄×××号1-3层（六联排）房地产市场租赁价格咨询报告》，评估意见争议房屋为毛坯，2009年平均月租金3201元、2010年平均月租金3292元、2011年平均月租金3468元、2012年1—11月平均月租金3591元。经某公司申请，一审法院通过上海市高级人民法院委托上海百盛房地产估价有限责任公司对与本案同区域的82号别墅（四联排）在2009年1月至2012年11月房地产市场平均租赁价格进行评估。上海百盛房地产估价有限责任公司出具《青浦区赵巷镇镇乐路×××弄×××号1-3层（四联排）房地产市场租赁价格咨询报告》，评估意见争议房屋为毛坯，2009年平均月租金3210元、2010年平均月租金3301元、2011年平均月租金3478元、2012年1—11月平均月租金3601元。

法院裁判

一审法院认为：某公司、华某签订的《上海市商品房预售合同》是双方的真实意思表示，并不违反法律和行政法规的强制性规定，应为合法有效，双方均应严格按照合同履行各自的义务。华某向某公司支付了全部购房款，某公司理应按照合同约定交付房屋。华某在接收房屋之后发生房屋倾斜现象，经政府职能部门参与协调后委托相关机构对房屋质量问题及产生原因、维修等进行检测、评估，确定争议房屋存在倾斜的质量问题，该质量问题产生原因在于某公司、华某无须承担质量问题的责任。华某之后将房屋转让于王某，则华某应对王某承担房屋质量问题的瑕疵担保责任。现王某对某公司提供的相关检测、评估、评审报告及施工方案无异议，则某公司应按相关设计方案、技术评审报告及施工方案进行维修。

因某公司交付的房屋存在质量问题，致使无法正常使用，某公司应承担无法使用房屋的赔偿责任。2012年5月华某向某公司出具承诺书，表示同意赔偿款一次性解决并已自某公司处领取。因华某已将争议房屋转让于王某，现对于某公司是否应再向王某支付赔偿款，三方存在争议。王某认为华某领取的是过户前的赔偿金，某公司、华某则认为赔偿问题是一次性解决。法院认为王某与华某签订房屋转让合同时双方另行签订了协议书，根据协议书内容，华某已将房屋存在的质量问题告知王某，华某表示已将某公司提供的所有质量问题的报告、材料交给王某，王某认为其对细节不清楚，华某未告知。因房屋买卖属于重大事件，即使华某未详细告知，王某也可以通过向某公司确认的方式了解房屋质量问题细节，故可认定王某对房屋存在的质量问题及维修情况是清楚的。王某与华某在房屋转让时对房屋维修及赔偿问题进行约定，一次性赔偿款归华某所有，房屋维修后续由王某配合，该约定是双方当事人的真实意思表示。

在签订上述协议书等材料时，王某已向某公司表示愿意配合维修，某公司的维修方案已出具，某公司已按该方案对小区第 8 栋房屋维修完毕，并经监测评估房屋上部结构的倾斜率已在 4‰之内，相对王某而言，此时该房屋已满足维修的条件。王某与华某签订协议书及华某出具承诺书应是基于当时的情况，而现有证据无法证明当时某公司已明确表示过房屋当时不具备维修条件、需等若干年后再维修，在王某与华某的协议中及华某向某公司出具的承诺书中均未明确维修时间，故法院认为王某与华某协议书中的赔偿款及华某承诺书中的赔偿款均是建立在争议房屋在合理期限内修理的情况下，是对签订协议前及维修期间、观察期间内不能正常使用房屋的损失及其他权利损失的赔偿款的约定，而不应该包括某公司超过合理期限未维修的损失，现争议房屋至今未进行维修，责任并不在于王某，由此造成的损失并不是王某签订协议书时能预见的。根据某公司已完成的维修情况，其维修时间及观察期为一年，故一审法院认定赔偿款是指 2012 年 6 月起计算一年内的款项。某公司还应向王某支付该期限外的赔偿款。

对于赔偿款数额，另案中法院委托评估机构分别对四联排及六联排房屋的租金进行评估，本案中各方当事人对该评估意见无异议，该评估结论在一定程度上能反映该地段同类房屋的毛坯房的租金价格，可作为确定本案空置费损失的参考依据，同时根据案件的具体情形，以实际损失为基准，综合考虑维修期限、某公司过错程度、某公司的维修态度、质量问题的严重程度、某公司在质量问题的造成中是否得到利益、小区整体情况等因素确定房屋空置费损失。现有证据证明某公司在发现问题后未置之不理，而是由有关部门组织对质量问题产生的原因、质量问题程度等进行检测，确定善后维修方案，征询各业主对维修的意见，并将质量问题的相关情况告知业主。由于部分业主不愿意维修或因与某公司未就赔偿达成一致意见而不同意维修导致某公司对其他同意维修的同联排房屋无法进行维修，此结果非某公司全部过错所致。根据某公司提供的部分业主维修意见回执，本案所涉同联排业主对维修事宜确有不同意见，故争议房屋至今未能进行加固纠偏工程确实存在非某公司全部过错的原因。故对王某无法入住的空置损失，应相应减轻某公司的责任，按每月 2200 元计算某公司应向王某承担的空置费损失。王某要求某公司、华某承担自 2012 年 6 月 27 日至房屋鉴定合格后实际交付前的物业管理费，因根据一审法院上述陈述，某公司赔偿王某相应的空置费，空置费是参照同地段的租金标准，租金收取的前提是支出物业相关费用，故对王某要求某公司、华某承担物业费的请求，不予支持。

一审法院据此作出判决：一、某公司应于判决生效之日起 30 日内按上海房屋工程建设技术发展有限公司出具的《×××16 幢（78 户）联体别墅地基纠偏加固施工方案》、上海市城乡建设和交通委员会科学技术委员会出具的《×××16 栋联排别墅加固设计方案技术评审报告》《×××16 栋联排别墅纠偏和基础加固施工方案技术咨询报告》对王某购买的争议房屋存在的质量问题予以修复；二、某公司应于判决生效之日起 10 日内赔偿王某房屋空置费损失（自 2013 年 6 月 1 日起至某公司修复完毕之日止、按每月 2220 元计算）；三、王某的其他诉讼请求不予支持。

一审宣判后，王某不服提出上诉。

二审法院认为，根据查明的事实，王某确因质量问题而无法实际使用争议房屋，故某公司应当承担违约责任。一审法院根据本案的具体情形，将同类地段房屋的毛坯房租金价格作为计算空置费损失的参考依据，并结合维修期限、某公司的过错程度及其维修态度、争议房屋质量问题的严重程度以及小区整体情况等因素酌情确定某公司赔偿王某相应期间的租金损失尚属合理，本院予以认同。王某的上诉请求于法无据，本院不予支持。综上所述，一审判决认定事实清楚，判决并无不当。据此，判决：驳回上诉，维持原判。

律师评析

在司法实践中，对于房屋存在的质量问题，根据《最高人民法院关于审理商品房买卖合同纠纷案件适用法律若干问题的解释》（法释〔2020〕17号）第十条的规定，交付使用的房屋存在质量问题，在保修期内，出卖人应当承担修复责任；出卖人拒绝修复或者在合理期限内拖延修复的，买受人可以自行或者委托他人修复。修复费用及修复期间造成的其他损失由出卖人承担。

对于房屋的维修事宜，如房地产开发企业与购房人就房屋是否存在质量问题、出现质量问题的原因、维修整改方案等事宜无法达成一致，在司法实践中通常需通过鉴定的方式予以明确，在房地产开发企业与购房人所签订的商品房买卖合同中往往也会作出类似约定。另外，房地产开发企业应及时就鉴定的相关事宜书面通知购房人并保留相关证据，以避免因购房人不予配合导致房地产开发企业遭受额外损失。

对于购房人的损失赔偿事宜，购房人应提供相应的证据证明其遭受了何种损失及损失的计算依据。其中，房屋的空置损失（即房屋因质量问题不能正常使用期间的损失）在司法实践中通常被法院认定为购房人的损失，该损失数额根据涉案房屋所在地段的同类型房屋的租金标准予以确定。而且，正如前述案例所述，法院也会根据案件的具体情形，以实际损失为基准，综合考虑维修期限、房地产开发企业过错程度、房地产开发企业的维修态度、房屋质量问题的严重程度、房地产开发企业在质量问题的造成中是否得到利益、小区整体情况等因素，最终确定购房人的损失数额。因此，房地产开发企业在购房人所购房屋出现质量问题时，应积极应对而不应消极回避，应及时查明原因、提出维修方案并做好相关记录，在与购房人取得一致后应及时进行维修。如房地产开发企业能够举证证明其采取了上述措施，且购房人房屋无法及时维修并非全部因房地产开发企业的原因所致，则可以相应减轻房地产开发企业的责任。

另外，对于符合商品房买卖合同约定交付条件的房屋，房地产开发企业在交付前虽已取得竣工验收备案文件，但这并不意味着交付房屋的质量必然合格，如购房人有证据证明其所购房屋存在质量问题，房地产开发企业仍应承担相应的违约责任。

第二节　主体结构及严重影响使用的质量问题纠纷

主体结构质量问题，是指房屋的主体结构不符合相关法律、法规规定的强制性标准，不能保证房屋的安全使用。严重影响使用的质量问题，是指房屋存在除主体结构问题之外的其他质量问题，严重影响房屋的正常使用，如房屋大面积漏水等。上述问题属于较为严重的房屋质量问题。

一、理论概述与实务指引

（一）购房人有权要求解除购房合同

《最高人民法院关于审理商品房买卖合同纠纷案件适用法律若干问题的解释》（法释〔2020〕17号）第九条规定："因房屋主体结构质量不合格不能交付使用，或者房屋交付使用后，房屋主体结构质量经核验确属不合格，买受人请求解除合同和赔偿损失的，应予支持。"第十条第一款规定："因房屋质量问题严重影响正常居住使用，买受人请求解除合同和赔偿损失的，应予支持。"根据上述规定，如房地产开发企业交付的房屋存在主体结构及严重影响使用的质量问题，购房人有权要求解除合同并赔偿损失。

（二）购房人的行使解约权的期限

对于购房人解约权的行使期限，如购房合同中作出了明确约定，则购房人应在相应期限内及时行使解约权；如不及时行使，购房人的解约权将丧失。

如商品房买卖合同中未对购房人解约权的行使期限作出明确约定，《最高人民法院关于审理商品房买卖合同纠纷案件适用法律若干问题的解释》（法释〔2020〕17号）第十一条第二款规定："法律没有规定或者当事人没有约定，经对方当事人催告后，解除权行使的合理期限为三个月。对方当事人没有催告的，解除权自知道或者应当知道解除事由之日起一年内行使。逾期不行使的，解除权消灭。"根据上述规定，购房人应在房地产开发企业催告后三个月内或解除权发生之日起一年内行使解约权，如不及时行使，购房人的解约权将丧失。

二、办案思路与实战技巧

（一）慎用司法鉴定，避免造成群诉案件

就主体结构及严重影响使用的质量问题的确定，房地产开发企业和购房人之间往往存在争议，法院也一般很难判断是否存在上述问题。因此，就主体结构及严重影响使用的质量问题的确定往往会引入第三方鉴定机构作出鉴定结论。而商品房存在主体结构及严重影响使用的质量问题通常都不是单一问题，鉴定结果很可能会对多户业主甚至整栋的业主造成影响，因此，应慎重申请司法鉴定。

若必须进行司法鉴定，则应对涉案房屋质量有预判，必要时可单独委托鉴定机构对涉案房屋进行鉴定，若可能产生不利的后果，应及早和购房人进行沟通解约，避免因为个案导致大面积群体诉讼。

（二）购房人解约权的抗辩及催告

实践中如购房人因各种原因怠于行使解约权，其在解约权行使期限经过后再提出解约的，房地产开发企业可据此抗辩购房人未在法定或约定期限内行使解约权，从而使购房人丧失解约的权利。而且，对于迟迟不行使解约权的购房人，房地产开发企业也应及时进行书面催告，以便尽快确定商品房买卖合同的履行状态。

三、典型案例精析

案例 11：陈某与某公司商品房销售合同纠纷[①]

裁判要旨

因房屋质量问题严重影响正常居住使用，买受人请求解除合同和赔偿损失的，应予支持。

案情简介

2010 年 10 月 11 日某公司（甲方）与陈某（乙方）签订《天津市商品房买卖合同》，约定由乙方购买甲方销售的房屋。合同约定，甲方于 2010 年 11 月 25 日前，将符合条件的房屋交付给乙方使用。2010 年 11 月 16 日陈某签署《入住凭单》及《入住确认表》，经陈某对诉争房屋进行查勘，发现房屋存在漏水、地下室渗水、墙面地面开裂、地面凹陷、房门变形、对讲系统未通等一系列问题，某公司亦认可房屋存在质量问题尚需完善，并组织施工人员对诉争房屋地下室进行了维修。后因双方对维修方案产生分歧，致诉争房屋存在的质量问题目前尚未维修完毕。

因此陈某向一审法院起诉请求：解除双方于2010年10月11日签订的《天津市商品房买卖合同》，某公司返还陈某已支付的房款；某公司承担陈某已交付的房屋契税、房屋维修基金、房屋登记费、房屋服务费、印花税等费用；判令某公司按照合同约定承担违约责任，赔偿陈某至实际返还已付款之日的利息及违约金损失等。

一审法院委托检测中心对诉争房屋结构安全性、使用性进行鉴定。检测中心出具津建质检字（2016）第 ×××××××× 号鉴定报告，鉴定意见为："混凝土强度检测：满足设计及规范要求。构件钢筋配置检测：所测柱钢筋数量满足图纸设计要求，直径满足图纸及规范要求，所测地下室柱 1/F/4 混凝

① （2018）最高法民申 3182 号。

土保护层厚度不满足设计图纸要求。所测楼板构件钢筋间距满足图纸设计要求，所测梁混凝土保护层厚度合格率 80%，不满足设计要求，所测梁最大偏差超出规范允许偏差 1.5 倍，不符合规范要求。外观质量检测：整体结构未见整体位移。西侧室外分户隔墙基础存在不均匀沉降、歪闪、倾斜。装饰柱明显开裂、抹灰脱落。局部墙体根部保温层、散水明显开裂下沉，地下室墙体起鼓受潮、抹灰脱落。地下室渗漏检测：防水层存在起鼓，H/6 — 7 及 7/E — H 轴外墙卷材厚度符合设计要求，现场实测防水层搭接宽度不满足规定。渗漏情况勘查：基础底板明显积水，局部明显渗漏痕迹。防水措施存在缺陷，导致局部防水失效。地下室内外墙及基础底板属存在严重渗漏缺陷。沉降观测：沉降差不满足《建筑地基基础设计规范》要求。安全性评级：混凝土构件 Bu 级，地基基础 Cu 级，上部承重结构 Bu 级，围护系统承重部分 Bu 级。使用性评级：混凝土构件 Bs 级，地基基础 Bs 级，上部承重结构 Bs 级，围护系统 Cs 级。鉴定单元安全性整体评级：Csu 级，显著影响整体承载；使用性整体评级：Css 级，显著影响整体使用功能。”

法院裁判

一审法院认为：房屋交付时即发现存在质量问题，就质量问题某公司已经着手进行维修，但所发现的质量问题并未得到解决，鉴定结论亦进一步说明房屋质量问题的严重性。关于陈某主张解除买卖合同问题，诉争房屋存在质量问题的现象存在，《最高人民法院关于审理商品房买卖合同纠纷案件适用法律若干问题的解释》（法释〔2003〕7 号）第十二条规定："因房屋主体结构质量不合格不能交付使用，或者房屋交付使用后，房屋主体结构质量经核验确属不合格，买受人请求解除合同和赔偿损失的，应予支持。"第十三条第一款规定："因房屋质量问题严重影响正常居住使用，买受人请求解除合同和赔偿损失的，应予支持。"经委托鉴定单位对诉争房屋主体结构安全性和使用性进行鉴定，根据鉴定结论意见，确认结构安全显著影响整体承载及使用性整体评级显著影响整体使用功能。鉴定结论客观，鉴定依据充分正确，鉴定程序合法。陈某的主张符合上述司法解释的规定，该主张成立，应予支持。

二审法院认为：关于双方签订的《天津市商品房买卖合同》是否应当解除的问题，根据《最高人民法院关于审理商品房买卖合同纠纷案件适用法律若干问题的解释》（法释〔2003〕7号）第十二条和第十三条的规定，在房屋主体结构质量不合格或者房屋质量问题严重影响正常居住使用的情形下，买受人均可以要求解除商品房买卖合同。本案中，检测中心根据法院委托对诉争房屋主体结构质量是否合格以及是否因质量问题严重影响正常居住使用均进行了鉴定，结论：安全性整体评级为Csu级，显著影响整体承载；使用性整体评级为Css级，显著影响整体使用功能。其中，使用性评级为Css级主要原因是地下室室内外墙及基础底板存在严重渗漏。某公司虽主张地下室积水系陈某怠于管理诉争房屋造成的，但不能提供证据予以证明，故对其主张本院不予支持。综上，双方因诉争房屋质量问题发生争议，诉讼前虽经维修，但一审期间经鉴定仍存在严重质量问题，陈某要求解除双方签订的《天津市商品房买卖合同》，符合上述司法解释的规定，一审法院予以支持是正确的。

再审法院认为：根据《最高人民法院关于审理商品房买卖合同纠纷案件适用法律若干问题的解释》（法释〔2003〕7号）第十二条、第十三条的规定，房屋系长久性使用建筑，应在使用期内具备安全使用性能，某公司主张仅在房屋交付时存在质量问题情况下，买受人才能解除买卖合同，不符合法律规定。根据查明的事实，就案涉房屋质量问题，一审法院委托检测中心对诉争房屋结构安全性和使用性进行鉴定。经鉴定，案涉房屋存在混凝土保护层厚度不满足设计要求；所测梁最大偏差不符合规范要求；西侧室外分户隔墙基础存在不均匀沉降、歪闪、倾斜；局部墙体根部保温层、散水明显开裂下沉，地下室内外墙及基础底板存在严重渗漏缺陷；沉降差不满足《建筑地基基础设计规范》要求等问题。鉴定结论：安全性整体评定等级为Csu级，显著影响整体承载；使用性整体评定等级为Css级，现状显著影响整体使用功能。鉴定意见证明涉案房屋存在主体结构不合格、影响正常居住的质量问题，原判决根据查明的事实并适用《最高人民法院关于审理商品房买卖合同纠纷案件适用法律若干问题的解释》第十二条、第十三条的规定解除案涉商品房买卖合同，并无不当。某公司申请再审对鉴定意见提出的异议在原审中已经提出，一审中鉴定人员出庭接受质询，二审中鉴定机构出具书面意见，对于某公司提出的异议均予以回应。某公司未能证明鉴定机构或者鉴定人员缺乏资质，鉴定程序违法或者鉴定依据明显不足，其关于鉴定意见不应采信的主张，依据不足。二审法院未准许某公司重新鉴定的申请，并无不当。某公司作为房屋出卖人，应保证房屋具备安全使用条件，陈某已经证明房屋存在质量问题，某公司主张系因陈某长期怠于履行不动产人的管理义务导致房屋出现质量问题，应予以举证证明。二审判决分配举证责任并无不当。

律师评析

《最高人民法院关于审理商品房买卖合同纠纷案件适用法律若干问题的解释》（法释〔2020〕17 号）第九条规定："因房屋主体结构质量不合格不能交付使用，或者房屋交付使用后，房屋主体结构质量经核验确属不合格，买受人请求解除合同和赔偿损失的，应予支持。"第十条第一款规定："因房屋质量问题严重影响正常居住使用，买受人请求解除合同和赔偿损失的，应予支持。"根据上述规定，购房人因房屋存在质量问题，要求解除合体可以分为两种：一种是房屋主体结构质量不合格，另一种是严重影响正常居住使用的质量问题。

关于房屋主体结构质量问题，在一般情况下，开发商如果已经取得了案涉房屋的竣工验收备案证明，即可以证明房屋主体结构合格。但开发商提供的竣工备案证明文件，或勘察、设计、施工、监理等单位验收合格的文件，系由开发商向政府部门提供用以备案，实际上并未经过相关政府部门的验收，因此，法院在认定房屋存在主体结构质量问题时并不当然予以采信，而是通过有资质的鉴定机构所作出的鉴定报告对房屋存在主体结构质量问题的事实予以认定。若购房人认为房屋主体结构不合格，则需要申请对房屋进行专业的质量鉴定，若不申请鉴定，又无其他有效证据进行反证，法院通常会认定房屋主体结构质量是合格的。

对于房屋存在"严重影响正常居住使用"的质量问题，在法律层面并没有明确的界定，结合司法实践当中的情况，一般在房屋存在质量瑕疵，且即便通过修复亦无法保证购房者的人身、财产安全及正常居住使用等情况下，才认定为房屋存在“严重影响正常居住使用”的质量问题。若在不影响房屋主体结构安全的情况下，房屋存在的质量问题能够进行修复，法院一般不会认定为“严重影响正常居住使用”。

第五章　其他类纠纷

第一节　商品房预约合同纠纷

一、理论概述与实务指引

商品房预约合同是指房地产开发企业与购房人约定在未来达到一定条件时签订商品房买卖合同的合同，在实践中其表现形式通常为商品房认购书、订购书、预订书等。在商品房预约合同中，房地产开发企业通常会约定购房人应在预约合同签订后支付一定金额的定金，以担保双方按预约合同约定签订商品房买卖合同。在预约合同约定的期限内（或相应的条件达成后），购房人应当与房地产开发企业签订其所购商品房的买卖合同，并支付购房款（首付款或全部购房款）。如房地产开发企业未按预约合同约定与购房人签订商品房买卖合同，则应向购房人双倍返还定金；如购房人未按预约合同约定与房地产开发企业签订商品房买卖合同，则房地产开发企业有权没收购房人所付定金。

在实践中，房地产开发企业与购房人往往就预约合同是否应解除、房地产开发企业或购房人是否应承担违约责任等发生争议。

（一）商品房预约合同的法律性质

《民法典》第四百九十五条规定："当事人约定在将来一定期限内订立合同的认购书、订购书、预订书等，构成预约合同。当事人一方不履行预约合同约定的订立合同义务的，对方可以请求其承担预约合同的违约责任。"

由此可知，房屋认购书、订购书、预订书等商品房预约合同，是以签订特定商品房买卖合同为履行标的的合同，即其是实践当事人承诺的订立合同的预约行为。与之相对应，本约是指当事人将要签订的特定商品房买卖合同，签订商品房买卖合同即履行预约合同约定义务的行为。在商品房买卖过程中，商品房买卖合同在商品房预约合同签订时尚未签订，而商品房预约合同签订后，当事人也仅负有未来签订商品房买卖合同的义务，对于商品房买卖的具体权利义务则需要通过商品房买卖合同予以约定。因此，商品房预约合同不具有商品房买卖合同的约束力。

实践中，如房地产开发企业与购房人在签订商品房预约合同时尚未取得预售许可，该商品房预约合同的法律效力应如何认定？《最高人民法院关于审理商品房买卖合同纠纷案件适用法律若干问题的解释》(法释〔2020〕17号)第二条规定："出卖人未取得商品房预售许可证明，与买受人订立的商品房预售合同，应当认定无效，但是在起诉前取得商品房预售许可证明的，可以认定有效。"根据上述法律规定，在房地产开发企业与购房人签订商品房买卖合同时，如房地产开发企业尚未取得预售许可，则商品房买卖合同无效，在起诉前取得商品房预售许可的，可以认定有效。但上述规定仅针对商品房预售合同，而不包括商品房预约合同，因此，商品房预约合同签订时房地产开发企业是否取得预售许可，并不影响双方所签订的商品房预约合同的效力；从保护交易的角度出发，也不应否定在上述情形下所签订的商品房预约合同的效力。但在民事法律层面保护上述交易，并不能免除房地产开发企业所应承担的相应行政责任，房地产开发企业在取得预售许可之前基于预约合同所进行的提前收取房屋定金、预订款、诚意金等款项的行为，违反了房地产销售的相关行政管理规定，房地产开发企业应就此承担相应的行政责任。

（二）违反商品房预约合同的法律后果

《最高人民法院关于审理商品房买卖合同纠纷案件适用法律若干问题的解释》（法释〔2020〕17号）第四条规定："出卖人通过认购、订购、预订等方式向买受人收受定金作为订立商品房买卖合同担保的，如果因当事人一方原因未能订立商品房买卖合同，应当按照法律关于定金的规定处理；因不可归责于当事人双方的事由，导致商品房买卖合同未能订立的，出卖人应当将定金返还买受人。”

根据上述法律规定，商品房预约合同中所约定的定金其性质为订约定金，适用定金罚则的相关规定处理，即如房地产开发企业未按预约合同约定与购房人签订商品房买卖合同，则应向购房人双倍返还定金；如购房人未按预约合同约定与房地产开发企业签订商品房买卖合同，则房地产开发企业有权没收购房人所付定金。实践中，在购房人未履行预约合同约定义务的情况下，房地产开发企业往往通过发送催告函、解约函等方式，催告购房人履行义务，最终解除商品房预约合同、没收购房人所付定金并将其所预约的商品房另行销售，从而维护其权益。

但如因不可归责于房地产开发企业及购房人双方的事由，导致商品房买卖合同未能订立的，房地产开发企业应当将定金返还给购房人。实践中，购房人往往以其无法与房地产开发企业就商品房买卖合同的具体内容协商一致为由，要求解除商品房预约合同，并要求房地产开发企业返还定金，从而实现其退房目的。

为规避上述风险，建议房地产开发企业在与购房人签订商品房预约合同之前，将双方未来将要签订的商品房买卖合同的样本提交购房人，由其确认是否接受相关条款的内容。如购房人接受商品房买卖合同的相关条款内容，则双方签订商品房预约合同，并约定购房人已阅知商品房买卖合同的内容，同意按房地产开发企业提供的商品房买卖合同样本与房地产开发企业签约，而不得再以与房地产开发企业就商品房买卖合同的相关条款内容无法达成一致为由拒绝签约。如购房人不接受商品房买卖合同的相关条款内容，则房地产开发企业不应再与购房人签订商品房预约合同，否则将来一旦产生争议，房地产开发企业将面临是否可以没收定金、是否可以将其所预约商品房另行出售的难题。

二、办案思路与实战技巧

关于商品房预约合同纠纷，律师应当从商品房预约合同的法律效力、商品房预约合同性质转变等角度出发来厘清该类型案件的代理思路，具体涉及以下几个问题。

（一）未签订商品房预约合同的预约行为

在商品房销售过程中，房地产开发企业应在收取购房人支付的预约定金的同时与购房人签订商品房预约合同。而实践中，为了促进销售，房地产开发企业工作人员有时在收取购房人所付定金后，仅向其开具定金收据，载明款项性质为定金、购房人所预约的商品房房号等信息，而因种种原因未与购房人签订商品房预约合同，且其后也未采取措施与购房人签订商品房预约合同。收取预约定金后，由于购房人迟迟未与房地产开发企业签订商品房买卖合同并支付购房款，房地产开发企业出于尽快销售回款的考虑，在催告购房人签约付款未果后，即将购房人所预约的商品房另行销售。此后，购房人又以房地产开发企业未事先告知即将其所预约的商品房另行销售为由，要求房地产开发企业双倍返还其支付的定金。

对于该类纠纷，首先应确定房地产开发企业与购房人之间是否成立商品房预约合同关系。由于购房人已向房地产开发企业支付预约定金，且房地产开发企业亦收取上述定金并为购房人开具收据，载明购房人所预约的商品房房号等信息，双方实际上已经通过行为实践的方式订立了商品房预约合同，应受商品房预约法律规定的约束。

房地产开发企业在处理上述纠纷时，面临的一个最为棘手的问题就是如何向购房人送达催告函、解约函。由于双方并未签订商品房预约合同，房地产开发企业也并未留取购房人的通信信息，房地产开发企业仅仅通过电话、短信的方式履行通知义务，但却并未留取相应的证据予以证明。一旦产生争议，房地产开发企业将承担举证不能的不利法律后果。因此，房地产开发企业应穷尽一切方式履行通知义务，并在保留实际送达的相关证据后，方可采取进一步的处理措施（如另行销售等）。但需注意的是，除非双方在预约合同中明确约定了未实际送达情况下“视为送达”的条款，否则，房地产开发企业单方解约的通知未实际送达购房人时，其单方通知的行为并不产生解约的法律后果；房地产开发企业需根据《民法典》第五百六十五条第二款规定，及时通过提起诉讼或仲裁的方式行使解除权。

（二）房地产开发企业收取购房人预约定金之外的款项可能导致双方法律关系的变化

《最高人民法院关于审理商品房买卖合同纠纷案件适用法律若干问题的解释》（法释〔2020〕17号）第五条规定："商品房的认购、订购、预订等协议具备《商品房销售管理办法》第十六条规定的商品房买卖合同的主要内容，并且出卖人已经按照约定收受购房款的，该协议应当认定为商品房买卖合同。"

《商品房销售管理办法》第十六条规定："商品房销售时，房地产开发企业和买受人应当订立书面商品房买卖合同。商品房买卖合同应当明确以下主要内容：（一）当事人名称或者姓名和住所；（二）商品房基本状况；（三）商品房的销售方式；（四）商品房价款的确定方式及总价款、付款方式、付款时间；（五）交付使用条件及日期；（六）装饰、设备标准承诺；（七）供水、供电、供热、燃气、通讯、道路、绿化等配套基础设施和公共设施的交付承诺和有关权益、责任；（八）公共配套建筑的产权归属；（九）面积差异的处理方式；（十）办理产权登记有关事宜；（十一）解决争议的方法；（十二）违约责任；（十三）双方约定的其他事项。"

根据上述法律规定，商品房预约合同与商品房买卖合同在符合上述条件的情况下将发生转化，即商品房预约合同也可能会被认定为构成商品房买卖合同，双方之间的法律关系并不仅仅通过合同的名称予以界定。

在实践中，购房人可能会在与房地产开发企业签订商品房预约合同后、签订商品房买卖合同之前，继续向房地产开发企业支付除预约定金之外的购房款项，房地产开发企业往往予以接受，而后购房人迟迟不与房地产开发企业签订商品房买卖合同及支付全部购房款。房地产开发企业出于尽快销售回款的考虑，在催告购房人签约付款未果后，往往需要采取进一步措施解除商品房预约合同，将购房人所预约的商品房另行销售。此时，房地产开发企业需要审慎考量其与购房人之间的法律关系是否已经发生变化。

如上所述，如购房人所支付的款项已超过商品房预约合同约定范围，在司法实践中，出于保护购房人权益的考虑，法院往往倾向于认定房地产开发企业与购房人之间已经实际形成了商品房买卖关系，双方之间的法律关系应受商品房买卖法律规定的约束。如房地产开发企业欲解除商品房买卖关系，则应符合相关法律法规规定的条件，而不应仅依据商品房预约合同的约定处理。否则，一旦房地产开发企业在未达到商品房买卖合同解除条件的情况下即擅自解约，房地产开发企业应承担较重的违约责任（如根据付款比例承担一定的房屋增值损失赔偿责任等），从而遭受不必要的损失。

三、典型案例精析

案例 12：罗某与某置业公司商品房预约合同纠纷①

裁判要旨

《最高人民法院关于审理商品房买卖合同纠纷案件适用法律若干问题的解释》（法释〔2020〕17 号）第四条规定："出卖人通过认购、订购、预订等方式向买受人收受定金作为订立商品房买卖合同担保的，如果因当事人一方原因未能订立商品房买卖合同，应当按照法律关于定金的规定处理；因不可归责于当事人双方的事由，导致商品房买卖合同未能订立的，出卖人应当将定金返还买受人。"能否适用预约合同约定的定金规则，需判断是因当事人一方原因未能订立商品房买卖合同，还是因不可归责于当事人双方的事由，导致商品房买卖合同未能订立，而区分二种不同原因的判断标准，在于当事人是否就商品房买卖合同的签订事项进行了诚信磋商，当事人是否存在过错，是否因第三方原因或受不可抗力影响。如当事人就本约签订尽到诚信磋商义务，不存在过错，也无第三方原因或不可抗力影响，应认定为不可归责于当事人双方的事由。

① （2020）黔 04 民终 170 号。

案情简介

2018 年 12 月 31 日，罗某与某置业公司签订了两份《认购书》，认购某置业公司开发的 96 套商品房及 1 套门面。原告向被告支付了定金 100 万元，双方约定以银行按揭方式付款，并约定于 2019 年 1 月 10 日前协商交房等条件签订正式《商品房买卖合同》。签订《认购书》前，某置业公司工作人员告知罗某什么条件都可以谈，达不成一致意见就退款。从 2019 年 1 月 3 日起，罗某就通过电话、微信、见面沟通等方式与某置业公司员工协商交易条件，同时指出某置业公司未使用住建部门监管的账户收取预收款是违规的。后双方就合同具体条件进行协商，但未能取得一致意见。罗某向某置业公司提交了办理银行按揭的全部文件，但某置业公司告知罗某不能办理按揭。后双方又就分期付款的方式协商，仍不能达成一致意见。罗某随即要求退款，某置业公司工作人员同意退款，但最后告知认购金不予退还。罗某认为根据《最高人民法院关于审理商品房买卖合同纠纷案件适用法律若干问题的解释》（法释〔2020〕17 号）第四条、第二十三条的规定，某置业公司应当退还认购金 100 万元。故请求原审法院判令：1. 依法解除双方签订的两份《认购书》；2. 判决某置业公司返还定金 100 万元及利息（自 2019 年 1 月 1 日起按照银行同期贷款利率支付至支付完毕止）；3. 本案诉讼费、保全费由某置业公司承担。

被告（被上诉人）某置业公司辩称：某置业公司收取定金的行为是合法的。罗某的行为已构成根本违约，请求返还定金没有法律依据，罗某在协商具体购房条件时提出不合理条件，致使合同无法达成，罗某拒绝磋商，存在过错。罗某的违约行为已对某置业公司造成重大经济损失，故罗某诉称的定金不应退还。

签订《认购书》与交付定金后，2019 年 1 月 10 日前，双方在《定房合同》《预购买 ××× 物业联系函》等文件中就购房总价、首付款交付、银行贷款、款项入监管账户等事项进行磋商，购房总价较《认购书》总价略有减少，为 2008 万元，含购买物业为 2100 万元，但双方未签字盖章确认《定房合同》等。双方磋商内容还包括大堂设吧台、赠送车位、物业费、外墙广告等事项。至

2019年1月10日，罗某未付10054457元首付款，双方也未签订《商品房买卖合同》。

此后，罗某与某置业公司销售人员持续磋商，磋商事宜包括：商品房总价、交付首付款、大堂设吧台、赠送50个车位、物业费、外墙广告、余下购房款的银行按揭贷款等事项。后磋商过程中因按揭贷款事项等无法达成一致意见，罗某提出退款。某置业公司拒绝返还定金100万元，致成诉讼。审理中罗某陈述系欲开办酒店签订两份《认购书》。

法院裁判

一审法院判决：一、解除罗某与某置业公司签订的编号分别为0001255、0001258的《认购书》；二、驳回罗某的其余诉讼请求。

二审法院判决：一、维持一审判决第（一）项，即解除罗某与某置业公司签订的编号分别为0001255、0001258的《认购书》；二、撤销一审判决第（二）项；三、改判：限本判决生效之日起10日内某置业公司返还罗某购房定金100万元。

二审法院认为：关于两份《认购书》的性质问题，本案中双方当事人对签订两份《认购书》的事实均予认可。根据《最高人民法院关于审理商品房买卖合同纠纷案件适用法律若干问题的解释》（法释〔2020〕17号）第五条规定："商品房的认购、订购、预订等协议具备《商品房销售管理办法》第十六条规定的商品房买卖合同的主要内容，并且出卖人已经按照约定收受购房款的，该协议应当认定为商品房买卖合同。"罗某与某置业公司签订的两份《认购书》虽含有双方当事人、房屋楼层或房号、建筑面积、总价或单价、付款时间与方式等内容，但是缺乏房屋交付使用条件及日期、办理产权登记有关事宜、违约责任等重要条款，不完全具备《商品房销售管理办法》第十六条规定的商品房买卖合同的主要内容，两份《认购书》属商品房买卖合同的预约合同。

该两份《认购书》应否予以解除？根据《最高人民法院关于审理买卖合同纠纷案件适用法律问题的解释》（法释〔2012〕8号）第二条"当事人签订认购书、订购书、预订书、意向书、备忘录等预约合同，约定在将来一定期限内订立买卖合同，一方不履行订立买卖合同的义务，对方请求其承担预约合同违约责任或者要求解除预约合同并主张损害赔偿的，人民法院应予支持”的规定，预约合同对双方当事人具有约束力。但预约合同目的是订立本约合同，标的是订立本约合同行为。根据《合同法》第一百一十条规定：“当事人一方不履行非金钱债务或者履行非金钱债务不符合约定的，对方可以要求履行，但有下列情形之一的除外：（一）法律上或者事实上不能履行；（二）债务的标的不适于强制履行或者履行费用过高；（三）债权人在合理期限内未要求履行。”[①] 订立本约合同的行为属于该法条规定的债务标的不适于强制履行的情形。在双方未签订《商品房买卖合同》，且也不能强制签订《商品房买卖合同》的情形下，现罗某诉请解除两份《认购书》，某置业公司表示同意，两份《认购书》应予解除。一审判决解除两份《认购书》，并无不当。

罗某诉请的100万元定金应否返还？《最高人民法院关于审理商品房买卖合同纠纷案件适用法律若干问题的解释》（法释〔2020〕17号）第四条规定：“出卖人通过认购、订购、预订等方式向买受人收受定金作为订立商品房买卖合同担保的，如果因当事人一方原因未能订立商品房买卖合同，应当按照法律关于定金的规定处理；因不可归责于当事人双方的事由，导致商品房买卖合同未能订立的，出卖人应当将定金返还买受人。”能否适用《认购书》约定的定金罚则，需判断是因当事人一方原因未能订立商品房买卖合同，还是因不可归责于当事人双方的事由，导致商品房买卖合同未能订立，而区分二种不同原因的判断标准，在于当事人是否就商品房买卖合同的签订事项进行了诚信磋商，当事人是否存在过错，是否因第三方原因或受不可抗力影响。如当事人就本约签订尽到诚信磋商义务，不存在过错，也无第三方原因或不可抗力影响，应认定为不可归责于当事人双方的事由。本案中，在签订《认购书》后至2019年1月10日，罗某与某置业公司销售人员继续就商品房总价、首付款、银行贷款、大堂设吧台、赠送车位、物业费、外墙广告等事项进行磋商，磋商事项涉及商品房买卖合同主要条款（购房总价有调减）以及

① 已修订为《民法典》第五百八十条。

《认购书》中未涉及的内容,《认购书》中未涉及的内容包括大堂设吧台、赠送车位、物业费、外墙广告等事项，该部分磋商事项能够印证罗某所述意欲开设酒店的目的，以上事项也是开设酒店必需或配套事项。如双方经磋商达成一致意见，以上事项将记载于《商品房买卖合同》中，特别是购房总价的调减会影响到《商品房买卖合同》主要合同条款的变动。虽双方当事人未以协议形式并盖章签字予以确定，但该磋商过程中双方当事人属诚信磋商，双方均无过错。另本案也无因第三方原因或不可抗力影响等情形。双方因持续磋商未能达成一致意见订立《商品房买卖合同》，属不可归责于当事人双方的事由，且购房总价及合同其他重要事项未确定,《认购书》有关不予返还定金的三种事由均无成立的基础,《认购书》定金条款不具有强制力。故某置业公司应将 100 万元定金返还罗某。

律师评析

1. 关于《认购书》性质的认定

《认购书》系当事人约定将来订立正式合同的协议，当事人双方互负有签订正式合同的义务。因此，应认定为预约合同。但是，根据《最高人民法院关于审理商品房买卖合同纠纷案件适用法律若干问题的解释》(法释〔2020〕17 号)第五条规定，当商品房的认购、订购、预订等协议已具备了《商品房销售管理办法》第十六条规定的商品房买卖合同的主要内容，并且出卖人已经按照约定收受购房款的，该协议应当认定为商品房买卖合同。

2. 关于定金罚则的使用

《最高人民法院关于审理商品房买卖合同纠纷案件适用法律若干问题的解释》(法释〔2020〕17 号)第四条规定:“出卖人通过认购、订购、预订等方式向买受人收受定金作为订立商品房买卖合同担保的，如果因当事人一方原因未能订立商品房买卖合同，应当按照法律关于定金的规定处理；因不可归责于当事人双方的事由，导致商品房买卖合同未能订立的，出卖人应当将定金返还买受人。”因此，“因当事人一方原因未能订立商品房买卖合同”系适用定金法则的基础，而如何进行认定，笔者认为可以参照《民法典》第五百条关于缔约过失责任的规定:“当事人在订立合同过程中有下列情形之一，造成对方损失的，应当承担赔偿责任：（一）假借订立合同，恶意进行磋商；（二）故意隐瞒与订立合同有关的重要事实或者提供虚假情况；（三）有其他违背诚信原则的行为。”即违反诚实信用义务，进行恶意磋商的行为。

在司法实践中，如房地产开发企业向购房人收取了认购金等款项，双方虽未签署商品房预约合同，但该款项仍将被认定为合同法上的定金，双方将成立商品房预约合同关系。如购房人支付定金后不签署商品房买卖合同及支付购房款，房地产开发企业在通过合法手续解除双方的商品房预约合同关系后，才能将商品房另行售予第三人，否则，房地产开发企业将承担定金责任，应双倍返还购房人所支付的认购定金。

第二节　商品房委托代理销售合同纠纷

一、理论概述与实务指引

商品房委托代理销售是指房地产开发企业委托销售代理公司代理销售其开发建设的商品房，并根据销售代理公司的销售业绩按一定比例向其支付佣金的行为。委托代理销售的形式包括独家代理、非独家代理。

随着房地产市场的发展，专业化分工的趋势日益明显，专业的销售代理公司通过多年的经营，形成了一定的规模、品牌优势，积累了较多的客户及渠道资源，其在商品房销售领域具有较强的专业化优势。对于开发项目较多的大型房地产开发企业及销售经验较少的中小型房地产开发企业，采用委托代理销售的方式销售商品房，可有效地降低销售成本，获得较好的销售效果。因此，近年来通过委托代理销售的方式销售的房地产项目日益增多。

（一）委托代理销售的法律性质

商品房委托代理销售合同在法律性质上属于委托合同。《民法典》第九百三十三条规定：“委托人或者受托人可以随时解除委托合同。因解除合同造成对方损失的，除不可归责于该当事人的事由以外，无偿委托合同的解除方应当赔偿因解除时间不当造成的直接损失，有偿委托合同的解除方应当赔偿对方的直接损失和合同履行后可以获得的利益。”根据上述法律规定，房地产开发企业或者销售代理公司可以随时解除合同。

在实践中，房地产开发企业往往根据房地产项目的开发建设销售节点安排将销售工作委托给销售代理公司实施，并对相关的销售业绩、回款指标等进行提前安排，中途更换销售代理公司会打乱房地产开发企业的销售节奏，影响其销售回款进而使得房地产项目的开发建设进度受到影响。而销售代理公司在商品房委托代理销售合同签订之后即投入大量人力物力开拓市场和联系客户，但可能未必立即就能产生促成交易的结果，一旦合同提前解除，其前期投入将无法获得有效补偿，将遭受较大损失。

因此，房地产开发企业及销售代理公司在商品房委托代理销售合同中可能作出排除双方任意解除权的约定，上述约定是否具有法律效力？根据民法上意思自治的原则，基于商业风险的合理分担，应当允许房地产开发企业及销售代理公司在商品房委托代理销售合同中约定排除对方的任意解除权，从而保证交易的稳定，维护双方的利益不受侵害。

（二）销售代理公司的主要权利及义务

实践中，销售代理公司在商品房委托代理销售合同项下主要有如下权利及义务。

1. 制定营销方案、计划

销售代理公司应根据房地产开发企业的要求制定房地产项目销售的营销方案及销售计划，协助房地产开发企业进行项目定位，提供营销预算方案的建议，并就项目销售必要宣传物料的设计、准备等提供建议及协助。就上述事宜，房地产开发企业也可要求销售代理公司按时提供相应的书面报告等。

2. 完成考核指标

商品房委托代理销售合同中通常约定房地产开发企业有权对销售代理公司的销售指标完成情况进行考核。销售代理公司的销售业绩确定标准应在合同中明确予以约定，如销售代理公司的销售业绩无法达到合同约定标准，房地产开发企业可以根据合同约定采取包括降低佣金提取比例、扣留部分应付佣金、要求销售代理公司支付一定金额或比例的违约金等方式，追究销售代理公司的违约责任。如销售代理公司连续或累计未完成考核指标达到合同约定的次数，则房地产开发企业有权解除合同。

3. 收取销售代理佣金

在销售代理公司按照商品房委托代理销售合同约定完成商品房销售并确认成交后，其有权根据合同约定的标准计提佣金。销售代理公司的销售成交标准、佣金计算方式等应在合同中明确予以约定，以避免双方对是否成交、是否应付佣金、应付多少佣金等产生争议。

《商品房销售管理办法》第二十八条规定："受托房地产中介服务机构在代理销售商品房时不得收取佣金以外的其他费用。"《国家计委、建设部关于房地产中介服务收费的通知》第六条规定，"实行独家代理的，收费标准由委托方与房地产中介机构协商，可适当提高，但最高不超过成交价格的3%"。但《国家发展改革委、住房城乡建设部关于放开房地产咨询收费和下放房地产经纪收费管理的通知》第二条规定："下放房地产经纪服务收费定价权限，由省级人民政府价格、住房城乡建设行政主管部门管理，各地可根据当地市场发育实际情况，决定实行政府指导价管理或市场调节价。实行政府指导价管理的，要制定合理的收费标准并明确收费所对应的服务内容等；实行市场调节价的，房地产经纪服务收费标准由委托和受托双方，依据服务内容、服务成本、服务质量和市场供求状况协商确定。"该通知同时废止了上述《国家计委、建设部关于房地产中介服务收费的通知》。

根据上述法律规定，房地产开发企业与销售代理公司只要遵循房地产项目所在地的相关规定约定了佣金计提标准，双方即应遵照履行，任何一方不得再以上述"最高不超过成交价格的3%"的规定主张合同中约定的佣金计提标准无效。

此外《房地产经纪管理办法》第十八条明确规定"房地产经纪服务实行明码标价制度。房地产经纪机构应当遵守价格法律、法规和规章规定，在经营场所醒目位置标明房地产经纪服务项目、服务内容、收费标准以及相关房地产价格和信息。房地产经纪机构不得收取任何未予标明的费用；不得利用虚假或者使人误解的标价内容和标价方式进行价格欺诈；一项服务可以分解为多个项目和标准的，应当明确标示每一个项目和标准，不得混合标价、捆绑标价”。上述规定也对房地产销售代理公司的收费问题进行了规范。

二、办案思路与实战技巧

实践中，商品房委托销售代理合同纠纷还涉及以下几个问题。

（一）销售代理公司人员对外宣传说辞法律后果的承担

实践中，房地产开发企业与销售代理公司通常会对销售宣传说辞进行统一，销售代理公司人员应根据双方确定的统一说辞对外进行项目销售宣传，不得未经房地产开发企业同意擅自对外进行承诺。但部分销售代理公司人员为了提高业绩，擅自对购房人进行承诺或进行不实宣传，导致房地产开发企业因此遭受损失。

由于房地产开发企业与销售代理公司之间系委托关系，销售代理公司系接受房地产开发企业的委托进行商品房的销售，因此，销售代理公司的代理行为后果应由房地产开发企业承担。如购房人因销售代理公司的上述行为向房地产开发企业主张索赔，房地产开发企业应依法对外承担相应的法律责任，其在承担责任后可依据商品房委托销售代理合同的约定向销售代理公司追偿。房地产开发企业不能以相关行为系销售代理公司人员擅自作出为由主张免除自身的法律责任。

（二）销售代理公司可得利益的界定

在商品房委托销售代理合同因房地产开发企业原因解除后，销售代理公司通常以其已付出大量劳动为由，主张根据房地产项目所涉商品房面积和当前市场价格计算其可得利益损失，而房地产开发企业则认为销售代理公司实现销售并获取佣金尚受国家政策、市场变化等多种因素影响，以商品房委托销售代理合同约定的可销售商品房购房款金额为依据主张可得利益损失有失公平。

商品房委托销售代理合同解除后，由于相关商品房并未进行实际销售，对于销售代理公司的可得利益损失应根据个案情况酌情予以处理。如果佣金等可得利益通过现有条件可以确定，具有确定性，则法院应当予以支持；如果佣金等可得利益通过现有条件无法具体确定，则法院不应予以支持。

三、典型案例精析

案例 13：甲公司与乙公司商品房委托代理销售合同纠纷[①]

裁判要旨

如房地产开发企业与销售代理公司约定在一段期间内销售代理公司应当完成相应的销售任务，而销售代理公司未按合同约定完成任务，视为销售代理公司违约，房地产开发企业可以行使合同解除权。自解约通知到达销售代理公司时，商品房委托销售代理合同解除，销售代理公司应当承担违约责任。

案情简介

2011 年 11 月 7 日，乙公司（甲方）与甲公司（乙方）签订《项目总策划、销售代理合同》（以下简称合同）一份，约定：甲方将涉案的物业项目（以下简称项目或本项目）委托乙方作为分销总代理和销售总代理商，代理本项目的策划和销售。合同约定：“第二章　合同范围、期限及内容。2.2 合同期限自 2011 年 11 月 7 日起至项目销售率达 90% 止。2.3 乙方对甲方委托的项目提供市场调查、产品定位建议及营销策划思路；对甲方委托的面积进行营销策划和物业销售总代理。第三章　策划及市场推广。3.1 合同期内，乙方负责本项目的市场调研、营销策划、市场推广等策划、推广工作。第六章　销售代理服务费的结算。6.2 本合同所称销售率是指：在合同期内，已售建筑面积合计与甲方委托乙方代理销售总建筑面积之比。6.3.2 基本服务费，甲方按照合同额 1.5% 的比率向乙方支付项目销售基本服务费及销售佣金。甲方

① （2014）澄徐商初字第 0020 号。

按照合同额8%—12%的比率向乙方指定的分销商支付分销代理服务费及分销佣金。6.6甲方取得预售证不得晚于2011年12月30日，超过以上日期尚未取得预售证，每超过一个月，甲方补贴乙方前期开办费用70000元整，当月支付并不在日后的销售佣金中冲抵。自甲乙双方签订本合同之日开始，直至本项目可以在房管局网上签约，其间为开盘前销售准备期。其间甲方每月预支给乙方销售佣金70000元，作为前期开办准备金用于乙方的分销组织与人员开支，该预支款在项目完成50%时清算对冲乙方应结的销售佣金。第七章 代理保证金。7.1乙方同意本合同设定代理保证金500000元，作为乙方履行本合同约定义务的保证。7.2乙方在进场的5日内向甲方一次性支付500000元保证金。7.3甲方同意，按如下方式向乙方返还保证金：在销售率达到50%的时候，甲方返还50%保证金，其余50%在乙方完成销售率达到85%时返还。第八章 销售进度。8.1自本项目取得预售证后正式公开上市起至项目销售率达90%以上为12个月。8.2在乙方保证分销模式的前提下，开盘后甲方按以下销售进度对乙方进行考核：第一阶段，开盘后30天，销售率3800平方米；第二阶段，开盘后3个月，总代理面积的35%；等等。以上阶段时间如遇春节自动延后45天。8.3若因乙方连续两个考核阶段未完成项目销售率或有任一考核阶段达不到销售目标的60%（因甲方原因导致未完成的除外），甲方有权单方面解除合同，并扣留乙方保证金以抵违约金，但乙方已销售部分的可结佣金应结算给乙方。8.4此销售进度的前提是甲方保证分销模式，如甲方因各类原因改变销售方式，甲乙双方需重新协商一致并另行签订备忘或本合同变更文件。第九章 法律责任。9.2除合同另有约定或者一方的违约行为致使另一方无法实现本合同目的外，任何一方不得擅自单方面解除本合同，否则按以下原则处理：9.2.1乙方单方面解除合同的，按200000元的违约责任向甲方支付违约金。9.2.2若甲方单方面解除合同的，甲方在正常结算乙方已售房源服务费的前提下，按200000元的违约责任向乙方支付违约金。9.10出现重大违约，守约方有权单方面解除合同，违约方须在结清对方业务收入的前提下赔偿对方的损失，并承担违约责任，支付给对方违约金200000元的违约责任。”

合同签订后，甲公司进场，制定了开盘销售方案、分销协议、分销工作指导手册、合同样本等，并对分销商进行了培训。2011 年 12 月 1 日，甲公司向乙公司交付保证金500000元。12月12日，霞客商贸城A楼取得商品房预（销）售许可证，后乙公司获得了网上签约许可。12 月 16 日，乙公司向甲公司预付销售代理服务费 70000 元。12 月 20 日，甲公司组织客户到案场参加活动，相关租车费用已由甲公司向乙公司报销。

2011 年 12 月 25 日，黄某、王某分别与乙公司签订商品房认购书一份，各认购商铺 1 间，面积均为 17.58 平方米，黄某支付了定金 10000 元，王某支付了定金 5000 元。2012 年 8 月 19 日，黄某以资金不足为由向乙公司申请退铺，乙公司向黄某退还了 10000 元；同日，王某以家里人意见不统一为由向乙公司申请退铺，乙公司向王某退还了 5000 元。2012 年 1 月 1 日，周某与乙公司签订商品房认购书一份，认购商铺 1 间，面积 13.82 平方米，支付了定金 1000 元。

2012 年 1 月 20 日，乙公司通过 EMS 向甲公司邮寄解除合同通知书，以甲公司未完成销售率为由解除合同，甲公司收到了该通知书。审理中，双方一致认可项目总策划、销售代理合同已经解除。

2014 年 1 月 10 日，甲公司具状起诉。

原告甲公司认为：甲公司与被告乙公司于 2011 年 11 月 7 日签订了《项目总策划、销售代理合同》，约定：乙公司开发的涉案项目，甲公司代理该项目一期北楼商场的销售，并约定了双方的权利义务。合同签订后，甲公司按约做了合同履行的前期准备工作，但乙公司却以甲公司违约为由在 2012 年 1 月 20 日发函单方解除了合同。乙公司的解除合同是违约行为，应当根据合同第 9.2.2 条向甲公司支付违约金，并退还甲公司已付的 430000 元代理保证金，赔偿甲公司的前期投入损失。请求判令：1. 乙公司返还代理保证金 430000 元、支付违约金 200000 元、赔偿甲公司前期投入损失 248423.8 元，合计 833423.8 元；2. 本案诉讼费用由乙公司承担。

被告乙公司辩称：1. 乙公司与原告甲公司签订《项目总策划、销售代理合同》，根据合同第 8.3 条约定，若甲公司连续两个考核阶段未完成项目销售业务，或任一考核阶段达不到销售目标的 60%（因乙公司原因导致未完成的除外），乙公司有权单方面解除合同，并扣留甲公司保证金以抵违约金。根据该约定，考核第一阶段（该项目开盘后30天）甲公司应完成3800平方米的销售目标，而苏南涉案项目在2011年12月12日将房源价格等进行公示后，于2011年12月20日正式开盘销售，至2012年1月20日，仅有3名客户向乙公司订购了3套房屋，且均未全额交付定金，未有一例正式成交，即甲公司在第一考核阶段的业绩为0平方米，严重耽误了乙公司的销售进度及回款速度，造成乙公司经济损失，所以乙公司提出解除合同是符合合同约定的。2. 乙公司于2012年1月20日发函给甲公司，提出解除合同，根据《合同法》规定，在解除合同的函到达甲公司时，该合同已解除，甲公司若对乙公司解除合同的理由或行为有异议，根据《合同法》相关司法解释的规定，应在3个月内提出异议，而甲公司在2013年6月才向法院起诉，此时，合同实际上已经解除了，不存在违约行为，甲公司的诉讼请求是没有理由的。请求法院驳回甲公司的诉讼请求。

法院裁判

法院认为，本案的主要争议是：1. 本案所涉房屋是否已经开盘；2. 双方是否存在违约行为。

1. 关于本案所涉房屋是否已经开盘的问题。甲公司认为，开盘应指第一次大规模的对外宣传和销售，诉争项目没有开盘，开盘的前期准备尚未完成，分销模式尚未确立等，不具备开盘条件。乙公司认为，诉争项目于2011年12月20日正式开盘销售，当天，甲公司组织客户并安排了车辆接客户到案场，事后向乙公司报销了相关的租车费用。法院认为，开盘是行业术语，通常是指楼盘建设中取得销售许可证可以合法对外宣传销售了，为正式推向市场所进行的一个活动。本案中，诉争项目于2011年12月12日取得商品房预售许可证后，甲公司于2011年12月20日组织客户到案场，对项目进行公开对外推介，应认定诉争项目于2011年12月20日开盘，甲公司认为当天举行的系分销商大会，与事实不符，法院不予采信。甲公司认为尚未建立分销模式，但根据合同约定，甲公司是分销总代理商和销售总代理商，分销商由甲公司组织和管理，庭审中甲公司业已认可对分销商进行了培训，合同中约定的“保证分销模式”应理解为乙公司同意以分销模式销售房产，而不是由乙公司组织分销商，故能够建立分销模式责任在于甲公司。即使乙公司在收到甲公司提交的分销代理销售协议、分销工作手册目录、商品房买卖合同空白样本后未及时回复，甲公司也有权按照合同约定视作乙公司对上述材料的认同，且乙公司已经获取了网上签约的许可，说明乙公司已对商品房买卖合同样本进行了确认，故甲公司向乙公司提交的开盘销售方案中属于乙公司的工作中，除销售、财务与按揭对接完毕这一项工作以外，其余工作均已完成，而销售、财务与按揭是否对接完毕实际并不影响开盘，故甲公司认为开盘的前期准备工作未完成的主张法院不予采信。

2. 关于双方是否存在违约行为的问题。甲公司认为，乙公司单方解除合同构成违约。乙公司认为，甲公司未完成销售率构成违约，乙公司解除合同符合合同约定。法院认为，甲公司与乙公司签订的项目总策划、销售代理合同是双方真实意思表示，内容合法有效，对双方具有约束力，双方均应本着诚实信用原则按约履行。根据《合同法》及相关司法解释的规定，当事人可以约定一方解除合同的条件，解除合同的条件成就时，解除权人可以解除合同。当事人主张解除合同的，应当通知对方，合同自通知到达对方时解除。对方有异议的，可以在约定的异议期内请求人民法院或者仲裁机构确认解除合同的效力，未约定异议期的应在接到解约通知后 3 个月内提起诉讼。本案中，乙公司以甲公司未达到销售目标为由，于 2012 年 1 月 20 日通过 EMS 向甲公司邮寄解除合同通知书，甲公司称在 2012 年春节后上班看到了该通知，故该通知书应在 2012 年春节前即 2012 年 1 月 23 日前到达甲公司，甲公司在收到解约通知后 3 个月内未向人民法院起诉，故项目总策划、销售代理合同已经在 2012 年春节前解除。关于双方是否存在违约问题，如前所述，诉争项目于 2011 年 12 月 20 日开盘，根据合同约定，甲公司应在开盘后 30 天完成 3800 平方米的销售目标，但甲公司所提供证据不足以证明其完成了上述销售目标，故乙公司在 2011 年 1 月 20 日以甲公司未完成销售目标为由发通知解除合同符合合同约定，亦符合法律规定，属约定解除，乙公司不构成违约。甲公司未按合同约定完成销售目标，系违约方。

根据合同中关于重大违约的约定，甲公司作为违约方应支付乙公司违约金 20 万元。对于甲公司已经预付的 50 万元保证金，合同并未约定如甲公司违约则保证金不予返还，且根据合同约定，甲公司未完成销售任务，乙公司有权扣留保证金以抵违约金，故本案的违约金应以 20 万元计算，扣除违约金后，剩余保证金应由乙公司返还给甲公司。因乙公司亦向甲公司预付了 7 万元，将上述违约金、保证金、预付款相抵折算，乙公司尚应退还甲公司保证金 23 万元。由于甲公司系违约方，故无权要求乙公司支付违约金 20 万元以及前期投入损失 248423.8 元。关于违约金是否过高的问题，对于项目总策划、销售代理合同总标的而言，20 万元违约金不属畸高，无进行调整的必要。

法院一审判决乙公司应于判决发生法律效力之日起 10 日内返还给甲公司保证金 23 万元，驳回甲公司的其他诉讼请求。一审判决后，当事人未提起上诉。

律师评析

房地产开发企业委托销售代理公司进行房地产项目的策划与代理销售是房地产项目销售中经常采用的模式。在实践中，销售代理公司因不能完成销售任务，使房地产开发企业难以达到销售目标导致双方产生纠纷的情形时有发生。在司法实践中，如双方签署的商品房委托销售代理合同对销售代理公司应在一定期间内达成的销售任务、合同解除及违约责任等有明确约定，一旦销售代理公司不能完成约定任务，即视为销售代理公司违约，房地产开发企业有权通过约定的解约方式解除合同，且有权要求销售代理公司承担违约责任。

需要特别提示的是，建议房地产开发企业采用 EMS 等司法实践中普遍认可的送达方式发送解约通知，并保留送达回执等相关证据，以免因房地产开发企业无法举证证明其已履行了解约的必要手续而遭受不利的后果。

第三节　商品房权属登记纠纷

本节所述商品房权属登记，是指房地产开发企业在完成商品房首次登记后，根据相关法律法规的规定及商品房买卖合同（预售 / 现售）的约定，将购房人所购买的商品房的不动产转移登记至购房人名下的行为和过程。

一般来讲，商品房的不动产转移登记是商品房买卖合同履行的最后环节，也是整个房地产开发销售过程中各项问题集中暴露的环节。对于房地产开发企业来说，一个房地产项目自开发用地取得、规划设计、建设验收、交付使用、首次登记的任何阶段，若存在法律上的瑕疵，均将影响不动产转移登记；而对于购房人来说，若怠于履行支付房款、偿还购房贷款、缴纳税费、接收房屋等方面的义务，也将影响不动产转移登记；同时，由于商品房不动产权属登记机关是房地产管理部门，因此房地产管理部门的行政行为也会影响商品房的不动产转移登记的实现。以下将结合商品房权属登记的步骤、主体及纠纷特点，对此类纠纷案件的办理思路及策略技巧进行详细论述。

一、理论概述与实务指引

（一）商品房权属登记责任承担的法律依据

就商品房的不动产转移登记时间，《城市房地产开发经营管理条例》第三十二条规定："预售商品房的购买人应当自商品房交付使用之日起 90 日内，办理土地使用权变更和房屋所有权登记手续；现售商品房的购买人应当自销售合同签订之日起 90 日内，办理土地使用权变更和房屋所有权登记手续。房地产开发企业应当协助商品房购买人办理土地使用权变更和房屋所有权登记手续，并提供必要的证明文件。"此外，建设部《商品房销售管理办法》第三十四条规定："房地产开发企业应当在商品房交付使用前按项目委托具有房产测绘资格的单位实施测绘，测绘成果报房地产行政主管部门审核后用于房屋权属登记。房地产开发企业应当在商品房交付使用之日起 60 日内，将需要由其提供的办理房屋权属登记的资料报送房屋所在地房地产行政主管部门。房地产开发企业应当协助商品房买受人办理土地使用权变更和房屋所有权登记手续。"

对于房地产开发企业违反上述规定期限办理权属登记的法律后果，《最高人民法院关于审理商品房买卖合同纠纷案件适用法律若干问题的解释》（法释〔2020〕17 号）进行了明确，第十四条规定："由于出卖人的原因，买受人在下列期限届满未能取得不动产权属证书的，除当事人有特殊约定外，出卖人应当承担违约责任：（一）商品房买卖合同约定的办理不动产登记的期限；（二）商品房买卖合同的标的物为尚未建成房屋的，自房屋交付使用之日起 90 日；（三）商品房买卖合同的标的物为已竣工房屋的，自合同订立之日起 90 日。合同没有约定违约金或者损失数额难以确定的，可以按照已付购房款总额，参照中国人民银行规定的金融机构计收逾期贷款利息的标准计算。”第十五条还规定：“商品房买卖合同约定或者城市房地产开发经营管理条例第三十二条规定的办理不动产登记的期限届满后超过一年，由于出卖人的原因，导致买受人无法办理不动产登记，买受人请求解除合同和赔偿损失的，应予支持。”

实务操作中，各房地产开发企业均会在房屋销售前，根据上述或当地的示范性文本制作相应的商品房买卖合同，并在房屋销售时与购房人签署，从而构成商品房权属登记纠纷处理的合同依据；且该合同依据一般优于前述法律依据适用于纠纷的处理。

（二）不动产转移登记以完成首次登记为前提条件

商品房权属登记涉及首次登记和转移登记两个阶段。

首次登记阶段，房地产开发企业需在商品房所在的房地产项目综合竣工验收完毕后，向房地产登记机关递交项目开发建设的前期资料，如建设工程规划许可证、建筑工程施工许可证、竣工图纸、工程竣工验收合格证明等；同时，还需由测绘部门出具实测面积报告，若实测面积超过暂测面积，还需依法补缴土地出让金。房地产登记机关在对房地产开发企业递交的前期资料审核完毕、对实测面积报告完成备案、土地出让金已经结清的情况下，方可进行商品房的首次登记。

对于完成首次登记的商品房，可由房地产开发企业与购房人签署房屋交付及转移登记的文书，并将相应文书递交房地产登记机关审核归档；在依法缴纳完毕转移登记所需税费后，由房地产登记机关向购房人核发房地产权属证书。需特别注意的是，若因房地产开发企业办理开发贷款而在商品房上设置了银行抵押等权利负担的，需先解除商品房的抵押担保，方可办理不动产转移登记手续。

由此可知，房地产开发企业对房地产项目完成首次登记，是购房人所购商品房进行不动产转移登记的必备要件；而目前多数的房地产权属登记纠纷，源于首次登记手续办理环节。

（三）商品房权属登记纠纷的责任主体及成因均具有多样性特点

由前述办理商品房权属登记的步骤可知，商品房权属登记需由房地产开发企业为主导推进，并由购房人、房地产登记机关、税务机关甚至银行等各方共同参与方可完成。在此过程中，房地产开发企业承担了主要的责任，但不是唯一责任主体。

1. 因房地产开发企业原因导致逾期登记

房地产开发企业作为商品房的出卖人，交付合格房屋（指实物的交付）及办理房屋的权属转移登记（可视为权属的交付）系其主要合同义务；而实践当中，出卖人过错也确系此类纠纷的主要成因。其中具体包括土地使用手续瑕疵、欠付土地出让金及税金、违章建房等。

2. 因购房人原因导致逾期登记

此类纠纷主要系指因购房人怠于签署、递交办理商品房权属转移登记所需资料，或者购房人迟延支付购房款项等原因，导致的商品房权属转移登记逾期办理。

需特别说明的是，在实践当中，虽然买受人怠于办理商品房权属登记的情况并不鲜见，但形成纠纷的比例较小，房地产开发企业一般也不会因购房人怠于办理商品房转移登记而要求购房人承担责任。此类纠纷的发生，多见于贷款买房的购房人与房地产开发企业之间。因目前我国实施商品房预售制度，在购房人购买房屋时，其所购房屋一般尚未达到抵押条件，房地产开发企业需就正式抵押手续办理以前的期间，就购房人购房贷款的偿还承担连带责任；而若购房人怠于办理商品房转移登记，则无法将其所购商品房正式抵押给银行，进而导致房地产开发企业的担保责任无法解除，从而导致纠纷的发生。

3. 因第三方原因导致逾期登记

如房地产登记机关办证、发证迟延，测绘机构测绘结果等没有满足期限要求，贷款银行怠于配合办理登记手续等均会影响房屋转移登记手续的办理。

（四）商品房权属登记纠纷具有群体爆发性特点

如前所述，商品房权属登记纠纷的主要责任主体为房地产开发企业，主要诱因系商品房所在项目的首次登记手续办理的迟延。因此，此类纠纷一旦出现，一般会涉及整个房地产项目内的全部购房人。一旦做出对房地产开发企业不利的判决，将会引起其他购房人的系列诉讼。所以，在处理此类纠纷时，不但要就个案的处理情况制定相应的策略，还需就商品房所在项目其他业主的潜在纠纷制定相应的应对措施，以最大限度地消除隐患。

二、办案思路与实战技巧

（一）责任主体的认定

虽然《城市房地产开发经营管理条例》第三十二条规定，办理房屋权属证书的义务主体是购房人，房地产开发企业负有协助义务；但根据《民法典》第五百九十五条、第五百九十八条，以及《最高人民法院关于审理商品房买卖合同纠纷案件适用法律若干问题的解释》（法释〔2020〕17号）第一条、第十四条之规定，办理房屋权属证书的义务主体为房地产开发企业。其实两者并不矛盾，可理解为房地产开发企业在完成首次登记，并将购房人办理不动产转移登记所需由房地产开发企业提供的资料（如购房款发票等）均已提供完毕后，房地产开发企业即履行了不动产转移登记的义务；此后，购房人即负有尽快完成不动产转移登记，以解除房地产开发企业作为名义权利人对房屋所负有的风险责任及其他相关责任（如按揭贷款的保证责任）的义务。

在此过程中，需注意房地产开发企业完成房屋首次登记的标志，应是登记机构将申请登记事项记载于房屋登记簿，审判实践中应重点审查房地产开发企业是否取得登记机构作出的关于同意房屋首次登记的批准，而不应仅仅考察递交首次登记资料的时间。

（二）免责事由的确认

虽然商品房权属登记纠纷的主要责任主体是房地产开发企业，但是从目前实践操作来看，迟延办理不动产转移登记常常涉及规划、房管、建管等诸多行政部门方面的因素，即房地产开发企业已经积极履行了相关义务，但因行政部门的原因而导致无法按期完成登记。在房地产开发企业充分举证证明因行政行为导致登记办理迟延，且其在迟延发生后及时向购房人告知相关延期情况的前提下，若不动产转移登记延期对购房人未造成实际损失，房地产开发企业可适当免责。

（三）对诉讼时效制度的运用

商品房权属登记纠纷中一般涉及权属登记请求权及逾期登记违约金请求权。权属登记请求权与一般之债权请求权不同，该项目请求权具有极强的物权性倾向或者物权属性，实践中一般不适用诉讼时效。

而逾期登记违约金请求权系典型的债权请求权，其当然适用诉讼时效制度；但就其诉讼时效起算时间，则需区分不同情况；对于一次性支付的违约金，则需根据该违约金付款义务发生之次日起算 3 年诉讼时效；若属于根据违约期间按日或按月累加计算且持续发生的违约金或起诉时已经完成不动产转移登记导致违约金总额已经固定的，则保护起诉之日前 3 年的违约金请求权。

因此，在商品房权属登记纠纷诉讼中，应根据诉讼请求的事由来判断是否可以将诉讼时效作为责任一方的抗辩理由。

三、典型案例精析

案例 14：李某与某公司商品房预售合同纠纷[①]

裁判要旨

商品房权属登记纠纷中认定房地产开发企业责任，需综合考虑不动产首次登记及转移登记的具体情形进行判断。

---

① （2014）北民初字第 532 号。

案情简介

2010年12月30日，原告李某与被告广成公司签订《青岛市商品房预售合同》(以下简称《预售合同》)，约定李某购买广成公司开发的某项目商品房，总价款为人民币1026303元；《预售合同》约定的房屋交付时间为2012年10月31日，李某于2012年12月5日与广成公司签署《收楼签署文件》，领取了该房屋钥匙。

《预售合同》主合同第十四条约定，在取得了该商品房房地产权属登记证明后90日内，双方签署《房屋交接书》。《房屋交接书》作为办理该房屋过户手续的必备文件，在签署《房屋交接书》之日起180天内，由双方依法向市房地产登记中心办理价格申报、过户申请手续、申领该房屋的房地产权证。同时，该《预售合同》补充条款第六条约定，前述主合同第十四条约定的实际执行以市国土资源和房屋管理局的规定为准，由李某自行办理产权登记。

由于该项目内原有一处市政工程迁移迟延，使得部分项目用地直到该商品房建成后都未交付给广成公司进行开发，导致该项目未能按照预期的进度完成综合验收，也一直未能办理产权首次登记。为此，李某于2014年7月1日向法院提前诉讼，主张其按照合同约定履行了义务，广成公司至今未履行办理产权证义务，致使李某合法权益受损。要求法院判令：广成公司履行办理产权证义务；广成公司向李某支付逾期办理产权证违约金（按银行同期利率3倍支付，自2013年5月1日起至判决生效之日止)；本案诉讼费用由广成公司承担。

后在该案审理过程中，广成公司完成了该项目首次登记，于2014年9月4日与李某签署《房屋交接书》，并配合李某办理了不动产登记，李某撤回了第（一）项诉讼请求，但仍要求广成公司向其支付逾期办理产权证违约金。

另，受诉法院经审理查明，2010年9月7日广成公司与案外人中建八局签订《建设工程施工合同》，约定由案外人承建该项目全部工程，工期计划于2010年9月20日开工，2011年12月14日竣工。

法院裁判

法院认为本案的焦点问题之一，系双方签署《房屋交接书》时间是否系广成公司故意延迟办理。对此李某称，根据《预售合同》，广成公司有为其办理房屋产权的义务，至于项目用地延期交付的问题与其无关，不应成为广成公司不予承担延期办证违约责任的抗辩理由。广成公司辩称，李某至今未能办理房产证系因政府原因未能按期开竣工所致，广成公司不存在主观过错，不应承担违约责任。

法院认为本案的焦点问题之二，系广成公司为李某出具办证手续的时间是否违约。对此李某称，《收楼签署文件》应该就是《房屋交接书》，广成公司应该在2012年10月31日起6个月内完成房屋首次登记，目前首次登记的时间已经逾期。广成公司辩称，《房屋交接书》系办理房屋权属登记时的手续费文件，不同于房屋交付时签署的《收楼签署文件》；根据双方所签《预售合同》第十四条约定，李某与广成公司应当签订《房屋交接书》，该文书为办理涉案房屋过户手续的必备文件，涉案房屋的产权办理义务应为李某与广成公司双方共同行为，现涉案房屋办证条件尚未成就，办证期限尚未起算，广成公司不存在逾期办证行为。

法院认为，《预售合同》及其补充条款系双方真实意思表示，对双方均具有法律约束力。不动产转移登记需经政府管理部门审查符合相关手续后方可批准办理，并非广成公司能够自行完结处理。从广成公司提供的《房地产登记明细》《房屋交接书》及李某已经完成不动产转移登记的事实可知，李某已经在《预售合同》约定的时间内完成了不动产转移登记。李某认为的交付房屋时双方应签署办理房产证所需文件《房屋交接书》系主观认识错误，与双方合同约定不符。故，李某起诉要求广成公司承担逾期办证违约责任的诉求与事实不符，法院不予支持，从而驳回李某的诉讼请求。

律师评析

本案例系关于房地产开发企业与购房人之间商品房权属登记纠纷的典型案例，涉及延期办证违约行为的认定、免责事由的确认等几个法律问题。

1. 延期办证违约行为的认定

《最高人民法院关于审理商品房买卖合同纠纷案件适用法律若干问题的解释》（法释〔2020〕17号）第十四条规定："由于出卖人的原因，买受人在下列期限届满未能取得不动产权属证书的，除当事人有特殊约定外，出卖人应当承担违约责任：（一）商品房买卖合同约定的办理不动产登记的期限；（二）商品房买卖合同的标的物为尚未建成房屋的，自房屋交付使用之日起 90 日；（三）商品房买卖合同的标的物为已竣工房屋的，自合同订立之日起 90 日。合同没有约定违约金或者损失数额难以确定的，可以按照已付购房款总额，参照中国人民银行规定的金融机构计收逾期贷款利息的标准计算。”

根据上述规定，在双方对办证期限有约定的情况下，应各自按照约定的时间履行权属登记的义务；若双方对办证期限未进行约定，则应适用上述司法解释所规定的认定规则。房地产开发企业若未能按期履行办证义务，则需承担法定或约定的违约金或赔偿金。本案中，《预售合同》中明确约定权属登记系以《房屋交接书》而非《收楼签署文件》的签署作为起算点；虽然《房屋交接书》与《收楼签署文件》在名称上容易造成混淆，但从《预售合同》不同条款的约定中可以看出两者具有明显区别。因此，双方在《预售合同》中对于办证期限的约定清晰明确，且不违反法律、行政法规的强制性规定，应作为双方履行义务的依据。而根据该约定，广成公司并不存在迟延办证的违约行为，也无需承担违约责任。

2. 延期办证免责事由的确认

本案中，虽然实际办证时间晚于李某主张的办证时间，但李某并未举证证明由此对其造成了损失；而广成公司在该房屋所在项目开发过程中，也确实存在由于政府原因导致实际工期晚于约定工期的情形，该情形在广成公司签订《预售合同》时也无法预见。在此情况下，如判令广成公司需承担迟延办证的违约责任，则对广成公司有失公允。

综上，对于房屋权属登记，虽然房地产开发企业承担了主要的义务，但由于实践中前期资料的复杂性、涉及主体的多样性，法院应在查明事实及分析原因的基础上，充分考虑房地产开发企业、购房人、相关第三方对于纠纷发生的影响以及购房人因未能更早取得房产证而遭受的实际损失，对双方责任及损失承担方式进行适当调整。

第四篇

物业管理使用纠纷

第一章　物业服务合同纠纷

物业服务合同是物业服务企业在物业服务区域内，为业主提供建筑物及其附属设施的维修养护、环境卫生和相关秩序的管理维护等物业服务，由业主支付物业服务费的合同。其内容一般包括服务事项、服务质量、服务费用的标准和收取办法、维修资金的使用、服务用房的管理和使用、服务期限、服务交接等条款。根据合同签订阶段与主体不同，物业服务合同包含开发建设单位与物业服务企业签订的前期物业服务合同，以及业主委员会与业主大会依法选聘的物业服务企业订立的物业服务合同两大类。

随着市场经济和房地产业的迅速发展，物业服务合同纠纷也不断上升，业主满意程度较低，物业服务收费争议较大，群体性纠纷影响面广是物业服务合同纠纷的重要特点。现今物业服务合同纠纷案件在全国法院审理范围内呈逐年上升的趋势。同时，伴随着房地产业的迅速发展，物业服务合同纠纷的类型呈现多样化。本章主要针对以下内容进行讨论研究：首先，实务中物业服务费的收取方式一般约定为包干制，但是现实中也存在约定酬金制的情况，从而导致了一些较为特殊的争议问题；其次，相较于房地产业发展初期，如今空置房屋的数量大幅增长，空置房屋的物业服务费问题随之而来；最后，物业服务企业的服务内容较为广泛，但是业主对其自身的人身及财产安全一般尤为重视，从而物业的安保服务条款也成了物业服务合同中较为重要的条款，但也因此引发了较多的纠纷。根据以上内容可以看出，新时代下物业服务合同纠纷的多样性及复杂性对司法实践提出了新的、更高的要求。

第一节　理论概述与实务指引

物业服务合同纠纷，是指在某一特定物业管理区域内，物业服务企业在依据物业服务合同实施物业管理和服务的过程中，与业主、业主委员会、房地产开发企业因物业管理与服务而产生的纠纷，是一种较为普遍的民事纠纷。此类纠纷所涉范围较广，本章不对此问题进行全面探讨，而仅就其中最有代表性的酬金制纠纷、空置房物业服务费纠纷以及物业服务安保纠纷三个问题进行讨论研究。

一、酬金制纠纷

（一）物业服务费的收取方式

目前，业主拖欠物业服务费引发的纠纷是物业服务合同纠纷的主要类型。物业服务费的收取方式一般分为两类，较为常见的为包干制，相对少见的为酬金制。2003 年 11 月 13 日，国家发改委和建设部联合下发了《物业服务收费管理办法》（发改价格〔2003〕1864 号），其中第九条提到物业服务费用可以以包干制或者酬金制等形式进行约定，据此可以看出酬金制也是物业服务费用收取的主要方式。

包干制是指由业主向物业管理企业支付固定物业服务费用，盈余或者亏损均由物业管理企业享有或者承担的物业服务计费方式。在包干制模式中，业主仅需根据双方签订的《物业服务合同》向物业服务企业缴纳固定的物业服务费就可以享受合同约定的物业服务，服务费的盈余或亏损均与业主无关。

酬金制是指在预收的物业服务资金中按约定比例或者约定数额提取酬金支付给物业管理企业，其余全部用于物业服务合同约定的支出，结余或者不足均由业主享有或者承担的物业服务计费方式。在酬金制模式中，物业服务企业仅根据双方的约定收取物业服务酬金，其余服务费用都是物业服务企业收取业主费用进行代付，物业服务企业不承担服务费亏损的风险。

（二）酬金制的利弊分析

包干制是业主与物业服务企业之间最常约定的物业服务费用收取方式，包干制的实质是物业服务企业收取固定服务费从而提供整体的服务，此服务不因服务费盈亏状态而发生改变。包干制的利弊显而易见，它有利于业主更方便地享受物业服务，业主无需操心物业服务费用的使用，但是物业服务费的盈余属于物业服务企业，因此容易导致物业服务企业不正当压缩成本，从而导致物业服务企业与业主之间缺乏信任，容易引起纠纷。因为包干制较为常见，因此本章不再赘述，接下来主要对酬金制的利弊问题进行分析。

1. 酬金制财务透明，有利于规范运作与业主监督

在酬金制下，物业服务企业收取酬金为业主提供服务，除酬金外的物业管理费用支出，其实质为物业服务企业代业主进行支出，因此在此制度下，物业服务企业相当于业主聘用的“管家”，业主对于“家庭支出”拥有检查监督的权利。业主或者业主委员会可以检查物业管理费用的支出明细，物业服务企业每一年都需向业主或业主委员会上报服务管理费预算并经审核后才能执行，且超过一定金额须经业主委员会主任签字，业主或业主委员会有权就相关支出问题提出质询，物业服务企业须及时答复。此种透明的服务模式有利于业主行使监督权，从而也能促进物业服务企业加强内部管理，不浪费业主的每一分钱，有利于物业管理费更高效地使用。

2. 酬金制有利于减轻物业服务人的税负

在酬金制下，物业服务企业收取的全部费用中只有物业服务酬金属于营业收入而需由物业服务企业履行纳税义务，而由物业服务企业代收代付的管理成本部分则不视为物业服务企业的经营收入，无需由物业服务企业承担纳税义务。在包干制中，业主交给物业服务企业的全部费用均作为物业服务企业的营业收入而需由物业服务企业纳税，对于其中无法进行成本抵扣的部分，会增加物业服务企业的税负。因此，相较于包干制来说，酬金制可以为物业服务企业减轻相当一部分的税负，从而有利于物业服务企业的发展。

3. 酬金制会导致管理成本增加

酬金制具有财务透明及业主监管严格的特点，因此采取酬金制特别容易增加物业管理的成本，业主对财务透明的要求其实在隐性地增加物业服务企业的工作成本，如耗费的人力、物力及时间，而这些成本并不能带来直接的价值。

4. 酬金制难以实际操作

首先，酬金制的操作复杂，尤其对于人口较多的住宅小区来说，召开一次业主大会、业主委员会可能较为困难，因此管理费预算的审核可能较难通过；其次，酬金制的透明度高的特点难以真正实现，就现状来讲，人们对知情权的认知并不多，很难真正对物业服务企业进行有效的监管；最后，在实行酬金制的情况下，其经济收入主要来源于按照直接成本固定比例提取管理酬金，若仅仅通过合同期结束前请审计师事务所进行审计，然后将收支情况粗略总结，而不去关注日常开支，很难真实地确认物业管理的直接成本。因此，难以确认直接成本也是酬金制操作的一大难题。

二、空置房物业服务费纠纷

（一）对于“空置房”的理解

空置房其实并不是一个法律意义上的概念，而是对房屋状态的一种描述，顾名思义，空置房即还没有投入使用的房屋，由于其没有投入使用的特点在一定程度上减少了物业服务企业的工作量，因此在许多地区颁布的物业管理条例及相应的物业服务收费管理办法中，都有折扣收取空置房物业服务费的规定。对于房屋是否空置这一问题一般不存在争议，争议较大的是在装修过程中还没有入住的房屋是否属于空置房。业主一般认为在装修房屋时其还没有入住，此房屋还没有真正投入使用，因此属于空置房；但是物业服务企业一般持相反的观点，其认为投入使用应作广义理解，装修即投入使用的前期阶段，而且装修的过程会产生生活垃圾和装修垃圾，此时业主已经开始享受物业服务。另外，在装修时，房屋实际上已无法减少物业服务企业的工作量了，因此装修房屋不应当作空置房享受折扣。实务中倾向于认为进行了装修的房屋就不再属于空置房的范畴。

（二）相关法律法规规定

接下来以山东省青岛市为例，列举对于空置房物业服务费折扣收取的相关规定：

1.《山东省物业服务收费管理办法》（山东省人民政府令第 317 号）

第十七条规定，普通住宅交付后空置六个月以上的，其前期物业公共服务费应当减收；办理空置的程序和具体减收比例由设区的市、县（市、区）人民政府价格主管部门会同物业主管部门规定，但收取的费用最高不得超过百分之六十。

其他物业交付后空置六个月以上的，其物业公共服务费收费标准由物业服务企业与业主或者物业使用人另行约定。

2.《青岛市发展和改革委员会关于进一步贯彻实施〈山东省物业服务收费管理办法〉的通知》（青发改价格〔2019〕257 号）

第二条第（五）项规定，普通住宅前期物业服务期间，住宅连续空置 6 个月以上的，由业主或物业使用人提前书面告知物业服务企业，经双方共同确认（原则上以水、电、气均未使用为衡量标准，或者由双方协商约定衡量标准），其物业公共服务费按照不超过前期物业服务合同约定的 60% 交纳。

三、物业服务安保纠纷

（一）物业安保义务的性质

物业服务安保纠纷，是指在物业服务区域内，由加害人的违法甚至犯罪行为造成业主人身或财产损失而引发的业主与物业服务企业之间的纠纷。对此类纠纷的处理，涉及物业服务企业所承担的安保义务，以下简称物业安保义务。

物业安保义务并非法定义务，而是一种约定义务，同时也是一种有偿义务。物业安保义务是由业主与物业服务企业通过物业服务合同进行约定的，是以物业服务合同为依据的，故物业安保义务是一种约定义务，且一般被认定为物业服务合同的主义务而非从义务，它要求物业服务企业须尽勤勉、谨慎的注意义务。

当物业服务合同中未约定安保义务和安保费用，也未明示排除安保义务时，《物业管理条例》第四十六条关于安保义务的规定即“物业服务企业应当协助做好物业管理区域内的安全防范工作”则自动成为合同的组成部分，作为对物业服务合同内容的补充，物业服务企业在安保方面应尽一般注意义务。

（二）相关法律法规的规定

《物业管理条例》第三十五条规定，物业服务企业应当按照物业服务合同的约定，提供相应的服务。物业服务企业未能履行物业服务合同的约定，导致业主人身、财产安全受到损害的，应当依法承担相应的法律责任。

第四十六条规定，物业服务企业应当协助做好物业管理区域内的安全防范工作。发生安全事故时，物业服务企业在采取应急措施的同时，应当及时向有关行政管理部门报告，协助做好救助工作。物业服务企业雇请保安人员的，应当遵守国家有关规定。保安人员在维护物业管理区域内的公共秩序时，应当履行职责，不得侵害公民的合法权益。

第二节　办案思路与实战技巧

关于物业服务合同纠纷，律师应当从物业服务合同纠纷的类别来厘清案件的代理思路：

一、酬金制纠纷

（一）对于侵权责任承担问题，物业服务企业应通过与业主达成协议或者购买保险的方式来规避风险

《物业管理条例》第三十五条规定：“物业服务企业应当按照物业服务合

同的约定，提供相应的服务。物业服务企业未能履行物业服务合同的约定，导致业主人身、财产安全受到损害的，应当依法承担相应的法律责任。”在酬金制下如果发生侵权事件，物业服务企业能否将支付的赔偿金列入小区的管理成本，应当由全体业主共同承担，还是应当由物业服务企业从其收取的酬金中支付，在物业服务合同没有明确约定时，这个问题并没有一个明确的答案。例如，某小区车辆被盗，业主诉至法院，经法院认定物业服务企业在安保管理方面存在瑕疵，需要支付赔偿金，那么这笔赔偿金是算作物业管理费，由全体业主承担还是由物业企业单独承担此责任。这一情况在包干制下毫无争议，但是在酬金制中，物业服务企业“管家”的角色特点让此产生了争议。

物业服务企业主要可以通过两个方面来规避此风险：第一个是通过购买公众责任险来规避风险；第二个是通过物业服务合同进行明确约定，将这部分风险划到小区的管理成本中以明确不再由物业服务企业单独承担。

（二）专项服务收益是否属于物业服务企业

由于酬金制是物业服务企业按照一定的基数计算酬金的，因此部分业主认为物业服务企业除了应收的酬金外，其他的收入均是全体业主的，包括小区的广告费、停车费，物业服务企业开展专项服务收费等。但是物业服务企业认为，专项服务是酬金计算的服务基数范围以外的服务，物业服务企业有权针对此类服务收取费用，获得专项服务的收益。所以，为了避免此类纠纷，建议物业服务企业在签订《物业服务合同》时，将专项服务的收益归属等进行明确的约定。

二、空置房物业服务费纠纷

（一）空置房的空置期限计算

通过上述对空置房的理解可以看出空置房是对没有入住的房子的客观表述，对其物业服务费进行折扣收取是因为尚未入住会在一定程度上减轻物业公司的工作量，那么对于空置房的业主来说何时是折扣缴纳空置房物业服务费的起算点与终止点呢？从国家立法角度看，目前的《物业管理条例》等上位法中并没有明确规定空置房物业服务期间的计算问题，但是一些地方性法规政策中不乏相关规定，例如《青岛市发展和改革委员会关于进一步贯彻实施〈山东省物业服务收费管理办法〉的通知》（青发改价格〔2019〕257号）中第二条第（五）项规定“普通住宅前期物业服务期间，住宅连续空置6个月以上的，由业主或物业使用人提前书面告知物业服务企业，经双方共同确认（原则上以水、电、气均未使用为衡量标准，或者由双方协商约定衡量标准），其物业公共服务费按照不超过前期物业服务合同约定的60%交纳”，由此可以看出期限需要经双方共同确认，原则上以水电气连续6个月以上未使用期间的第一天为起始点计算。另外，在司法实践中，相关规定中的前置程序是空置房减收物业服务费的证据，如上述青岛规定的书面告知与共同确认等，若在纠纷发生后能够提供上述证据，则可作为解决纠纷的依据之一。

（二）地方规章政策与合同约定不一致时的效力考量

如今许多地区的物价主管部门都会颁布空置房收费折扣缴纳的规定，但物业服务合同中可能有与规定不同的约定。在此情况下，业主是否应该按照这些地方性规定折扣缴纳物业服务费，而不再执行物业服务合同的约定，实践中往往存在争议。现在主要有如下几个观点：第一种观点认为，地方规章政策规定对空置房收费有规定的，应适用地方性规定；第二种观点认为，将合同约定优先原则作为核心，即使有地方性法规的规定，若是合同另有约定的，则应优先适用合同的约定；第三种观点认为，地方性规定是处于政府指导价的范畴内，因此若要适用此规定，则此物业服务收费应是适用政府指导价的，若是此物业服务收费是适用市场定价的，则不能当然地适用折扣缴费的地方性规定。笔者认为，将此三点融合起来是较为合理的，首先当合同另有约定时约定优先，若没有约定则需要考虑物业服务收费是否适用政府指导价，若适用则应当按照地方性规定折扣收取空置房物业服务费；若不适用，则地方性规定不能当然地成为物业服务合同的内容。

三、物业服务安保纠纷

（一）衡量物业安保义务是否按约定履行的标准

衡量物业安保义务是否按约履行，应以物业服务企业是否尽到勤勉、谨慎的善良管理人的注意义务为准，即根据当事人的具体约定和法规、规章等相关文件的规定，并结合合同的目的予以认定。

目前法院对物业安保义务是否履行无统一、固定的标准，但可以参考以下标准确定：

1. 物业服务企业的保安人员和监控措施是否符合法规、规章或相关文件的强制性规定；

2. 物业服务企业是否具备了合同约定的或是与其等级和收费标准相适应的安保设备；

3. 物业服务企业的安保制度是否完备、合理，是否符合法规、规章或相关文件的要求；

4. 物业服务企业是否督促所雇用的安保人员勤勉尽职，是否保障监控系统正常有效运作；

5. 当发现违法行为或犯罪时，物业服务企业是否及时采取相应的救济措施；

6. 小区居民对安全提出合理怀疑或不足时，物业服务企业是否引起重视并积极改进等。

（二）关注物业服务合同安保条款的签署及履行

在物业服务合同没有约定物业服务企业的安保义务时，根据《物业管理条例》（国务院令第 698 号）第四十六条的规定，物业管理企业应当协助做好物业管理区域内的安全防范工作。若物业服务合同中有相关安保义务的约定时，应注意审查具体条款是如何约定的，是否具有可操作性。物业服务企业及业主应在签订合同前协商安保服务的具体要求，如是否 24 小时派人巡逻、对于电梯是否有人值班等。物业服务企业所做的承诺也构成安保义务的内容，如物业服务企业对业主承诺要聘请专业的保安公司以及安装小时监控的闭路电视等。物业服务企业作出这些单方意思表示的应视为一种“要约”，业主据此履行了缴纳物业服务费等义务，应视为“承诺”，从而构成一个合同。因此无论是通过明确书面约定还是物业服务企业单方承诺所形成的安保义务，物业服务企业必须依照严格履行，提供相关服务。如果物业服务企业不履行或不完全履行上述义务，则应该依照法律规定及合同约定，承担相应违约责任。

第三节　典型案例精析

案例 1：某物业公司与某小区业主委员会、业主大会物业服务合同纠纷[①]

裁判要旨

合同明确约定物业服务采用酬金制计费方式，物业服务企业可提取酬金，业主支付的其余资金用于物业服务支出、盈亏由业主承担，物业服务企业并无承担物业服务支出不足部分的义务，对于不足部分，物业服务企业有权要求全体业主承担。

案情简介

2014 年 3 月 26 日，涉案小区业主大会、涉案小区业主委员会与某物业公司签订《物业服务合同》并约定，由某物业公司为涉案小区提供物业管理服务，包括物业共用部位的维护、物业共用设施设备的日常运行和维护、公共绿化养护服务、物业公共区域的清洁卫生服务、公共秩序的维护服务、物业使用禁止性行为的管理、物业其他公共事务的管理服务、业主委托的其他

---

① （2020）沪 02 民终 7995 号。

物业管理服务事项；合同期为两年，自2014年4月1日至2016年3月31日止；合同第七条约定，某物业公司按照住宅高层每月每平方米2.70元的标准向业主收取物业服务费；合同第九条约定，物业服务计费模式为酬金制，某物业公司在合同第七条约定预收的物业服务资金中每月提取8000元酬金，其余全部用于物业服务合同约定的支出，结余或者不足均由业主享有或者承担；合同第十一条约定，物业服务费实行酬金制方式计费的，某物业公司应向全体业主公布物业管理年度计划和物业服务资金年度预决算，并每年2次向全体业主公布物业服务资金的收支情况；合同第十四条约定，物业服务费中按实结算的部分年终不足由业主追加补足。合同还对合同解除及违约责任等相关事项作了约定。后来，根据审计报告显示，物业服务支出与总收入支出之间差额580491.91元，某物业公司认为在酬金制下此差额不应由其承担，遂将涉案小区业主大会及业主委员会诉至法院。

法院裁判

法院认为，合同明确约定涉案物业服务采用酬金制计费方式，某物业公司可提取酬金、其余物业服务资金用于物业服务支出、盈亏由业主承担，某物业公司并无承担物业服务支出不足部分的义务，其有权要求全体业主承担，遂支持了某物业公司的诉讼请求，判决由涉案小区业主大会及业主委员会共同承担上述差额。

律师评析

小区业主委员会与物业服务企业签订的物业服务合同依法对全体业主发生法律效力，业主不得以其并非物业服务合同的当事人为由拒绝缴纳物业服务费，在签订时要注意为酬金制还是包干制，若是酬金制需要注意其特点，主要有三点：1.业主支付的物业服务费用归业主所有，支出不足或结余由业主共同承担或享有；2.小区范围内的公共收益归业主所有，同时承担收益成本费用支出；3.业主委托物业企业实施物业管理的执行职能，并以合同形式按固定的金额或比例支付管理酬金。

同时，应当提请物业服务企业注意的是，物业服务企业应当结合物业服务费用的支付方式及时主张自己的权利，避免因物业服务费超过诉讼时效而无法得到法院的支持。

案例 2：某物业公司与贤某物业服务合同纠纷①

裁判要旨

《山东省物业服务收费管理办法》及青岛市物价局、青岛市房产管理局的相关规定，普通住宅交付后空置 6 个月的，其前期物业服务费应当减收，具体收费标准按照不超过公共服务费标准的 60% 执行，被告贤某的涉案房屋符合空置房屋的标准，因此应当按照折扣减收。

案情简介

2019 年原告某物业公司将被告贤某诉至法院，要求贤某全额支付自 2017 年 1 月 1 日至 2019 年 3 月 31 日欠缴的物业服务费及相应利息，被告认为涉案房屋并没有入住使用，因此应当按照自 2018 年 7 月 1 日施行的《山东省物业服务收费管理办法》对空置房的物业服务费进行减收，即按照公共服务费标准的 60% 执行。

法院裁判

该案最后判决原告某物业公司与被告贤某签订的《前期物业服务协议》系双方真实意思表示，合法有效，原告依约为被告提供物业服务，被告应缴纳物业服务费。庭审中被告欠缴物业服务费的行为已经构成违约，原告要求被告支付物业服务费于法有据，但被告贤某在购买该涉案房屋后一直未去居住，情况属实，故并没有享受到原告提供的物业服务，所以自 2017 年 1 月 1 日至 2018 年 6 月 30 日的物业服务费经酌情打折后应为 106.13（平

① （2019）鲁 02 民终 10097 号。

方米）×2（元/月/平方米）×18（月）×90%=3438.612（元），而自2018年7月1日《山东省物业服务收费管理办法》颁布后，物业服务费的收费应按空置房的收费标准进行收取，即106.13（平方米）×2（元/月/平方米）×8（月）×60%=1018.848（元），故本院仅支持物业服务费4457.46元。

律师评析

业主与物业服务企业都需要注意当地是否有关于空置房物业服务费折扣收取的规定，以青岛为例，青岛在2019年9月12日发布了《青岛市发展和改革委员会关于进一步贯彻实施〈山东省物业服务收费管理办法〉的通知》（青发改价格〔2019〕257号），其中第二条第（五）项规定："普通住宅前期物业服务期间，住宅连续空置6个月以上的，由业主或物业使用人提前书面告知物业服务企业，经双方共同确认（原则上以水、电、气均未使用为衡量标准，或者由双方协商约定衡量标准），其物业公共服务费按照不超过前期物业服务合同约定的60%交纳。"从中可以看出，此规定对空置的标准作出了要求，并且还要求业主或物业使用人提前书面告知物业服务企业。因此，建议在物业服务合同中将"书面告知"的程序具体化，使之可操作性更强，另外建议在合同中约定空置房的衡量标准，从而减少争议，规避法律风险。

案例3：刘某与某物业公司安全保障义务纠纷①

裁判要旨

《侵权责任法》第三十七条规定②，宾馆、商场、银行、车站、娱乐场所等公共场所的管理人，未尽到安全保障义务，造成他人损害的，应承担侵权责任。因第三人的行为造成他人损害的，由第三人承担侵权责任；管理人未

---

① （2021）鲁02民终5968号。

② 已修订为《民法典》第一千一百九十八条。

尽到安全保障义务的，承担相应的补充责任。因第三人侵权导致损害结果发生的，应当要求第三人承担侵权责任，只有安全保障人在未尽到合理限度范围内的安全保障义务，才在其能够防止或者制止的范围内承担相应的补充赔偿责任。

案情简介

2019 年 5 月，原告刘某将车辆停放在被告某物业管理公司管理的停车场中，由于相邻案外车辆起火导致原告车辆受损。在火灾发生后，被告保安通知相关人员采用现场灭火器进行了灭火扑救，因事故当天风力较大，通过使用灭火器无法扑灭起火点，被告工作人员随即拨打 119 进行报警处理。消防员到达现场后，火被扑灭，起火车辆报废，其他相邻 5 辆车均不同程度受损。原告认为，火灾发生后被告没有尽到安全保障义务，对其车辆受损负有责任，因此将被告诉至法院，要求判令被告赔偿原告经济损失 20 万元。此外，火被扑灭后，原告将受损车辆一直停放在停车场，未进行维修，也未缴纳停车费。

法院裁判

法院认为，本案中原告车辆起火系案外车辆起火所致，原告在未向侵权人主张权利的情况下，直接起诉要求被告承担赔偿责任，不符合法律规定，且原告未能证明被告未尽到安全保障义务导致原告损失或损失扩大，因此原告的诉讼请求不予支持，判决驳回原告诉讼请求。

原告不服一审判决，提起上诉，二审法院认为因第三人侵权导致损害结果发生的，应当要求第三人承担侵权责任，只有安全保障人在未尽到合理限度范围内的安全保障义务，才在其能够防止或者制止的范围内承担相应的补充赔偿责任。被告在能力范围内采取了施救措施，尽到了合理限度范围内的注意义务，不应承担补充赔偿责任。最终法院判决驳回上诉，维持原判。

律师评析

本案属于安全保障义务纠纷，从以上案例可以看出公共场所管理人所需承担的义务是有一定范围的，即在合理限度范围内尽到安全保障义务即可。此外，本案中原告刘某未积极对车辆进行维修，而是放任受损车辆长期在停车场闲置，风吹雨淋导致损失扩大，即使被告没有尽到安全保障责任，需要承担补充赔偿责任的，也无需承担损失扩大部分金额。

建议物业服务企业作为公共场所的管理人，积极建立健全突发事件应急制度，加强项目管理，如放置安全提醒牌、安装摄像设备等，留存证据避免争议风险。

第二章 业主撤销权纠纷

业主撤销权，系业主大会或者业主委员会作出的决定侵害业主合法权益的，受侵害的业主可以请求人民法院予以撤销的一种民事权利。因此，业主撤销权，实质上也是一种请求权。

主张撤销权的前提是业主大会或者业主委员会的决定侵害了业主的合法权益。随着我国法治环境的日益完善，广大业主法律意识逐渐增强，业主撤销权诉讼案件逐年增加，诉讼的事由也将多样化、复杂化。因此，在业主撤销权诉讼前，应慎重判断要求撤销的决定是否损害了自身的合法权益、损害了何项权益、损害程度及后果等，并需提交相应的证据予以佐证。

业主大会和业主委员会是同一物业管理区域内的业主共同组成和选举产生的自治管理性组织。它设立的目的是更好地解决各业主之间对共有建筑物部分的合理使用和有效维护问题，提高业主们共同生活水平和质量。2003 年我国制定了《物业管理条例》，首次明确了业主大会和业主委员会的概念并建立了相应的制度。《民法典》在此基础之上又作了较为详尽的规定。业主大会由该小区的全体业主组成。业主委员会由小区业主选举代表组成。业主大会成立后，由所选举产生的业主委员会代表业主行使物业管理活动中的重要权利，业主委员会是业主大会的执行机构。业主大会和业主委员会作出的物业管理方面的决定，对全体业主均具有法律约束力。如果该决定侵害了某一或者某些业主的合法权益的，《民法典》赋予该业主向人民法院起诉请求撤销该决定的权利，以保护其权益。

第一节 理论概述与实务指引

一、业主撤销权纠纷的主要类型

实践中，对于业主主张的撤销权能否成立，关键在于业主大会或者业主委员会的相关决定是否存在程序瑕疵或者实体瑕疵。程序方面，业主自治的表决程序相对复杂，涉及组织众多业主参与投票活动，组织及投票流程烦琐，程序不规范的现象时有发生；实体方面，则因涉及业主共有部分和专有部分的权益交织，权利冲突时常发生。

（一）程序瑕疵

程序瑕疵主要是指业主委员会或业主大会所作出的决定，逾越约定或法定的权限范围，抑或是该决定在程序上违反法律法规的相关规定或业主大会议事规则。小区业主在公共事务的管理和决定上，通常适用“多数决定权规则”，包括“双过三分之二”“双四分之三”和“双过半”等规则。诸如建筑物区分所有面积的认定、业主人数的确认，以及表决票的发放、送达、回收等问题，较易产生争议。

根据《民法典》第二百七十八条之规定，对于需由业主共同决定的事项以及表决规则有所调整。虽然由全体业主多数通过修改为参会业主多数通过，即从绝对人数要求方面适当降低业主共同决定事项的标准，特别是使用建筑物及其附属设施维修资金的表决通过门槛。但是，将业主大会或者共同决定相关事项的会议召集或议事启动门槛予以提高，确保了业主对自己意愿充分表达的权利。

司法实践中，法院一般会从以下角度裁判业主大会或业主委员会的决定是否存在程序瑕疵。

1. 由业主共同决定的事项是否达到“多数”要求

《民法典》第二百七十八条明确规定了由业主共同决定的事项。其中，业主共同决定事项，应当由专有部分面积占比 2/3 以上的业主且人数占比 2/3 以上的业主参与表决。筹集建筑物及其附属设施的维修资金，改建、重建建筑物及其附属设施，改变共有权益的用途或者利用共有权益从事经营活动的，应当经参与表决专有部分面积 3/4 以上的业主且参与表决人数 3/4 以上的业主同意。决定第二百七十八条第一款规定的其他事项的，应当经参与表决专有部分面积过半数的业主且参与表决人数过半数的业主同意。

2. 征求业主意见的过程是否符合法律法规的规定

关于小区公共事务征求业主意见的具体程序，一般会在业主大会议事规则或管理规约中有所约定，通常可以结合以下几点综合考量程序问题是否符合法律法规的规定：

第一，表决票的数量是否合理。即表决票总量应等于小区内总体业主的数量。

第二，表决票是否合理送达。其中合理送达方式包括分批逐户向业主上门送达、电子方式送达、邮寄送达、小区公告栏送达、电话告知等多种途径。

第三，发放的表决票数量与回收的表决票是否接近。即废票的数量是否能够合理解释。

第四，表决票是否系业主本人签字，如代签有无相应授权。

第五，计票方式是否公开透明。

第六，计票人员是否与决定事项存在利害关系。

第七，表决过程是否有行政主管部门、房屋管理部门、街镇居委会等人员参与监督指导等。

3.“视为同意多数”或“视为同意”条款的解释

小区业主委员会及业主大会在征集意见时，为了提高效率，通常会在征集意见时附加未表态业主“视为同意多数”或“视为同意”条款，上述条款是否有效在实践中存在较大争议。

一般情况下，“视为同意多数”系业主不参与表决并服从多数业主的表决结果；“视为同意”系业主表态为同意，是对业主实体权益的处置。因此，法院对“视为同意”的审查应当比“视为同意多数”的审查更为严格。

在审查该两类条款是否有效时，可以从以下几方面考虑：首先，如经业主大会通过的议事规则等对此有过明确约定，则该条款应被认定为有效。视为同意票应当纳入投票业主的基数中予以考量。其次，如业主大会议事规则等对此没有约定，则法院就该类条款的效力认定应当更为谨慎，如该条款载明的位置是否突出，提示是否明显；业主对此是否知晓或应当知晓；公示期或规定期限的设置合理与否；相关决定事项的紧急与重要程度；相关决定与业主利益的密切程度等。

4. 业主表决权委托他人行使是否程序违法的认定

根据《物业管理条例》第十二条之规定，“业主可以委托代理人参加业主大会会议”，而此类现象在现实中也较为常见。应当从以下几种情形中判断是否违反法定程序：第一，房屋所有权人系多人的，应当共同推选一人或共同委托一人行使表决权；第二，房屋所有权人为限制民事行为能力人或无民事行为能力人的，应当由其法定代理人代为行使；第三，房屋所有权人为夫妻一方的，一般认为另一方可基于家事代理权代为行使表决权，而无需另行特别授权；第四，除上述情形外，应当由业主出具书面的授权委托书并明确授权内容。对于代签时未得到业主授权，但业主事后进行追认的，其投票效力应认定为有效。

（二）实体瑕疵

1. 对于调高物业服务费标准决定是否可撤销的认定

物业服务价格一般通过市场竞价与物业公司协商确定，且业主撤销权纠纷中业主的诉讼请求仅指向业主大会或业主委员会，故法院只能从程序上审查业主大会或业主委员会作出调整物业服务费的决定是否符合法律法规及业主大会议事规则的规定，而一般无需审查物业服务合同中约定的具体价格是否妥当。因此，业主仅以物业收费标准过高而提出异议并就此请求人民法院撤销的，法院一般不予支持。

2. 涉及选聘或解聘物业公司决定是否可撤销的认定

选聘或解聘物业公司应由全体业主共同决定，并应当经参与表决专有部分面积过半数的业主且参与表决人数过半数的业主同意。如业主委员会或业主大会作出的选聘或解聘物业公司决定系按照法律规定及业主大会议事规则确定的程序进行，业主仅以物业公司提供的物业服务存在问题或有瑕疵而主张侵害其合法权益为由，要求撤销选聘或续聘该物业公司的决定，法院一般不会予以支持。

3. 涉及小区停车管理决定是否可撤销的认定

当今社会，小区“停车难、车位少”等问题已成为小区整体管理中的重难点内容。业主委员会或业主大会仅能就公共部分事务进行管理，不能涉及个别业主单独所有或处分的区域的权益。如占用业主共有的道路或其他业主共有场地停放车辆的，业主大会或业主委员会的该项决定也不得对业主专有部分的使用造成不利影响，且需确保业主对共有停车位的平等使用权；否则均可能导致受侵害的业主行使撤销权。

二、业主撤销权行使范围

业主撤销权需要有明确的行使范围，需要进行对象审查，即业主对其要求撤销的内容需要明确而具体，不能概括性地要求撤销全部内容或某期间内的所有决定，也不能要求撤销还没有形成决定的征求意见稿等内容。需要特别指出的是，物业服务合同中的内容不属于业主撤销权的范围，但业主可针对物业服务合同内容所依据的相关业主大会或业主委员会的决定请求人民法院予以撤销。

第二节　办案思路与实战技巧

一、业主撤销权之诉讼主体资格

（一）业主撤销权诉讼的原告

业主撤销权诉讼适格原告应当为业主，业主是对建筑物内的住宅、经营性用房等专有部分享有所有权，对专有部分以外的共有部分享有共有和共同管理的权利的主体。而所谓建筑物专有部分，具有以下三个特点：构造上具有独立性，能够明确区分；能够独立、排他使用；能够登记为特定业主所有。除了房屋以外，满足以上三个特点的车位、摊位等特定空间或构筑物，也可以属于业主专有部分，其所有权人也是法律意义上的业主。

具体而言，根据《民法典》物权编的相关规定，以下五类主体可以成为（视为）业主：

1. 依法办理所有权登记的建筑物专有部分所有权人；

2. 与开发商签订《商品房买卖合同》且已经合法占有建筑物专有部分，但尚未办理所有权登记的人；

3. 因人民法院、仲裁委员会的法律文书或者政府的征收决定取得建筑物专有部分的所有权人；

4. 因合法建造房屋的事实行为取得建筑物专有部分的所有权人；

5. 因继承或者受遗赠取得建筑物专有部分的所有权人。

因此，只要符合上述条件，房屋已经交付但尚未办理房产证的物业买受人、单独购买车位的买受人均为法律意义上的业主，具有提起业主撤销权之诉的主体资格。

（二）业主撤销权诉讼的被告

鉴于业主撤销权行使针对的是业主大会和业主委员会的决定，故业主撤销权诉讼的适格被告仅能为业主大会或业主委员会。

一般来讲，针对业主委员会的决定，应以业主委员会为被告；针对业主大会的决定，应以业主大会为被告。然而，业主大会作出决定需通过业主大会会议的方式进行，其召集具有严格的程序要求；而业主委员会作为业主大会的常设执行机构负责处理日常事务，从应诉能力、诉讼便捷处理等方面考量，目前实践中对此类情形下将业主委员会列为被告宜作宽松处理，相应诉讼后果仍由全体业主承担。

需注意，业主委员会委员在作出相关决定时系职务行为，其委员身份的变化并不影响业主委员会的主体资格。同时，业主不能以业主委员会委员个人为被告提起撤销权之诉。物业公司因并非相关决定的作出主体，故亦非业主撤销权之诉的适格被告。

（三）不属于业主撤销权诉讼范围的常见事项

行使业主撤销权的对象应当具体、明确，诉讼请求不能是概括性地主张撤销决定，如业主不能主张不认可业主大会或者业主委员会的所有决定，抑或是针对业主大会或者业主委员会在某个时间段内的所有决定，要求法院全部予以撤销；也不能主张撤销业主大会或者业主委员会作出的但尚未对外公布的相关决定或倾向性意见，如业主要求撤销业主大会或业主委员会的征询意见稿或其他还未形成具体决定的。

不属于业主行使撤销权诉讼范围的常见事项包括：

1. 有关业主大会或业主委员会自治范畴内履行职责或内部管理事项的决定，如业主委员会成员资格、业主委员会主任选举、业主委员会履行职权等；

2. 业主之间对是否起诉、选聘物业公司等内部事务无法形成一致意见的；

3. 就物业服务合同中的内容行使撤销权的。

二、业主撤销权之举证责任分配

业主撤销权诉讼案件，法院应根据原告的诉讼请求相应地进行实体和/或程序方面的审查。实体方面，需要审查业主大会或者业主委员会的决定是否侵害业主的合法权益；程序方面，业主大会或者业主委员会的决定程序是否符合法定程序。

对于业主委员会来讲，其作为业主大会会议的召集者、表决程序的组织者及选票的持有者，对表决事项是否经过法定程序、是否保障了主张撤销权业主的程序权利负有举证责任。而另一方面，主张撤销权业主也负有证明己方权益受到损害的义务。

第三节　典型案例解析

案例4：严某与某小区业主委员会、某小区业主大会业主撤销权纠纷[①]

裁判要旨

业主对建筑物内的共有权益享有共有和共同管理的权利。制定和修改业主大会议事规则，制定和修改管理规约等有关业主和共同管理权利的重大事项，由业主共同决定。业主大会或者业主委员会的决定，对业主具有约束力。业主大会或者业主委员会作出的决定侵害业主合法权益的，受侵害的业主可以请求人民法院予以撤销。针对业主提起撤销权之诉，法院应审查该规定是否对业主具有约束力，以及是否存有不当之处。

案情简介

严某为某小区业主，在该小区拥有房屋一套、地下一层车位一个。2019年5月29日，小区业主委员会发布《××家园机动车辆管理办法》，该办法由小区业主大会讨论通过，委托小区物业公司实施管理，自2020年1月1日起正式实施。《××家园机动车辆管理办法》第三十二条规定："依据《上海市住宅物业管理规定》第六十一条之规定，一户业主只能享有一个车位；拥有多辆车的业主，占有车位资源多于其他业主，也相应地多付出代价；所以小区停车实行阶梯式有偿收费；第二辆车的收费标准将高于第一辆车；拥有地下产权车位的业主，需要享有地面共有车位，视为第二辆车；具体收费标准如下……首辆车业主150元／月／辆、业主单位车250元／月／辆、房屋实际使用人(承租人)350元／月／辆；若业主或房屋实际使用人需要第二

① （2020）沪02民终9252号。

辆车位，收费标准翻倍，第三辆以此类推……”

2019 年 12 月 29 日，严某按《×× 家园机动车辆管理办法》规定的停车费标准向小区的物业管理单位交纳了 2020 年一季度地面停车场地租赁费 900 元。

严某不满上述管理办法，遂诉至法院诉请：撤销《×× 家园机动车辆管理办法》第三十二条中“拥有地下产权车位的业主，需要享有地面共有车位，视为第二辆车”的内容。

法院裁判

一审法院认为，案件争议焦点为《×× 家园机动车辆管理办法》第三十二条中关于“拥有地下产权车位的业主，需要享有地面共有车位，视为第二辆车”的规定是否侵犯了地下产权车位业主的合法权益。首先，综合建筑物区分所有权中的“人法性”因素和“物法性”因素分析，地面车位的管理，地面车位的管理使用不仅仅涉及建筑物区分所有权中的共有部分关系的调整资源，其分配使用直接关系到住宅小区生活秩序的和谐安定，属于有关共有和共同管理权利的重大事项，应当由全体业主共同决定。其次，从维护全体业主利益平衡的角度评判，地下车库与地面，地下车库与地面车位属于住宅小区整体的停车资源位，业主因支付了对价，就可以对地面车位按照停放在住宅小区的第一辆车以较低价格支付停车费，在停车资源稀缺的背景下，这种方案片面强调了资本在利益分配时的决定因素，而忽视了对其他业主基本出行需求的保障。本案中，经全体业主表决通过的车辆管理办法通过价格杠杆合理调节资源分配，与地下车库、地面车位均为地面车位，均为住宅小区必备的生活配套设施的设计初衷相符合。停在地面车位的车辆按第二辆车提高收费标准的做法既确保了每户业主基本的停车需求，又抑制了部分过高的停车需求，回应了在停车资源稀缺小区公平合理分配停车资源的社会需求，在小区的自治中彰显了公平正义的法律精神，不构成对地下车位业主权益的侵犯。另，对严某提出对其在 ×× 小区关于三规约及车辆管理办法等事宜的表决票中的业主签名“严某”字样进行笔迹鉴定的申请，一审法院认为，严某的请求权基础是业主大会通过的车辆管理办法损害了其权益，并非业主大会的召开程序违法违规，严某也未提供证据表明业主大会的召开程序有可能存在的违法违规的情形，其要求对其签名进行鉴定的依据不足。另外，根据 ×× 居委会出具的《关于上海市宝山区 ×× 家园小区业主大会公告》，关于《×× 家园机动车辆管理办法》的表决票中同意票远超过不同意票，故对于严某要求鉴定其签名的主张，一审法院不予支持。

严某不服一审判决，遂上诉至二审法院，请求：撤销一审判决，改判支持严某一审诉讼请求；一、二审诉讼费由 ×× 业主委员会、×× 业主大会承担。

二审法院认为，根据我国《物权法》规定，业主对建筑物内的共有部分享有共有和共同管理的权利。制定和修改业主大会议事规则，制定和修改管理规约等有关业主和共同管理权利的重大事项，由业主共同决定。业主大会或者业主委员会的决定，对业主具有约束力。业主大会或者业主委员会作出的决定侵害业主合法权益的，受侵害的业主可以请求人民法院予以撤销。[①] 针对业主提起撤销权之诉，法院应审查该规定是否对业主具有约束力，以及是否存有不当之处。本案中，严某就《×× 家园机动车辆管理办法》第三十二条提起业主撤销权之诉。首先，该条所涉及的小区地面场地系小区建筑物共有部分，业主大会、业主委员会可以就此制定管理规约；其次，《×× 家园机动车辆管理办法》系经业主大会表决通过，严某并未举证证实业主大会制定《×× 家园机动车辆管理办法》时未依据法定程序，或涉及违反相关法律、法规，损害国家、社会和公共利益之处，故《×× 家园机动车辆管理办法》对全体业主具有约束力；最后，《×× 家园机动车辆管理办法》第三十二条之规定，系业主大会基于 ×× 家园全体业主的利益考虑而对小区车位使用价格做出的规范，充分体现了小区业主意思自治原则，对小区全体业主平等适用，亦无侵害业主利益的不当之处。据此，严某要求撤销《×× 家园机动车辆管理办法》第三十二条规定的主张，无事实和法律依据，本院不予支持。

---

① 已修订为《民法典》第二百七十一条。

律师评析

行使业主撤销权的前提是合法权益受到业主大会或业主委员会决定的侵害，业主的合法权益不仅包括业主的实体权益也包括程序权益，但是对于合法权益是否受到侵害，需要结合法院审理查明的事实才能认定。

第三章 业主共有权益纠纷

第一节 理论概述与实务指引

《民法典》第二百七十一条规定："业主对建筑物内的住宅、经营性用房等专有部分享有所有权，对专有部分以外的共有部分享有共有和共同管理的权利。"由此可以看出小区共有部分的所有权与管理权属于全体业主共有，但是如今多数小区的共有部分都交由物业服务企业管理，因此就会经常产生就小区共有部分的收益归属产生争议的情形。另外，《民法典》第二百八十二条规定："建设单位、物业服务企业或者其他管理人等利用业主的共有部分产生的收入，在扣除合理成本之后，属于业主共有。"此条对共有部分的收益归属作了明确的规定，但是在实务操作中，由于物业服务企业是公共区域的实际负责人以及财务不透明等原因，会经常出现物业服务企业侵犯业主共有部分经营收益的情况，因此共有权益的争议问题急需解决。

一、共有权益的界定

《民法典》第二百七十四条规定："建筑区划内的道路，属于业主共有，但是属于城镇公共道路的除外。建筑区划内的绿地，属于业主共有，但是属于城镇公共绿地或者明示属于个人的除外。建筑区划内的其他公共场所、公用设施和物业服务用房，属于业主共有。"第二百七十五条规定："建筑区划内，规划用于停放汽车的车位、车库的归属，由当事人通过出售、附赠或者出租等方式约定。占用业主共有的道路或者其他场地用于停放汽车的车位，属于业主共有。”《最高人民法院关于审理建筑物区分所有权纠纷案件适用法律若干问题的解释》(法释〔2020〕17号)第三条规定:“除法律、行政法规规定的共有部分外,建筑区划内的以下部分,也应当认定为民法典第二编第六章所称的共有部分:(一)建筑物的基础、承重结构、外墙、屋顶等基本结构部分,通道、楼梯、大堂等公共通行部分,消防、公共照明等附属设施、设备,避难层、设备层或者设备间等结构部分;(二)其他不属于业主专有部分,也不属于市政公用部分或者其他权利人所有的场所及设施等。建筑区划内的土地,依法由业主共同享有建设用地使用权,但属于业主专有的整栋建筑物的规划占地或者城镇公共道路、绿地占地除外。”

通过以上可以看出,法律法规已经对业主共有部分的范围作了较为全面的规定,将其内容总结如下:1. 建筑区划内的道路,但是属于城镇公共道路的除外;2. 建筑区划内的绿地,但是属于城镇公共绿地或者明示属于个人的除外;3. 建筑区划内的其他公共场所、公用设施;4. 物业服务用房;5. 占用业主共有的道路或者其他场地用于停放汽车的车位;6. 建筑物的基础、承重结构、外墙、屋顶等基本结构部分,通道、楼梯、大堂等公共通行部分,消防、公共照明等附属设施、设备,避难层、设备层或者设备间等结构部分;7. 其他不属于业主专有部分,也不属于市政公用部分或者其他权利人所有的场所及设施等。

二、常见的共有权益纠纷

(一)利用共有部分经营而引起的纠纷

利用共有部分经营所获取的收益按照法律规定应当由全体业主共同享有,但是共有部分的经营一般由物业服务企业直接负责与管理,因此就经常存在物业服务企业将共有部分收益据为己有的情况,如将业主共有绿地改为车位经营或者在电梯内投放广告等,但所得车位使用费或广告费未依法予以处分。笔者以下将以电梯广告为例进行分析。

如今,越来越多的商家选择在小区电梯间内投放广告,在实践中商家大多直接与物业服务企业洽谈小区广告事宜,事后商家也会将广告费直接支付给物业服务企业，从而物业服务企业理所当然地认为此部分应当作为其管理公共部分的报酬。但是电梯作为公用设施属于小区业主共有部分，租赁电梯所得广告费在扣除法定或约定的物业服务企业管理成本外，属于共有部分的收益，该收益属于共有权人，即全体业主。

在实践操作中，物业服务企业会主张利用广告收益补贴日常管理费用，从而认为其归物业服务企业所有，但是此观点缺乏依据。法律中明确规定其只有扣除合理管理成本的权利，剩余的收益属于全体业主。另外，有关共有权益的归属问题，《物业管理条例》（国务院令第698号）第五十四条明确规定："利用物业共用部位、共用设施设备进行经营的，应当在征得相关业主、业主大会、物业服务企业的同意后，按照规定办理有关手续。业主所得收益应当主要用于补充专项维修资金，也可以按照业主大会的决定使用。"从此条规定可以看出，就算业主大会未决定如何使用分配共有部分收益，也不能被物业服务企业等主体用于非共有部分维修事项以外的用途。

（二）排除业主共有权益而引起的纠纷

虽然物业服务合同关系主要约束物业服务企业与业主之间的关系，但是如今房地产开发企业通过利用格式条款等方式排除业主共有权益而引起的纠纷越来越多，因此以下将以屋顶使用权为例，对房地产开发企业排除业主共有权益的行为所引起的纠纷进行分析。

首先，屋顶属于法定的共有部分，全体业主对此部分享有共有和共同管理的权利。根据《民法典》第二百八十一条"建筑物及其附属设施的维修资金，属于业主共有。经业主共同决定，可以用于电梯、屋顶、外墙、无障碍设施等共有部分的维修、更新和改造。建筑物及其附属设施的维修资金的筹集、使用情况应当定期公布"，以及《最高人民法院关于审理建筑物区分所有权纠纷案件适用法律若干问题的解释》（法释〔2020〕17号）第三条第一款第（一）项"除法律、行政法规规定的共有部分外，建筑区划内的以下部分，也应当认定为民法典第二编第六章所称的共有部分：（一）建筑物的基础、承重结构、外墙、屋顶等基本结构部分，通道、楼梯、大堂等公共通行部分，消防、公共照明等附属设施、设备，避难层、设备层或者设备间等结构部分”。由此可以看出屋顶属于全体业主共有。

其次，法定共有部分的使用权的转让是否合法？在实践中一般认为法律、行政法规并未禁止转让建筑物专有部分的使用权，因此屋顶使用权也是可以转让的。但是需要注意的是，若购房人与房地产开发企业之间转让使用权的约定违反了设计、规划等强制性规定，则此转让是非法的，例如转让后会致使小区楼栋屋顶、房屋周围消防通道被阻隔导致小区无法满足消防规范要求的转让，不应受到法律保护。

最后，如果法律并不禁止屋顶使用权可以转让，那么确保转让合法的要件包括哪些？笔者认为，第一，在房屋销售实践中，开发商一般以格式条款的方式来约定购房人放弃屋顶使用权，因此该格式条款一定要符合有效格式条款的要求，并由全体购房人签署；第二，房屋交付以后对共有部分权利的处分必须遵守《民法典》第二百七十八条的规定，其中第一款第（八）项规定改变共有部分的用途或者利用共有部分从事经营活动的，应当由专有部分面积占比 2/3 以上的业主且人数占比 2/3 以上的业主参与表决，并且经参与表决专有部分面积 3/4 以上的业主且参与表决人数 3/4 以上的业主同意，也就是说要经过上述比例的业主同意对屋顶使用权进行处分，处分行为才有效。

综上，屋顶为法定的业主共有部分，全体业主对其拥有使用的权利，但是法律、行政法规并未禁止在保持共有关系不变的情况下，通过让渡使用权能的方式转让建筑物共有部分的使用权，因此屋顶使用权应可进行转让。但是，屋顶作为法定业主共有部分，它的转让需要符合法定要求，特别是对于已经交付给业主的房屋，应当由专有部分面积占比 2/3 以上的业主且人数占比 2/3 以上的业主参与表决，并且经参与表决专有部分面积 3/4 以上的业主且参与表决人数 3/4 以上的业主同意。若未符合上述转让要求，屋顶使用权的转让无效。另外，对于共有部分使用权的约定是否有效也要根据是否违反设计、规划等强制性规定来进行确定，若对屋顶的排他使用不符合规划要求，如不符合消防要求等，则此约定无效。

第二节　办案思路与实战技巧

审判实践中，关于业主共有权益纠纷的争议点主要包括如下几个方面。

一、格式条款

对于房地产开发企业在与每个购房人签署的买卖合同中约定的建筑物公共部位的所有权归属条款，物业服务企业与每个业主签订的物业服务合同中关于公共物业收益归属的条款，是否构成格式条款；目前实践中尚存争议。如果其构成格式条款，且约定业主放弃共有部分的收益，则可能涉及格式条款的效力认定问题。

《民法典》第四百九十六条第二款规定："采用格式条款订立合同的，提供格式条款的一方应当遵循公平原则确定当事人之间的权利和义务，并采取合理的方式提示对方注意免除或者减轻其责任等与对方有重大利害关系的条款，按照对方的要求，对该条款予以说明。提供格式条款的一方未履行提示或者说明义务，致使对方没有注意或者理解与其有重大利害关系的条款的，对方可以主张该条款不成为合同的内容。"从以上规定可以看出，无论开发商还是物业服务企业在合同中用格式条款对共有权益进行约定时，都需要对此条履行提示或者说明义务，如将此条进行标黑以及斜体等提示方式，并在签订合同时对此条进行说明解释，否则该格式条款难以真正产生约定的效力。

二、收支明细的公示

根据规定，物业服务企业因对共有部分的经营所获得的收益在扣除管理成本后应属全体业主共有，而收支明细公示是证明物业服务企业管理成本和业主收益的一种最直接的方式。《最高人民法院关于审理建筑物区分所有权纠纷案件适用法律若干问题的解释》（法释〔2020〕17 号）第十三条，也明确要求物业公司将共有权益的使用和收益情况向业主进行公开。若未及时公示，对于物业服务企业来说，产生的主要后果是无法证明管理成本的合理存在，从而可能导致业主对共有部分的全部经营收益主张权利。

实际操作中的另一个重要问题是，如果进行上述收支明细的公示，则物业服务企业的公示程度或范围应如何确定。若仅列举收支名称及对应总金额，通常很难得到业主的认可，业主可能会主张行使知情权而要求查阅物业服务企业原始财务账册、财务凭证等，从而给物业服务企业造成额外的工作量；而若物业服务企业处理不当，必然会影响业主与物业企业的友好关系，激化矛盾。因此，笔者认为收支明细的公示内容需满足一般正常人的认知需要要求，既不能仅公布一个项目的总额也不能要求事无巨细地全部公布。

三、适格的诉讼主体

虽然共有部分及其收益归业主共有，但发生争议需要通过诉讼方式解决时，若共有权人人数较多则显然无法由全体共有权人共同作为原告提起诉讼。因此，确定代表全体共有权人提起诉讼的主体资格问题，将成为维护业主共有权益时需首先解决的问题。就该问题，实践中尚存在较大争议，但是大体上能分为两种观点。

第一种观点认为，《民法典》第二百八十七条规定“业主对建设单位、物业服务企业或者其他管理人以及其他业主侵害自己合法权益的行为，有权请求其承担民事责任”，《最高人民法院关于审理建筑物区分所有权纠纷案件适用法律若干问题的解释》（法释〔2020〕17 号）第十四条第一款规定：“建设单位、物业服务企业或者其他管理人等擅自占用、处分业主共有权益、改变其使用功能或者进行经营性活动，权利人请求排除妨害、恢复原状、确认处分行为无效或者赔偿损失的，人民法院应予支持。”基于上述规定，个别业主也可以作为原告提起诉讼。

第二种观点认为，《民法典》第二百七十八条规定：“下列事项由业主共同决定……（八）改变共有部分的用途或者利用共有部分从事经营活动；（九）有关共有和共同管理权利的其他重大事项……决定前款第六项至第八项规定的事项，应当经参与表决专有部分面积四分之三以上的业主且参与表决人数四分之三以上的业主同意。决定前款其他事项，应当经参与表决专有部分面积过半数的业主且参与表决人数过半数的业主同意。”基于上述规定，共有权益只有满足了上述比例业主的同意才有资格去处理，因此仅个别业主是无资格去提起诉讼的。

笔者更赞同第二种观点，因为诉讼涉及费用及风险的承担问题，对于共有权益的诉讼，应当在履行了业主共同决议程序以后进行，这不仅更为合理及可行，也是体现共有权人意思自治的具体要求。

第三节　典型案例精析

案例 5：某花园小区业主委员会与某物业公司不当得利纠纷[①]

裁判要旨

物业服务企业擅自利用物业共用部位、共用设施设备进行经营的收益，应归全体业主共有。在未经业主大会或者业主委员会同意的情况下，物业服务企业在收取共有区域经营性收益后，仅能用于补充专项维修资金。

案情简介

某物业公司是某花园小区的前期物业服务公司，服务时间从 2004 年 9 月至 2012 年 11 月 15 日。根据物业管理合同约定，在合同期内，物业管理费标准从市场及有利销售角度制定，低于实际物业运行成本，不足部分由小区开发商某房产公司进行补贴并按月支付。相关数据显示，从 2004 年 9 月某物业公司接管某花园小区至 2012 年 12 月，开发商共补贴 1247 万余元，某物业公司共收到广告费 26.61 万元。由于某物业公司在未经业主同意的情况下，擅自使用小区公共区域广告收入 26.61 万元，业主委员会多次催要无

① （2014）沈中审民终再字第 136 号。

果后于2012年10月将其诉至法院。业主委员会诉称，某物业公司是开发商安排的物业公司，并没有提供良好的物管服务，导致园区环境、卫生、安全秩序恶化，给小区的房产造成严重损失，并在未经业主同意的情况下，擅自使用广告费，请求法院判令某物业公司退还属于全体业主的广告费，并赔偿90户业主房产损失费，每户500元，共计45万元。某物业公司辩称，业主委员会的成员都拖欠物业服务费，业主委员会整体资格已终止，诉求无效。某物业公司一直亏损运营，公共区域广告费已用来补充物业服务费收入严重不足的部分。业主委员会要求赔偿房产损失与事实严重不符，无法律依据，请求法院驳回业主委员会的诉讼请求。

法院裁判

法院认为，某物业公司提出该笔广告费已用于小区物业服务，不应返还，但其提供的年度审计报告无法反映公共区域广告资金的具体使用用途，并没有完全尽到举证其将收益用于补充专项维修资金，因此要承担举证不能的法律后果。同时，根据前期物业管理合同约定，管理费收入与实际支出不足部分的缺口由开发单位支付，因此某物业公司擅自使用广告费的行为没有法律和合同依据。业主委员会要求某物业公司返还其收取的公共区域广告费用理由正当，法院予以支持。而业主委员会未主张某物业公司占用广告费用期间的利息，法院对此不予处理。

律师评析

本案中，物业服务企业未经业主授权，擅自对业主共有权益进行经营，并将经营收益用于补偿物业服务企业的经营费用，经多次催要，拒不交还其在管理期间所获得的广告收益，无疑侵害了小区全体业主的合法权益。物业服务企业应当规范自己的行为，将公共部分收益的处理情况进行公示；小区业主应当提高维权意识，以防物业服务企业利用自己的管理地位优势侵害业主的正当利益。

案例6：阳某与某房地产公司商品房销售合同纠纷[①]

裁判要旨

房屋买卖双方可以在不违反法律、法规强制性规定的情况下对业主共有权益进行约定，若此约定以格式条款的方式出现，则必须符合有效格式条款的要求。对共有权益的处分必须遵守《民法典》的规定，即应当由专有部分面积占比2/3以上的业主且人数占比2/3以上的业主参与表决，并且经参与表决专有部分面积3/4以上的业主且参与表决人数3/4以上的业主同意。

案情简介

2010年9月，阳某与某房地产公司签订商品房买卖合同及补充合同，补充合同第九条载明：阳某明晰所购物业及其所在建筑物（含所在小区及其附着物）的屋顶使用权，外墙面、公共部位使用权为全体业主共有。阳某同意将所购物业的屋顶使用权，外墙面、公共部位使用权出让给某房地产公司，由此产生的收益权由某房地产公司统一行使和享有，使用期限自房屋交付使用之日起至2047年止。在此期间，某房地产公司拥有屋顶、外墙、公共部位广告的设立、监管及收益等权利，但其使用不得影响阳某正常生活及人身安全。某房地产公司与所涉楼盘的157个业主均签订了补充合同。阳某认为某房地产公司无权处分共有部分，且格式条款应该无效。某房地产公司辩称，格式条款符合有效的要求，且其已经过法律规定比例的业主同意，因此其有权处分该共有部分。

法院裁判

法院认为，补充合同第九条关于共有部分的约定并未违反法律法规的强制性规定，合法有效。且对共有部分的处分符合相关规定约定的比例。

---

① （2019）粤06民终7801号。

律师评析

若开发商想赋予楼顶业主屋顶排他使用权，则可以通过与每一个购房人签署协议的方式，约定将屋顶使用权让渡给开发商，然后由开发商将其转让给楼顶业主。但是需要注意的是，若该权利让渡条款构成格式条款的，则其约定内容必须符合有效格式条款的要求。

案例7：某小区业主委员会、某置业发展公司建筑物区分所有权纠纷[①]

裁判要旨

物业共有部分、共用设施设备归全体业主所有。利用物业共有部分、共用设施设备经营所得的收入，应归全体业主所有。但是，业主对建筑物内的住宅、经营性用房等专有部分享有所有权，享有占有、使用、收益和处分的权利。

案情简介

某小区业主委员会向涉案小区全体业主进行公示并张贴，决定召开业主大会，大会议题为“是否同意采用法律诉讼方式要求涉案楼下规划中的院子的共有权并对院子内被破坏的设备要求赔偿”。大会召开时间为“2017年5月16日至5月21日”，投票方式为“上门征集意见与业主本人到业主委员会办公室投票”。某小区业主委员会提交了由建筑物总面积及业主人数均过半数的业主签名的表决单。

小区业主委员会认为该涉案区域属于业主共有，遂将某置业发展公司诉至法院。

某置业发展公司系涉案幼儿园的单独所有权人。根据某置业发展公司提交的证据，涉案幼儿园已经通过规划验收、竣工验收并备案。根据规划图纸

---

① （2018）鲁02民终3531号。

显示，涉案小区规划设有幼儿园，室外设有各班活动场地三个（各60平方米）、公共活动场地、沙坑、贮水深0.3米戏水池、跑道（30米）。且上述场地通过围墙与外界分隔。

根据某置业发展公司的申请，法院依法调取了2016年7月29日，由青岛市规划局向青岛市市北区纪委出具的《关于市北区某小区配建幼儿园规划审批有关情况的说明》（青规综函字〔2016〕109号），该说明内容为："小区内规划有三班幼儿园1处……该幼儿园独立院落内规划设置了班级活动场地、公共活动场地、跑道等室外游戏场地，该建筑物及配套场地的使用用途不得擅自改变。经查，该幼儿园建设现状符合规划审批要求，并已通过规划综合验收。"

法院裁判

法院认为，本案系建筑物区分所有权纠纷。某置业发展公司系涉案幼儿园的单独所有权人。根据某置业发展公司提交的证据，涉案的幼儿园已经通过规划验收、竣工验收并备案。根据规划图纸显示，涉案项目规划设有幼儿园，且上述场地通过围墙与外界分隔。另，根据青岛市规划局向青岛市市北区纪委出具的《关于市北区某小区配建幼儿园规划审批有关情况的说明》，可以看出，诉争场地应属于某置业发展公司专有，而非小区全体业主共有。据此，一审法院认定某置业发展公司对该诉争场地享有占有、使用、收益和处分的权利并无不当。

律师评析

共有部位、共用设施设备经营所得的收入，应归全体业主所有。专有部分的占有、使用、收益和处分的权利应由其所有者排他享有。

如今相关法规已对共有部分及专有部分做了较为详细的区分，但是由于共有部分与专有部分总是存在紧密结合的情况，容易导致人们对此方面忽视或者对专有部分与共有部分混淆，物业公司及购房人应对相应概念进行了解，以更好地维护自己的权利。

第四章　新形势下的物业服务纠纷

第一节　物业增值服务纠纷

一、理论概述与实务指引

（一）传统物业增值服务内容

传统物业增值服务可以概括为生活服务、代理服务、文化服务三大类。生活服务即提供最贴近生活的衣食住行服务，如集约化的家政服务（房屋清扫、搬家），完善社区配套包括食堂、银行、便利店、药店等；代理服务即提供有偿代理服务，如房屋租赁代理服务、租车及叫车代理服务、小区日间照料服务（照看老人、孩子）、物业服务企业公益广告服务等；文化服务即丰富小区居民精神生活的服务，如专业讲座、交友会、联谊会、文体娱乐活动等。

同时，根据目前新形势下对打造智慧社区，鼓励采用新技术、新方法，促进互联网与物业管理深度融合，线上线下全渠道满足消费需求的要求，传统物业增值服务表现形式，将由主营线下向数字化、数据化全面铺开转变。

（二）新型物业增值服务内容

为进一步激活房地产存量市场、融合社区多元化治理，创新商贸流通业态与商业模式，众多地产商积极转型物业板块，使物业服务企业不再依附于地产，而是担起业绩增长点的重任。其中，租售业务和装修业务是两个典型的新兴物业增值服务。

租售和装修业务的本质是大数据交互和商贸平台搭建，物业服务企业一般与业主及第三人成立中介或委托民事法律关系，当事人的权利义务及法律责任更多依赖于合同约定。其中，租售业务是物业服务企业基于管理服务小区过程中获取相关房屋租售信息、对管理小区的深度熟悉及与业主间的相互信任，提供房屋租赁和买卖的中介服务；而装修业务的商业模式则是物业服务企业通过搭建供方平台并对接需求业主，由供方提供装修、业主付款、物业服务企业负责监管资金划扣并收取一定报酬。

（三）相关法律法规

现行物业服务法律法规侧重于调整传统的物业服务法律关系，对物业增值服务鲜有规定或根据民事法律关系分散在各对应规定中，笔者汇总了部分主要规定如下：

1.《民法典》

第九百六十三条规定，中介人促成合同成立的，委托人应当按照约定支付报酬。对中介人的报酬没有约定或者约定不明确，依据本法第五百一十条的规定仍不能确定的，根据中介人的劳务合理确定。因中介人提供订立合同的媒介服务而促成合同成立的，由该合同的当事人平均负担中介人的报酬。中介人促成合同成立的，中介活动的费用，由中介人负担。

第九百六十五条规定，委托人在接受中介人的服务后，利用中介人提供的交易机会或者媒介服务，绕开中介人直接订立合同的，应当向中介人支付报酬。

第九百二十三条规定，受托人应当亲自处理委托事务。经委托人同意，受托人可以转委托。转委托经同意或者追认的，委托人可以就委托事务直接指示转委托的第三人，受托人仅就第三人的选任及其对第三人的指示承担责任。转委托未经同意或者追认的，受托人应当对转委托的第三人的行为承担责任；但是，在紧急情况下受托人为了维护委托人的利益需要转委托第三人的除外。

第九百二十八条规定，受托人完成委托事务的，委托人应当按照约定向其支付报酬。因不可归责于受托人的事由，委托合同解除或者委托事务不能完成的，委托人应当向受托人支付相应的报酬。当事人另有约定的，按照其约定。

第九百二十九条规定，有偿的委托合同，因受托人的过错造成委托人损失的，委托人可以请求赔偿损失。无偿的委托合同，因受托人的故意或者重大过失造成委托人损失的，委托人可以请求赔偿损失。

第九百三十一条规定，委托人经受托人同意，可以在受托人之外委托第三人处理委托事务。因此造成受托人损失的，受托人可以向委托人请求赔偿损失。

2.《物业管理条例》(2018)

第四十三条规定，物业服务企业可以根据业主的委托提供物业服务合同约定以外的服务项目，服务报酬由双方约定。

3.《物业服务收费管理办法》

第七条规定，物业服务收费实行政府指导价的，有定价权限的人民政府价格主管部门应当会同房地产行政主管部门根据物业管理服务等级标准等因素，制定相应的基准价及其浮动幅度，并定期公布。具体收费标准由业主与物业管理企业根据规定的基准价和浮动幅度在物业服务合同中约定。实行市场调节价的物业服务收费，由业主与物业管理企业在物业服务合同中约定。

4.《住宅室内装饰装修管理办法》

第十六条规定，装修人，或者装修人和装饰装修企业，应当与物业管理单位签订住宅室内装饰装修管理服务协议。

住宅室内装饰装修管理服务协议应当包括下列内容：（1）装饰装修工程的实施内容；（2）装饰装修工程的实施期限；（3）允许施工的时间；（4）废弃物的清运与处置；（5）住宅外立面设施及防盗窗的安装要求；（6）禁止行为和注意事项；（7）管理服务费用；（8）违约责任；（9）其他需要约定的事项。

第四十四条规定，工程投资额在30万元以下或者建筑面积在300平方米以下，可以不申请办理施工许可证的非住宅装饰装修活动参照本办法执行。

二、办案思路与实战技巧

（一）完善合同约定，防范法律风险

物业服务企业在与增值服务供应商签署物业增值服务相关协议时，应当对增值服务供应商的服务资质进行相应的审核，并对双方在增值服务供应过程中的权利义务进行明确约定，同时设定相应的法律责任救济措施，保证在法律纠纷发生时能够有据可依。

物业服务企业应当在向业主开放的增值服务平台中显著位置设定相应的法律责任提示及免责条款，并就相关的免责事宜进行详细的列举及说明，以避免因业主主张物业服务企业引用格式条款而导致物业服务企业承担相关法律责任。

物业服务企业应当就增值服务与业主签署书面物业服务合同，对物业增值服务的范围、内容、标准、收费及权利义务、争议解决进行明确的约定，以完善的合同约定实现对法律风险的事先预防。

（二）依法开展增值服务，合法合规经营

新形势下物业服务纠纷复杂多样，物业服务企业进驻房地产中介服务，是目前激活存量市场、融合社区多元化治理、实现智慧服务的重要尝试，是房企、物企发展的主要趋势。然而，从传统物业转型新型物业，如房地产经纪，需要从资质至经营进行全过程合规风控。

如物业服务企业拓展房产中介服务时，应首先确保资质合规，即变更营业执照上的经营范围，添加“房地产经纪”项目，并依据《房地产经纪管理办法》的要求，配备足够数量的房地产经纪人；从交易合规审查中，要注意审查合同签订主体的资质、资格，审查租赁房屋的权属，判断供需对口及租赁房屋是否能够满足承租人关于办理相关资质及审批的需求，遵从法律法规对合同签署程序及备案的合规要求；从保护物业服务企业自身合法权益上，树立留证及建档法律意识。从而实现物业服务企业的稳健转型，融入国家发展战略，促进房地产市场的良性发展。

三、典型案例精析

案例 8：胡某、高某公司、美某公司装饰装修合同纠纷[①]

裁判要旨

业主、物业服务企业及施工方三方签订的装饰装修施工合同中，就责任划分及违约责任等有明确约定的，应按照约定执行；非法律规定或当事人约定承担连带责任的，物业服务企业对施工方的违约行为不适用连带责任。

案情简介

2019 年 3 月 19 日胡某、高某公司、美某公司签订的《装饰装修施工合同书》载明，胡某系甲方（业主委托方），高某公司系乙方（施工方），美某公司系丙方（物业服务中心）。该合同约定：高某公司以包工包料方式装修胡某位于永修县房屋；总工期 105 天，从 2019 年 3 月 31 日至 2019 年 7 月 13 日；总装修价款为 115000 元，合同签订后施工前支付 40250 元，水电结束验收合格后泥工进场前支付 40250 元，木工泥工结束后油漆进场前支付 34500 元，工程款先由美某公司代高某公司收取。该合同还约定：工程合同价款先由丙方代乙方收取，以保证甲、乙、丙三方资金安全；乙方负有保质、保量、按期完成施工任务的义务；丙方对甲方的装修工程款全程监管，按合同的约定支付代收甲方的装修工程款给乙方，丙方应按与乙方的合作协议约定，及时向乙方付清工程价款，若丙方未及时付清工程款，乙方有权停止施工，由此造成的一切后果由丙方承担。

胡某依约先行向美某公司支付 80500 元装修款，美某公司依据其与高某公司签订的《拎包入住商家合作协议》，计提胡某缴纳的装修款中 5750 元作为服务费后，分别于 2019 年 4 月 1 日、6 月 6 日向高某公司汇出案涉房屋装修款 34500 元、40250 元，前述装修款合计 74750 元。

---

① （2021）赣 04 民终 83 号。

2019 年 8 月 10 日胡某与高某公司、美某公司签订的《装修合同补充协议》载明系因乙方（即施工方高某公司）延期与违约而签订该补充协议，该补充协议约定：工期由原 2019 年 7 月 13 日延期至 2019 年 9 月 15 日，如 2019 年 9 月 15 日仍不能交付验收工程，则按（原）合同第八条违约责任担责。

后因高某公司违约，胡某诉至法院请求：1. 解除胡某、高某公司、美某公司签订的《装饰装修施工合同书》；2. 高某公司、美某公司返还装修款 80500 元，承担违约金 29800 元，并按日 0.2% 支付自本案起诉之日起至还清款项之日止的滞纳金；3. 高某公司、美某公司承担本案全部律师费 11000 元及诉讼费用。一审庭审中，胡某增加诉请：高某公司、美某公司赔偿胡某额外支付的房屋租赁费 5400 元［600（元 / 月）×9（月）］。

法院裁判

一审法院认为，胡某与高某公司、美某公司之间的《装饰装修施工合同书》系当事人真实意思表示，各方均应遵守。高某公司在胡某同意工期延期后仍未能如期完工，且实际装修成果不符合合同约定，高某公司构成根本违约。因高某公司实际完成的装修成果与胡某因此返工的损失相当，两者予以抵扣，故胡某要求解除本案装饰装修合同，由高某公司返还装修款并承担违约责任，应予支持，但违约责任应按合同第八条违约责任中第八款与第一款、第三款约定计算。胡某主张的 11000 元律师费，对已经发生的 8050 元予以支持。此外，美某公司对高某公司的违约不存在过错，胡某要求美某公司承担赔偿违约金的主张，不予支持。但根据胡某与高某公司、美某公司签订的《装饰装修施工合同书》约定，美某公司对装修工程款全程监管，本案中，美某公司代高某公司收取了 80500 元装修款，且在收取管理服务费的情况下没有尽到监管义务，故应对返还 80500 元装修款存在连带责任。美某公司主张其与高某公司签订的《拎包入住商家合作协议》中约定了赔偿责任由高某公司负责处理，但该协议发生在美某公司与高某公司之间，不能成为对抗胡某诉请的理由，故对美某公司该项主张不予支持。

一审判决：一、解除原告胡某与被告美某公司、高某公司 2019 年 3 月 19 日签订的《装饰装修施工合同书》；二、被告美某公司、高某公司于判决生效后十日内返还原告胡某装修款80500元；三、被告高某公司于判决生效后十日内支付原告胡某违约金21500元、律师费8050元，并以34500元为基准按每日0.2%的标准支付自2019年9月15日起至判决生效之日止的滞纳金。案件受理费3416元，由被告美某公司、高某公司负担。

美某公司不服一审判决，提起上诉请求：撤销一审判决第（二）项，依据事实应由高某公司返还胡某装修款80500元；另请求一、二审诉讼费由高某公司承担。美某公司认为，美某公司返还高某公司装修款符合《装饰装修施工合同书》约定，且在美某公司与高某公司签订的《拎包入住商家合作协议》中明确约定高某公司逾期完工造成各项违约金、滞纳金与美某公司无关。因此，美某公司对高某公司的违约行为不应负连带责任。

二审法院归纳争议焦点为“美某公司是否负有向胡某返还装修款80500元的连带责任”，并认为：美某公司并非本案装饰装修合同的施工方，而是该装饰装修合同标的物的物业服务单位，其虽然收取了胡某的装修工程款80500元，但根据合同约定，美某公司系替施工方高某公司代收，该代理行为应由高某公司承担民事责任。美某公司从代收的工程款80500元中扣除5750元管理服务费后将余款74750元转付给高某公司，与美某公司和高某公司之间的合同约定有关，与高某公司因美某公司的代理而收到胡某工程款80500元的法律事实认定无关。

2019年3月19日胡某、高某公司、美某公司签订的《装饰装修施工合同书》虽约定美某公司对高某公司的装修工程款全程监管，但也同时约定：美某公司应及时将代收的装修工程款按其与高某公司的合作协议约定交付高某公司，如因美某公司未及时付清工程款，高某公司有权停工，由此造成的后果由美某公司承担，故美某公司并无将代收的装修工程款不及时依约转付给高某公司的权利。胡某认为，美某公司何时向高某公司付款其享有知情权或应经其确认，与本案三方签订的《装饰装修施工合同书》约定不符，不能成立。胡某还认为，根据《装饰装修施工合同书》中关于美某公司为高某公司做好检查验收工作的约定，美某公司在工程质量合格时才能向高某公司付款（工程进度款），与该合同条款意思不符，亦不能成立。相反，根据《装饰装修施工合同书》付款方式的约定，胡某支付第二笔工程款的前提是“水电结束验收合格后泥工进场前”，也即胡某自身负有付款前的工程验收义务。

2019年8月10日胡某、高某公司、美某公司签订的《装修合同补充协议》明确载明，系施工方高某公司工期延期与违约所致，工期延长后如仍不能交付验收工程则按合同违约之第八条赔偿，也即由违约方承担违约责任，故美某公司依约不应担责。

《民法总则》第一百七十八条第三款规定：“连带责任，由法律规定或者当事人约定。”[①] 美某公司并非本案装饰装修合同的承包人或工程款享有人，本案的《装饰装修施工合同书》及其补充协议也未约定美某公司应与承包人高某公司一道向发包人胡某承担连带责任；一审判决合同解除后美某公司对高某公司所负向胡某返还装修款80500元义务承担连带责任，适用法律有误。

胡某以美某公司与高某公司之间系排他性合作为由主张其缔约自由受损缺乏依据，本案并无美某公司禁止胡某等业主与高某公司之外的主体订立装饰装修合同的凭证，一审庭审中双方当事人均确认小区上百户业主仅四户签约高某公司。

二审判决：美某公司的上诉请求成立，予以支持。维持一审第（一）项、第（三）项判项；撤销第（二）项判项，并改判为美某公司不承担连带责任，由高某公司向胡某返还装修款80500元；驳回胡某其他诉讼请求；一、二审诉讼费由高某公司承担。

律师评析

物业服务企业在业主与施工单位的装饰装修服务中，一般起到平台推介和资金监管的作用，在权利义务及违约责任上，司法实践中更侧重于各方的意思自治。因此，除法定情形外，“有约从约”显得尤为重要。

平台推介方面，需审查业主在选择物业服务企业推介的施工单位上，是否有缔约自由的选择权，即物业服务企业是否存在强制业主与特定施工单位缔约契约的行为。若有，可能存在合同可撤销、物业服务企业对自己推介的施工单位承担谨慎选任义务的风险。因此，建议在向业主推介施工单位时可

---

① 已修订为《民法典》第一百七十八条。

提供多种选择，并告知其具有自行决定是否选聘及是否与该施工单位签订合同的权利，也尽量避免一个项目全部由一家施工单位进行施工的情况。

资金监管方面，本案中，业主、施工单位、物业服务企业三方签订的《装饰装修施工合同书》对物业服务企业的资金拨付义务约定为“如美某公司未及时付清工程款，高某公司有权停工，由此造成的后果由美某公司承担”，因此法院认为，物业服务公司并无将代收的装修工程款不及时依约转付施工单位的权利，该约定一定程度上降低了物业服务公司对工程验收监察的责任。为了避免物业服务企业过度介入工程质量查验、工期进度督促等环节，负担过重的监察义务，建议在合同中明确约定，物业服务企业仅承担对在工程施工达到付款节点按时拨付款项的义务，不对工程质量、工期进度等施工事宜进行监管；相反，在合同中明确业主对前述施工内容的查验验收义务、施工单位的及时通知报备义务，完善合同约定以提前对权责明确划分。

关于物业服务企业是否应对《装饰装修施工合同书》其他合同相对方负连带责任问题，鉴于法律对“连带责任”一般作限缩解释，除法定及明确约定外，一般不主动适用。因此，作为物业服务企业，应在合同中慎重选择对其他各方的责任承担连带责任。

第二节　充电桩安装及使用纠纷

一、理论概述与实务指引

随着科技的发展与社会的进步，清洁能源越来越被人们所重视，国家为了减少环境污染物的排放，对使用石化能源的车辆采取了一些限制措施，针对用电的新能源汽车出台了一些优惠政策，因此越来越多的人开始优先选择新能源汽车，从而人们对于充电桩的安装需求也就越来越多了。小区在建设时若没有将充电桩规划上，就容易在后期安装时对小区的秩序产生影响，这就会导致业主与小区的管理者即物业服务企业产生矛盾与争议，因此由安装充电桩导致的纠纷也就随之越来越多。

（一）物业服务企业扮演的角色

随着电动汽车的普及，充电桩越来越被大量需要，因此国家开始研究对策以解决充电桩不足的局面。国务院办公厅于 2015 年 9 月 29 日发布了《关于加快电动汽车充电基础设施建设的指导意见》，其目的在于推动各地积极推动电动汽车基础设施的建设。2016 年 7 月 25 日国家发改委、国家能源局、工业和信息化部、住房城乡建设部联合发布了《关于加快居民区电动汽车充电基础设施建设的通知》（以下简称四部委通知），并且发布了《居民区电动汽车充电基础设施建设管理示范文本》（以下简称示范文本）。

从这些文件中都能看出国家对物业服务企业的要求，例如四部委通知提到物业服务企业要配合业主及业主大会，对充电桩的建设要积极配合，这就要求物业服务企业作为小区的管理者为促进小区充电桩的安装提供便利。但是，这种提供便利并不是没有界限的，随着四部委通知一起发布的示范文本对于居民区充电基础设施建设流程规定了 6 个阶段，分别是准备材料、用电申请、现场勘查、建设施工、接电确认、运营维护，其中第一阶段的准备材料需要物业服务企业的参与，若业主拿不到需要物业服务企业出具的材料，则无法进行后续的阶段。

笔者认为，物业服务企业作为最熟悉小区的管理者，在安装充电桩这一问题中所扮演的角色更应该是为业主提供便利的管理者。在提供便利的同时，还要考虑整个小区的供电情况、业主共有部分使用情况以及小区的秩序管理。

（二）专有部分与公共部分

业主在自己的专有部分安装充电桩是否需要得到物业服务企业的同意，这一部分应该分为两种情况进行讨论。第一种是业主在专有部分安装电桩且不对小区公共资源造成影响，第二种是业主在专有部分安装电桩但会对小区公共资源造成影响，如需要在公共区域走线或者对小区供电负荷容量造成影响。一般认为，业主在其专有部分安装充电桩的权利是其合法所有的，但是其他在公共区域走线等利用小区公共资源的事宜应当接受小区的统一管理和安排，物业服务企业要对其进行管理以维护小区公共秩序。

二、办案思路与实战技巧

关于安装充电桩引致的纠纷，律师应当充分理解物业服务企业在其中所扮演的角色。

（一）物业服务企业是否有义务出具“同意书”

第一种观点认为，物业服务企业有义务向业主出具“同意书”。由于物业公司出具同意安装充电桩的证明是业主向供电企业申请办理流程中的必备材料，其对业主的合理申请和需求，物业服务企业应提供必要协助。最终是否符合安装条件，需要后续供电企业等相关部门现场勘察具体判断，物业服务企业不能以供电负荷、施工方案等为由拒绝提供资料协助。

第二种观点认为，物业服务企业并无义务向业主出具“同意书”，安装充电桩会影响公共区域使用，须由小区业主共同决定。因此，物业服务企业不出具材料的行为不违反法律规定。

（二）物业服务企业需要积极配合业主安装事宜

目前，法律层面并没有强制性地要求物业服务企业对安装事宜进行积极配合，但是国家相关部委及地方政府发布的各种文件都对物业服务企业提出了一定的要求。例如，前面所述的四部委通知适用于全国；而地方政府发布的规范性文件适用于本行政区域层面，如山东省发展和改革委员会、山东省能源局、山东省住房城乡建设厅、山东省自然资源厅、山东省民政厅、山东省消防救援总队、国网山东省电力公司联合下发《关于加强和规范我省居民小区电动汽车充电基础设施建设的通知》要求物业服务企业对申请方提出的充电基础设施安装申请，按程序进行登记并出具证明，配合业主或其委托的建设单位及时提供图纸资料，协助现场勘查、施工，无相关部门书面认定意见，不得以安全、电力容量不足等理由阻挠业主安装自用充电桩。

通过以上规定可以看出，行政机关在该问题管理方面的态度，随着国家对清洁能源越来越重视，相信后续的更全面系统的更具可操作性的规定会逐步出台。

三、典型案例精析

案例 9：朱某与某物业公司物业服务合同纠纷[①]

裁判要旨

物业公司不得以充电桩存在安全隐患为由，消极对待甚至阻挠充电桩的合法安装需求，至于充电桩的安装是否符合用电安全、消防安全等安装条件，应由供电等相关部门现场勘查判断。

案情简介

为节约经济和时间成本，开电动汽车的网约车司机朱某，想在小区租赁车位上安装自用充电桩。为此他咨询电力部门，被告知需小区物业公司在《低压充电桩自用承诺书》上盖章确认。可是，物业公司认为此车位为小区业主公共部分，对此部分的处分需要其他业主同意，且其对公共部分安全负有管理的职责，遂物业公司以朱某的车位为租赁而非产权车位、充电桩存在安全隐患为由，不同意盖章。而朱某认为，物业公司是在人为设置障碍。因多次沟通无果，朱某将物业公司诉至法院，请求法院判令物业公司在自用充电桩安装申报材料上盖章。

法院裁判

一审法院认为，朱某租赁的车位属于小区共有车位，应先征得小区自治组织同意后，再考虑后续能否安装自用充电桩的问题。一审法院判决后不久，朱某和小区自治组织进行沟通，小区 1—4 街区物业管理委员会出具书面意见，表示支持朱某。朱某遂提出上诉，二审法院认为，安装充电桩是新能源汽车实现使用目的不可或缺的设备，朱某作为涉案车位的长期承租方，有权安装自用充电桩。至于是否符合用电安全、消防安全等安装条件，应由供电

---

① （2021）皖 03 民终 2508 号。

等相关部门现场勘查判断。物业公司不得以充电桩存在安全隐患为由，消极对待甚至阻挠充电桩的合法安装需求，而应依法依规积极作为。二审法院作出终审判决：撤销一审判决，判令小区物业公司支持、配合朱某完成自用充电桩的安装申报工作。

律师评析

物业对于安装充电桩的态度不能一味地持不配合态度，物业不应以用电条件、消防安全等问题来阻碍充电桩的安装，此类问题应当由相关部门依据现场勘查情况判断。业主安装充电桩物业服务企业负有管理责任，在发现充电设施存在安全隐患时，应及时行使物业管理权利予以纠正、制止，相关权益人也应配合物业公司的监管。

案例 10：程某与某物业公司物业服务合同纠纷[①]

裁判要旨

业主安装充电桩必然涉及公共资源的占用，此事项涉及全体业主共同利益，应当由小区业主共同决定。业主不能以个人名义就需要由小区业主共同决定事项进行起诉。

案情简介

程某系某物业管理有限公司（以下简称某物业）所管理的涉案小区的业主，2017 年程某与某物业签订了《前期物业服务合同》，约定由某物业为程某提供物业服务。2020 年程某为解决电动汽车充电问题，拟在自有车位内自建充电桩，根据供电单位的要求，程某自建充电桩需要提供所在小区物业同意安装充电桩的证明，于是程某向某物业提交了书面申请，但是某物业既不办理也不向原告出具书面说明理由。因此，程某将某物业诉至法庭，请求某物业出具同意安装充电桩的证明。

① （2021）鲁 0781 民初 891 号。

法院裁判

法院认为，涉案小区建设时未能预留新能源汽车充电设施的设置条件，故而程某要求某物业配合完成的事项必然涉及对小区相关设施的改造及公共资源的占用，此类事项涉及全体业主的共同利益，应当由小区业主共同决定，不能以个人名义起诉。

律师评析

当小区没有在建设时将充电桩的安装规划上时，充电桩的安装一般都会涉及公共区域的占用与公共资源的使用。在此情况下，小区业主应当就公共资源和共用设施改造事宜按照共同事项表决程序进行表决，表决通过后物业公司有义务对通过的事项进行配合，若不配合，业主有权对其进行起诉。

第三节 城镇老旧小区改造纠纷

一、理论概述与实务指引

（一）概念及特点

1. 概念

《国务院办公厅关于全面推进城镇老旧小区改造工作的指导意见》指出，“城镇老旧小区是指城市或县城（城关镇）建成年代较早、失养失修失管、市政配套设施不完善、社区服务设施不健全、居民改造意愿强烈的住宅小区（含单栋住宅楼）”。随后，各地也相继出台了关于“老旧小区”的更细化认定，如《山东省城镇老旧小区改造技术导则（试行）》第 2.0.1 条对时间作出限定，即“2005 年 12 月 31 日前”建成的老旧小区；《广东省城镇老旧小区改造技术导则（实行）》总则部分则指出“重点改造 2000 年底前建成的老旧小区，不包括已计划征收拆迁和纳入棚改范围的小区（独栋住宅）”;《浙江省城镇老旧小区改造技术导则（试行）》第 2.0.1 条则指出“重点是 2000 年前建成的小区，不包括已纳入棚户区改造计划的小区”。由此可见，各地对“城镇老旧小区”概念总体理解保持一致，但在细节认定上存在一定差别。

2. 特点

（1）产权性质多样，社会要素突出

老旧小区受社会及历史变革影响较深，是时代留给百姓社会生活的烙印，有的老旧小区经历了私有制住房改造、城中村改造、城市低洼地拆迁改造、城镇住房商品化改革等叠加影响，呈现单位小区、直管公房、安置小区、“三无”小区、拆迁小区、自然散居院落、其他小区等多种社区类型并存、产权性质多样的复杂局面，这也意味着处理老旧小区的物业问题需因地制宜，更因关切民生而需考虑更多的社会因素。

（2）配套基础设施水平较低，供需矛盾突出

老旧小区因建造时间较早，小区内的配套基础设施已经远远不能满足业主日益增长的物质文化需求，在国家大力倡导惠民生扩内需、推进城市更新和开发建设方式转型、促进经济高质量发展的新形势下，物业所涉民生问题显得尤为突出，如停车难，电梯加装，私搭乱建，房屋年久失修，卫生环境差，墙皮脱落、路面不平整、管线破损、缺乏安保等安全隐患，以及缺少文娱场所等，是老旧小区改造面临的普遍问题。

针对上述问题，《国务院办公厅关于全面推进城镇老旧小区改造工作的指导意见》将老旧小区改造主要分为基础类、完善类、提升类 3 类，其中以基础类改造内容为重点：

基础类：为满足居民安全需要和基本生活需求的内容，主要是市政配套基础设施改造提升以及小区内建筑物屋面、外墙、楼梯等公共部位维修等。其中，改造提升市政配套基础设施包括改造提升小区内部及与小区联系的供水、排水、供电、弱电、道路、供气、供热、消防、安防、生活垃圾分类、移动通信等基础设施，以及光纤入户、架空线规整（入地）等。

完善类：为满足居民生活便利需要和改善型生活需求的内容，主要是环境及配套设施改造建设、小区内建筑节能改造、有条件的楼栋加装电梯等。其中，改造建设环境及配套设施包括拆除违法建设，整治小区及周边绿化、

照明等环境，改造或建设小区及周边适老设施、无障碍设施、停车库（场）、电动自行车及汽车充电设施、智能快件箱、智能信包箱、文化休闲设施、体育健身设施、物业用房等配套设施。

提升类：为丰富社区服务供给、提升居民生活品质、立足小区及周边实际条件积极推进的内容，主要是公共服务设施配套建设及其智慧化改造，包括改造或建设小区及周边的社区综合服务设施、卫生服务站等公共卫生设施、幼儿园等教育设施、周界防护等智能感知设施，以及养老、托育、助餐、家政保洁、便民市场、便利店、邮政快递末端综合服务站等社区专项服务设施。

3. 社区自治管理落后，缺乏专业化管理

因老旧小区是一个集建筑物、道路、治安等方面于一体的综合体，涉及不同群体、不同社区文化、不同历史遗留问题，具有较强的社会性和专业性，因而在物业管理区域内，存在诸如环卫、治安、消防、公共区域经营及收益、管理维修等社会性、专业化的管理职能，这种管理职能超出了业主个人利益而直接影响小区业主公共利益。然而，很多老旧小区未选聘专业性的物业服务企业，甚至未成立业主大会或业主委员会作为物业管理的组织者和决定者。

另外，因老旧小区原有规划设计已不能满足业主在新形势下对物质文化的需求，而停车难、电梯加装、房屋维修规模大等问题，无法通过业主个体解决，加之大多数老旧小区基本无专项维修基金，而向业主筹集资金困难重重，最终导致形成老旧小区无人管、不好管的治理现状。

（二）相关法律法规规定

1.《民法典》

第二百七十八条规定：“下列事项由业主共同决定：（一）制定和修改业主大会议事规则；（二）制定和修改管理规约；（三）选举业主委员会或者更换业主委员会成员；（四）选聘和解聘物业服务企业或者其他管理人；（五）使用建筑物及其附属设施的维修资金；（六）筹集建筑物及其附属设施的维修资金；（七）改建、重建建筑物及其附属设施；（八）改变共有部分的用途或者利用共有部分从事经营活动；（九）有关共有和共同管理权利的其他重大事项。业主共同决定事项，应当由专有部分面积占比三分之二以上的业主且人数占比三分之二以上的业主参与表决。决定前款第六项至第八项规定的事项，应当经参与表决专有部分面积四分之三以上的业主且参与表决人数四分之三以上的业主同意。决定前款其他事项，应当经参与表决专有部分面积过半数的业主且参与表决人数过半数的业主同意。"

2.《业主大会和业主委员会指导规则》（建房〔2009〕274 号）

第八条规定："物业管理区域内，已交付的专有部分面积超过建筑物总面积 50% 时，建设单位应当按照物业所在地的区、县房地产行政主管部门或者街道办事处、乡镇人民政府的要求，及时报送下列筹备首次业主大会会议所需的文件资料：（一）物业管理区域证明；（二）房屋及建筑物面积清册；（三）业主名册；（四）建筑规划总平面图；（五）交付使用共用设施设备的证明；（六）物业服务用房配置证明；（七）其他有关的文件资料。"

第五十三条规定："召开业主大会会议，物业所在地的区、县房地产行政主管部门和街道办事处、乡镇人民政府应当给予指导和协助。"

第五十八条规定："因客观原因未能选举产生业主委员会或者业主委员会委员人数不足总数的二分之一的，新一届业主委员会产生之前，可以由物业所在地的居民委员会在街道办事处、乡镇人民政府的指导和监督下，代行业主委员会的职责。"

第六十二条规定："业主自行管理或者委托其他管理人管理物业，成立业主大会，选举业主委员会的，可参照执行本规则。"

3. 关于老旧小区改造工程的具体规定，建议检索各地出台的法律法规及指导类文件

如《青岛市既有住宅加装电梯暂行办法》（青政办字〔2021〕11 号）第六条规定："业主就加装电梯达不成一致意见的，可以按照有关法律法规的规定进行表决。（一）既有住宅加装电梯服务单一单元，以单元为单位申请的，由本单元专有部分面积占比三分之二以上的业主且人数占比三分之二以上的业主参与表决，经参与表决专有部分面积四分之三以上的业主且参与表决人数四分之三以上的业主同意并签订书面同意意见。（二）既有住宅加装电梯服务整栋楼座，以整栋楼座为单位申请的，由本栋楼座专有部分面积占比三分之二以上的业主且人数占比三分之二以上的业主参与表决，经参与表决专有部分面积四分之三以上的业主且参与表决人数四分之三以上的业主同意并签订书面同意意见。”

二、办案思路与实战技巧

（一）业主大会及业主委员会成立的合规性审查

未成立业主大会及业主委员会是老旧小区的普遍现象之一，因而无法通过业主个体更换或选聘物业服务企业，以改善小区治理现状。因此，成立业主大会及业主委员会是实现小区自治、更换或选聘专业化物业服务企业的第一步。

关于成立业主大会及业主委员会的相关法律及政策要求，目前较为明确。当已交付的专有部分面积超过建筑物总面积 50% 时，应成立业主大会及业主委员会。对于因客观原因未能选举产生业主委员会或者业主委员会委员人数不足总数的 1/2 的，新一届业主委员会产生之前，可以由物业所在地的居民委员会在街道办事处、乡镇人民政府的指导和监督下，代行业主委员会的职责；对于可以召开业主大会的，物业所在地的区、县房地产行政主管部门和街道办事处、乡镇人民政府应当给予指导和协助。成立业主大会及业主委员会的具体流程及手续，可参见《业主大会和业主委员会指导规则》（建房〔2009〕274 号）。

（二）小区公共决策的合规性审查

小区公共决策须符合法律法规和规范性文件要求的内容和程序。2021 年 1 月 1 日起施行的《民法典》对业主共同决定事项的程序作出重大修改，由原来《物权法》中的一道“关卡”，即特定比例表决通过，变成《民法典》中的两道“关卡”，即对参与表决及通过表决的比例都提出了具体要求。

同时，基于老旧小区改造项目较强的社会性、复杂性，在国家新律新规的引领下，各地也陆续出台针对特定改造项目的规范性文件及指南等。因此，在处理老旧小区改造问题上，还需特别关注当地相关法规政策。

三、典型案例精析

案例 11：刘某、杨某霖等与王某某等相邻关系纠纷[①]

裁判要旨

近年来，老旧小区加装电梯逐渐成为社会热点问题。如何在满足公益的同时兼顾实体公平，在追求效率的同时兼顾程序正义，在维护法律权威的同时关切民生实际，是处理老旧小区加装电梯等类似民生问题的原则性要点。

加装电梯仍应遵循合法性原则、比例原则和适当补偿原则，即应严格依照法律法规和规范性文件的内容和程序，对其他权益的损害降低至最低限度，对确实造成影响的权益进行适当补偿。

案情简介

某小区 2 栋 2 单元（以下简称 2 单元）全体业主同意本单元加装电梯，在《实施主体授权代理业主委托书》上签字，委托杨某贤作为增设电梯代理业主，负责工程的组织实施、手续办理、履行承诺和建设期间的质量安全监管。杨某贤是该小区业主之一杨某霖的父亲。

2019 年 11 月 1 日，2 单元业主达成成都市既有住宅自主增设电梯项目相关业主协议书，委托甲公司组织增设电梯。12 月 10 日，成都市既有住宅自主增设电梯项目相关业主协议书和电梯加装方案图等在小区进行公示，业主王某某、周某某在异议期内没有提出异议。2020 年 1 月 17 日，杨某贤作为业主代表、李某某作为业主委托代理人与某电梯有限公司签订成都市既有住宅增设电梯合同，将 2 单元既有住宅增设电梯设备及钢结构工程总承包给该电梯有限公司。1 月 17 日，2 单元增设电梯项目在社区居民委员会进行备案。

2020 年 1 月，设计公司针对该 2 单元既有住宅增设电梯项目出具施工图设计。3 月 16 日，乙公司针对 2 单元既有住宅增设电梯项目出具了施工图设

---

① （2020）川 01 民终 18015 号。

计文件审查报告，审查结论为合格。乙公司资质等级范围为房屋建筑施工图审查一类。

2020 年 4 月 14 日，丙公司出具了 2 单元主体结构安全性鉴定报告，鉴定结论为：受检工程现状结构安全，综合评级为 Bsu，可以正常使用。房屋拟加建室外电梯经设计、审查合格，施工单位应按照图纸进行电梯施工，拟加建的室外电梯对原建筑结构不会造成安全性影响。丙公司经成都市城乡房产管理局审查，具备在成都市范围内从事房屋安全鉴定活动的资质。

2020 年 4 月 24 日，成都市温江区住房和城乡建设局向甲公司出具既有住宅自主增设电梯告知书。

2 单元电梯加装施工过程中王某某、周某某阻碍施工，导致施工停止。杨某霖、刘某莉、刘某、李某某作为同楼栋其他业主，向法院起诉要求王某某、周某某停止阻碍电梯安装施工，配合加装电梯合同继续履行，并承担本案诉讼费。

一审庭审中，周某某承认本单元业主产权人签字是其前妻所签，其知晓加装电梯的情况，其前妻签字时，周某某在现场并知晓。

法院裁判

一审法院认为，不动产的相邻各方，应当按照有利生产、方便生活、团结互助、公平合理的精神，营造一个和谐共处、宽松礼让的生活环境，各方应本着友睦邻里、互让互谅的原则对待案涉楼宇加装电梯一事。一审庭审过程中王某某对其在《本单元业主（产权人）签名》和《实施主体授权代理业主委托书》上的签字予以认可，周某某在一审庭审中陈述其对加装电梯是同意的，其对其前妻的签字也是知晓的；本案中成都市既有住宅自主增设电梯项目相关业主协议书和电梯加装方案图等在小区进行公示，业主王某某、周某某在异议期内没有提出异议，故对于王某某、周某某辩称其不知情的意见，一审法院不予采信。

另外除王某某、周某某外，涉案楼宇加装电梯的事项，已获得专有部分占建筑物总面积 2/3 以上且占总人数 2/3 以上的业主同意，对加装电梯事项亦在小区予以了公示，案涉电梯工程施工设计图文件审查结果为合格。因此，签订加装电梯订购合同，对涉案楼宇加装电梯进行相应施工，符合法律规定，案涉楼宇加装电梯程序合法。

因此，一审判决王某某、周某某于判决生效之日起停止对电梯安装施工的阻挠和妨碍；驳回刘某、杨某霖、刘某莉、李某某的其他诉讼请求；诉讼费由王某某、周某某共同负担。

王某某、周某某不服一审判决，提起上诉请求改判驳回原告诉讼请求或发回重审。

二审法院查明事实与一审法院查明事实一致，归纳主要争议焦点为案涉小区单元增设电梯是否正当。

首先，关于公示问题。二审法院与一审法院认定一致，王某某、周某某在异议期内未按公示要求提出异议视为无异议。其次，关于委托问题，经查明，2020 年 1 月 17 日，杨某贤作为业主代表、李某某作为业主委托代理人与某电梯有限公司签订成都市既有住宅增设电梯合同，将案涉小区单元增设电梯设备及钢结构工程总承包给某电梯有限公司。同日，案涉项目在社区居委会备案。王某某、周某某主张并未签订相应委托协议，对此，本院认为，实施主体授权代理业主委托书上有“王某某”签名，并经二审查明确认系其本人签字。周某某在一审庭审中承认授权签字系其前妻所签，其知晓相应情况，现周某某虽主张授权是事后才知晓的，但其也并未对签字的真实性等提出否认，故应认定授权有效。此外，王某某、周某某主张，加装电梯前并未对加装电梯后的维护、管理等问题进行沟通释明等，法院认为，加装电梯已经获得专有部分占建筑物总面积 2/3 以上且占总人数 2/3 以上的业主同意，后续维护问题并非正当性的必需要件。此外，案涉电梯增设项目已经得到书面同意且经过公示、备案、报批等一系列程序，现王某某、周某某实施阻止的行为，既违反了省、市关于既有住宅增设电梯的相关精神，也有违民事活动中应当遵循的诚实信用原则，故王某某、周某某相应上诉请求不能成立，不予支持。

二审法院裁定驳回王某某、周某某的上诉请求，维持原判。

律师评析

老旧小区加装电梯，须严格依照法律法规和规范性文件的内容和程序，本着友睦邻里、互让互谅的原则，征得相关业主书面同意并经过公示、备案、报批等一系列合规程序。虽本案发生于《民法典》生效前，但其裁判思路对今日老旧小区加装电梯仍具有指导意义。

关于业主表决程序，根据《民法典》第二百七十八条规定，改建、重建建筑物及其附属设施的，应当由专有部分面积占比 2/3 以上的业主且人数占比 2/3 以上的业主参与表决，并经参与表决专有部分面积 3/4 以上的业主且参与表决人数 3/4 以上的业主同意。同时，各地陆续针对既有住宅加装电梯也出台了办法、导则、指南等一系列规范性文件，为老旧小区电梯加装落地提供了具体可执行的依据。

此外，对加装电梯持异议的业主，应按规定或公示等文件的要求，积极行使自身权力，以免因怠于行使导致权益无法保障。

第五篇

房地产租赁纠纷

第一章　房屋租赁合同效力纠纷

在我国市场经济快速发展和房价持续上涨的背景之下，房屋租赁市场正在经历前所未有的繁荣与发展。

房屋租赁市场快速发展的同时，因房屋租赁而产生的纠纷往往也相伴左右，根据笔者自中国裁判文书网检索的结果，房屋租赁合同纠纷案件的数量呈现出逐年递增的趋势。无论是经营用房租赁还是住房租赁，当纠纷产生时，房屋租赁合同都是人民法院对纠纷进行裁判的最为重要的依据。在房屋租赁合同纠纷中，关于房屋租赁合同效力的争议一直是实务中的焦点问题。在本章中，笔者将选取具有代表性的房屋租赁合同效力问题论述该类案件的争议解决思路。

第一节　理论概述与实务指引

合同效力，是指法律赋予依法成立的合同具有的约束当事人各方的强制力。关于合同效力的认定是实务中一个重要的问题，在合同纠纷案件中，首先要面对的就是合同效力的判断问题。

房屋租赁合同的成立、生效、效力待定和可撤销的情况认定与普通合同基本一致。房屋租赁合同作为一类有名合同，对其效力的评价首先应当依据《民法典》第一百四十三条的规定，判断合同签订各方是否具有相应的民事行为能力，意思表示是否真实，合同内容是否违反法律、行政法规的强制性规定，是否违背公序良俗。根据《民法典》《最高人民法院关于审理城镇房屋租赁合同纠纷案件具体应用法律若干问题的解释》（法释〔2020〕17号）的相关规定，房屋租赁合同的内容违反法律、行政法规强制性效力性规定的，或违背公序良俗的，应确认合同无效。

同时，房屋租赁合同作为不动产租赁合同的典型代表，其标的物是具有特定性的房屋，具有一定的物权特性，并且所订立的房屋租赁合同履行期限通常较长，因此引起纠纷发生的原因及出现的问题均可能较为复杂，关于其效力认定的标准也存在一定的特殊性。《城乡规划法》《消防法》《商品房屋租赁管理办法》（住房和城乡建设部令第 6 号）等相关法律法规对房屋的建设、使用、租赁等进行了特别规定，因此在房屋租赁合同效力认定问题上，亦存在特殊的认定标准与处理规则。

第二节　办案思路与实战技巧

一、租赁物为违法建筑时的合同效力认定问题

违法建筑，是指未依法取得规划许可或者未按照规划许可内容建设的建筑物和构筑物，以及超过规划许可期限未拆除的临时建筑物和构筑物。《城乡规划法》第四十条、第四十一条分别对城镇和乡村属于违法建筑的情形进行了具体的规定，根据上述规定，未取得规划许可证的城乡建筑和违反临时建筑管理规定的临时建筑，都属于违法建筑。

因出租标的物为违法建筑的房屋租赁合同产生纠纷的主要特点在于：出租标的物虽然是违法建筑，但承租人认为租赁该违法建筑能够实现合同目的；同时，纠纷的产生大都是因为承租人在签订房屋租赁合同后发现因租赁物的违法性导致其合同目的不能实现，或因此而需要承受额外义务或负担。

根据《最高人民法院关于审理城镇房屋租赁合同纠纷案件具体应用法律若干问题的解释》（法释〔2020〕17 号）第二条和第三条的规定，以未取得建设工程规划许可证或者未按照建设工程规划许可证的规定建设的房屋、未经批准或者未按照批准内容建设的临时建筑作为租赁物订立的房屋租赁合同无效；对于以合法建设的临时建筑作为租赁物签订的房屋租赁合同，租赁期限超过临时建筑的使用期限，超过部分无效。由此可见，租赁物为违法建

筑时房屋租赁合同无效的原因在于租赁物本身的合法性存在缺陷。但在实践中，笔者认为，房屋出租人未取得建设工程规划许可证、临时建筑的建设、延期使用未经批准的原因是多种多样的，可能既存在出租人自身的原因，也存在相关主管部门的原因。因此，在对该类型的房屋租赁合同的效力进行认定时，应当采取相对宽容的态度，只要及时补办批准手续，租赁合同就应当认定有效。上述司法解释亦对该类型的房屋租赁合同效力的补正进行了规定，即未取得建设工程规划许可证或者未按照建设工程规划许可证的规定建设的房屋，只要在一审法庭辩论终结前取得建设工程规划许可证或者经主管部门批准建设，则对于以其作为租赁物订立的租赁合同，人民法院应当认定有效。未经批准或者未按照批准内容建设的临时建筑或租赁合同约定的租赁期限超过临时建筑的使用期限，在一审法庭辩论终结前经主管部门批准建设或批准延长使用期限的，人民法院应当认定有效。因此，以违法建筑物为标的物签订的房屋租赁合同应当无效，但当该建筑的合法性被补正后无效的房屋租赁合同可以转化为有效。

二、租赁物为未经竣工验收、未经消防验收的房屋时的合同效力认定问题

房屋竣工验收是指房屋依照国家有关法律、法规及工程建设规范、标准的规定完成工程设计文件要求和合同约定的各项内容的基础上，参与建设房屋的有关单位共同对检验批、分项、分部、单位工程的质量进行抽样复验，根据相关标准以书面形式对工程质量达到合格与否作出确认。消防验收是指消防部门对企事业单位竣工运营时进行消防检测的合格调查，施工单位进行消防验收时需要消防局进行安全检测排查，同时需要出具电气防火检查合格证明文件，电气消防检测已被公安部列入消防验收强制检查的项目。

《建筑法》第六十一条规定："交付竣工验收的建筑工程，必须符合规定的建筑工程质量标准，有完整的工程技术经济资料和经签署的工程保修书，并具备国家规定的其他竣工条件。建筑工程竣工经验收合格后，方可交付使用；未经验收或者验收不合格的，不得交付使用。"《消防法》第十三条规定："国务院住房和城乡建设主管部门规定应当申请消防验收的建设工程竣工，

建设单位应当向住房和城乡建设主管部门申请消防验收。前款规定以外的其他建设工程，建设单位在验收后应当报住房和城乡建设主管部门备案，住房和城乡建设主管部门应当进行抽查。依法应当进行消防验收的建设工程，未经消防验收或者消防验收不合格的，禁止投入使用；其他建设工程经依法抽查不合格的，应当停止使用。”

笔者认为，《建筑法》和《消防法》规定的竣工验收和消防验收是建筑工程交付使用的强制性条件，主要目的是从建筑物的质量和安全的角度，要求建设单位在建筑工程交付使用或投入使用前应对建筑质量和消防安全进行全面检查，以确保建筑工程在具备合格质量标准和可靠安全性的前提下投入使用，而非否定以未经竣工验收和消防验收的房屋为标的物的合同效力。也即上述规定虽然属于强制性规定，但实际上仅仅是为了行政管理或秩序管理的需要，并且仅关系当事人的利益；违反该强制性规定并不会将损害国家利益和社会公共利益，故上述强制性规定应为管理性强制性规定。因为违反管理性强制性规定并非合同无效的原因，所以在房屋租赁合同中，如果租赁房屋未经竣工验收合格或未经消防验收合格，该房屋租赁合同并不必然无效。根据《民法典》第七百二十四条的规定，租赁房屋未经竣工验收合格或未经消防验收合格，应当属于“租赁物具有违反法律、行政法规关于使用条件的强制性规定情形”，此时如果“非因承租人原因致使租赁物无法使用”，则承租人享有法定解除权。

第三节　典型案例精析

案例 1：某公司、某车行、张某财产损害赔偿纠纷[①]

裁判要旨

《建筑法》第六十一条规定未经验收或者验收不合格的建设工程不得交

① （2020）鲁民申 5203 号。

付使用。《消防法》第十三条规定，应当申请消防验收而未经消防验收的建设工程禁止投入使用。但上述规定中并未明确规定民事合同将因此无效，即上述规定并非效力性强制性规定。

案情简介

某车行和张某诉称：原告张某与李某合伙经营电动车和自行车的批发零售业务，并以李某的名义注册成立了某车行。2015 年 7 月 20 日，张某与被告签订了《仓储 / 商位使用合同》，原告租赁被告某公司的五金建材区 5-21、5-22 号仓储商位，用于存放电动车、自行车等，租赁期限自 2015 年 7 月 24 日至 2016 年 7 月 23 日。合同约定被告有为原告提供的仓储 / 商位基础设施齐全、无不良现象的义务。2016 年 1 月 24 日 0 时 49 分许，被告出租的仓库发生火灾，起火点位于 5 排 5-2 号商铺一层办公室北侧，由于仓储现场消防设施无法使用，不具备灭火施救条件等原因，致使火灾蔓延至原告租赁的仓储商位，造成原告价值 40 万余元的财产被烧毁。事后虽经原告多次投诉等，被告至今没有赔偿原告的损失，为此诉至法院。原告诉讼请求为：1. 判令被告赔偿二原告经济损失 278224 元；2. 诉讼费用由被告承担。

某公司辩称，第一，原告某车行不具备原告主体资格，被告是与张某签订仓储使用合同，与某车行没有关系。第二，2016 年 1 月 24 日的火灾事故，起火点位于五金建材区 5-2 仓储位置，起火原因不是由被告造成，被告所出租房屋具备合法的消防手续，在该火灾事故中被告不存在任何过错，对原告的财产损害不应承担任何赔偿责任。

本案经聊城市东昌府区人民法院作出（2017）鲁 1502 民初 2784 号《民事判决书》后，被告提出上诉，后经（2018）鲁 15 民终 629 号《民事裁定书》发回重审、（2018）鲁 1502 民初 6667 号《民事判决书》重审判决、（2019）鲁 15 民终 2540 号《民事判决书》维持原判、（2020）鲁民申 5203 号《民事裁定书》指令重审、（2020）鲁 15 民再 63 号《民事判决书》作出最终判决。

法院再审认定如下事实：某车行是张某与李某共同经营的以批发零售电动车和自行车为主的个体工商户，某公司系经营物流服务、房屋出租、仓库管理等业务的有限责任公司，在其物流园内五金建材区建有多排供出租的仓储／商位，其中第五排仓储商位系南北走向，自南向北共建有32间相连仓储商位，东西两面各16间，南北长110米，每间约7米，从南端西侧第1间开始往北排序，分别标记为5-1、5-2、5-3，至北端为5-16，再从北端东侧开始往南排序，分别标记为5-17、5-18，至南端为5-32。2015年7月20日，张某与某公司签订了仓储商位使用合同，约定原告租赁被告的物流园区内五金建材区5-21、5-22两个仓储商位，用于存储电动车，不得改作他用，租赁期限自2015年7月24日至2016年7月23日，租金总计15510元，已缴纳完毕。合同签订后，原告即在所租赁的仓储商位存放电动车、童车等商品及相关物品。2016年1月24日0时49分，被告物流园区内五金建材区5-2商铺一层办公室北侧起火，火势蔓延，该排所有仓储商位全部过火，其中原告存放的电动车、自行车等物品全部烧毁。

法院裁判

本案的争议焦点之一是双方签订的《仓储／商位使用合同》的效力问题。

重审一审认为，根据《消防法》有关规定，按照国家工程建筑消防标准进行消防设计的建设工程竣工时，必须经公安消防机构进行验收，未经验收或者验收不合格的，不得投入使用。被告所属物流钢材仓库二建设工程虽申请消防设计备案，但在未经消防合格验收的情况下，将房屋出租给他人使用，不符合法律规定。被告在房屋未经消防合格验收的情况下，与原告签订《仓储／商位使用合同》将房屋出租给原告，双方签订《仓储／商位使用合同》的行为，违反了《消防法》的强制性规定，该合同无效。

重审二审认为，关于双方签订的合同效力，《建筑法》第六十一条第二款规定，“建筑工程竣工经验收合格后，方可交付使用；未经验收或者验收不合格的，不得交付使用”。某公司将没有经过竣工验收和消防验收的房屋，出租给张某，违反了法律的强制性规定，一审认定双方签订的租赁合同无效，是正确的。某公司的此项上诉理由，不予支持。

再审认为，关于涉案租赁合同的效力问题，涉案租赁合同应认定为有效合同。《最高人民法院关于适用〈中华人民共和国合同法〉若干问题的解释

（二）》（法释〔2009〕5 号）第十四条规定，[①] 合同法第十五条第（五）项规定的“强制性规定”，是指效力性强制性规定。虽然《建筑法》第六十一条规定未经验收或者验收不合格的建设工程不得交付使用，《消防法》第十三条规定应当申请消防验收而未经消防验收的建设工程禁止投入使用，但上述规定中并未明确规定民事合同将因此无效，即上述规定并非效力性强制性规定。且本案中双方在签订租赁合同时也未将租赁物的竣工验收和消防验收合格作为租赁合同的生效条件，双方业已实际履行合同，故原审以某公司将涉案仓库出租给某车行时尚未竣工验收和消防验收为由，认定涉案租赁合同无效，适用法律不当，再审予以纠正。

律师评析

本案涉及的争议焦点之一为租赁房屋未经竣工验收合格和消防验收合格时租赁合同是否无效。

本案重审一审法院、重审二审法院均认为，《建筑法》和《消防法》关于建筑工程须在竣工验收和消防验收后方可交付使用的规定属于《合同法》第五十二条规定的“法律、行政法规的强制性规定”[②]，违反上述规定的合同应为无效。而山东省高级人民法院对本案进行再审审查与审判监督时认为，根据《最高人民法院关于适用〈中华人民共和国合同法〉若干问题的解释（二）》（法释〔2009〕5 号）第十四条规定，《合同法》第五十二条第（五）项规定的“强制性规定”，是指效力性强制性规定。《建筑法》和《消防法》关于建筑工程须在竣工验收和消防验收后方可交付使用的规定并未明确规定民事合同将因此无效，即上述规定并非效力性强制性规定。

强制性规定分为效力性强制性规定和管理性强制性规定。根据原《最高人民法院关于适用〈中华人民共和国合同法〉若干问题的解释（二）》（法释〔2009〕5 号），合同因违反法律、行政法规的强制性规定而无效中的强制性规定应为效力性强制性规定。根据原《最高人民法院关于当前形势下审理

---

① 现已失效。

② 已修订为《民法典》第一百五十三条。

民商事合同纠纷案件若干问题的指导意见》(法发〔2009〕40号)中提出的“管理性强制性规定”的概念以及2019年《全国法院民商事审判工作会议纪要》(法〔2019〕254号)中对“强制性规定的识别”指出的权威意见，进一步统一了识别强制性规定的裁判规则。

笔者认为正确理解、识别效力性强制性规定与管理性强制性规定，不仅关系到民商事合同效力维护，还影响市场交易的安全与稳定。判断某项规定属于效力性强制性规定还是管理性强制性规定的根本在于违反该规定的行为是否严重侵害国家、集体和社会公共利益，是否需要国家权力对当事人意思自治行为予以干预。《建筑法》和《消防法》关于建筑工程须在竣工验收和消防验收后方可交付使用的规定如果未被遵守，损害的仅仅是租赁合同当事人的利益，故上述规定应为管理性强制性规定而非效力性强制性规定，在房屋租赁法律关系中违反上述规定并不影响合同效力。

第二章　房屋租赁合同解除权纠纷

随着我国市场经济的飞速发展，房屋租赁行业也日益繁荣。房屋租赁合同的订立能够更好地规范交易双方的行为，促使双方和谐交易，进而维护租赁市场的交易秩序。然而，由于客观情况瞬息万变，可能会导致合同无法继续履行或者不符合订立合同之时的预期目的等情况，此时赋予一方或双方解除合同的权利对于处理双方之间的法律关系就显得尤为重要。

合同解除制度是《民法典》合同编中的一项重要的基本制度。因合同解除发生争议诉诸法院时，法官要以法律规定为依据，同时兼顾自愿、公平等原则对解除权人和相对人的利益进行衡量后方能作出裁判。

在司法实践中，房屋租赁合同解除权纠纷属于高频案件。在本章中，笔者将结合房屋租赁合同解除权纠纷的常见问题对此类纠纷案件的办理思路及策略技巧进行详细论述。

第一节　理论概述与实务指引

合同解除，是指在合同有效成立后，因一方或双方当事人的意思表示，使合同关系终了，未履行的部分不再继续履行，既已履行的部分依具体情形进行清算的制度，它是合同特有的终止原因。

导致合同解除的事由多种多样，在合同一方当事人享有解除权时，权利人可以通过自己的单方意思表示，而不需要他方相应地作出某种行为，即可使得基于合同而产生的法律关系解除。因此，解除权系一种典型的形成权。

一、合同解除的事由

《民法典》第五百六十二条规定："当事人协商一致，可以解除合同。当事人可以约定一方解除合同的事由。解除合同的事由发生时，解除权人可以解除合同。"

《民法典》第五百六十三条规定："有下列情形之一的，当事人可以解除合同：（一）因不可抗力致使不能实现合同目的；（二）在履行期限届满前，当事人一方明确表示或者以自己的行为表明不履行主要债务；（三）当事人一方迟延履行主要债务，经催告后在合理期限内仍未履行；（四）当事人一方迟延履行债务或者有其他违约行为致使不能实现合同目的；（五）法律规定的其他情形。以持续履行的债务为内容的不定期合同，当事人可以随时解除合同，但是应当在合理期限之前通知对方。"

上述《民法典》第五百六十二条和第五百六十三条分别规定了协议解除、约定解除权和法定解除权三种合同解除的事由。协议解除是双方就解除达成合意，而约定解除权和法定解除权则属于单方解除范畴。

协议解除，是指合同成立之后未履行完毕之前，当事人双方通过协商而使合同效力消灭的双方法律行为，实质是依解除合意而解除已经生效的合同，从而达到使生效的合同终止履行的目的。协议解除不以一方法定或约定解除权的存在为必要。我国现行法将协议解除作为合同解除的一种类型加以规定，它既具有合同解除共通的属性，也有其自身的特点，如解除的条件为双方当事人协商同意，并不因此违背公序良俗，解除行为是当事人的合意行为等。协议解除是以合意的形式来解除既有的合同，故协议解除采取的是合同的形式，应当具有合同的有效要件：当事人具有相应的民事行为能力，意思表示真实，不违反法律、行政法规的强制性规定，不违背公序良俗，采取适当的形式等。但该解除合意并非必然是在被解除的合同生效以后形成，如《民法典》第一百五十八条规定的附解除条件的民事法律行为，自条件成就时生效，即该解除合意是在被解除的合同中达成的。

约定解除权，是指当事人之间根据自身的情况而在合同中约定的发生特定情况可以解除合同的条款，即使不存在法定解约事由的情况下，当事人约定的条件成就，即可以主张解除合同。约定解除的理由和条件要比法定解除的理由和条件更加广泛。约定解除权赋予了解除权人按照约定单方解除合同的权利，但不代表合同约定的解除条件成就，合同就自行解除，解除权人有权放弃行使权利，继续履行合同。约定解除条款一般是赋予当事人一方有解除权，当约定解除条件成就时，只有解除权人可以行使，对方无权依据约定解除条款行使解除权。

法定解除权，是指合同中虽未约定相应的解除权条款，但一方当事人因法定的合同解除事由出现，行使解除权从而使合同终止履行的单方意思表示。对于合同的法定解除权，《民法典》第五百六十三条具体列举了几种情形，总体可以归纳为两个方面，一是因合同目的无法实现而产生的法定解除权，二是因一方的违约而产生的法定解除权。在合同双方无约定解除条件或者约定的解除条件尚未成就时，当事人均可依据法定解除条件的成就实现合同解除的目的。而司法实践中，对于“合同目的无法实现”的裁判认定是实务中常见的疑难问题之一。

二、合同解除的时间

合同的解除时间关系着合同解除后当事人的债务履行及损害赔偿等法律后果的认定，而房屋租赁合同的解除时间决定着租金的计算及合同解除后房屋占有使用费的计算等问题，故对于合同解除时间的明确非常重要。

《民法典》第五百六十五条规定：“当事人一方依法主张解除合同的，应当通知对方。合同自通知到达对方时解除；通知载明债务人在一定期限内不履行债务则合同自动解除，债务人在该期限内未履行债务的，合同自通知载明的期限届满时解除。对方对解除合同有异议的，任何一方当事人均可以请求人民法院或者仲裁机构确认解除行为的效力。当事人一方未通知对方，直接以提起诉讼或者申请仲裁的方式依法主张解除合同，人民法院或者仲裁机构确认该主张的，合同自起诉状副本或者仲裁申请书副本送达对方时解除。”

可见，《民法典》第五百六十五条对合同解除权的行使规则进行了规定，延续了《合同法》关于通知到达主义确认合同解除效力的规定，并且作出进一步细化。而对于合同解除的时间节点问题，《合同法》对此并未进行细分明确，也因此造成审判实务中的裁判认定出现不统一的情况。而《民法典》第五百六十五条第一款对此进行了细化规定；第二款增加规定了起诉状副本或者仲裁申请书副本送达对方系通知的方式之一，应作为合同解除的时间节点。

第二节　办案思路与实战技巧

一、出租人享有法定解除权的事由

实践中，出租人享有法定解除权的事由主要包括以下几种：

1. 因不可抗力而解除。根据《民法典》第五百六十三条规定的第一种情形，因不可抗力致使不能实现合同目的，当事人可以解除合同。不可抗力是不能预见、不能避免并不能克服的客观情况，如自然灾害、政府行为、社会异常事件等。

2. 因承租人擅自变动房屋建筑主体和承重结构或者扩建而解除。《最高人民法院关于审理城镇房屋租赁合同纠纷案件具体应用法律若干问题的解释》（法释〔2020〕17 号）第六条规定："承租人擅自变动房屋建筑主体和承重结构或者扩建，在出租人要求的合理期限内仍不予恢复原状，出租人请求解除合同并要求赔偿损失的，人民法院依照民法典第七百一十一条的规定处理。"《民法典》第七百一十一条规定："承租人未按照约定的方法或者未根据租赁物的性质使用租赁物，致使租赁物受到损失的，出租人可以解除合同并请求赔偿损失。"

3. 因承租人未按照约定方法或未根据租赁物的性质使用租赁物，并致使租赁物受到损失而解除。《民法典》第七百一十一条已就该种情况作出明确规定，前述列举的第二种情况中也已经涉及，此处不再赘述。

4. 因承租人未经出租人同意转租而解除。《民法典》第七百一十六条规定："承租人经出租人同意，可以将租赁物转租给第三人。承租人转租的，承租人与出租人之间的租赁合同继续有效；第三人造成租赁物损失的，承租人应当赔偿损失。承租人未经出租人同意转租的，出租人可以解除合同。"但是，出租人此种情况下的合同解除权是有一定限制的，《民法典》第七百一十八条规定："出租人知道或者应当知道承租人转租，但是在六个月内未提出异议的，视为出租人同意转租。"即此后，出租人不得再以承租人未经其同意擅自转租为由，请求解除租赁合同。

5. 因承租人未支付或者迟延支付租金，出租人可以解除合同。《民法典》第七百二十二条规定："承租人无正当理由未支付或者迟延支付租金的，出租人可以请求承租人在合理期限内支付；承租人逾期不支付的，出租人可以解除合同。"

6. 对于不定期租赁，出租人可以随时解除合同。《民法典》第七百三十条规定："当事人对租赁期限没有约定或者约定不明确，依据本法第五百一十条的规定仍不能确定的，视为不定期租赁；当事人可以随时解除合同，但是应当在合理期限之前通知对方。"第五百一十条规定："合同生效后，当事人就质量、价款或者报酬、履行地点等内容没有约定或者约定不明确的，可以协议补充；不能达成补充协议的，按照合同相关条款或者交易习惯确定。"

二、承租人享有法定解除权的事由

实践中，承租人享有法定解除权的事由主要包括以下几种：

1. 因不可抗力而解除。因不可抗力导致不能实现合同目的，出租人和承租人均有权解除合同。

2. 因出租人拒不交付租赁房屋而解除。承租人租赁房屋的目的是占有使用房屋，如果出租人拒不交付房屋，承租人的目的就不能实现，因而承租人享有合同解除权。《民法典》第七百零八条规定："出租人应当按照约定将租赁物交付承租人，并在租赁期限内保持租赁物符合约定的用途。"如果出租人不按约定交付房屋，经承租人催告在合理期限内仍拒不交付房屋的，承租人可以根据《民法典》第五百六十三条第一款第（三）项之规定，行使合同解除权。

3. 因审判机关或者行政机关依法查封租赁房屋导致承租人不能使用而解除。这是《民法典》第七百二十四条规定的第一种情形，即非因承租人原因，租赁物被司法机关或者行政机关依法查封、扣押，致使租赁物无法使用的，承租人可以解除合同。需要注意的是，如果房屋虽然被查封，但该查封措施并未影响承租人的正常使用，这种情况下承租人无权主张解除合同。

4. 因租赁房屋权属有争议导致承租人不能使用而解除。这是《民法典》第七百二十四条规定的第二种情形，即租赁物权属有争议，致使租赁物无法使用的，承租人可以解除合同。实践中，需要注意的是，虽然租赁物的权属存在争议，但并未影响到承租人对房屋的正常使用，则承租人不能以此主张解除合同。由于房屋权属存在争议，意味着出租人有可能不是房屋的所有权人或者有权处分人，这可能会对租赁合同的效力产生影响，故在房屋权属确定之前，该租赁合同应当认定为效力待定合同。此时，如果承租人要求解除合同，则应区分两种情形处理：

第一种情形，虽然租赁合同效力待定，但由于房屋的权属争议导致承租人无法使用房屋，不能实现合同目的，法院可径行判决解除或者确认解除房屋租赁合同，不必等待租赁房屋的权属确定，即租赁房屋的权属确定对于承租人诉请解除租赁合同没有影响。

第二种情形，虽然租赁房屋的权属有争议，也正在处理中，但并未影响到承租人对房屋的使用，则承租人请求解除租赁合同不应予以支持，法院应直接判决驳回诉讼请求，也不必因需要等待房屋确权结果而中止诉讼。待房屋确权结果确定后，承租人可另行主张权利。

5. 因租赁房屋具有违反法律、行政法规关于房屋使用条件强制性规定情况导致房屋无法使用而解除。这是《民法典》第七百二十四条规定的第三种情形。我国法律对房屋质量进行了强制性规定，特别就房屋使用条件进行了限制性规定。例如，《建筑法》第六十一条第二款规定："建筑工程竣工经验收合格后，方可交付使用；未经验收或者验收不合格的，不得交付使用。"《消防法》第十三条第三款规定："依法应当进行消防验收的建设工程，未经消防验收或者消防验收不合格的，禁止投入使用；其他建设工程经依法抽查不合格的，应当停止使用。”因此，租赁房屋不符合《建筑法》《消防法》等法律关于房屋使用条件的强制性规定并导致承租人不能使用的，承租人可以解除合同。

6. 因租赁房屋部分或者全部毁损、灭失而解除。《民法典》第七百二十九条规定：“因不可归责于承租人的事由，致使租赁物部分或者全部毁损、灭失的，承租人可以请求减少租金或者不支付租金；因租赁物部分或者全部毁损、灭失，致使不能实现合同目的的，承租人可以解除合同。”

7. 对于不定期租赁，承租人随时可以解除合同。对于不定期租赁合同，承租人与出租人具有相同的随时解除合同的权利，但双方在权利的行使上存在区别。承租人向出租人发出合同解除通知，合同解除随即生效，而出租人解除合同时必须在合理期限前通知承租人，以便给承租人留出准备时间，经过该合理期限，租赁合同才能解除。

8. 因租赁房屋危及承租人的安全或者健康的，承租人随时有权解除合同。法律将保障人的生命安全放在第一位，只要租赁房屋危及人身安全，无论承租人是否有过错，承租人即有权解除合同。《民法典》第七百三十一条规定：“租赁物危及承租人的安全或者健康的，即使承租人订立合同时明知该租赁物质量不合格，承租人仍然可以随时解除合同。”

9. 同一房屋订立数份租赁合同，在合同均有效的情况下，不能取得租赁房屋的承租人有权解除合同。《最高人民法院关于审理城镇房屋租赁合同纠纷案件具体应用法律若干问题的解释》（法释〔2020〕17号）第五条规定，对于一房数租而各租赁合同均有效的情况下，因只有一个承租人能够取得租赁房屋，对于其余不能取得租赁房屋的承租人，其请求解除合同、赔偿损失的，依照《民法典》的有关规定处理。即此种情况下承租人因无法取得租赁房屋导致不能实现合同目的，可据此主张解除合同。

第三节　典型案例精析

案例 2：冯某与王某房屋租赁合同纠纷①

裁判要旨

合同目的无法实现时，强制继续履行既违背自愿原则，又成本过高，可在平衡双方当事人利益的基础上，基于效率原则的考虑，允许违约方解除合同。

案情简介

原告冯某诉称：2018 年 3 月 12 日其与被告王某签订房屋租赁合同，约定原告租赁被告承租的由第三人管理的涉案房屋，用途为餐饮服务，租期自 2018 年 3 月 15 日至 2020 年 3 月 14 日，月租金 3600 元，押金 4000 元。原告如约支付 3 个月租金及押金共 14800 元。被告承诺具备办理营业执照的条件，如不能办理则解除合同并返还押金。后经原告申请，工商行政主管部门告知原告不符合申请条件而不予办理。现原告租赁涉案房屋经营餐饮的合同目的无法实现，请求：1. 确认原、被告签订的《房屋租赁合同》自 2018 年 4 月 1 日解除；2. 判令被告返还原告房屋租金及押金 14800 元（3600 元 ×3 个月 + 押金 4000 元）；3. 判令被告支付原告违约金 3600 元。

被告王某辩称：对合同签订情况及收取三个月租金和押金共 14800 元的事实无异议，不同意原告的诉讼请求。原告主张被告在签合同前答应可以办理营业执照的事实不存在。

法院经审理查明：对于当事人双方没有争议的事实，予以确认。2018 年 3 月 29 日天津市和平区南营门街市场和质量监督管理所出具不予登记通知

---

① （2018）津 01 民终 6261 号。

书，载明对原告提交的天津市和平区冯氏快餐店不予登记，理由为违反《天津市市场主体住所（经营场所）登记管理暂行办法》第十条第二项。该条款内容为“违反房屋安全使用管理规定和房屋租赁管理规定，擅自改为生产、餐饮、娱乐、洗浴等的住宅楼房中的部分住宅房屋”，不得登记为住所（经营场所）。

原告提交证据不足以证明被告承诺保证涉案房屋可以办理营业执照。

另查，2018 年 3 月 12 日被告以微信的形式将涉案房屋公有住房租赁合同发给了原告。4 月 4 日原告以 EMS 快递的形式将解除函、钥匙和电卡等退还给被告，被告于 4 月 6 日签收。

经法院释明，原告已经通过邮寄的形式将钥匙退还，且明确表示不同意继续履行合同，被告应尽快收回房屋，减少损失，否则就扩大的损失将承担相应的风险。被告坚持认为原告已经预交的 3 个月租金属于原告使用期间的租金，3 个月期满后才同意收回房屋，亦不同意在法院主持下交接房屋。

再查，双方租赁合同第 8.7 条约定，任何一方不得擅自提前终止合同，否则视为违约，守约方有权单方解除租赁或要求违约方继续履行本合同，并有权要求违约方支付 1 个月租金作为违约金。守约方因违约方行为所遭受的实际损失大于本合同约定的违约金数额，守约方有权要求违约方赔偿其超出违约金部分的损失。

法院裁判

一审法院认为，原告在租赁房屋时知晓涉案房屋为住宅，亦知晓其租赁房屋目的为经营餐饮，在合同未特别约定被告保证其可以取得营业执照的情况下，从诚实信用角度讲，原告应对房屋是否符合经营使用的条件尽到合理考察和审慎决定的义务。《合同法》[①] 规定的出租人应在租赁期间保持租赁物符合约定的用途是指出租人应承担的物的瑕疵担保责任，是物的效用的瑕疵担保，即出租人应保证租赁物具备应有的使用价值，而非保证原告取得营业执照正常经营。原告不能证明被告同意保证其办理营业执照，对此原告主张

---

① 已被《民法典》所废止。

不能实现合同目的责任并非在被告，原告属于违约，原告要求被告承担违约责任并支付违约金 3600 元的请求不能成立，法院不予支持。

关于原告作为违约方是否有权解除合同的问题，租赁合同属于继续性合同，双方的履行需要原告的持续使用，而原告确实不再使用，势必造成资源的浪费。为了充分发挥物的价值，做到物尽其用，从而有效利用资源，减少财产浪费，维持社会经济秩序和法律关系现状稳定，遵照民法的公平原则，对于原告要求解除合同的请求，本院予以准许，被告实际于 2018 年 4 月 6 日取得涉案房屋的钥匙及解除通知函，本院确认自该日起双方租赁合同解除。被告收取租金即要求原告继续履行的抗辩不能成立，本院不予采信。

对于原告要求返还押金及预付的 3 个月租金问题，2018 年 4 月 6 日被告已经收到解除函及房屋钥匙，此日之前属于合同履行的部分，原告无权要求返还。此日之后，被告抗辩属于原告使用的期间，所交租金均不同意退还。但作为出租人的被告，在合同解除后，应及时收回房屋以减少损失，经本院释明，被告拒不接收房屋，属于扩大损失，被告无权就扩大的部分主张权利，被告全部不予退还的抗辩不能成立。综合考虑另行出租房屋的合理闲置时间，本院酌定被告返还半个月租金 1800 元，原告要求全部返还不能成立，对该项诉讼请求，本院部分予以支持。

对于押金 4000 元，被告已经就其房屋使用和合理的闲置期间承担了相应的违约责任，被告认可其他损失不在本案中一并解决，现原告要求返还，本院予以支持。

一审法院于 2018 年 6 月 15 日作出判决：一、确认王某与冯某就涉案房屋签订的租赁合同于 2018 年 4 月 6 日解除；二、本判决生效之日起十日内，王某返还冯某租金 1800 元及押金 4000 元；三、驳回冯某其他诉讼请求。

一审宣判后，王某对判决不服提起上诉。

二审法院认为，本案的争议焦点在于：1. 导致合同目的不能实现的违约责任的认定问题；2. 解除合同的正当性问题；3. 押金和租金的返还问题。

关于争点一，本案违约责任的具体认定应以合同约定为依据。从《房屋租赁合同》内容来看，双方虽然明确约定了租赁涉案房屋的用途是餐饮服务，但并未显示上诉人有保证涉案房屋可以办理营业执照的相关承诺。基于诚实信用原则，上诉人王某作为出租人，仅是承担办理营业执照的协助义务，而非全部办理义务。此外，现有的证据并不能证明上诉人王某对涉案房屋不能办理营业执照的限制在签订合同时是明知的，而被上诉人冯某作为餐饮服务的经营者，其对涉案房屋的性质、用途和使用状况是清楚的，但是并未尽到审慎的注意义务。综合上述各点，一审法院认定被上诉人冯某违约并无不当，本院不持异议。

关于争点二，被上诉人冯某作为违约方，虽不能行使法定解除权，但是鉴于其不再使用涉案房屋的意思表示以及涉案房屋无法办理营业执照的现实情况，强制继续履行既违背自愿原则，又无法实现合同目的，而且成本过高，故强制履行并非理性之选择。一审法院为平衡双方当事人的利益，并基于效率原则的考虑，确认被上诉人单方解除合同的效力并无不妥，本院予以确认。

关于争点三，经审查，一审法院综合考虑被上诉人冯某违约、双方当事人实际利益情况以及被上诉人冯某就扩大损失所承担的相应责任，所作判决，合理适当，本院不持异议。现上诉人王某不同意退还被上诉人冯某任何费用，理由不能成立。

二审法院于 2018 年 8 月 24 日作出判决：驳回上诉，维持原判。

律师评析

本案主要涉及因合同目的无法实现而产生的法定解除权的认定问题以及合同违约方是否可以解除合同的问题。

实务中，对于因合同目的无法实现而产生的法定解除权的裁判认定是常见的疑难问题之一。因合同目的无法实现导致合同解除的法定情形主要包括因不可抗力导致合同目的不能实现、因情势变更导致合同目的不能实现以及因违约行为导致合同目的不能实现。在案件审理过程中，考虑适用因合同目的无法实现导致合同解除的法定情形时，不能仅将合同目的无法实现作为合同解除的法定事由。“合同目的无法实现”是一个结果，仅有这个结果并不必然导致合同解除，还需要一个前提条件，即原因行为或客观情况，例如不可抗力和违约行为等；如果缺乏这个前提条件，仅仅出现“合同目的无法实现”，则尚不能直接导致合同解除的法律后果。本案中，双方签订的《房屋租赁合同》虽然明确约定了租赁涉案房屋的用途是餐饮服务，但并未显示王某有保证涉案房屋可以办理营业执照的相关承诺，其作为出租人，仅是承担办理营业执照的协助义务，而非全部办理义务，且冯某并不能证明王某对涉案房屋不能办理营业执照的限制在签订合同时是明知的，而冯某作为餐饮服务的经营者，其对涉案房屋的性质、用途和使用状况是清楚的，但是并未尽到审慎的注意义务。故出租方并不存在违约行为，且涉案房屋无法办理营业执照也并不属于不可抗力或情势变更情形，故冯某不能仅以“合同目的无法实现”为由而主张行使法定解除权。

因“合同目的无法实现”而主张解除合同应限于守约方，但存在例外情形。《民法典》第五百六十三条规定的第四种情形，当事人一方迟延履行债务或者有其他违约行为致使不能实现合同目的，当事人可以解除合同。从该规定来看，本意是赋予守约方在一方出现违约行为的情况下，因合同目的无法实现而享有的合同解除权。然而，在实践中可能会出现合同目的无法实现时，守约方不愿行使解除权，使双方均束缚于合同限制，出现僵局。具体到本案中，冯某承租涉案房屋系为经营餐饮服务，这是诉争合同的主要合同目的，而因涉案房屋不能办理营业执照，无法正常经营，所以合同目的无法实现。冯某对所承租房屋不能有效利用从而获得经济利益，没有履约动力，王某希望继续履行合同而冯某意欲解除，如合同仍继续履行，在双方分歧之下，可能会导致房屋闲置、交易机会减少、履约成本上升等各种不利局面。因此，在符合《民法典》第五百八十条规定的“法律上或者事实上不能履行”或者“履行费用过高”等情形时，可以允许违约方解除合同，这符合公平原则和效率原则，能够更好地平衡双方当事人的利益。

虽然允许违约方解除合同，但因其属合同严守原则的特别例外，故只有在满足特定条件的情况下方能适用，即须同时满足合同目的无法实现、合同继续履行将使双方利益严重失衡、守约方利益能够通过损害赔偿补足等条件。另外，因违约方解除合同属于合同解除的例外情形，是对法律制度所确认价值的重新对比，涉及双方利益的具体衡量以及合同履行的真实状况评判，且该种解除方式也并非赋予违约方合同解除权，故在此类案件的审理过程中，需要非常严格地审查适用，避免因宽松适用而损害契约信守的基本原则。

第三章　房屋转租纠纷

随着房屋租赁市场的不断扩大，有关房屋租赁合同的纠纷随之增多，法律问题层出不穷。在诸多种类的纠纷中，房屋转租纠纷较为典型，转租是租赁交易市场中常见的交易方式，有利于交易流转，可以有效提高租赁物使用效率。但因承租人在租赁期间实际占有租赁房屋，租赁房屋的转租可能损害出租人的利益，应对承租人的转租行为加以规制。无论是在理论界还是在实务界，对房屋转租问题的观点始终未能达成完全一致，通过案例检索，我们发现在实际审判中，对于转租合同的效力、出租人撤销权的行使期限、次承租人对合同解除抗辩权及追偿权的行使等问题有着诸多不同的处理意见。本章将从理论和实践相结合的角度出发，对房屋转租纠纷进行综合性分析。

第一节　理论概述与实务指引

转租，是指承租人在租赁期间将租赁物交付给第三人（次承租人）使用、收益，第三人向承租人支付租金的行为。

需要注意的是，转租与租赁权的让与并不相同。两者虽然存在相似之处，但性质却根本不同。在租赁权让与中，经出租人同意，由受让人承继承租人在租赁合同中的权利义务，成为租赁合同新的承租人，原承租人退出租赁合同关系，也即在租赁权让与中仅存在出租人与受让人之间的租赁法律关系；而转租中则存在两个租赁法律关系，即出租人与承租人间的租赁法律关系和承租人与次承租人间的转租法律关系。

根据吴燕平《房屋租赁法律制度研究》[1]中的论述，在租赁物转租与法律关系调整方面，存在三种立法模式：限制主义立法模式、自由主义立法模式及区别主义立法模式。在限制主义立法模式下，除非经出租人承诺或当事人订有特约，一般不得转租，德国、日本采用该模式；在自由主义立法模式下，承租人无须经出租人同意即可自由转租，除非当事人之间对不准让与进行特别规定，代表国家（或地区）为法国和美国；在区别主义立法模式下，依据租赁物为动产或不动产、租赁物的用途性质区分立法，瑞士采用该模式。

我国关于租赁物转租的立法采取了限制主义的立法模式。根据《民法典》第七百一十六条规定，转租可以分为经出租人同意的转租和未经出租人同意的转租两种情况。

经出租人同意的转租包括两种情形：一是在租赁合同订立时明确约定承租人有权转租租赁物；二是在租赁期限内承租人征得出租人同意将租赁物转租，此处的出租人同意，既包括出租人在事后明确的追认同意，也包括根据《民法典》第七百一十八条规定的推定的出租人同意转租。

未经出租人同意转租的，出租人可以解除合同。因为承租人未经出租人同意擅自将租赁物转租他人，直接破坏了出租人对承租人的信任，也直接损害了出租人对租赁物的所有权或处分权，同时造成多层次的对租赁物的占有关系，增加了出租人要求返还租赁物的困难或使租赁物的毁损程度加重，所以出租人有权解除合同。

第二节　办案思路与实战技巧

一、未经出租人同意的房屋转租合同效力问题

笔者认为，在现有《民法典》规则下，未经出租人同意的房屋转租合同

---

① 吴燕平:《房屋租赁法律制度研究》，西南政法大学 2007 年硕士学位论文。

应属于有效合同。

首先应当明确的是，此处的“未经出租人同意”是指出租人未明确同意承租人转租，且根据《民法典》第七百一十八条规定亦不能推定出租人同意转租的情形。在《民法典》生效前，对于未经出租人同意的房屋转租合同的法律效力，由于法律未作出明确规定，很长时间内都成为法学理论和司法实践的争议热点，总体上可以分为有效说、效力待定说和无效说。根据2009年1月颁布实施的《最高人民法院关于审理城镇房屋租赁合同纠纷案件具体应用法律若干问题的解释》（法释〔2009〕11号，已被修正）第十六条第一款（该条款在修正后的该司法解释中已经被删除），仅对“出租人知道或者应当知道承租人转租，但在六个月内未提出异议，其以承租人未经同意为由请求解除合同或者认定转租合同无效的，人民法院不予支持”进行了规定；但对于未经出租人同意签署的转租合同的效力，并未进行评价。

《民法典》第七百一十八条与《最高人民法院关于审理城镇房屋租赁合同纠纷案件具体应用法律若干问题的解释》（法释〔2009〕11号）第十六条第一款最重要的区别在于，《民法典》第七百一十八条的规定并未涉及转租合同的效力认定问题，而仅就出租人同意转租的意思表示进行了推定。在这种情况下，未经出租人同意的房屋转租合同效力应如何认定？笔者认为，需遵从《民法典》确立的合同效力认定标准以及生效司法解释的规定进行认定。在《民法典》删除了《合同法》第五十一条规定，并在第五百九十七条确认了在未取得出卖物处分权的买卖合同并非无效合同的情况下，笔者认为，出租人未同意不应成为承租人与次承租人签订的转租合同的效力障碍。在未经出租人同意的情况下，转租合同只要符合《民法典》规定的生效要件，则为有效。如果此时出租人选择解除合同的，承租人应向出租人交还租赁房屋并承担违约责任；同时在承租人与次承租人的房屋转租法律关系中，因承租人原因导致房屋转租合同目的不能实现，次承租人亦有权解除房屋转租合同并要求承租人承担违约责任。

二、推定出租人同意转租的认定问题

根据《民法典》第七百一十八条的规定，推定出租人同意转租的前提有二。

首先，出租人知道或应当知道承租人转租。在出租人是否知道转租的认定上,《民法典》第七百一十八条采取了通常的主客观相结合的判断标准，也即出租人确实知道，或者按照社会一般认知标准出租人应当知道转租事实的存在。在审判实践中，对于如何认定出租人知道或应当知道转租事实往往会产生较大争议。笔者认为，在该问题的认定上，应当严格适用“谁主张谁举证”的规则，在该类案件中，通常承租人或次承租人主张出租人知道或者应当知道转租事实，应当就“出租人知道或者应当知道”这一主张承担举证责任。

其次，在承租人或次承租人举证“出租人知道或者应当知道”被采信的情况下，出租人只能通过主张并承担“出租人在异议期内明确表示不同意转租”的举证责任，来证明自己已经明确表示不同意转租。这同样是一个事实认定问题。笔者认为，在法律未明确限定的情况下，出租人以口头或书面方式提出异议，或向法院或仲裁机构起诉、申请仲裁等均可产生提出异议的法律效果。

因此，只有在承租人或次承租人举证证明“出租人知道或应当知道转租事实”且出租人并未以其在异议期内明示不同意转租作为抗辩或出租人并不能举证证明其在异议期内明示不同意转租的，方能作出出租人同意转租的推定。

三、次承租人代偿请求权、追偿权的行使问题

根据《民法典》第五百六十三条规定的解除合同情形，将一方当事人迟延履行主要债务，经催告后在合理期限内仍未履行作为合同解除的法定依据。而在房屋转租法律关系中，按期及时完全地缴纳租金是承租人的主要义务，如果承租人违反上述主要义务，迟延履行租金缴纳义务，势必会对出租人造成合同利益上的损失。此时出租人有权根据《民法典》第五百六十三条行使合同解除权并要求承租人承担违约责任。在出租人、承租人和次承租人三方关系中，次承租人作为租赁物的实际占有使用人，受限于租赁合同和转租合同的独立性和相对性，难以直接对抗出租人，在法律关系上处于相对弱势的地位。

《民法典》通过赋予次承租人代偿请求权以解决次承租人的合同利益保护问题。在《民法典》生效前,《最高人民法院关于审理城镇房屋租赁合同纠纷案件具体应用法律若干问题的解释》(法释〔2009〕11 号)第十七条(该条款在修正后的该司法解释中已经被删除)已经规定了次承租人享有代偿请求权。《民法典》第七百一十九条吸纳并调整了《最高人民法院关于审理城镇房屋租赁合同纠纷案件具体应用法律若干问题的解释》(法释〔2009〕11 号)第十七条的规定,《民法典》第七百一十九条规定:"承租人拖欠租金的,次承租人可以代承租人支付其欠付的租金和违约金,但是转租合同对出租人不具有法律约束力的除外。次承租人代为支付的租金和违约金,可以充抵次承租人应当向承租人支付的租金;超出其应付的租金数额的,可以向承租人追偿。"《最高人民法院关于审理城镇房屋租赁合同纠纷案件具体应用法律若干问题的解释》(法释〔2009〕11 号)第十七条规定了次承租人代偿请求权的例外情形,即"转租合同无效的除外",《民法典》第七百一十九条亦对次承租人代偿请求权规定了例外情形,即"转租合同对出租人不具有法律约束力的除外"。笔者认为,上述调整应做如下理解:转租合同违法无效时,次承租人不享有代偿请求权。这是因为在转租合同违法无效的情况下,次承租人并不享有基于合法有效转租合同的应受保护之利益,比如对法律政策明令禁止转租的政策性、保障性房屋的转租合同,应认定其无效,次承租人自始未取得对该转租合同项下房屋合法占有权、使用权,因而也无必要赋予次承租人代偿请求权以对抗出租人的合同解除权。

作为《民法典》第五百二十四条规定的第三人代为履行的具体表现形式,当次承租人向出租人支付承租人欠付的租金及违约金后,次承租人的代位清偿消灭了出租人和承租人间的债权债务关系,承租人因此而获得了不当得利,故次承租人有权向承租人追偿,《民法典》第七百一十九条第二款赋予次承租人追偿权。在转租合同项下,次承租人负有向承租人支付到期租金的义务;在次承租人和承租人双方互负债务的情况下,根据《民法典》第五百六十八条的规定,次承租人可以行使法定抵销权。当次承租人代付的租金及违约金数额超出其应付租金的债务数额时,剩余债权次承租人仍有权向承租人追偿。

第三节　典型案例精析

案例 3：罗某与周某房屋租赁合同纠纷[①]

裁判要旨

《民法典》删除了《合同法》第五十一条关于无权处分的规定，不再将具有权利来源作为肯定合同效力的要件，即无论承租人是否取得出租人同意，其对外签订的转租合同均不因出租人未同意而成为转租合同的效力障碍，即未经出租人同意的转租合同也应属有效。

案情简介

原告周某诉请法院：1. 判令罗某退腾位于南通市崇川区 ×× 城 ×× 幢 ×1 室、×2 室的房屋；2. 判令罗某支付 2020 年 7 月 1 日至 2020 年 8 月 20 日的房屋占有使用费共计 32137 元；3. 判令罗某支付 2020 年 8 月 21 日起至实际退腾之日止的房屋占有使用费（按照每日 630.14 元的标准支付）；4. 本案诉讼费用由罗某承担。

被告罗某反诉：1. 确认周某于 2020 年 8 月 4 日出具的解除租赁合同通知无效；2. 判令周某继续履行双方签订的两份《房屋租赁合同》（南通市崇川区 ×× 城 ×× 幢 ×1 室、×2 室）并变更《房屋租赁合同》中租金条款，减免 2 个月租金计 3.83 万元；3. 判令周某赔偿因锁门造成的经营损失 4000 元；4. 本案诉讼费用由周某承担。

一审法院认定事实：南通市崇川区 ×× 城 ×× 幢 ×1 室及 ×2 室房屋系战胜村社区居民委员会所有。2019 年 12 月 20 日，战胜社区合作社作为甲方（转让方）与周某作为乙方（受让方）签订《农村集体资产使用权合同》，约定甲方将上述房屋出租给乙方使用：期限自 2019 年 12 月 1 日起至 2021 年

① （2021）苏 06 民终 2403 号。

11月30日止；每年租金111000元，租期内租金总额222000元；未经甲方同意，乙方不得擅自出租、转让或转包，不得更改房屋结构，经劝阻无效的，甲方有权收回转让项目，并根据损失程度要求乙方赔偿相应的损失。2020年6月5日，周某与罗某签订《房屋租赁合同》两份，分别就××城××幢×1室及×2室房屋的转租事宜进行了约定。两份合同期限均自2020年1月1日起至2022年6月30日止，其中×1室年租金120000元，每半年支付一次，于每年6月15日和12月15日前各支付60000元；×2室房屋年租金110000元，每季度支付一次，于每年3月、6月、9月、12月各支付27500元。双方还约定，罗某存在利用承租房屋进行违法活动、故意损害承租房屋或未按约支付房租等情形的，周某可终止合同并收回房屋，租金不退，造成周某损失，由罗某赔偿；租赁期间，因不可抗力因素，周某可提出终止合同，需提前3个月书面通知对方，经双方协商后签订终止合同书。上述合同签订后，所涉租金已缴纳至2020年6月30日，2020年7月1日起的租金罗某未再支付。为催要租金，周某曾于2020年7月24日及25日对案涉房屋采取锁门措施，但未果。2020年8月4日，周某在罗某承租经营的店铺门口张贴通知，告知罗某："根据合同应于6月15日缴纳租金至今未缴，现告知你于8月20日之前补缴房租，如逾期再不缴，将采取锁门收回房屋，并同时解除与你签订租赁合同，由此产生一切后果由你本人负责。"通知张贴后，在限定期间内罗某仍未履行租金缴纳义务，周某遂诉至一审法院。另查明，罗某向周某转承租案涉房屋系用于经营美容美发，就租金支付事宜，其曾向街道办事处提出信访诉求，表示因疫情影响无力支付房租，要求享受相关租金减免政策，并按周某向战胜社区合作社承租房屋的价格重新签订租赁合同，同时周某还应就此前锁门的行为赔偿罗某营业损失2000元/天。该信访调解中，周某同意在战胜社区合作社给予自身租金减免后即对罗某作出同等减免，但不同意降低租金标准，双方未能达成一致。战胜社区合作社于2020年10月21日收悉前述信访反馈后得知房屋转租事实，遂于当日向周某发出通知，表示因周某存在擅自转租行为，要求周某在30日内终止擅自出租、转让或转包行为，否则将收回房屋并追究违约责任。另查明，2020年11月，战胜社区合作社响应国家减租政策，免除了周某两个月租金。

法院裁判

一审法院判决：一、确认周某与罗某于2020年6月5日签订的关于租赁南通市崇川区××城××幢×1室及×2室事宜的两份《房屋租赁合同》于2020年8月20日解除；二、罗某于判决生效之日起10日内向周某交还南通市崇川区××城××幢×1室及×2室；三、罗某于判决生效之日起10日内向周某支付前述房屋按230000元/年的标准自2020年7月1日起计算至实际交还之日止的租金及使用费；四、周某减免罗某两个月租金计38300元，该款直接从本判决第（三）项确定的罗某应负担的租金及使用费总额中扣除；五、驳回罗某其他反诉请求。如果未按判决指定的期间履行给付金钱义务，应当依照《民事诉讼法》第二百五十三条规定，加倍支付迟延履行期间的债务利息。本诉部分受理费603元，由罗某负担；反诉部分受理费428元（已减半），由罗某负担50元，周某负担378元。

罗某上诉：撤销一审判决，改判双方继续履行两份《房屋租赁合同》。

被上诉人周某答辩：上诉人的上诉理由不能成立，请求二审法院驳回上诉，维持原判。

二审中，双方当事人均未提供新证据。经审理查明，一审查明的案件事实属实，二审法院予以确认。

二审法院判决：驳回上诉，维持原判。

关于本案中未经出租人战胜社区同意，承租人周某与次承租人罗某签订的租赁合同的效力问题，法院裁判观点如下：

一审法院认为：周某承租××城××幢×1室及×2室房屋后，未经出租人同意擅自将所涉房屋转租给罗某使用，所涉行为根据《最高人民法院关于审理城镇房屋租赁合同纠纷案件具体应用法律若干问题的解释》（法释〔2009〕11号）第十六条的规定与理解，承租人未经出租人同意转租房屋系无权处分行为，若事后仍未获得权利人的追认或取得处分权，则该转租合同无效。而《民法典》删除了《合同法》第五十一条关于无权处分的规定，不再将具有权利来源作为肯定合同效力的要件，即无论承租人是否取得出租人同意，其对外签订的转租合同均不因出租人未同意而成为转租合同的效力障碍。另外，从司法解释的适用看，《最高人民法院关于审理城镇房屋租赁合同纠纷案件具体应用法律若干问题的解释》(法释〔2020〕17号)亦对2009年房屋租赁司法解释予以修正，删除了原第十六条的规定。根据前述立法精神，在《民法典》施行后，未经出租人同意的转租合同应属有效。本案中，周某与罗某之间的转租合同虽成立于《民法典》施行以前，但《最高人民法院关于适用〈中华人民共和国民法典〉时间效力的若干规定》第八条规定，"民法典施行前成立的合同，适用当时的法律、司法解释的规定合同无效而适用民法典的规定合同有效的，适用民法典的相关规定"。因此，双方之间的房屋租赁合同应认定为合法有效，对双方均有约束力。

二审法院认为：在承租人未经出租人同意擅自转租的情况下，承租人虽不具有将租赁物进行转租的处分权，但其与第三人订立转租合同的效力应当适用无权处分的处理规则，转租合同的效力并不因此受到影响，故周某与罗某签订的《房屋租赁合同》应认定为合法有效。

律师评析

本案作为合同纠纷，虽然双方当事人均未对转租合同的效力提出质疑，但是首先需要对转租合同的效力进行判断，而后才能判断负有过错的一方需要承担的是违约责任还是缔约过失责任；同时，因本案中的转租合同签订于《民法典》生效前，诉讼发生于《民法典》生效后，时间节点特殊。《民法典》及修订后的《最高人民法院关于审理城镇房屋租赁合同纠纷案件具体应用法律若干问题的解释》(法释〔2020〕17号)对租赁合同的相关规定进行了修改，尤其涉及转租合同效力的规定出现较大变动。

修订后的《最高人民法院关于审理城镇房屋租赁合同纠纷案件具体应用法律若干问题的解释》(法释〔2020〕17号)删除了《最高人民法院关于审理城镇房屋租赁合同纠纷案件具体应用法律若干问题的解释》(法释〔2009〕11号)第十六条的规定，同时《民法典》也删除了《合同法》中关于无权处分的规定。《民法典》第七百一十八条的规定并未涉及转租合同的效力认定问题，而仅就出租人同意转租的意思表示进行了推定，根据上述变化，我们认为《民法典》生效后，未经出租人同意的转租合同，只要符合《民法典》

规定的合同生效要件，应当认定为有效。而本案中的转租合同虽然签订于《民法典》生效前，但从促进经济交易发展的角度出发，根据《最高人民法院关于适用〈中华人民共和国民法典〉时间效力的若干规定》（法释〔2020〕15号）第八条规定，“民法典施行前成立的合同，适用当时的法律、司法解释的规定合同无效而适用民法典的规定合同有效的，适用民法典的相关规定”。本案中，于《民法典》施行前未经出租人同意签订的转租合同应当被认定为有效合同。

第四章　承租人优先购买权纠纷

承租人优先购买权是当今世界各国普遍确定的一项民事法律制度。该制度在一定程度上承认既存的社会关系，对稳定社会经济生活秩序具有一定的价值。房屋承租人优先购买权是我国民事优先购买权中一个比较有特点的权利。然而，在法制不断完善、房地产市场繁荣的现今社会，我国的房屋承租人优先购买权制度无论是在理论上、价值上，还是在现实适用中均存在若干需要进一步明确的问题，如对承租人优先购买权的法律效力、行为条件、权利保护范围等均存在不同认识，导致同类案件在不同法院处理结果迥异，形成法律适用上“各自为战”的局面。本章将就承租人优先购买权纠纷的裁判思路进行探讨。

第一节　理论概述与实务指引

一、承租人优先购买权的概念及基本特征

所谓房屋承租人的优先购买权是指在房屋租赁关系中，承租人依照法律规定所享有的、当出租人将租赁房屋转让给第三人时，在同等条件下优先于第三人而购买该房屋的权利。房屋承租人优先购买权的权利主体是特定的人，即房屋承租人，权利客体是承租人所租赁的房屋，行使权利的时间是在承租人知道出租人向外出售其所租赁的房屋之时。

承租人的优先购买权具有四个基本特征：

第一，房屋承租人享有的优先购买权系一种法定的缔约请求权。其由法律直接规定，除非承租人明确放弃该权利，否则出租人在出售房屋时需保障

承租人的该项权利；同时，其仅为一种缔约请求权，而不具有任何物权属性，即承租人不得基于该项权利而直接对所租赁的房屋提出任何主张。

第二，出租人向承租人发出的优先购买通知应视为一种要约，即承租人一旦同意优先购买通知的内容即作出承诺，合同成立，排除了其他与出租人进行洽商的潜在购买人按照同等条件与出租人成交的权利。因此，出租人出卖租赁的房屋时必须及时通知承租人，且通知内容应具备要约的基本要素。

第三，其行使对象具有特定性：其一，房屋承租人只能针对其所租赁的房屋行使优先购买权，不延伸至出租人出租的其他房屋；其二，房屋承租人只能向房屋租赁关系中相对方，即房屋出租人主张该项权利，且不能对抗已经取得该租赁房屋所有权的善意第三人；其三，它是专属于承租人的权利，这种优先权不能通过转让或者继承转移至他人。

第四，房屋承租人优先购买权是一种具有限制性的权利。在民事法律关系中，权利与义务两者对立统一、不可分离，在房屋租赁关系中亦不例外。优先购买权在赋予房屋承租人权利的同时，也给房屋出租人设定了义务，即对其在同等条件下选择房屋买受人的自由进行了限制。另外，为了均衡保护房屋承租人的合法权益，房屋承租人需在同等条件下以及一定期限内行使优先购买权。

二、承租人优先购买权的立法历程

我国的承租人优先购买权的法律法规始于国务院 1983 年颁发但现在已废止的《城市私有房屋管理条例》，该条例第十一条规定："房屋所有人出卖租出房屋，须提前三个月通知承租人。在同等条件下，承租人有优先购买权。"

在此之后，1988 年发布的现已失效的《最高人民法院关于贯彻执行〈中华人民共和国民法通则〉若干问题的意见（试行）》[法（办）发〔1988〕6 号] 第一百一十八条规定："出租人出卖出租房屋，应提前三个月通知承租人，承租人在同等条件下，享有优先购买权；出租人未按此规定出卖房屋的，承租人可以请求人民法院宣告该房屋买卖无效。"

1999 年制定的《合同法》第二百三十条规定："出租人出卖租赁房屋的，

应当在出卖之前的合理期限内通知承租人，承租人享有以同等条件优先购买的权利。”（该条款已被《民法典》吸收）。但是《合同法》并未对承租人的优先购买权进行限制和细化。《最高人民法院关于审理城镇房屋租赁合同纠纷案件具体应用法律若干问题的解释》（法释〔2009〕11号）第二十一条至第二十四条更加细致地规定了承租人的优先购买权制度，使其更加完善（已被《民法典》吸收修改）。

《民法典》第七百二十六条至第七百二十八条三个条文从行使条件、行使期限、权利限制和权利救济等方面对承租人的优先购买权进行了专门规定。第七百二十六条规定：“出租人出卖租赁房屋的，应当在出卖之前的合理期限内通知承租人，承租人享有以同等条件优先购买的权利；但是，房屋按份共有人行使优先购买权或者出租人将房屋出卖给近亲属的除外。出租人履行通知义务后，承租人在十五日内未明确表示购买的，视为承租人放弃优先购买权。”第七百二十七条规定：“出租人委托拍卖人拍卖租赁房屋的，应当在拍卖五日前通知承租人。承租人未参加拍卖的，视为放弃优先购买权。”第七百二十八条规定：“出租人未通知承租人或者有其他妨害承租人行使优先购买权情形的，承租人可以请求出租人承担赔偿责任。但是，出租人与第三人订立的房屋买卖合同的效力不受影响。”

三、承租人优先购买权的行使条件与限制

根据《民法典》规定，承租人优先购买权的行使应当满足下列条件：

1. 承租人与出租人之间必须存在合法有效的租赁合同。如果租赁合同不成立、无效、被撤销或者因履行期届满而终止，则承租人不享有此项权利。

2. 出租人在出卖房屋之前的合理期限内通知承租人。法律对于合理期限、通知的方式和通知的内容都没有明确的规定。但是无论采用口头、书面或其他何种方式，都必须以通知到承租人为必要，否则不发生通知的效力。关于通知的内容，一般认为应该包含出卖房屋的意向、房屋价款、付款方式和期限等基本内容。

3. 承租人必须是在同等条件下享有优先购买权。所谓同等条件，要综合房屋的转让价格、价款履行方式及期限等因素来确定，第三人的出价更高或

者交易方式对出租人更为有利时，比如全款购买，承租人没有优先购买权。同等条件的内涵也包括意向购买人不是出卖房屋的按份共有人或者出租人的近亲属，否则也不满足“同等条件”，承租人也没有优先购买权。

4. 房屋按份共有人行使优先购买权或者出租人将房屋出卖给近亲属是承租人优先购买权的除外情形。如果租赁房屋属于按份共有，若出租人出卖房屋，其他按份共有人依法享有优先购买权，且按份共有人优先于承租人行使优先购买权。近亲属的范围依《民法典》第一千零四十五条第二款规定，具体包括配偶、父母、子女、兄弟姐妹、祖父母、外祖父母、孙子女、外孙子女。

5. 承租人行使优先购买权有明确的期限限制。出租人履行通知义务后，可以明确表示购买或者不购买，在 15 日内未明确表示购买的，视为承租人放弃优先购买权。出租人委托拍卖人拍卖租赁房屋的，应当在拍卖 5 日前通知承租人，承租人未参加拍卖的，视为放弃优先购买权。

第二节　办案思路与实战技巧

一、侵害承租人优先购买权的情况下，出租人与第三人签订的房屋买卖合同的效力认定问题

承租人优先购买权的性质应确定为债权，并不能取得物权对抗第三人的效力。在认定出卖人与第三人房屋买卖合同的效力时，应在坚持合同相对性原则的基础上，结合承租人优先购买权的性质来考量。根据合同的相对性原则，合同只在当事人之间成立和生效，非合同当事人的行为一般不应影响合同的效力。因此，不论第三人是否已受让标的物，其与出卖人之间成立的买卖合同的效力都不应因优先购买权的行使而受影响，除非双方以优先购买权的不行使作为合同的停止条件或以优先购买权的行使作为合同的解除条件。根据《民法典》第七百二十八条规定：“出租人未通知承租人或者有其他妨害承租人行使优先购买权情形的，承租人可以请求出租人承担赔偿责任。但是，出租人与第三人订立的房屋买卖合同的效力不受影响。”因此，承租人优先

购买权受到侵害，可以向承租人请求承担赔偿责任，但不是导致出租人与第三人房屋买卖合同无效的法定事由。

二、如承租人存在违约行为，是否有权主张优先购买权的问题

在司法实践中，承租人与出租人之间存在合法有效的租赁合同，但是如果承租人存在延付或拒付租金的违约行为，在这种情况下，出租人出卖房屋时，承租人是否还享有优先购买权？法律没有明确规定，司法实践也千差万别，应当就违约行为的轻重程度具体问题具体分析，不应一概而论。如果承租人拖延给付租金，出租人可以要求承租人在合理期限内支付，在宽限期内，承租人支付租金的，虽然对出租人的利益有影响，但是出租人还是能够实现合同目的，对于承租人的轻微违约行为，出租人可以追究承租人的违约责任，双方之间的租赁合同仍应继续履行，那么在出租人出卖房屋时，承租人仍有权主张优先购买权。但是如果承租人的严重违约行为导致租赁合同目的不能实现，租赁合同不能履行，出租人则可以解除租赁合同。承租人优先购买权的基础是出租人与承租人之间存在合法有效的租赁合同，租赁合同一旦解除，承租人优先购买权就失去了权利基础，承租人依法不应享有优先购买权。

三、转租情形下，次承租人是否有权主张优先购买权的问题

在转租的情形下，次承租人是否享有优先购买权，我国《民法典》没有明文规定，实践中也容易产生争议。优先购买权是对所有权人行使处分权的一种负担，我国《民法典》明确规定，出租人出卖租赁房屋时，承租人享有以同等条件优先购买的权利。在经过出租人同意转租的情况下，承租人与次承租人签订租赁合同，次承租人从承租人处取得租赁权，根据合同的相对性原则，次承租人与出租人并无租赁合同关系，次承租人并不是法律规定享有优先购买权的主体，而且如果允许次承租人也享有优先购买权，将会增加出租人的负担，有失公平。承租人在未经出租人同意进行转租的情况下，出租人可以解除合同，次承租人更不可能享有优先购买权。

四、出租人出卖租赁房屋前负有通知承租人的义务，通知的形式、内容及合理期限的认定问题

法律对出租人履行通知义务的方式没有明文规定，在法律没有明确规定的情况下，口头形式和书面形式均可行。随着通信方式的多样化，可以选择电子邮件、手机短信、微信、在租赁房屋处张贴告示等多种方式，但是无论采用何种方式，都必须以通知到承租人为必要，否则不发生通知的效力。

关于通知的内容，法律也没有明确规定，一般认为应该包含出卖房屋的意向、房屋价款、付款方式和期限等基本内容，这样有利于承租人在了解了同等条件后再作出是否行使优先购买权的决定。

出租人在出卖房屋前的合理期限内通知承租人，按照《最高人民法院关于贯彻执行〈中华人民共和国民法通则〉若干问题的意见（试行）》的规定，合理期限为出租人出卖前“3 个月”，但是《最高人民法院关于贯彻执行〈中华人民共和国民法通则〉若干问题的意见（试行）》已经被废止，《民法典》中并没有明确规定合理期限的具体时间，但《民法典》第七百二十七条规定了在拍卖情况下，出租人通知承租人的期限。结合《民法典》第七百二十六条第二款出租人履行通知义务后，承租人主张优先购买权的期限的规定以及第七百二十七条的规定，可以推断出，出租人在出卖房屋前 15 日通知承租人，即为出租人履行通知义务的合理期限。

五、承租人优先购买权受到侵害时，应当如何维护权益的问题

承租人优先购买权是法律规定的特定权利，当权利受到侵害时，承租人依法享有损害赔偿请求权，但承租人以其优先购买权被侵害为由，主张出租人与第三人之间的买卖租赁房屋的合同无效的，人民法院应当驳回其诉讼请求。

出租人对承租人优先购买权未能行使的损害赔偿责任，以其存在妨害行为为基础，但并非出租人实施妨害行为当然导致其承担责任。承租人的优先购买权行使没有受到妨害行为影响的，出租人不承担责任。

《民法典》对出租人的赔偿责任范围并未作出具体规定。应当按照一般的侵权责任赔偿范围来确定，财产损害赔偿以全部赔偿为原则，赔偿范围既

包括因侵权行为导致的财产价值的减少，也包括可得利益的损失。具体而言，包括两方面内容：其一，承租人在优先购买权受到侵害后，不能享有直接从先买权人转为所有人可带来的便利而必须支付的额外费用，包括另行寻找、购买或租赁房屋而支出的必要费用；其二，承租人优先购买权实现的可得利益损失，即由于房屋市场价格的变化，在出租人侵害承租人优先购买权时，因市场价格上涨而致使承租人承担如替代购买类似房屋而多支付的费用。这一部分费用实际上是正常履约状态下本可以避免的损失，或者说是当事人正常预期下不必支付的费用，故亦在期待利益的范围之内。

第三节　典型案例精析

案例4：某公司、刘某房屋租赁合同纠纷[①]

裁判要旨

承租人优先购买权是一种法定缔约优先购买的请求权。承租人的优先购买权须在合理期限内行使，并充分考虑承租人居住安全利益、出租人稳定财产占有关系以及善意第三人交易安全保护三者之间的价值衡量原则。在接到出租人履行通知义务后15日内，承租人未行使优先购买权的，视为放弃优先购买权。审判实践中，出租人未履行告知义务的，自出卖人出卖房屋届满1年的，承租人优先购买权亦应归于消灭。

案情简介

2014年1月18日，刘某、某公司签订《房屋租赁合同》，某公司（甲方）将傲海星城项目网店房屋（3层，建筑面积341.28平方米）出租给刘某（乙方）使用，合同约定：租赁期自2014年1月20日至2017年2月19日，其中2014年1月20日至2014年2月19日为免租金装修期。租金及支付方式

---

① （2019）鲁02民终11333号。

为第 1 年 125701 元、第 2 年 138271 元、第 3 年 152098 元。合同第十二条第一款约定：租赁期内，如甲方出卖该房屋，乙方在同等条件下享有优先购买权。甲方应以书面形式将出卖意愿及有关条件通知乙方，乙方在接到甲方书面通知后应在 15 天内以书面形式回复意见，如乙方未在前述期限内回复甲方，则视为乙方放弃对该房屋的优先购买权。合同签订后，刘某、某公司双方依约履行合同。2015 年 7 月 6 日，某公司向刘某发送《傲海星城商业网点出售通知》一份，告知某公司决定出售该网点，销售总价不低于 5460480 元（一次性付款），刘某认为价格偏高，即在意见回复栏确认放弃购买该网点，并承诺为某公司出售该网点提供看房便利，在某公司出售该网点后与买受人继续履行原签订的租赁合同等。2015 年 12 月 11 日，某公司将该网点出售给案外人杨某印，出售价格为 3673440 元。

刘某向一审法院提出诉讼请求：1. 请求法院判令某公司赔偿刘某损失 300000 元；2. 诉讼费由某公司承担。

某公司在一审中辩称，1. 某公司已履行通知义务，并未侵犯刘某的优先购买权；2. 涉案房屋的买受人与某公司有业务合作关系，属于特殊买受人；3. 刘某主张损失赔偿缺少事实和法律依据。

法院裁判

一审法院认为：案件系房屋租赁合同纠纷。案件争议的焦点为：1. 某公司是否侵犯了刘某的优先购买权？2. 刘某主张的经济损失是否合理以及如何确定赔偿数额？关于争议的第一个焦点问题，《最高人民法院关于审理城镇房屋租赁合同纠纷案件具体应用法律若干问题的解释》（法释〔2009〕11 号）第二十一条规定，出租人出卖租赁房屋未在合理期限内通知承租人或者存在其他侵害承租人优先购买权情形，承租人请求出租人承担赔偿责任的，人民法院应予支持。从法院现已查明的事实来看，某公司作为出租人在出售房屋前采取虚构价格的方式，诱使承租人放弃承租房屋的优先购买权，同时将涉案房屋以较低价格出售给案外人，某公司的行为显然违反了《房屋租赁合同》第十二条第一款“租赁期内，如甲方出卖该房屋，乙方在同等条件下享有优先购买权”的约定和法律规定。某公司辩称涉案房屋的买受人杨某印与其有业务合作关系，属于特殊买受人。《最高人民法院关于审理城镇房屋租赁合同纠纷案件具体应用法律若干问题的解释》（法释〔2009〕11号）第二十四条规定，具有下列情形之一，承租人主张优先购买房屋的，人民法院不予支持：（1）房屋共有人行使优先购买权的；（2）出租人将房屋出卖给近亲属，包括配偶、父母、子女、兄弟姐妹、祖父母、外祖父母、孙子女、外孙子女的。显然，涉案房屋的买受人杨某印与法律规定的特定关系买受人身份不符，某公司的抗辩不予采纳。综上，某公司的行为侵害了刘某的优先购买权，依法应承担侵权赔偿责任。关于争议的第二个焦点问题：刘某主张的经济损失是否合理以及如何确定赔偿数额？关于侵犯房屋承租人优先购买权的赔偿标准，目前法律没有具体的规定，实践中以承租人遭受的实际损失为准。本案中，刘某主张赔偿损失300000元，但没有提交证据证明同一时期购买同类房屋的意向，也未提交证据证明其所遭受的实际损失，而是以涉案房屋出售时的市场评估价和实际出售价格的价格差额作为诉求赔偿损失的依据，有一定的合理性。但案件的基础法律关系是房屋租赁合同关系，刘某作为承租人，其享有的优先购买权仅属于缔约请求权，并不能完全对抗被告对涉案房屋的物权权利。且某公司在房屋租赁合同期间保证了刘某对涉案房屋的正常占有和使用，房屋租赁合同已经履行完毕。因此，在某公司已经基本履行了出租义务的情况下，依然要求其按照房屋差价对承租人承担损失，显然是对某公司行使物权的重大限制。基于此，法院认为某公司承担的赔偿义务以不超过其所获取的租金收益为限。结合案件的实际情况，法院认为由某公司在收取240000元租金的基础上，赔偿刘某租金的50%即120000元为宜。一审法院判令某公司赔偿刘某经济损失120000元，驳回刘某其他诉讼请求。

二审法院认为：关于被上诉人刘某企图以诉讼方式获取非法利益，明显存在主观恶意以及被上诉人刘某在2015年11月已明知涉案房屋的出售价格，不存在侵害被上诉人优先购买权的上诉理由，法院认为各方当事人2015年11月签署的《青岛市存量房买卖合同》的补充条款和《主体变更协议》中均未明确记载涉案房屋出售的总价款，仅约定了“乙方（杨某印）于2015年8月15日前交齐房款人民币300万元后，该房屋租金即归乙方所有”。从上述内容并不能明确看出涉案房屋的总价款，300 万元的金额不仅低于《傲海星城商业网点出售通知》中上诉人某公司告知被上诉人刘某拟出售的价格，也低于上诉人某公司与案外人杨某印实际成交的价格，据此不能认定被上诉人在涉案房屋出售时知悉涉案房屋的出售价款，不能认定被上诉人刘某存在主观恶意，因此上诉人的该条上诉理由不成立。某公司以远低于《傲海星城商业网点出售通知书》的价格将涉案房屋出售给案外人杨某印，侵害了被上诉人刘某的优先购买权，且杨某印不符合《最高人民法院关于审理城镇房屋租赁合同纠纷案件具体应用法律若干问题的解释》（法释〔2009〕11 号）第二十四条规定的特定关系买受人，原审判决对此认定准确、应予维持。关于一审判决已认定被上诉人刘某未遭受实际损失，不应判决上诉人赔偿损失的上诉理由，法院认为，被上诉人刘某作为承租人，其未能实现对所承租房屋的优先购买权，根据鉴定结论，其购买同样的房屋可能要多支付 106 万元，考虑到租赁合同的实际履行情况，原审法院酌定按照上诉人收取的 24 万元租金的 50% 计算损失额，并无不当，应予维持。关于涉案房屋的租赁费的认定，在一审调解笔录中被上诉人刘某主张涉案房屋的房租为 24 万元，上诉人某公司未提出异议。在上诉状中，上诉人某公司主张收取被上诉人刘某自 2014 年 2 月 20 日至 2015 年 8 月 15 日的房屋租金［125701（元）+ 138271（元）–71219（元）=192753（元）］，主张 71219 元为案外人杨某印收取的房租。本院认为被上诉人刘某按照房屋租赁合同的约定向上诉人某公司支付了 263972 元房屋租金［125701（元）+138271（元）=263972（元）］，被上诉人刘某在一审调解中主张支付了 24 万元房租，该金额低于其实际支付的 263972 元，是被上诉人刘某对自己权利作出的处分，不违反法律规定，应予准许，故一审法院认定被上诉人刘某交纳的房屋租赁费 24 万元准确，上诉人某公司的该条上诉理由不成立，不予支持。综上所述，上诉人某公司的上诉理由不能成立，依法应予驳回。一审判决认定的主要事实清楚、适用法律正确，应予维持。判决：驳回上诉，维持原判。

律师评析

本案是一起出租人侵害承租人优先购买权的典型案例。案件的关键问题是承租人优先购买权的行使条件、除外情形、侵害承租人优先购买权的赔偿责任范围。

《最高人民法院关于审理城镇房屋租赁合同纠纷案件具体应用法律若干问题的解释》(法释〔2009〕11号)已于2020年12月23日被最高人民法院修改，其中第二十一条、第二十四条均已被删除,《民法典》第七百二十六条至第七百二十八条对承租人优先购买权进行了专门规定。

1. 承租人优先购买权的行使条件及除外情形

《民法典》第七百二十六条规定："出租人出卖租赁房屋的，应当在出卖之前的合理期限内通知承租人，承租人享有以同等条件优先购买的权利；但是，房屋按份共有人行使优先购买权或者出租人将房屋出卖给近亲属的除外。出租人履行通知义务后，承租人在十五日内未明确表示购买的，视为承租人放弃优先购买权。"本案中刘某、某公司之间存在合法有效的《房屋租赁合同》，合同约定了刘某在同等条件下享有优先购买权。买受人杨某印与某公司只是有业务合作关系，并不属于法律规定的特殊买受人，同等条件不能对抗承租人的优先购买权。

2. 出租人侵害承租人优先购买权的情形及责任

《民法典》第七百二十八条规定："出租人未通知承租人或者有其他妨害承租人行使优先购买权情形的，承租人可以请求出租人承担赔偿责任。但是，出租人与第三人订立的房屋买卖合同的效力不受影响。"本案中某公司作为出租人在出售房屋前虽然履行了向承租人通知的义务，但是采取虚构价格的方式，诱使承租人放弃承租房屋的优先购买权，同时将涉案房屋以较低价格出售给案外人，显然是已经侵害了承租人的优先购买权，应当承担赔偿责任。《民法典》对出租人的赔偿责任标准并未作出具体规定，应当按照一般的侵权责任赔偿范围来确定。本案中，刘某并未向法院提供其实际损失的证据，仅以涉案房屋出售时的市场评估价和实际出售价格的价格差额作为诉求赔偿损失的依据，某公司作为出租人已经基本履行了出租义务，法院综合考量了双方权利的性质以及证据等，认为某公司承担的赔偿义务以不超过其所获取的租金收益为限。

第五章　房屋租赁装饰装修物纠纷

因房屋租赁装饰装修物而产生的纠纷是房屋租赁市场蓬勃发展与个人审美、居住要求甚至商业竞争的“软实力”提高等因素相结合的产物之一。在房屋租赁法律关系当中，承租人在租赁合同没有约定或约定不明确的情况下，基于自身需要对租赁房屋进行一定的装饰装修，由于对装饰装修物的处理涉及物权和债权两大领域，主要会涉及物权法的添附，债法当中的不当得利、违约责任、损害赔偿等民法理论、制度，应当通过何种标准来确定装饰装修物的范围、归属，同时又能达到平衡出租人与承租人之间利益的效果，是司法实践中的一个难题。

本章将对房屋租赁法律关系下因装饰装修物产生的纠纷进行分析并研究解决策略。

第一节　理论概述与实务指引

一、装饰装修物的分类

承租人对租赁房屋进行的装修，从民法理论的角度看，属于添附中动产与不动产的附合。房屋租赁中的装饰装修物，依照装饰装修物与租赁房屋的结合程度，可以分为未形成附合的装饰装修物和已形成附合的装饰装修物两类。未形成附合的装饰装修物与租赁房屋未完全结合，各自为独立物，如挂在墙上的壁画、安装在房屋内的空调等，该类装饰装修物具有物权权属清晰、易于分离拆卸且拆卸成本较低的特点。已形成附合的装饰装修物与租赁房屋结合在一起，附着于租赁房屋之上并成为租赁房屋的重要组成部分，形成固定性和持续性的状态，非经毁损或变更其性质而不能分离。

房屋租赁装饰装修物纠纷的成因中装饰装修物的处理，依据该种附合是否经出租人同意且符合租赁合同约定用途为之而有所不同。通常将经出租人明确同意或虽未经出租人明示同意但出租人知道后不表示反对，且符合租赁合同约定用途而为的添附称为善意添附；将未经出租人同意或超出租赁合同约定用途的合理范围，擅自进行的添附称为恶意添附。实务中，区分恶意添附和善意添附，对房屋租赁装饰装修物纠纷的处理具有重要的意义。

二、装饰装修物归属的确定原则

（一）约定优先

确定装饰装修物的归属，首先应当尊重出租人和承租人双方的意思自治。在双方之间的约定不存在无效情形的情况下，若双方对装饰装修物的处理进行了约定，则直接按照约定处理。

（二）功能和价值判断

出于对房屋、装饰装修物及交易安全保护的考虑，有必要通过区分装饰装修物的类型、功能和价值来确定装饰装修物的归属，特别是在装饰装修的费用大于房屋价值的情况下，不能一味把装饰装修物归于出租人所有，至于确定完毕装饰装修物的归属后，出租人与承租人之间的利益衡量则是另一个问题。当然，实践中，最终将已形成附合的装饰装修物的所有权归于出租人的情况占绝大多数。

（三）承租人主观状态的考虑

基于上述两个原则，基本可以确定装饰装修物的归属，而承租人进行装饰装修时的主观为善意或恶意实际上并不会对已经确定的归属产生影响。但是，在实际纠纷处理过程中，区分承租人的主观状态极其必要，这直接关系到求偿关系的确定。

第二节　办案思路与实战技巧

房屋租赁装饰装修物纠纷中，对恶意添附和善意添附的装饰装修物的处理规则有所差别，而在善意添附的情形下，首先应对装饰装修物是否已经形成附合进行区分，并遵循有约定的按照约定处理，没有约定的，再针对租赁合同无效、租赁合同解除、租赁期间届满等不同情形进行分析处理。

一、承租人恶意添附的装饰装修物的处理

民法不保护恶意。《民法典》第七百一十五条第二款规定："承租人未经出租人同意，对租赁物进行改善或者增设他物的，出租人可以请求承租人恢复原状或者赔偿损失。"《最高人民法院关于审理城镇房屋租赁合同纠纷案件具体应用法律若干问题的解释》（法释〔2020〕17 号）第十一条规定："承租人未经出租人同意装饰装修或者扩建发生的费用，由承租人负担。出租人请求承租人恢复原状或者赔偿损失的，人民法院应予支持。"可见，恶意添附构成侵权行为，承租人应当承担侵权赔偿责任。

装饰装修无论被界定为改善租赁房屋还是在租赁房屋上增设他物，都应当适用前述规定进行处理。具体分析来看，在恶意添附的场合下，除非出租人放弃，否则，承租人不能取得装饰装修物的所有权，同时，出租人取得装饰装修物的所有权而无需补偿，且其可以主张恢复原状或赔偿损失来保护其权利。

二、承租人善意添附的装饰装修物的处理

在善意添附的情况下，《最高人民法院关于审理城镇房屋租赁合同纠纷案件具体应用法律若干问题的解释》（法释〔2020〕17 号）不仅区分了对未形成附合和已形成附合的装饰装修物的不同处理规则，而且明确了出租人对承租人的装饰装修进行补偿的情形和规则。

（一）租赁合同无效时的处理

租赁合同无效时，对装饰装修物的处理因出租人是否同意利用而异。《最高人民法院关于审理城镇房屋租赁合同纠纷案件具体应用法律若干问题的解释》（法释〔2020〕17号）第七条规定："承租人经出租人同意装饰装修，租赁合同无效时，未形成附合的装饰装修物，出租人同意利用的，可折价归出租人所有；不同意利用的，可由承租人拆除。因拆除造成房屋毁损的，承租人应当恢复原状。已形成附合的装饰装修物，出租人同意利用的，可折价归出租人所有；不同意利用的，由双方各自按照导致合同无效的过错分担现值损失。"因此，若租赁合同无效，则对于没有形成附合的装饰装修物的处理相对容易，即若出租人同意利用，则由出租人所有，但出租人有必要向承租人支付相应折价；若出租人不同意利用，则承租人可以拆除。同时，若因拆除造成房屋毁损，承租人还应恢复原状。对于已形成附合的装饰装修物，为充分发挥物的使用价值和效用，装饰装修物的所有权只能归属于出租人，承租人不得将其拆除，在此情况下，若出租人同意利用，可折价归出租人所有；若出租人不同意利用，则出租人和承租人各自按照导致租赁合同无效的过错大小分担装饰装修物的现值损失。

（二）租赁合同解除时的处理

《最高人民法院关于审理城镇房屋租赁合同纠纷案件具体应用法律若干问题的解释》（法释〔2020〕17号）第八条、第九条对善意添附情形下，租赁合同解除时装饰装修物的处理进行了规定。第八条规定："承租人经出租人同意装饰装修，租赁期间届满或者合同解除时，除当事人另有约定外，未形成附合的装饰装修物，可由承租人拆除。因拆除造成房屋毁损的，承租人应当恢复原状。"针对未形成附合的装饰装修物，租赁合同解除与租赁合同无效且出租人不同意利用的处理规则相同。需要强调的是，承租人有权决定是否拆除装饰装修物，且该种决定不以出租人同意为必要条件。当然，即使承租人决定不拆除，也无权要求出租人折价补偿。

但是，租赁合同解除时，已形成附合的装饰装修物不可避免地随租赁房屋返还出租人，出租人直接取得或者被动取得装饰装修物的所有权，但此时仍可能面临两种情形：其一，出租人可以利用装饰装修物获得利益；其二，装饰装修物对出租人无利用价值。《最高人民法院关于审理城镇房屋租赁合同纠纷案件具体应用法律若干问题的解释》（法释〔2020〕17 号）第九条对善意添附情况下，当租赁合同解除时，已形成附合的装饰装修物的处理规则分不同情形进行了规定，即“……（一）因出租人违约导致合同解除，承租人请求出租人赔偿剩余租赁期内装饰装修残值损失的，应予支持；（二）因承租人违约导致合同解除，承租人请求出租人赔偿剩余租赁期内装饰装修残值损失的，不予支持。但出租人同意利用的，应在利用价值范围内予以适当补偿；（三）因双方违约导致合同解除，剩余租赁期内的装饰装修残值损失，由双方根据各自的过错承担相应的责任；（四）因不可归责于双方的事由导致合同解除的，剩余租赁期内的装饰装修残值损失，由双方按照公平原则分担。法律另有规定的，适用其规定”。

具体分析而言，出租人违约导致租赁合同解除将使承租人无法完全享用已形成附合的装饰装修物的价值。因此，出租人对承租人无法享用的剩余租赁期内装饰装修物的残值损失应予赔偿，而不论该装饰装修物对其是否具有利用价值。但是，在非因出租人单方违约导致租赁合同解除的场合下，若已形成附合的装饰装修物对出租人无任何利用价值，甚至需要拆除而给出租人增加额外负担时，该装饰装修物应作为合同解除的损失，由导致合同解除的违约方承担；双方均违约的，根据各自过错承担相应责任；因不可归责于双方的原因导致的，按照公平原则分担责任。

此外，对于装饰装修物残值损失的计算也具有非常重要的现实意义。有观点认为，残值损失应考虑因合同解除未摊销的费用，该费用可能高于或者低于装饰装修的现值，此时确定装饰装修残值损失采用“就低”原则。例如，装饰装修造价 60 万元，租期 5 年，合同履行 3 年后解除，则摊销造价费用为 36 万元，未摊销费用为 24 万元。如果装饰装修现值为 20 万元，残值损失应当确定为 20 万元；如装饰装修现值为 30 万元，残值损失应当确定为 24 万元。

（三）租赁期间届满时的处理

善意添附的情形下，针对未形成附合的装饰装修物，租赁合同期间届满与租赁合同解除的处理规则相同，不再赘述。

而与房屋租赁合同解除后相同，房屋租赁期间届满后，出租人收回租赁房屋同时取得已形成附合的装饰装修物的所有权，但这并不意味着出租人必然获得利益，承租人亦不必然遭受损失。《最高人民法院关于审理城镇房屋租赁合同纠纷案件具体应用法律若干问题的解释》（法释〔2020〕17号）第十条规定："承租人经出租人同意装饰装修，租赁期间届满时，承租人请求出租人补偿附合装饰装修费用的，不予支持。但当事人另有约定的除外。"善意添附情形下，装饰装修造价费用作为承租人租赁房屋的投资成本，应当在租赁期间内摊销完毕，即租赁期间届满，承租人完全使用了房屋，同时完全享用了已形成附合的装饰装修物的价值，此时该装饰装修物对承租人来说，已经完全丧失了使用价值，因此除非双方另有约定，否则，承租人不得再要求出租人进行补偿。

第三节　典型案例精析

案例5：甲公司与乙公司房屋租赁合同纠纷[1]

裁判要旨

涉案房屋内的部分酒店设备属于未形成附合的装饰装修物不作为装修损失，可由承租人拆除。

因合同解除造成的损失，根据双方违约过错责任的认定承担责任。

---

[1] （2015）青民一初字第129号。

案情简介

2010 年 9 月，甲公司与乙公司签订《房屋租赁协议》，协议约定：甲公司租赁乙公司房屋，租赁期限为 8 年，甲公司装修前应事先向乙公司提交正式的书面申请，并与物业管理机构签订《装修管理协议》；双方于 2011 年 5 月 20 日就推动装修工程进度签订《补充协议》。甲公司对涉案房屋进行装修后开始试营业，后租期内因故停业，因双方对解除《房屋租赁协议》及损失赔偿事宜无法达成一致，甲公司将乙公司诉至法院。

法院裁判

对于甲公司的损失及承担主体，法院认为，根据生效的（2013）即民初字第 1139 号民事判决书的认定，甲公司为涉案房屋装修向案外人志远公司支付工程款 10037462.24 元。根据法院委托有关鉴定机构的鉴定结论，涉案房屋在上述工程之外的装修改造价款为 4025932.29 元；酒店设备评估原值为 3964462 元，评估净值为 3401200 元。

根据《最高人民法院关于审理城镇房屋租赁合同纠纷案件具体应用法律若干问题的解释》（法释〔2009〕11 号）第十条的规定，承租人经出租人同意装饰装修，租赁期间届满或者合同解除时，除当事人另有约定外，未形成附合的装饰装修物，可由承租人拆除。因拆除造成房屋毁损的，承租人应当恢复原状。本案中，涉案房屋内的酒店设备包括电视音响系统、旋转门、冷库、百师椅、灯具、办公家具、厨房设备、监控系统、装饰摆件、餐桌、餐椅、电视机、空调、电脑、餐具、定制管理软件等 16 类物品，其中百师椅、办公家具、装饰摆件、餐桌、餐椅、电视机、电脑、餐具等 8 类物品属于未形成附合的装饰装修物，可由承租人拆除。因此，甲公司因租赁合同解除造成的酒店设备损失应扣除上述 8 类物品的价值，扣除后的评估原值为 2369741 元 [3964462（元）– 百师椅 1037890（元）– 办公家具 13560（元）– 装饰摆件 163339（元）– 餐桌 75160（元）– 餐椅 74800（元）– 电视机 122700（元）– 电脑 34280（元）– 餐具 72992（元）]。甲公司要求将上述 16 类物品全部作为装修损失，缺乏事实和法律依据，法院不予采纳。甲公司应将上述物品自行搬出涉案房屋。

根据《最高人民法院关于审理城镇房屋租赁合同纠纷案件具体应用法律若干问题的解释》（法释〔2009〕11号）第十一条第（三）项的规定，承租人经出租人同意装饰装修，因双方违约导致合同解除，双方对已形成附合的装饰装修物的处理没有约定的，剩余租赁期内的装饰装修残值损失，由双方根据各自的过错承担相应的责任。本案中，根据双方租赁合同中第十三条第三款的约定，甲公司在《房屋租赁协议》终止后，不能破坏租赁房屋内的安全结构，也无权要求甲方赔偿装修价款或以此为由折减租赁费用。因此，甲公司对涉案房屋内酒店设备的预期使用年限为：自双方最终确定的开业之日即2012年12月1日起至合同期满终止之日即2019年4月30日止，共计6年5个月。甲公司实际经营期间为2012年12月1日至2013年12月31日，共计1年1个月，预期剩余使用年限为5年4个月。涉案的甲公司酒店设备的评估原值为3964462元，综合考虑双方的违约过错责任并兼顾公平原则，法院认定涉案房屋在租赁期限内的装饰装修残值损失为1969654.86元。

综上，甲公司因合同解除造成的损失为16033049.39元［10037462.24（元）+4025932.29（元）+1969654.86（元）］。根据法院关于双方违约过错责任的认定，乙公司应向甲公司赔偿损失12826439.51元［16033049.39（元）×80%］。

律师评析

本案中，对于装饰装修物的处理，主要适用《最高人民法院关于审理城镇房屋租赁合同纠纷案件具体应用法律若干问题的解释》（法释〔2020〕17号）中关于善意添附的相关规定作出。首先，在区别出未形成附合的装饰装修物的情况下，法院判令承租人将其自行搬出租赁房屋。其次，本案还涉及双方对租赁合同的解除都存在过错的情形下，对已形成附合的装饰装修物的残值损失，即根据各自过错责任比例进行分摊。

此外，关于装饰装修物的认定是以残值损失为依据，而非现值损失。具体而言，现值损失是指装饰装修的现存价值，该价值一般按照装饰装修造价审计鉴定方法计算；残值损失是指合同解除时装饰装修的剩余价值，该价值通过装饰装修的工程造价扣减房屋占有使用期间消耗的装饰装修价值来确定。残值损失考虑的是合同解除后未摊销的费用，该费用可能高于或低于装修的现值，此时确定残值损失采用“就低”原则，即残值损失如高于现值损失，则以现值损失为准；残值损失如低于现值损失，则以残值损失为准。如上述案例中，法院认定的残值损失即低于现值损失（评估原值）。关于摊销期限，综合考虑双方的违约过错责任并兼顾公平原则，最终以预计使用年限减去实际经营期间确定。

第六章　新型租赁纠纷

第一节　理论概述与实务指引

“长租公寓”又叫“白领公寓”，是一种新型的房屋租赁模式，具体是指由专业机构运营商对存量房产进行装修改造，提供稳定出租房源，并配套标准化、多样化的物业服务，以满足租户居住生活需要，并获得长期回报的租赁市场细分业态。长租公寓作为一种房屋租赁的新型模式，使得产权人不用花费大量的时间和精力亲自去打理和管理租房，也为租客提供了更多可供选择的房源，方便了租客的选房流程。长租公寓凭借着其便捷化和规模化的特点和优势，在近几年迅速发展起来，也非常受广大年轻人的青睐。

实践中，产权人与长租公寓运营方之间有的是签订房屋租赁合同，有的是签订委托经营管理合同等，且签订的合同也并无统一范本，通常既有“托管”“委托”“代理”等内容，也有“租赁”“租金”等内容。因此，理论界对于产权人与长租公寓运营方之间形成何种法律关系一直存在分歧，目前主要有两种观点：

1. 产权人与长租公寓运营方之间构成房屋租赁合同关系。持此观点的一方认为，首先，产权人依据合同将房屋交付长租公寓运营方对外出租并按照固定标准收取租金，符合租赁合同的定义；其次，合同约定房屋状况、租期、租金数额及支付方式、公共事业费等内容，符合租赁合同的法律特征。

2. 产权人与长租公寓运营方之间构成委托合同关系。持此观点的一方认为，长租公寓运营方作为专业从事房屋代管的经营主体，取得产权人授权之后，以自己或委托人名义将房屋出租，收取租金，获得报酬等，均系其正常业务范围，符合商业惯例，双方形成委托合同关系。

笔者认为，判断产权人与长租公寓运营方之间的法律关系，应结合双方所签订合同的具体名称、内容、履行方式等进行综合考量。实践中，虽然产权人与长租公寓运营方签订的合同名称有“托管”“委托管理”等字样，但合同具体条款主要约定房屋租赁用途、租赁期限、租金数额及支付方式、房屋维修等内容，符合《民法典》第七百零三条关于租赁合同的规定，即“租赁合同是出租人将租赁物交付承租人使用、收益，承租人支付租金的合同”，此时应认定双方成立房屋租赁合同关系；若双方签订的合同约定产权人委托长租公寓运营方对房屋进行管理，并对委托事务、委托代理权限、报酬等内容作出具体约定的，则符合《民法典》第九百一十九条关于委托合同的规定，即“委托合同是委托人和受托人约定，由受托人处理委托人事务的合同”，一般应认定双方成立委托合同关系。

当然，分析产权人与长租公寓运营方之间存在何种法律关系，除了审查双方之间签署的合同外，还需结合个案的具体情况和证据来进行判断。

第二节　办案思路与实战技巧

一、关于产权人是否有权解除与长租公寓运营方之间的合同关系的问题

无论产权人与长租公寓运营方之间的法律关系是委托合同关系还是租赁合同关系，《民法典》第五百六十二条规定：“当事人协商一致，可以解除合同。当事人可以约定一方解除合同的事由。解除合同的事由发生时，解除权人可以解除合同。”《民法典》第五百六十三条还对合同的法定解除事由进行了规定。因此，只要产权人能够举证证明解除合同的条件成就，则其即有权解除与长租公寓运营方之间的合同关系。

另外，《民法典》第五百六十五条对合同解除权的行使规则也进行了规

定，即："当事人一方依法主张解除合同的，应当通知对方。合同自通知到达对方时解除；通知载明债务人在一定期限内不履行债务则合同自动解除，债务人在该期限内未履行债务的，合同自通知载明的期限届满时解除。对方对解除合同有异议的，任何一方当事人均可以请求人民法院或者仲裁机构确认解除行为的效力。当事人一方未通知对方，直接以提起诉讼或者申请仲裁的方式依法主张解除合同，人民法院或者仲裁机构确认该主张的，合同自起诉状副本或者仲裁申请书副本送达对方时解除。"故产权人主张解除与长租公寓运营方之间的合同关系的，还应按照上述规定发出解除合同的通知，或者直接通过提起诉讼或者申请仲裁的方式主张解除合同。

二、关于产权人与长租公寓运营方合同解除后的法律后果的问题

根据前述分析，产权人与长租公寓运营方之间可能构成房屋租赁合同关系或者委托合同关系，而不同法律关系的解除自然会产生不同的法律后果。

在产权人与长租公寓运营方形成房屋租赁合同关系的情形下，长租公寓运营方若出现逾期付款的情况，产权人可以根据合同约定或《民法典》第七百二十二条规定主张解除合同。根据《民法典》第五百六十六条规定，合同解除后，产权人与长租公寓运营方之间的租赁合同关系消灭，产权人可以依约要求长租公寓运营方承担相应违约责任；且产权人有权行使物权，依法主张租客返还房屋。根据合同相对性，租客可向长租公寓运营方主张要求其承担相应违约责任。

在产权人与长租公寓运营方形成委托合同关系的情形下，根据《民法典》第九百二十五条规定，长租公寓运营方以自己的名义，在产权人的授权范围内与租客订立房屋租赁合同，租客在订立合同时知道产权人与长租公寓运营方之间的代理关系的，该合同直接约束产权人与租客。此时，产权人直接与租客形成房屋租赁关系，租客向长租公寓运营方支付租金视为履行了支付租金的义务，在产权人与长租公寓运营方解除合同关系情形下，产权人无权主张租客搬离，只能要求长租公寓运营方承担相应违约责任。

第三节 典型案例精析

案例6：刘某与魏某房屋租赁合同纠纷[①]

裁判要旨

产权人与长租公寓运营方之间签署的合同中明确约定长租公寓运营方以自己的名义，在产权人的授权范围内与租客订立房屋租赁合同，租客在订立合同时知道产权人与长租公寓运营方之间的代理关系的，该合同直接约束产权人与租客。

案情简介

原告刘某诉称：2020年4月21日，魏某委托某不动产济南分公司与刘某签署了《房屋租赁合同》，约定：1.某不动产济南分公司受魏某委托将涉案房屋出租给刘某使用；2.租赁期限自2020年4月22日至2021年5月21日共1年1个月（缴纳10个月赠送3个月）；3.月租金2300元（含物业费），年付，押金2300元。合同签署后，刘某一次性缴纳了合同期限内全部租金23000元、押金2300元，合计25300元。从2020年10月28日开始，魏某通过微信告知刘某限期腾房，否则将采取断水电等措施，在沟通无果后，刘某于2020年11月15日搬离，并办理了交接手续。刘某为维护合法权益，诉至法院，请求：1.判令刘某、魏某双方的房屋租赁关系于2020年11月15日解除；2.判令魏某返还刘某剩余租金10916元、押金2300元共计13216元；3.判令魏某支付刘某违约金2300元；4.本案诉讼费、保全费由魏某承担。

被告魏某辩称：1.刘某是自行与某不动产济南分公司签署的《房屋租赁合同》，实质内容为租赁合同，而且刘某在签合同前已了解到魏某的相关信

---

① （2021）鲁0191民初704号。

息，并未主动与魏某联系，而是为了租金优惠与某不动产济南分公司签订了合同。魏某是与某不动产济南分公司签订的租赁合同，双方为租赁关系，因此魏某与刘某没有直接的合同关系。2. 魏某从2020年9月起就一直没有收到某不动产济南分公司的租金，中途也多次与某不动产济南分公司的业务员联系，要求及时交租，直到2020年11月，某不动产济南分公司还是一直不交租金，从网络新闻中得知某不动产济南分公司已出现问题，因此魏某上门找到刘某的联系方式，想与刘某协商，降低双方的损失，但双方协商未达成一致意见，刘某于2020年11月15日自行搬离。3. 魏某与某不动产济南分公司于2020年3月17日签订的《房屋托管合同》明确约定了双方是租赁关系，租金标准为2300元/月（含物业管理费），付款方式：月付，押金标准为押一个月的房屋租金。但自2020年9月起，某不动产济南分公司就没有交纳租金，根据双方合同第十三条约定“三、乙方有下列情形之一的，甲方有权单方解除合同，收回该房屋：1. 乙方原因导致乙方不支付或者不按照约定支付租金达30日的（甲乙双方约定的免租期除外）”。但本着人道主义精神，想着刘某和魏某均为受害人，就没有在未收到租金30日后要求刘某搬离，反而是同情刘某，让她住到2020年12月底都不用交租金，从2021年1月开始，按每个月2000元（不含物业管理费）付租金给魏某，但刘某不同意该处理方式，以上情况可见微信聊天记录。综上所述，魏某与刘某没有合同关系，魏某自2020年9月起也没有收到租金，反而还垫付了物业费，让刘某住到了2020年11月15日，因此魏某也是本案件的受害人。另外，本案件并非个案，实质上是由房屋运营公司勾结社会网贷公司，采用长收短付、高收低租、套取贷款后跑路的骗局，相关案件在社会上已形成了群体案件，造成了恶劣的影响，租客和房东均为受害人，本应该联手起诉某不动产济南分公司，而不是两个受害人之间再相互起诉，让真正的受益人、诈骗公司逍遥法外。因此，刘某起诉所依据的事实、法律和所提出的主张陈述其不能成立，请法院驳回其诉讼请求。

法院经审理查明：2020年3月27日，魏某（委托人）向某不动产济南分公司（受托人）出具《委托书》，载明：“委托事项：本人是坐落于济南市高新区房屋的业权人，现委托受托人为合法代理，代表委托人办理上述房屋的租赁相关事宜，包括：租赁合同签订、代收房屋租金、代收押金（不超过1个月租金）、物业、水电等相关费用。经委托人同意后可进行装修、申领业主卡、开通代缴水、电、气、有线电视、更换门锁、安装电话宽带、房屋设维修等。受托人无转委托权，特此授权。”

2020年4月21日，某不动产济南分公司（甲方）与刘某（乙方）签订《房屋服务合同》一份，其中第一条约定：“甲方受产权方委托将涉案房屋出租给乙方使用。”第三条约定：“本协议租赁期限从2020年4月22日起至2021年5月21日止，共计一年零一个月。”第四条约定：“月租金：2300元/月（含物业费）。”第五条约定：“1.乙方在甲方指定的房屋管理系统进行签约及缴纳租金、押金。2.付款方式：年付。”第六条约定：“1.为确保房屋及其附属设施的安全与完好，以及租赁期内相关费用的如期结算，乙方同意应自本合同签订时向甲方支付相当于一个月房屋租金作为押金，押金数额为人民币2300元。”第十三条约定：“1.在租赁期内，如甲方违反约定，发生乙方可根据合同约定单方终止合同情形或其他甲方应退还租金或押金情形时，甲方应按照原途径退还乙方剩余租期的所有房租及押金，另赔付相当于一个月房租的租金作为违约金。”第十五条约定：“1.关于发票：甲方与房屋产权人为托管关系，如承租方需开具发票，可由甲方代产权方到税务机关开具，税费由承租方承担。”

同日，刘某向某不动产济南分公司支付25300元。

2020年11月15日，刘某（乙方）与魏某（甲方）办理了房屋交接，并签定《房屋交接单》，该交接单载明：“2020年4月21日，乙方与甲方代理人某不动产济南分公司签署了租赁合同并一次性支付了全部租金，租期自2020年4月22日至2021年5月21日，现因某不动产济南分公司未将其代收的租金及押金交付甲方，经双方协商无果，甲方要求乙方限期搬离，乙方于2020年11月15日搬离上述房屋，房屋物品交接如下……”

庭审中，刘某主张其与某不动产济南分公司约定缴纳10个月租金赠送3个月，即13个月租金合计23000元，其主张剩余租金的计算方式为：按照实际交纳的租金23000元，分摊到13个月，再扣除其实际居住的天数计算。

法院裁判

法院认为，《合同法》第四百零二条规定："受托人以自己的名义，在委托人的授权范围内与第三人订立的合同，第三人在订立合同时知道受托人与委托人之间的代理关系的，该合同直接约束委托人和第三人，但有确切证据证明该合同只约束受托人和第三人的除外。"① 本案中，根据魏某所出具《委托书》载明的魏某授权某不动产济南分公司"租赁合同签订、代收房屋租金、代收押金（不超过1个月租金）、物业、水电等相关费用"，以及《房屋服务合同》中载明的"甲方受产权方委托……""甲方与房屋产权人为托管关系"，能够认定魏某与某不动产济南分公司之间系委托代理关系。某不动产济南分公司在魏某授权范围内，与刘某签订《房屋服务合同》，并明确告知刘某与魏某之间的代理关系，故该合同直接约束魏某与刘某。

《合同法》第一百零八条规定："当事人一方明确表示或者以自己的行为表明不履行合同义务的，对方可以在履行期限届满之前要求其承担违约责任。"② 结合本案双方提交的证据及陈述，在双方合同履行期内，刘某按约支付了房屋租金，魏某以某不动产济南分公司未向其转交房屋租金而要求刘某搬离涉案房屋，致使双方租赁合同无法继续履行，构成违约。双方合同约定租赁期限为2020年4月22日至2021年5月21日，刘某于2020年11月15日搬离涉案房屋，且双方签署了《房屋交接单》，故对刘某要求确认双方租赁合同关系于2020年11月15日解除，及要求魏某返还租金10916元[23000（元）÷394（天）×187（天）]、押金2300元、支付违约金2300元的诉讼请求，有事实及法律依据，本院予以支持。

综上，依照《合同法》第六十条、第一百零八条、第九十四条、第九十七条、第一百零七条、第一百一十四条、第四百零二条，③《最高人民法院关于适用〈中华人民共和国民法典〉时间效力的若干规定》第一条，《民

---

① 已修订为《民法典》第九百二十五条。

② 已修订为《民法典》第五百七十八条。

③ 已修订为《民法典》第五百零九条、第五百七十八条、第五百六十三条、第五百六十六条、第五百七十七条、第五百八十五条、第九百二十五条。

事诉讼法》第六十四条、第一百四十四条规定，判决如下：

一、确认原告刘某与被告魏某的房屋租赁合同关系于2020年11月15日解除；

二、被告魏某于本判决生效之日起10日内返还原告刘某租金10916元及押金2300元；

三、被告魏某于本判决生效之日起10日内支付原告刘某违约金2300元。

律师评析

本案中，根据魏某所出具《委托书》载明的事项，以及《房屋服务合同》中载明的内容，能够认定魏某与某不动产济南分公司之间系委托代理关系。某不动产济南分公司在魏某授权范围内，与刘某签订《房屋服务合同》，并明确告知刘某与魏某之间的代理关系，故该合同直接约束魏某与刘某。

若长租公寓运营方与产权人之间属于委托关系，《民法典》第九百一十九条规定："委托合同是委托人和受托人约定，由受托人处理委托人事务的合同。"第九百二十五条规定："受托人以自己的名义，在委托人的授权范围内与第三人订立的合同，第三人在订立合同时知道受托人与委托人之间的代理关系的，该合同直接约束委托人和第三人；但是，有确切证据证明该合同只约束受托人和第三人的除外。"因此，受托人在委托权限内的行为的法律后果应当由委托人承担，即如果产权人委托长租公寓运营方将房屋出租给租客，长租公寓运营方也代理委托人即产权人进行了房屋的出租，该出租行为其实就是产权人的出租行为，若租客不存在法定或者约定的违约行为，产权人无权提前收回房屋。

第六篇

房地产融资纠纷

房地产行业属于典型的资金密集型行业，资金的流动性及回正效率也是评判一个房地产开发企业发展健康程度的重要指标。自 1998 年商品房供应制度改革以来，虽然有阶段性反复，但总体来讲，房地产融资经历了一个先松后紧的政策演变过程，融资形式也从最初的金融机构借款、民间借贷、建筑企业垫资、上市公司证券市场融资等典型融资模式，发展出了可转债、优先股、房地产信托、房地产私募股权基金等多种新型融资模式。可以说，房地产行业的发展史，也是房地产金融产品的创新史；不同的融资模式，满足了房地产项目不同阶段的资金需求，并兼顾了房地产开发企业可持续发展的需要。

近年来，房地产金融调整政策密集出台；从《中国银保监会关于开展“巩固治乱象成果、促进合规建设”工作的通知》（银保监发〔2019〕23 号），到中国人民银行、住房和城乡建设部于 2021 年 1 月 1 日开始推行的“三道红线”规定及其后续升级政策，进一步限制了房地产开发企业融资条件及融资渠道，彰显了政府整顿房地产金融秩序、限制资金流入房地产领域的管控趋势，也直接导致原有的房地产信托融资等不符合政策要求的融资模式无法操作，开发企业对负债类融资也更为谨慎。在此背景下，房地产开发企业回笼资金压力增加，融资需求更加旺盛，因资金链紧张而引发的纠纷越来越多。究其原因，主要包括以下三个方面：1. 商品房交易量和交易价格趋于稳定甚至稳中有降，利润空间大幅减少；2. 政府对房地产用地采取集中供地政策，对竞价方式也进行了调整，房地产开发企业的拿地成本并未降低，且竞自持、转现售等配套土地出让措施导致资金回流速度减缓；3. 金融机构的房贷资金普遍收缩，资金规模较大、实力雄厚、资质良好的房地产开发企业才能从银行融资，中小企业根本无法取得金融机构融资。而民间融资模式拿到的资金成本高，甚至远远超出了可能取得的开发回报。不少中小房地产开发企业迫于资金压力转让股权、债权、抛售房产及在建工程等实物资产，以断腕求生。上述因素的存在，导致房地产开发企业资金链断裂的风险极大，且投资方的投资回报也存在无法得到满足的风险。

同时，随着管控的严格，开发企业需要探寻新的融资模式，法律规定对其缺乏指导，在司法实践中也还未形成一致的意见，从而引发了大量的融资纠纷。

虽然融资的手段多种多样，但从投资方的权益角度，以投资人是否对所投资房地产项目享有利润分配权、是否承担经营风险作为划分标准，可将其分为股权融资和债权融资两类。虽然有的融资兼具两种模式的特点，但还是可以根据最终利益归属进行倾向性分类。本部分将结合上述分类标准，对房地产的股权融资及债权融资的要素、特征及相关纠纷案件诉讼要点进行分析介绍。

第一章　房地产债权融资纠纷

第一节　理论概述与实务指引

一、房地产债权融资的定义

债权融资是具有相同特质的各类融资行为的统称，并非单指一种融资模式，在《民法典》中也并无明确的定义，但其基本特征可参照《民法典》第六百六十七条中对借款合同的规定进行分析，即借款人向贷款人借款，到期返还借款并支付利息的法律行为。在房地产融资中，金融机构的开发贷款、其他民事主体通过金融机构提供的委托贷款即属于典型的房地产债权融资；此外，施工企业的垫资施工也具有明显的债权性质，也应纳入此类。

二、房地产债权融资的法律特征

（一）投资人不承担投资风险，并可取得固定回报

这是债权融资与股权融资的本质区别，即债权人作为投资人，投入房地产开发企业中的资金，由房地产开发企业承担到期还本付息的义务，而无论该房地产开发企业的盈亏情况及该投资款的实际效用情况。

（二）投资人投入的投资款一般仅用于特定用途，不得挪作他用

《民法典》第六百七十三条规定“借款人未按照约定的借款用途使用借款的，贷款人可以停止发放借款、提前收回借款或者解除合同”。此外，《中

国人民银行关于人民币贷款利率有关问题的通知》（银发〔2003〕251号）第三条规定，借款人未按合同约定用途使用借款的罚息利率，由现行按日5‱计收利息，改为在借款合同载明的贷款利率水平上加收50%—100%。

（三）债权融资收回的资金来源多种多样

因债权融资属于刚性债务，债权人均关注该笔融资款的可回收性及收益安全性。为此，债权人一般会要求债务人也就是房地产开发企业或其股东提供项目抵押担保、股权质押担保、实际控制人或其他有能力的第三方的信用担保等；在作为债务人的房地产开发企业逾期还款并缺乏偿债能力时，债权人可以通过向其他担保人主张债权或要求以抵押、质押财产变现所得价款优先受偿。

（四）对房地产开发企业日常经营行为的干预度较低

虽然根据《民法典》第六百六十九条，债务人对债权人负有告知义务，即房地产债务融资中，房地产开发企业应当按照债权人的要求提供与借款有关的业务活动和财务状况的真实情况。但与股权融资相比，债权融资中，投资人仅在一些特定的情况下可能对作为债务人的房地产开发企业的特定事项进行监管，一般不会对企业日常经营活动进行过多干预。

第二节　办案思路与实战技巧

在房地产债权融资业务中，最重要的问题就是合法有效地确定融资成本、融资条件及融资担保。笔者就该三方面所涉及的主要实务问题分述如下。

一、关于融资成本（利息）约定的合法性

从整体来讲，房地产债权融资可分为金融机构借贷和民间借贷两类。对于一般的借贷融资成本问题，法律、司法解释均有明确规定。但实践中，对于委托贷款是否受民间借贷的政策限制的问题，尚存一定争议。

但从最高人民法院在（2018）最高法民再54号案件（某银行与某公司等借款合同纠纷案，为公报案例）中表达的裁判观点来看，根据《贷款通则》第七条第二款“委托贷款，系指由政府部门、企事业单位及个人等委托人提供资金，由贷款人（即受托人）根据委托人确定的贷款对象、用途、金额、期限、利率等代为发放、监督使用并协助收回的贷款。贷款人（受托人）只收取手续费，不承担贷款风险”。由此可见，委托贷款已经纳入国家金融监管范围，在该法律关系中贷款人是经国家金融监管部门批准设立的从事贷款业务的金融机构，其应履行代为发放、监督使用并协助收回贷款等职责，这与金融借款合同具有类似之处。但另一方面，委托贷款与民间借贷亦有相通之处。首先，金融机构虽系贷款人，但实际是以受托人身份与借款人发生借款关系，而非自主决定贷款事宜，有关贷款对象、用途、金额、期限、利率等借款合同主要权利义务的确定仍体现了委托人的意志。其次，从权利义务的实际承担来看，亦是委托人而非贷款人享有贷款利息收益等合同主要权利，并实际承担借款人不还款及逾期还款的风险。最后，与金融机构自营贷款中的资金系通过法定方式渠道筹集不同，委托贷款直接源于委托人的自有资金，这与出借人以自有资金进行民间借贷别无二致。由此可见，委托贷款在不同的方面分别体现出金融借款与民间借贷的特点，在现行法律及司法解释对委托贷款未作明确规定的情况下，可通过分析相关问题是更具有金融借款还是民间借贷的特点，进而确定可参照的规则。现行法律及司法解释未对委托贷款的利率上限作出限制，鉴于委托贷款系由委托人而非作为贷款人的金融机构确定借款利率等合同主要条款并实际收取利息，同时考虑到委托贷款与民间借贷在资金来源相同的基础上亦可推定其资金成本大致等同。因此，人民法院确定委托贷款合同的利率上限时应当参照民间借贷的相关规则。

二、关于融资条件设置的合法性

针对不同的房地产融资模式，政府监管部门有不同的监管要求，法律法规层面也有不同的融资门槛要求。但其中共同的一点就是，房地产债权融资一般需达到建设项目“四证齐全”的条件，即房地产开发企业缴纳的土地出让金不能为借贷性资金。就此，早在2010年4月《国务院关于坚决遏制部分城市房价过快上涨的通知》(国发〔2010〕10号文)中就已经出现,其中第五条“加强市场监管”规定“(八)加强对房地产开发企业购地和融资的监管。国土资源部门要加大专项整治和清理力度,严格依法查处土地闲置及炒地行为,并限制有违法违规行为的企业新购置土地。房地产开发企业在参与土地竞拍和开发建设过程中,其股东不得违规对其提供借款、转贷、担保或其他相关融资便利……”此后,《国土资源部、住房城乡建设部关于进一步严格房地产用地管理巩固房地产市场调控成果的紧急通知》(国土资电发〔2012〕87号)第四条明确规定,“严格实施竞买人资格审查,落实不得使用银行贷款缴交土地出让价款的规定”。而最近出台的房地产融资新政中也对此进行反复重申及强调。

三、关于融资担保的有效性

虽然在债权融资中,投资人不承担投资风险,但仍可能遭遇借贷资金无法按期或足额偿还的风险。因此,融资担保是房地产债权融资中非常重要的一个环节及不可或缺的组成部分。其中的担保措施分为法定担保及约定担保。约定担保主要指双方通过协商约定的方式设置信用担保或抵押、质押。在此过程中有两个特殊问题。

(一)关于主债权转让时担保物权未做变更登记的效力问题

《民法典》第二编第四分编设立了三种担保物权,分别是抵押权、质权和留置权。其中,《民法典》第四百零七条明确规定,“抵押权不得与债权分离而单独转让或者作为其他债权的担保。债权转让的,担保该债权的抵押权一并转让,但是法律另有规定或者当事人另有约定的除外”。而对于《民法典》中规定的同样需要进行质押登记的基金份额质权、股权质权、知识产权质权、应收账款质权等权利质权,则无类似约定。但因《民法典》第五百四十七条同时规定“债权人转让债权的,受让人取得与债权有关的从权利,但是该从权利专属于债权人自身的除外。受让人取得从权利不因该从权利未办理转移登记手续或者未转移占有而受到影响”。由此可知,主债权转让时担保物权未做变更登记的,不影响其担保的效力。

（二）关于让与担保的效力问题

依《民法典》之规定与否，物权担保可分为典型担保与非典型担保。《民法典》上所规定的抵押权、质权和留置权为典型担保；而由社会交易中所新发展起来的、非《民法典》所规定的物权担保，为非典型担保。让与担保是实践中由判例确认的一种担保方式，属于非典型担保。《全国法院民商事审判工作会议纪要》（以下简称《九民纪要》）第七十一条，第一次全方位地对让与担保的性质、效力及优先性作了规定；即让与担保是债务人或者第三人与债权人订立合同，约定将在财产形式上转让至债权人名下，债务人到期清偿债务，债权人将该财产返还给债务人或第三人，债务人到期没有清偿债务，债权人可以对财产拍卖、变卖、折价偿还债权。后来，在《民法典》第四百零一条、第四百二十八条也分别肯定了流押、流质的担保效力。

第三节　典型案例精析

案例 1：蔡某、某公司物权确认纠纷[①]

裁判要旨

让与担保的成立，需各方就担保事项达成明确的合意，并需以不动产转移登记的实现为前提。

案情简介

2013 年 7 月至 2014 年 3 月，案外人甲公司、乙公司先后向蔡某借款 77 万元，月息 2 分，本随息清。2014 年 8 月 12 号，乙公司的法定代表人周某向某公司出具一份更名申请书，申请将其购买的金海名苑 A 幢 18××、

① （2021）最高法民申 1697 号。

24×× 号房产变更至蔡某名下，作为蔡某借本息的担保。因案外人甲公司、乙公司未履行还本付息的义务，蔡某提起诉讼，二审法院于 2017 年 1 月 16 日、3 月 29 日，分别作出（2016）湘 12 民终 1012 号民事判决及（2016）湘 12 民终 1278 号民事判决，该两份判决均已生效，并均认定周某将其认购的金海名苑小区 A 幢 18×× 号、24×× 号房屋网签至蔡某名下，系用于前述债权的非典型担保，而非抵偿债务。

2018 年 7 月 3 日，某公司以不能清偿到期债务，且现有资产不足以清偿全部债务为由，向法院申请重整。法院于 2018 年 7 月 11 日作出（2018）湘 12 破申 2 号民事裁定，受理某公司的重整申请。并指定北京盈科（长沙）律师事务所担任某公司管理人。2018 年 7 月 27 日，蔡某向某公司管理人申报债权，某公司管理人审查意见为不予确认。2018 年 11 月 21 日，某公司管理人申请一审法院解除周某等 104 位购房债权人所购“金海名苑”203 套房屋的网签，一审法院于 2018 年 12 月 10 日作出（2018）湘 12 破 4 号之二民事裁定，裁定解除周某等 104 位购房债权人所购“金海名苑”203 套房屋的网签。

为此，蔡某于 2019 年 9 月 16 日向湖南省怀化市中级人民法院提起诉讼，请求确认蔡某对某公司开发的金海名苑 A 幢 18×× 号、24×× 号房产享有担保物权。在庭审中，蔡某变更诉讼请求为，确认蔡某对某公司开发的金海名苑 A 幢 18×× 号、24×× 号房产享有非典型担保物权。

法院裁判

一审法院认为，本案系物权确认纠纷，争议焦点为原告蔡某对其请求确认的被告某公司所开发的金海名苑 A 幢 18×× 号、24×× 号房产是否享有非典型担保物权。已生效的（2016）湘 12 民终 1012 号民事判决书及（2016）湘 12 民终 1278 号民事判决书中均认定周某将其认购的金海名苑小区 A 幢 18×× 号、24×× 号房屋网签至蔡某名下，系用于前述债权的非典型担保，而非抵偿债务。由此可以确认，周某将其认购的金海名苑小区 A 幢 18×× 号、24×× 号房屋网签至原告蔡某名下的行为属于让与担保。所谓让与担保，是指债务人或者第三人为担保债务的履行，将标的物转移给他人，于债务不履行时，该他人可就标的物受偿的一种非典型担保。根据《九民纪要》“债务人或者第三人与债权人订立合同，约定将财产形式上转让至债权人名下，债务人到期清偿债务，债权人将该财产返还给债务人或第三人，债务人到期没有清偿债务，债权人可以对财产拍卖、变卖、折价偿还债权的，人民法院应当认定合同有效。合同如果约定债务人到期没有清偿债务，财产归债权人所有的，人民法院应当认定该部分约定无效，但不影响合同其他部分的效力。当事人根据上述合同约定，已经完成财产权利变动的公示方式转让至债权人名下，债务人到期没有清偿债务，债权人请求确认财产归其所有的，人民法院不予支持，但债权人请求参照法律关于担保物权的规定对财产拍卖、变卖、折价优先偿还其债权的，人民法院依法予以支持。债务人因到期没有清偿债务，请求对该财产拍卖、变卖、折价偿还所欠债权人合同项下债务的，人民法院亦应依法予以支持”的规定。蔡某作为债权人，可以请求参照法律关于担保物权的规定对财产拍卖、变卖、折价优先偿还其债权及债务人因到期没有清偿债务，请求对该财产拍卖、变卖、折价偿还所欠债权人合同项下债务。

基于上述认定，一审法院判决确认原告蔡某对被告某公司开发的金海名苑 A 幢 18×× 号、24×× 号房产享有非典型担保物权。

某公司不服一审判决，以蔡某债权未被确认，以及某公司破产管理人已经解除蔡某名下两套房屋的买卖合同导致周某对蔡某的非典型担保自始不成立为由，向湖南省高级人民法院提起上诉。

二审法院认为，蔡某请求确认其对案涉房产享有非典型担保物权，实质上是请求法院认定其与某公司之间存在让与担保法律关系。

让与担保，系债务人或者第三人为担保债务的履行，将担保标的物转移给担保权人，于债务不履行时，担保权人可就担保标的物受偿的一种非典型担保。本案中，某公司将案涉金海名苑 A 幢 18×× 号、24×× 号两套房屋以买卖合同的名义网签至乙公司法定代表人周某名下，系某公司为其与甲公司之间的借贷法律关系提供让与担保，后周某向某公司出具更名申请书，申请将案涉两套房屋以买卖合同的名义网签更名至蔡某名下，系甲公司、乙公司为其与蔡某之间的借贷法律关系提供让与担保。故在某公司与甲公司之间成立让与担保法律关系。而周某申请将案涉房屋网签更名至蔡某名下，系甲公司、乙公司将某公司对其提供的让与担保转为其对蔡某提供的让与担保，就案涉房屋的权属而言，虽签有上述两个房屋买卖合同，但财产权利并未变动，仍为某公司所有，周某、甲公司、乙公司均无权独立处分，根据《中华人民共和国民法总则》第一百四十六条“行为人与相对人以虚假的意思表示实施的民事法律行为无效。以虚假的意思表示隐藏的民事法律行为的效力，依照有关法律规定处理。”[①]第一百七十一条第一款“行为人没有代理权、超越代理权或者代理权终止后，仍然实施代理行为，未经被代理人追认的，对被代理人不发生效力”[②]之规定，周某将案涉房屋的让与担保物权再次对蔡某提供让与担保的行为，须得到案涉房屋所有人某公司的追认，方可在某公司与蔡某之间成立让与担保法律关系。二审庭审中，蔡某认可在就案涉房屋进行网签的过程中，系周某直接将盖有某公司公章的空白商品房买卖合同交给其签字，其并未与某公司之间就让与担保事宜进行过磋商，某公司也无人参与签约，而某公司认为其只对与甲公司之间的借贷关系提供让与担保，并未对甲公司、乙公司与蔡某之间的借贷关系提供让与担保，对该让与担保行为不予认可。

二审法院认为，蔡某与某公司之间不存在借贷法律关系，某公司也没有就案涉房屋为蔡某提供让与担保的真实意思表示，故某公司与蔡某之间不成立让与担保法律关系。

二审法院最终判决某公司的上诉请求成立，驳回了蔡某的诉讼请求。

蔡某不服二审判决，以某公司通过房产局的登记系统完成了蔡某就案涉房屋的网签备案登记，即系同意与蔡某形成让与担保关系为由，向最高人民法院提起再审申请。

再审法院经审查认为，让与担保是指债务人或者第三人为担保债务的履行，将标的物转移给他人，于债务不履行时，该他人可就标的物受偿的一种非典型担保。《九民纪要》第七十一条规定的让与担保法律关系的成立，需债务人或者第三人与债权人之间达成用债务人或者第三人所拥有的财产来对债务人所负债务到期履行设定担保意思表示的合意。本案中，虽然在债务人

---

① 已修订为2020年《民法典》第一百四十六条。

② 已修订为2020年《民法典》第一百七十一条第一款。

雄风公司法定代表人周某与债权人蔡某之间达成了以金海名苑 A 幢 18×× 号、24×× 号房产作为其债务履行担保的合意，但上述房产是否属于周某所拥有的房产，周某是否有权利进行处分是关键所在。金海名苑 A 幢 18×× 号、24×× 号房产虽先后网签至周某及蔡某名下，但并未进行法律规定的不动产变更登记，案涉房产的所有权仍属于某公司所有。蔡某主张某公司将空白合同交由周某并协助办理蔡某关于案涉房产的网签手续系某公司已知并认可以案涉房产为标的物对甲公司、雄风公司向蔡某所负债务进行担保的意思表示。但上述行为的发生并不必然产生让与担保的法律效果，且根据某公司一审答辩意见及二审庭审中的陈述，某公司对于雄风公司法定代表人周某将案涉房产变更网签至蔡某名下以担保该公司与蔡某借贷关系的担保行为不予认可，亦没有要为甲公司、雄风公司的债务提供担保的意思表示，因此蔡某的再审申请主张并无充分事实依据支撑，原判决认定蔡某与某公司之间以案涉房产为标的物的让与担保法律关系不成立，并无不当。

最终，最高人民法院驳回蔡某的再审申请。

律师评析

房地产债权融资中，让与担保是一种非常常见的非典型担保方式；其法律地位一直备受争议。在《九民纪要》出台以前，司法实践中对让与担保的效力多作否定评价，且债权人往往仅从确认房屋所有权而非优先受偿权角度，对其权益提出主张。一旦生效判决驳回债权人有关房屋所有权的诉讼请求，对于债权人的权利如何进一步救济，往往缺乏有效的路径。《九民纪要》第七十一条对让与担保的认定及其效力做了较为详细的规定，对房地产融资实践提供了重要指导。

具体到本案，一审法院关注到了（2016）湘 12 民终 1012 号民事判决书及（2016）湘 12 民终 1278 号民事判决书中的本院认为部分，对于周某将其认购的金海名苑小区 A 幢 18×× 号、24×× 号房屋网签至原告蔡某名下的行为属于让与担保的认定。但笔者认为上述两份民事判决书中的上述认定，仅仅是涉及对债权人与债务人之间所达成合意的“法律性质”的评价，而对其是否具有物权效力未做评价；同时，由于某公司并非上述两案的当事人，上述两案中对于债权人与债务人之间所形成合意的法律性质的认定，也不能直接推及某公司。二审法院审查了某公司是否具有“让与担保”的意思表示问题，也审查了担保所对应的基础借贷法律关系是否存在问题，进一步明确了让与担保中“合意”形成的要素。而最高人民法院针对蔡某的再审申请，在《民事裁定书》中进一步关注了涉案房产的不动产变更登记问题，也即将提供担保的不动产变更登记至债权人名下，也是让与担保物权成立的要素，从而实现了对本案争议中所涉让与担保物权效力的完整评价。

第二章　房地产股权融资纠纷

第一节　理论概述与实务指引

一、房地产股权融资的定义

股权融资是指房地产开发企业通过增资的方式引进新投资主体或由原股东追加投资的融资方式。具体方式包括向公众公开增发股票、向已有股东增发新股、私募股权投资信托、私募股权投资基金等。

股权融资所获得的资金，企业无须还本付息，但新股东将与老股东同样分享企业的赢盈利与增长。股权融资的特点决定了其用途的广泛性，既可以充实企业的营运资金，也可以用于企业的投资活动。

二、房地产债权融资的法律特征

（一）投资人需承担投资风险，也可能取得溢价回报

投资人投入房地产开发企业中的资金，房地产开发企业并不承担还本付息的义务。根据《公司法》第三条、第四条的规定，投资人以其认缴的出资额或认购的股份为限对公司承担责任，并依法享有资产收益、参与重大决策和选择管理者等权利。

（二）投资人全面介入房地产开发企业的经营，并承担对应投资义务

因股权投资人本身也是房地产开发企业的经营管理者，应按照与被投资的房地产开发企业及其原股东签署的投资协议的约定，履行经营管理的义

务，其中也包括将投资款用于包括房地产开发企业原有债务的清偿、房地产项目建设等全部经营事项。相应地，房地产开发企业原股东对企业的股权被稀释，控制力减弱。

（三）股权融资取得投资回报的方式较为单一

在所投资的房地产开发企业盈利的前提下，股权投资人可以取得分红收益，这是股权投资的主要回报方式；为避免房地产开发企业亏损或无法达到预期利润率导致投资目的无法实现，股权投资人往往在投资前会与房地产开发企业原股东达成协议，约定在无法达到约定收益的情况下，原股东对股权投资人具有弥补差价的义务，也就是通常所述的“对赌协议”。但“对赌协议”严格来讲并非投资回报的取得方式，而是合作双方约定的一种利益调节机制。

（四）获得投资的房地产开发企业增加了抗风险能力

因房地产开发企业获得的股权融资款属于企业资本而非负债，因此增加了企业抗风险能力，也增加了企业的信用价值和信誉，有利于进一步开展经营及获得债务融资支持。

第二节　办案思路与实战技巧

在房地产股权融资业务中，最有特点的两个问题是“对赌协议”及“退出模式”。因为融资并不同于完全的产业合作，虽然是以股权作为融资手段，投资方最关注的仍然是投资回报的实现，而被投资房地产开发企业原股东在解决了阶段性资金短缺问题以后也仍然希望收回让渡的股权或项目控制权。基于上述合作意愿及缔约目的，无论采取何种具体的股权融资形式，这两个问题往往都是无可回避的。在房地产股权融资实践中，因该两个问题而发生的纠纷也最为常见。

一、"对赌协议"的效力及履行

"对赌协议"这一名词为舶来品，是对估值调整机制（Valuation Adjustment Mechanism）的一种俗称。我国目前的相关法律、法规并未对"对赌协议"作出明确规制，也导致了业界对于"对赌协议"的性质、效力的不同理解。目前司法机关关于"对赌协议"效力及履行问题比较明确的态度，仅见于《九民纪要》第二条第一款如下规定："实践中俗称的'对赌协议'，又称估值调整协议，是指投资方与融资方在达成股权性融资协议时，为解决交易双方对目标公司未来发展的不确定性、信息不对称以及代理成本而设计的包含了股权回购、金钱补偿等对未来目标公司的估值进行调整的协议。从订立'对赌协议'的主体来看，有投资方与目标公司的股东或者实际控制人'对赌'、投资方与目标公司'对赌'、投资方与目标公司的股东、目标公司'对赌'等形式。人民法院在审理'对赌协议'纠纷案件时，不仅应当适用合同法的相关规定，还应当适用公司法的相关规定；既要坚持鼓励投资方对实体企业特别是科技创新企业投资原则，从而在一定程度上缓解企业融资难问题，又要贯彻资本维持原则和保护债权人合法权益原则，依法平衡投资方、公司债权人、公司之间的利益。对于投资方与目标公司的股东或者实际控制人订立的'对赌协议'，如无其他无效事由，认定有效并支持实际履行，实践中并无争议。但投资方与目标公司订立的'对赌协议'是否有效以及能否实际履行，存在争议。对此，应当把握如下处理规则……5.【与目标公司'对赌'】投资方与目标公司订立的'对赌协议'在不存在法定无效事由的情况下，目标公司仅以存在股权回购或者金钱补偿约定为由，主张'对赌协议'无效的，人民法院不予支持，但投资方主张实际履行的，人民法院应当审查是否符合公司法关于'股东不得抽逃出资'及股份回购的强制性规定，判决是否支持其诉讼请求。投资方请求目标公司回购股权的，人民法院应当依据《公司法》第35条关于'股东不得抽逃出资'或者第142条关于股份回购的强制性规定进行审查。经审查，目标公司未完成减资程序的，人民法院应当驳回其诉讼请求。投资方请求目标公司承担金钱补偿义务的，人民法院应当依据《公司法》第35条关于'股东不得抽逃出资'和第166条关于利润分配的强制性规定进行审查。经审查，目标公司没有利润或者虽有利润但不足以补偿投资方的，人民法院应当驳回或者部分支持其诉讼请求。今后目标公司有利润时，投资方还可以依据该事实另行提起诉讼。”

二、投资人退出方式的选择

在股权融资模式中，因为投资人对投资对象往往是阶段性持股，因此其投资原值甚至部分投资溢价的回收（实现）需要通过退出机制来实现。退出机制中的核心问题是退出方式的选择。股权融资中最常见的投资人退出方式是被投资房地产开发企业不等比减资或其原股东收购（回购）投资人股权。

其中，不等比减资实际上是被投资房地产开发企业收购投资人的股权并支付对价，根据前述《九民纪要》第二条第一款的规定，其需同时符合《民法典》和《公司法》的规定，特别应排除违反《公司法》第三十五条关于“股东不得抽逃出资”或者第一百四十二条关于股份回购的强制性规定的情形。

而在原股东收购（回购）投资方股权的交易过程中，如果投资方为国有企业或上市公司，则可能涉及公开市场交易及信息披露义务。在此过程中，原股东的回购义务的内涵及外延往往需要根据具体的交易流程进行调整，如将“回购义务”调整为按照约定价格收购的“兜底义务”，在因竞价机制的存在导致第三方以高于约定价格受让了交易股权的情况下，原股东的回购义务得以豁免。

第三节　典型案例精析

案例 2：甲公司与乙公司、丙公司股权转让纠纷[①]

裁判要旨

在房地产股权投资信托中，刚性兑付的约定无效，不影响“对赌协议”的效力。

---

①（2017）京 02 民初 360 号。

案情简介

2011 年，乙公司、丙公司为开发融资之目的，与甲公司签订《合作协议》，合作协议框架约定甲公司设立信托计划，并以甲公司的名义（以信托计划受托人身份），将此信托计划所募集的资金专项用于受让项目公司 98% 的股权并对其进行注资，项目公司获得甲公司的投资后，将该笔款项专项用于涉案项目的开发和建设。信托计划开始募集前，乙公司应当与甲公司签署《股权转让协议》，甲公司以信托计划受托人的身份受让乙公司所持有的项目公司 98% 的股权，转让价款为 12000 万元。

2011 年 5 月，甲公司与乙公司签署《股权转让协议》，约定甲公司以信托计划募集资金 12000 万元受让乙公司持有的丙公司 98% 的股权。

2011 年 5 月 27 日，甲公司设立"中融—安华图股权投资集合资金信托计划"，信托计划分为优先级受益权和劣后级受益权，优先级受益权由投资者认购，劣后级受益权由乙公司认购。信托计划募集资金用于受让乙公司持有的丙公司 98% 的股权，并向丙公司增资 20000 万元，丙公司出具了收据。

2013 年 5 月 23 日，甲公司与乙公司、丙公司签订《合作协议之补充协议》，就信托计划延期作出约定。同日，乙公司与甲公司签订《股权收购协议之补充协议》。2013 年 5 月 26 日，乙公司与甲公司签订《债权债务确认协议》，约定截至 2013 年 5 月 27 日，《股权收购协议》项下主债权金额为 22000 万元，最终以《股权收购协议》为准。2013 年 6 月 9 日，乙公司与甲公司共同向方圆公证处申请办理《股权收购协议》及其补充协议、《债权债务确认协议》公证并赋予其强制执行效力，方圆公证处出具了《公证书》。

2015 年 5 月 25 日，甲公司与乙公司、丙公司、李某签订了《合作协议之补充协议二》，再次就信托计划延期作出约定。同时约定，为实现信托计划延期之目的，信托计划于成立届满 48 个月时设立开放募集期募集优先级信托资金，信托计划开放募集期拟定募集的优先级信托资金数额为 26514 万元（以实际募集的优先级信托资金数额为准），并以开放募集期内募集的优先级信托资金向原优先级委托人支付本金及预期信托收益，原优先级委托人退出信托计划。信托计划延期后，在符合法律、法规及相关监管文件的情况下，中融信托可根据信托计划运行情况设立开放募集期募集优先级信托资金用于增加对项目公司的股权投资或用于支付赎回优先级委托人信托利益。同日，乙公司与甲公司签订《股权收购协议之补充协议二》，约定了股权收购程序、股权收购价款的支付、强制执行公证等。

此外，2015 年 5 月 27 日，甲公司代表汇聚金 1 号货币基金信托计划，作为委托人申购涉案信托计划优先级，并签署《中融—融安成长 1 号集合资金信托计划（优先级委托人）》[以下简称 2015《信托合同（优先级）》]，本合同项下的信托为自益信托，信托计划成立时 / 开放日的受益人与委托人为同一人。

因乙公司未按期回购股权，2017 年 2 月 13 日，甲公司依据《执行证书》向北京市第三中级人民法院申请执行乙公司支付部分股权收购款 210700931.51 元。甲公司尚未就剩余股权收购款主张权利，故甲公司又向北京市第二中级人民法院提起诉讼，请求判令乙公司向甲公司支付剩余股权收购款。

法院裁判

法院认为，甲公司与乙公司、丙公司在《合作协议》第 6.2 条约定，乙公司购买甲公司持有的丙公司股权的，应支付的股权转让价款的计算公式为：股权转让价款 = 优先级信托资金总额 + 优先级受益人的预期收益 + 未支付的本信托计划应当承担的各项信托费用总额。在《股权收购协议》中，乙公司与甲公司约定，股权收购总价款的计算公式为：股权收购总价款 = 优先级信托资金总额 + 优先级受益人的预期收益 + 本信托计划应当承担的各项信托费用总额。在《股权收购协议之补充协议》中，乙公司与甲公司约定，乙公司收购甲公司作为信托计划受托人持有的项目公司 99% 股权应支付的股权收购总价款为：股权收购总价款 = 优先级信托资金总额（以信托计划存续期间优先级信托资金的最高金额为准）+ 优先级受益权人的预期收益（包括信托计划项下所有优先级委托人的预期信托收益）+ 甲公司受托管理信托事务而应由信托财产承担的信托费用。

可见，当事人约定的股权收购价款的计算依据是优先级受益人的预期收益而非实际收益。现甲公司主张按优先级受益人的预期收益计算股权收购价款，符合当事人在上述合同中的约定，法院予以支持。乙公司以预期收益存在与实际收益不符的可能为由主张甲公司不应收取该部分款项，与当事人在合同中的约定不符，本院不予支持。根据甲公司提交的2015《信托合同（优先级）》，甲公司系以其受托管理的汇聚金资金申购涉案信托计划优先级信托单位26514万元。乙公司提出甲公司的行为违反了金融监管办法，2015《信托合同（优先级）》无效，进而主张按5.5%计算支付资金占用费，没有事实和法律依据，法院不予支持。

法院最终判决：一、乙公司于判决生效之日起十日内给付甲公司截至2017年8月31日的股权收购款139934888.71元。二、丙公司在京朝国用（2010出）第00471号国有土地使用权价值范围内对乙公司的上述债务承担连带清偿责任；丙公司承担担保责任后，有权向乙公司追偿。

律师评析

《中国人民银行、中国银行保险监督管理委员会、中国证券监督管理委员会、国家外汇管理局关于规范金融机构资产管理业务的指导意见》（银发〔2018〕106号，以下简称《金融资管指导意见》）第十九条第（三）项规定“资产管理产品不能如期兑付或者兑付困难时，发行或者管理该产品的金融机构自行筹集资金偿付或者委托其他机构代为偿付”，应视为“刚性兑付”。

根据《民法典》第一百四十三条第三款，有效的民事法律行为需“不违反法律、行政法规的强制性规定，不违背公序良俗”。《九民纪要》第七条明确规定“【保底或者刚兑条款无效】信托公司、商业银行等金融机构作为资产管理产品的受托人与受益人订立的含有保证本息固定回报、保证本金不受损失等保底或者刚兑条款的合同，人民法院应当认定该条款无效。受益人请求受托人对其损失承担与其过错相适应的赔偿责任的，人民法院依法予以支持。实践中，保底或者刚兑条款通常不在资产管理产品合同中明确约定，而是以‘抽屉协议’或者其他方式约定，不管形式如何，均应认定无效”。

本案中，由于本案当事人不包括信托受益人，且涉案信托交易发生在《金融资管指导意见》颁布之前，故本案未对刚性兑付直接进行认定，也并不能直接适用《九民纪要》第七条的规定。但甲公司以自有资金进行了兑付，确实违反了金融监管规定；乙公司也据此主张信托计划期满后签订的2015《信托合同（优先级）》无效，对赌协议相应终止，从而不应支付此后的信托费用。由此可见，刚性兑付的认定会影响到后续对赌协议的效力认定。

《九民纪要》第三条规定，“违反规章一般情况下不影响合同效力，但该规章的内容涉及金融安全、市场秩序、国家宏观政策等公序良俗的，应当认定合同无效。人民法院在认定规章是否涉及公序良俗时，要在考察规范对象基础上，兼顾监管强度、交易安全保护以及社会影响等方面进行慎重考虑，并在裁判文书中进行充分说理”。

本案中若将刚性兑付无效的约定直接穿透到投资端的对赌协议，进而影响对赌协议效力认定，会造成监管规则穿透的范围过大，破坏交易稳定性。信托机构是否进行刚兑兑付主要涉及投资人和信托机构的利益，不影响交易相对人的利益，签订对赌协议系交易相对人真实的意思表示，若支持其抗辩理由，反而使其通过不诚信的行为而增益，违背了“任何人不得从其不法行为获益”的基本法理。对赌协议的效力不能引入刚性兑付的监管规则而被认定为无效，因此本案中对对赌协议作有效认定，并不违反公序良俗，也未破坏金融安全，且更有利于保护交易安全。

图书在版编目（CIP）数据

房地产案件办案策略与技巧 / 周海燕主编. —2版
. —北京：中国法制出版社，2021.12
ISBN 978-7-5216-2303-1

Ⅰ. ①房… Ⅱ. ①周… Ⅲ. ①房地产法—案例—中国
Ⅳ. ①D922.181.5

中国版本图书馆CIP数据核字（2021）第238969号

策划编辑：韩璐玮（hanluwei666@163.com）
责任编辑：吕静云　　封面设计：周黎明

房地产案件办案策略与技巧
FANGDICHAN ANJIAN BAN'AN CELÜE YU JIQIAO

主编 / 周海燕
经销 / 新华书店
印刷 / 三河市国英印务有限公司
开本 / 710毫米 × 1000毫米　16开　　印张 /28.75　字数 / 318千
版次 / 2021年12月第2版　　2021年12月第1次印刷

中国法制出版社出版
书号ISBN 978-7-5216-2303-1　　定价：99.00元

北京市西城区西便门西里甲16号西便门办公区
邮政编码：100053　　传真：010-63141852
网址：http://www.zgfzs.com　　**编辑部电话：010-63141781**
市场营销部电话：010-63141612　　**邮购部电话：010-63141606**
（如有印装质量问题，请与本社印务部联系。）